🔆 1946年5月25日赠夫人许令德。照片背面文字是：Whenever you are thinking of me, I am Always standing by.

🔆 结婚合影

🔆 1949年毕业后为积攒回国路费打工时与同学的合影

1984年成都年会留影

1984年随校长郝水院士赴美访问时与美国友人合影

1984年赴美与黄启昌教授合影

1984年底首届研究生毕业照：前排左起田锡国、丁则民；后排左起游恒、黄仁伟、王旭、卞历南

20世纪80年代美国史研究所教师合影

1990年王旭、黄仁伟毕业答辩后合影。左起分别为黄仁伟、刘传炎、张友伦、刘绪贻、丁则民、王贵正、王旭

1991年黄兆群答辩后合影，后排左起王旭、黄兆群、邓蜀生、丁则民、刘传炎、徐玮、田锡国

1992年美国密苏里大学苏珊弗拉德来访时合影

1992年夏杨振宁在东北师范大学讲学结束后探访丁则民时的合影

1994年梁茂信毕业答辩后合影。左起黄安年、冯承柏、丁则民、Daniel Amos、赵毅；后排左起王旭、梁茂信

1994年丁则民与历史系毕业研究生合影

1995年6月胡锦山答辩后合影：前排左起王旭、王贵正、冯承柏、丁则民、刘德斌、胡锦山

东北师大历史系博士生论文答辩

1996年戴超武、韩宇等人博士、硕士毕业答辩后合影：前排左起Samuel Perason、丁则民、黄安年

1998年博士答辩后与侯文慧等合影

20世纪90年代的照片

与妻子许令德女士

2000年参加博士答辩后与答辩委员会合影

思想者文库·历史

奠基的年代 成边的先驱

丁则民育才史料集

梁茂信　吕洪艳◎主编

人民日报出版社

图书在版编目（CIP）数据

奠基的年代　戍边的先驱：丁则民育才史料集 / 梁
茂信，吕洪艳主编. —北京：人民日报出版社，2019.6
ISBN 978-7-5115-6078-0

Ⅰ.①奠… Ⅱ.①梁… ②吕…Ⅲ.①高等教育—文
集 Ⅳ.①G64-53

中国版本图书馆CIP数据核字（2019）第111380号

书　　　名：奠基的年代　戍边的先驱：丁则民育才史料集
主　　　编：梁茂信　吕洪艳

出 版 人：董　伟
责任编辑：杨冬絮
封面设计：中尚图

出版发行：人民日报出版社
社　　　址：北京金台西路2号
邮政编码：100733
发行热线：（010）65369527　65369512　65369509　65369510
邮购热线：（010）65369530
编辑热线：（010）65363105
网　　　址：www.peopledailypress.com
经　　　销：新华书店
印　　　刷：河北盛世彩捷印刷有限公司

开　　　本：710mm × 1000mm　1/16
字　　　数：548千字
印　　　张：33.75
印　　　次：2019年6月第1版　2019年6月第1次印刷

书　　　号：ISBN 978-7-5115-6078-0

定　　　价：98.00元

序 言

2019 年 7 月 22 日是东北师范大学已故学者丁则民教授百年诞辰。为纪念这位中国世界史和美国史学科的奠基者之一，我们将目前搜集到丁则民先生的育才资料汇编成册，以示纪念。同时，我们希望借此机会，追念并弘扬先生的精神，学习他在学科建设、学术研究和人才培养等方面，为国家贡献一生的崇高品质。

作为国内世界史学科的奠基者之一，丁则民在世界史学科的贡献，与武汉大学吴于廑、复旦大学周谷城、东北师范大学林志纯等人不同，这些学者都或多或少地对世界史概念、含义、思想或理论框架的构建，留下了让后学传颂的丰富著述，而丁则民先生关于整体的世界史观的认识，几乎没有成型的文章与著作。但是，他的贡献主要在于世界史学科的学科建设，包括课程建设、教材编写、研究生培养体制、学科师资队伍等方面。关于这些贡献的具体事迹，请参见本集中收录的《默默无闻的开拓者——浅议丁则民对世界史学科的贡献》。

由于特定历史年代的特殊条件，丁则民先生是从 60 岁以后开始招收和培养研究生的。在他人生最后的 20 年间，丁则民先后培养的硕士研究生不到 20 人，博士研究生 13 人。但是，这些人才毕业后都相继成为其所在单位或者行业的骨干和带头人。就目前国内美国史学界而言，像厦门大学的王旭、韩宇，上海社会科学院的黄仁伟，先后在南京大学、华东师范大学和云南大学任职的戴超武，现代国际关系研究院的袁鹏，浙江师范大学的孙群郎，先后在教育部和北京大学工作过的安钰峰，等等，都是丁先生门下的佼佼者。张勇安和张杨等作为中国美国史研究领域的后起之秀，也曾在东北师范大学完成了本科和研究生学历教育，是丁先生成功申获的世界地区国别史、世界近现代史硕士点和博士点——世界近现代史——的直接受益者。

此外，除丁先生门下的学生外，他指导过的著名学者也不少见，其中包括著名的美国史学者、前中国美国史研究会副理事长任东来教授，我国著名的环境史学家侯文蕙教授，中国美国史研究会副理事长黄柯可教授，以及在东北师范大学工作多年的同事宫秀华、徐家玲和李晔教授等。首都师范大学周钢在研究美国西部史的过程中先后接受丁先生指导长达数十年。据周钢老师本人讲，他与丁先生之间的书信多达35封，其中许多就是讨论学术问题的。我们相信，读者通过对本资料集的阅读，会与我们有一个共识：在人才培养方面，丁先生的贡献绝对不限于美国史，而是惠及世界史学科的许多老师。

为了反映丁则民先生教书育人的思想和业绩，我们根据所采集到的资料，将其分为三个部分——教学与研究编、交流与举贤编和学界追思与评价编。

在教学与研究编中，除了丁则民在北京师范大学执教时拟定的美国史教学大纲外，主要收集了丁则民在二十世纪七十年代到八十年代带领学生翻译的资料，其中包括三十世纪七十年代美国华盛顿大学（西雅图）的历史课程设置一览、美国学者撰写的美国史著作部分章节或论文，或者是原始资料。此外，该部分还收录了丁则民先生在八十年代到九十年代的研究生授课讲义；先生的讲义书写在传统的记事本，或者是日记本上。在内容选择方面，因为篇幅限制，根本不可能将其全部收入。于是，我们选择两个方面，第一是选择了从殖民地时代到内战前的讲义，其内容编排反映了先生对美国通史中一些重大问题的认识，同时还能反映美国历史发展的基本线索。第二是选择了先生在二十世纪九十年代讲授的美国移民史的部分讲义。在编辑这两个部分内容的时候，我们的原则是：（1）与已经公开出版的《美国内战与镀金时代》内容雷同部分没有收入，以免重复，造成资源的无谓浪费；（2）关于美国移民史的内容，如果丁则民先生已有公开的文章面世，则不再收入。这些内容主要是研究生讲义。我们曾经试图寻找丁先生当年编写的《世界现代史》教材，以求洞察丁先生在本科生教学方面的思考，遗憾的是没有找到，这项工作还要继续努力。

交流与举贤编中的内容更加丰富。其中包括丁先生与友人和学生的书信、研究生的培养心得、研究生招生经验总结、西南联大的回忆以及自己学术道路的总结等。与友人和学生的信件特点有三，第一，所有信件都在谈工作，包括推荐学生深造、出国交流，或者是就业；有些信件是具有励志性质的内容，鼓励学生克服困难，矢志学习；有些信件是向学生传授撰写书评的方法，等等，不一而足。第二，我们在整理资料中发现，丁先生做事非常认真，无论是向学校提交的报告公文还是给学生或者友人的信件，每一封信都要打草稿。这种打草稿的习惯反映在他做事的每一个方面，甚至参加学校学科建设的汇报、教学总结，或者是申报项目等，都要反复斟酌、修改和润色。本集中收录的许多信件，包括致黄绍湘、杨生茂、邓蜀生、李道揆等人的信件都是草稿，没有签名和书写时间。有些段落经过反复修改，字迹重叠或者模糊，不大容易辨认，因而我们总担心在文字输入的过程中出现理解性错误。第三，丁先生特别注重于对外学术交流，不少信件中总涉及邀请外籍教师讲学，或派遣青年教师赴国外研究与深造之事。

学界追思与评价编中，收集的文章包括三个方面，第一部分是丁先生去世时，学界友人的唁电，这一部分的一些作者（例如刘绪贻教授、黄绍湘教授、任东来教授等）已经去世；第二部分是丁先生在美国史研究领域培养的学生，在读书期间以及毕业后与先生交往中的个人回忆性文章；第三部分是东北师范大学历史文化学院部分教师与校外学者，在与丁先生的交往中的回忆；第四部分是对丁先生在美国史、世界史研究和教书育人等方面的学术评价。

为了增强读者对丁则民先生个人的直观印象，我们甄选了23张照片。这些照片主要反映丁先生的人生历程以及他与学界的交往、他与学生的交往。它们从不同侧面反映了丁先生在不同历史时期的精神面貌。由于有些照片年代久远，照片有些模糊，但是，人物形象及其基本特征还是比较清晰的。此外，在每一编开始之前，我们增加了简要的"编者按"，对该部分资料的要旨做了简单的介绍，帮助读者理解。

需要说明的是，在文集编辑的过程中，一种挥之不去的遗憾始终萦绕在我们心头——由于缺乏经验，没有早做准备，着手收集资料的时间也比较晚，因而本集中的材料，在结构上很不完整，尤其是改革开放之前的资料严重缺乏。同时，能够反映先生指导和培养学生的资料也比较少。

在我们收集丁先生的教学资料、个人书信与照片的过程中，许许多多友好人士提供了十分难得的无私帮助。北京师范大学黄安年先生获悉我们的意图后，热情地奉献出他与丁先生之间的许多私人信件和他在北京师范大学档案馆找到的1952年丁先生制作的美国史教学计划，同时让我们从他主持的科学网上下载了大量的信息。好友任东来教授的夫人吴耘女士热情地提供了丁先生写给任东来的信件。同样，远在海外的丁先生的弟子卞历南教授也贡献了丁先生写给他的信件和几张珍贵的照片。丁先生的其他学生——包括王旭、游恒、韩宇、林艳、王媛——也提供了不少照片。丁克宜无私地将丁先生的讲义贡献出来，构成本书第一编的内容。北京大学著名的历史学家马克垚先生热情好客，不仅接受了我的采访，而且还贡献了当年与丁先生访问英国与希腊时的照片。

在我们向与丁先生熟识的人士、学生、好友等各方面透露了征求纪念丁先生的个人回忆性文章之后，许多学者都表示愿意提供力所能及的支持。厦门大学的韩宇教授不仅提供了许多有关资料，而且还主动与学界同仁积极联系约稿。中国社会科学院世界历史所德高望重的黄柯可先生、研究美国环境史的中国学界第一人侯文蕙先生、辽宁大学的石庆环教授、东北师范大学历史文化学院的宫秀华教授、徐家玲教授等撰写回忆性文章，从各个侧面提供了当年丁则民先生在教书育人等方面的事迹。首都师范大学周钢教授尽管患眼疾多年，还是克服种种困难，完成了关于美国牛仔文化的论文。当他尝试再书写一篇个人回忆性文章而屡次不成，不仅多次致歉，还同意将他的《牧畜王国的兴衰》后记中关于对丁先生的谢忱的文字收入本资料集之中，以示谢意。总之，没有上述各位热心学者的支持，我们就会因"巧妇难为无米之炊"而半途而废，这本文献集也恐难完成。

当然，在编辑的过程中，我的研究生王万理、尚书喆、骆元生、韩虎强、刘依纯、刘阿龙和林筱茵等同学在文字输入方面提供了重要的帮助。王媛的研究生在扫描丁先生的部分档案文献方面做了有益的工作。在校对的过程中，吕洪艳博士与上述研究生都投入了相当多的时间和精力，尽量使资料集文稿差错率减少到最低。此外，还必须指出的是，由于丁则民先生十分重视教育和学术中的对外交流，因而其书信、文章和讲义中，许多人名、地名、立法名称、专有名词及组织机构等都是用英语表述的。他这样做的目的就是为了让学生在学习专业知识的同时，提高英语水平。但是，在编辑中，为了遵守出版和编辑方面的规范性要求，我们在不改变原意的情况下，将原稿中的大多数英文译成汉语，从而保证阅读的流畅性，特此说明。

最后，要感谢人民日报出版社，没有该社领导和责编的热情支持和服务，这部资料集就不会这么顺利与读者见面，在此一并致谢。

2018 年 12 月于东师史苑

目　录

教学与研究编

交流与举贤编

学界的追念与评价编

教学与研究编

jiao xue yu yan jiu bian

"教学与研究编"由四部分组成。第一部分是丁则民 1951 年在北京师范大学任教时制定的《美国史教学计划》;第二部分是丁则民在 1979 年率领美国史学习小组翻译的"美国华盛顿大学课程设置一览（历史部分）";第三部分是摘自中国美国史研究会主编的 1982 年《美国史译丛》上刊载的丁则民带领学生翻译的六篇文章;第四部分是丁先生为研究生开设的美国通史和移民史讲义。

如果说制定美国史教学计划和翻译美国华盛顿大学本硕博历史课程体系资料,反映了丁则民教育思想中特有的开阔的国际视野,那么,他在 1980 年至 1982 年带领美国史学习小组翻译美国学界的成果,对培养人才则具有重要的深远意义。翻译美国史资料,是当时在老一辈学者的策划之下,中国美国史研究会为史料共享、扩大影响并吸收更多的青年才俊学习美国史的一种积极措施。丁则民先生是策划人之一。他率领的东北师范大学美国史学习小组参与翻译的史料均被收入本集中。这些文章均出自美国史学名家之手,或者是精心挑选的原始材料。

对于美国史的初学者而言,翻译上述史料具有十分重要的多重性意义。第一,对于在改革开放之初进入高校的大学生而言,在俄语盛行的时代,多数人的英语基础较差。选择美国学者的成果作为翻译材料,在教学上属于非常理想的英语教学材料,其语法、句法、时态和英语书写都十分规范,有助于学生在专业英语学习方面少走弯路。第二,检验学生的汉语文字能力,训练其汉语学术语言的表述方法与技巧。第三,学习、积累并掌握美国历史的基础知识。第四,由于选择的笔译材料皆出自著名美国史学家的新成果,因而翻译者也就在一定程度上"紧贴"美国学界研究的前沿位置,并在史学史知识方面奠定必要的基础;第五,通过对美国著名学者成果的翻译,有助于初学者学习其历史研究方法的建构、视角选择、问题意识的培养、选题方法以及论述技巧等,使得参加者在历史书写的专业化方面站在较高的起点上。

除上述翻译的史料外,本文集中还收录了丁则民先生部分讲义。就美国通史而言,主要选取了北美殖民地时代到十九世纪六十年代的美国内战后重建这一段,之后到二十世纪初期的内容,则因为与《美国内战与镀金时代》(人民出版社 1990 年版)有重复而未被收录。而移民史则是以专题的方式呈现,对后人研究丁则民先生在研究生教学方面的教育思想与实践大有裨益。丁则民先生讲义的特点是视野开阔,学术的逻辑清晰,其讲义的结构、授课方法、与学生的交流等,带有明显的"西洋"风格,也是那个时代研究生培养模式的写照。

因为讲义不是在公开刊物上发表的成果,而是丁先生自己在日记本上写就的,语句比较通俗,标点的使用和段落安排,都未经过正式的学术加工。为保持原貌,我们在编辑的过程中原样收录,未作较大的改动。例如,在讲义中用英语书写的人名、文件名称、地名及河流山川名称等等,都用英文表述,这与丁先生在教学中十分重视历史概念的习惯是一致的。丁先生在研究生招生中,经常以一些历史人名和地名等基础概念作题目。有几次研究生复试时,他让学生按照时间顺序回答美国总统的姓名及其任职时间、美国宪法修正案颁布的时间与内容、美国各州最大的城市与州府所在地等,或者是美国的山川河流的名称与走向,等等,目的是要学生在学习的过程中树立基本的历史时空概念。

《美国史教学计划》①

（一）学习美国史的目的

1. 世界各国社会发展的历史是互相联系和互相影响的；现代世界政治及经济的发展也都有其历史根源。我们要了解世界现势（按：现势）就有认识帝国主义阵营中最顽强者——美帝国主义的必要；但是要深刻地认识今天美帝所发动的疯狂侵略政策及奴役世界人民的阴谋，就非研究其社会发展进程——他〔它〕的经济基础、社会制度、增殖（按：政治）组织等演变——不可。

2. 把帝国主义的寄生性和腐化性的理论和美国社会发展具体的史实相结合，可以加强我们对资本主义必然死亡、社会主义必然胜利的信念。

3. 从历史的事实中，揭穿美国资产阶级专政的伪装"民主"，暴露他〔它〕压迫国内人民、国外弱小民族，以及一贯的侵略中国的阴谋，更可以加深我国（按：我国人民）对美帝的鄙视、仇视和蔑视。

（二）时间及内容的分配

本学期共有十七周，现以每周三小时计，共有五十一小时讲授时间，如以每小时讲授提纲中之一小题，大致可以讲授完毕，但事实上每段（一）小时恐将不够，因此必要时，拟增加讲授时间，兹将讲授大纲及讲授时间拟定如下：

第一周至第四周：

1. 欧洲列强殖民美洲的开端（十五世纪至十七世纪初）

2. 英国殖民北美（十七世纪初至十八世纪中）

---

① 《美国史教学计划》拟自 1951 年 2 月 22 日，现存于北京师范大学档案馆，引自黄安年科学网博客（2009 年 6 月 24 日发），http://blog.sciencenet.cn/blog-415-239962.html.（2018 年 10 月 24 日下载）

第五周至第七周

3. 北美殖民地的成长及独立革命战争（十八世纪中至 1783 年）

4. 资本主义国家之建立及初期的发展（1783 年—1848 年）

第八周至第十周

5. 内战前后（1848 年—1867 年）

6. 资本主义高度民主发展的美国（1867 年—1898 年）

第十一周至第十五周

7. 帝国主义时期的美国对外侵略（1898 年—1918 年）

8. 两次大战之间的美国（1918 年—1939 年）

第十六周

9. 第二次世界大战前后的美国（1939 年—现在）

（三）学习方法

本课中文参考书极少，且有些翻译的书籍已经绝版，因此有辅导同学阅读英文参考书之必要。以课堂讲授为主，另外拟些问题，指定同学课外作业，必要时由同学做典型学习报告，互相讨论、批评及观摩，提高同学对本课之兴趣。

参考书目

中文参考书多系翻译，计有：

1. 美国史册，C. A. Beard 及 W. C. Bagley 原著，魏野畴译。

2. 美国社会发展史，A. M. Simons 原著，王雪华译。

3. 现代美国，苏联百科全书研究院编，潘公照译。

4. 美国通史册，Allen Nevins 原著，刘尊棋译，中外出版社。

英文参考书有：

1. A. M. Simons：*Social Forces in American history.*

2. C. A. Beard：*The Basic History of the United States.*

3. C. A. Beard：*The Rise of American Civilization.*

4. M. Savelle：*The Foundations of American Civilization.*

5. S.E. Morison & H. S. Commager：*The Growth of the American Republic*（2 Vols）

6. S.F. Bemis：*A Diplomatic History of the United States.*

参考书中除一两本外，多系以资产阶级的里程（按：立场）及观点写成的，曲解史实之处极多，非经仔细之分析、批判不能采用。

1951 年 2 月 22 日

美国华盛顿大学课程设置一览（历史部分）^①

译者说明

　　这是我们组织我校历史系青年教师英语进修班学员译出的美国一所大学历史系现行课程设置的材料，它译自《华盛顿大学公报：1978 年—1980 年校务一览》（*General Catalog*·78-80·University of Washington Bulletin）中的人文科学和自然科学学院历史系课程设置部分。该系在 1978 年至 1980 年为大学本科生和研究生开设的课程分为五个方面，即一般历史、美洲史、古代中世纪史（包括拜占庭）、亚洲史和欧洲近代史。各课程均列有编号并注明学分、开课季度（每学年分为春、夏、秋、冬四个季度）和主讲人。编号在 300 以下的课程供本科低年级学生选修；编号在 300 到 500 之间的课程一般供本科高年级学生选修，但对课程的主题具有兴趣和初步了解的一年级和二年级学生也可选修；一般编号 300 以上的课程涉及较高水平的较广泛的课题，大多数编号 400 以上的课程涉及在限定时期内的个别国家；编号在 500 以上的课程是专为研究生开设的。各课程项目下均有简明介绍，说明其主要内容和研究重点，并列举了选修的必备条件。

一般历史

本科学生的课程

历史 111

世界古代史　　　（5 学分）　　　秋季开课

主讲人：布里奇曼，弗里尔，卡茨，C·托马斯

　　　　西方文明的起源直到罗马帝国灭亡的历史。

---

　　① 摘自吉林师范大学（按：东北师范大学在 1958 年至 1980 年由吉林省管辖时期的名称）历史系美国史研究室 1979 年 9 月油印版。

历史 112

世界中世纪史　　（5学分）

主讲人：巴卡拉克，鲍巴，布里奇曼，莱特尔

　　中世纪政治、经济、社会及思想史概述。

　　本课程不接受已选修古代中世史 331 或 332 或 333 课程的学生。

历史 207

思想史导论　　（5学分）　　秋季开课

主讲人：基尔卡普

　　从柏拉图到二十世纪西方思想史脉络中关于爱神（eros）概念的历史概述。包括柏拉图的《专题论文集》，圣经，奥维德，圣·奥古斯丁，显贵的爱情，但丁，狄德罗，德·塞德侯爵，歌德，D·H·劳伦斯，弗洛伊德和当代的电影及音乐。对爱神概念和西方思想在设想方面的一些重要变化予以同样的注意。

　　本课程不接受已选修历史205课程的学生，所有主修比较思想史的学生须学此课。

历史 215

原子弹的历史　　（3学分）

主讲人：汉金斯

　　原子弹的历史，从原子核物理学的创立到J·罗伯特·奥本海默的安全意见听取会为止。本课程包括对原子弹可能制成的诸科学成就的研究，美国一个科学家团体的组织结构，曼哈顿计划的历史，部署这种炸弹的决定，参与研究原子弹的科学家们在精神上的顾虑，以及间谍活动和安全问题，并以奥本海默的安全意见听取会为终结。

　　除了关于这一课题的多卷文献读物外，本课程还包括观看一些纪录影片以及与当时积极地从事曼哈顿计划研究的全体成员进行的一些讨论。

历史 261

穆斯林的近东概述 （5学分）

主讲人：巴卡拉克

从公元662年伊斯兰教的兴起到现在的近东（阿拉伯诸国、土耳其、伊朗以及阿富汗）历史概述。历史的各个方面（文化、经济、政治等）皆予以探讨。

历史 294H

历史编纂学 （5学分）

主讲人：利维

从古代开端到二十世纪初关于伟大历史学家的读物。研究人类过去的观念怎样改变我们的时代。建议系优等生规划培养的学生学习本课，但非优等生的学生也可选修。

历史 299H

优等生学术讨论会 （3—5学分）

历史方法导论。学生通过对一些著名的传说的运用来检验历史的证据以及研究神话和传说与历史的本来面目之间的差距。

历史 301

欧洲近代初期的历史：1450年—1648年 （5学分） 秋季开课

主讲人：布里奇曼，埃默森，格里菲思，利维

从文艺复兴末期到威斯特伐利亚和约的签订，这一时期欧洲的政治、社会、经济及文化的历史。

历史 302

从 1648 年到 1815 年的欧洲近代史　　（5 学分）　　冬季开课

主讲人：布里奇曼，埃默森，汉金斯，莱特尔，休格

    从威斯特伐利亚和约的签订到拿破仑帝国的灭亡，这一时期欧洲的政治、社会、经济及文化的历史。

历史 303

1815 年以来的欧洲现代史　　（5 学分）　　春季开课

主讲人：布里奇曼，埃默泰，平克尼，休格

    从拿破仑帝国的灭亡到现在，这一时期欧洲的政治、社会、经济及文化的历史。

历史 304

1650 年以来欧洲的海外扩张　　（5 学分）

主讲人：贝尔

    十七、十八世纪日益扩张的欧洲北部诸帝国（英国、荷兰、法国）概述；十九世纪初期英国海军及经济的显赫地位；欧洲扩张的高潮和1870年—1920年间在海外的冲突；二十世纪中叶帝国的瓦解及崩溃；诸帝国的遗产与帝国主义。建议学生学习欧洲近代史的概述课程。

历史 307

基督教史　　（5 学分）　　冬季开课

主讲人：特雷德戈尔德

    基督教史导论，包括从耶稣基督时代到现在的教义、实践、教会组织和文化。尽量不回避就此论题所提出的诸方面争执，但强调根据学识建立论据的必要。

历史 308

近代基督教的神学史　　　（5学分）　　　春季开课

主讲人：基尔卡普

　　宗教改革以来基督教神学的主要发展趋势概述，包括到1800年的这个时期，并集注意力于十九、二十世纪。对于下述问题予以特殊注意：历史循环论的影响，对自由主义和保守的神学的考证，以及巴尔特[1]和布尔特曼[2]战胜自由主义新教继承传统的组织机构的努力。

历史 310

从历史的角度正确观察科学与宗教　　　（5学分）　　　冬季开课

主讲人：汉金斯

　　科学思想和宗教思想一直是形成我们现代世界观的两个主要动力。它们常被视为冲突的事物，实际上人们能够恰如其分地把两者看成是相辅相成的。本课是对科学思想与宗教思想之间的关系的研究，而且集中注意于从古到今一系列的特殊历史事件。

历史 311

文明中的科学：古代—1600年　　　（5学分）　　　秋季开课

主讲人：汉金斯

　　本课从古典期以前的古代直到中世纪的终结，侧重于一些科学思想的成长，关于它们在文明中形成的来龙去脉，以及它们与文化史中其他思想运动的关系。

---

[1]　巴尔特（Barth），瑞士神学家。——译者

[2]　布尔特曼（Bultmann），德国神学家。——译者

历史 312

文明中的科学：近代社会的科学　　（5学分）　　冬季开课

主讲人：汉金斯

自文艺复兴以来近代科学的发展，强调十七世纪的科学革命、方法论的发展，以及新的兴趣领域和新思想风尚的出现。

历史 345

战争与社会　　（5学分）　　秋季开课

主讲人：布里奇曼

从文艺复兴时期直到现在的战争方法之分析，并且考虑战争在西方世界的社会、政治及经济后果。

历史 351

1800 年以前的非洲史　　（5学分）　　秋季开课

主讲人：格里菲思

从古代到1800年的下撒哈拉非洲史。该洲的移民分布；非洲的铁器时代；中央集权政治制度的发展；未形成国家的一些社会；伊斯兰教的传入；非洲的奴隶贸易。

历史 352

1800 年以来的非洲史　　（5学分）　　冬季开课

主讲人：格里菲思

从1800年到现在的下撒哈拉非洲史。非洲十九世纪的革命运动；欧洲人的扩张与非洲人的抵抗；殖民统治和近代民族主义的兴起；社会、经济及宗教变化的逆流；独立的非洲和游击斗争。

历史 361

历史上的奴隶制：一种比较研究 　　（5 学分）

主讲人：巴卡拉克

作为一种普遍的历史现象的奴隶制度适合于比较分析，我们按照哲理、经济价值和地方实践对其进行研究。概括研究下列历史时期（及地区）：古代近东，希腊，罗马，伊斯兰国家，非洲，拉丁美洲以及北美洲。

历史 362

历史上奴隶制度的终结：一种比较研究 　　（5 学分）

主讲人：普雷斯利

研究集中于从十八世纪末开始，延续到十九、二十世纪奴隶制被正式废除的许多社会：美国北部，海地，牙买加，加拿大，俄国，美国南部，古巴，巴西，扎里亚（尼日里亚北部）和一些中东及远东国家。特别着重研究那些社会的两个方面：奴隶制被废除的情况和方式；奴隶解放以后，从前的奴隶、奴隶主以及各自后裔的社会地位和处境。

历史 391H—392H

思想学术讨论会 　　（3—5 学分）

就选定的思想史论题进行讨论；写一篇论说文。

历史 395H

近代历史写作，优等生讨论班

主讲人：利维

介绍历史学家考查的一些新型问题以及解决那些问题而逐渐形成的新方法。本课以一个简要的历史编纂学导论开端，回溯到十九世纪中叶一些"科学的"历史学家，然后继续考查新学科（比如：心理学，社会学，经济学）及采用新方法（比如：统计法，比拟法）对历史学家的影响。阅读材料是有关一些理论家以及那些效法他们的追随者的读物。仅凭系的请帖听课。

历史 411

近代科学的起源：自然科学　　　（5学分）

主讲人：汉金斯

通过对自然科学发展的关键时期的透彻研究掌握自然科学史。着重于科学革命的性质和个别科学家的作用。必备条件：学过一门自然科学的导论课程。

历史 412

科学与欧洲的启蒙运动　　　（5学分）

主讲人：汉金斯

科学对于十八世纪的思想、社会、经济和宗教势力的作用，以及同一时期国际科学团体的成长。

历史 425

1783年以来不列颠帝国和英联邦的历史　　　（5学分）

主讲人：贝尔

不列颠在加勒比海地区、非洲、印度、东南亚以及太平洋地区、加拿大、澳大利亚、新西兰和南非的开拓、经济发展以及政治演变。

历史 443

美国与日本：从佩里到麦克阿瑟　　　（5学分）　　　秋季开课

主讲人：巴托

从1853年佩里"黑船队"的到来直到1945年日本投降的日美关系史。必备条件：学过日本近代史或相当的课程。

历史 447

战略和策略上的历史实例之研究　　　（4学分）　　　春季开课

主讲人：福勒

　　选自十九、二十世纪的几次战争或外交局势中的克劳斯威茨方案和马汉方案的研究。本课是为高年级学生和研究生开设的课程。注册人数限定20人。必备条件：得到许可。

历史 450

从 1000 年到现在的西部非洲史　　　（5学分）　　　冬季开课

主讲人：格里菲思

　　1600年前的苏丹西部诸国；横渡大西洋的奴隶贸易；富尔贝人的圣战（jihads）；沿海诸民族与欧洲人的入侵；殖民统治和西非民族主义的反抗；现代时期的政治独立及经济依附。

历史 451

从古到今的东非和中非史　　　（5学分）　　　春季开课

主讲人：格里菲思

　　从阿克松（Axum）王国到近代尼罗河流域的非洲和埃塞俄比亚；斑图人、尼罗河流域居民、古埃塞俄比亚人（the Cushitic）的移民群和国家制度的发展；斯瓦西里海岸以及深入该海岸的阿拉伯和葡萄牙的侵略者；欧洲人的征服和非洲人的反应；近代民族主义的发展，直到现在。

历史 452

从 1500 年到现在的南非　　　（5学分）

主讲人：格里菲思

　　从葡萄牙人的到达到现在赞比西河以南的非洲政治、社会和经济制度的发展；从1652年到1870年好望角殖民地，出生于南非的欧洲人以及英国人与非洲民族间的相互影响；从1870年到现在南非的白人开拓者国家之政治、社会和经济的发展。

历史461

近东史：622年—1300年 （5学分） 秋季开课

主讲人：巴卡拉克

从伊斯兰教出现时起的阿拉伯诸国。

历史462

近东史：1300年—1789年 （5学分） 冬季开课

主讲人：巴卡拉克

直到苏丹塞里姆三世登基时的阿拉伯诸国。

历史463

1789年以来的近东史 （5学分） 春季开课

主讲人：巴卡拉克

从西方化革新运动到现在的阿拉伯诸国。

历史464

北非史 （5学分）

从伊斯兰教徒的征服时起直到摆脱欧洲的殖民统治确立了独立地位，这一时期的北部非洲（利比亚、突尼斯、阿尔及利亚和摩洛哥）。按照现在各个国家的诞生过程强调经济、社会和文化的发展，考察上述国家与伊斯兰世界的其余部分的关系以及它们与南非、欧洲的关系。

历史465

古钱学讨论班 （3学分）

主讲人：巴卡拉克

介绍政治史、经济史与文化史之古钱学证据的运用。必备条件：得到许可。

历史 469

近代犹太人历史导论　　（3 学分或 5 学分）

选讲近代犹太人历史（从 1789 年到 1948 年）诸问题。

历史 481

欧洲经济史　　（5 学分）

主讲人：莫里斯

近代欧洲经济的起源；对从中世纪时代起的经济变化和发展作历史的分析，侧重于工业化的前提条件和后果。与经济学460课程联合开设。建议学生学习经济学200、201课程。

历史 491H—492H

历史教学法　　（3—5 学分）　　　冬季、春季开课

历史治学的意义、工具和方法。理论、实践与批判。

历史 498

高年级讨论班　　（3—5 学分，最高 15 学分）①

每个讨论班考查一个不同的主题或问题。历史系办公室备有各讨论班及其导师的一览表。学生如欲注册参加讨论班，必须经该讨论班的导师许可。

历史 499

大学本科生的研究工作　　（1—5 学分，最高 15 学分）

分别在秋季、冬季、春季进行。

---

① 高级研讨班最高学分为15分，是为防止任何一位学生无限制地选修自己喜欢的课程所做的限制。若一门课程为 5 学分，意味着一名学生选修该课的次数不得超过三次。其目的在于防止学生选课扎堆，保证课程资源的均衡利用。本课程计划其他规定最高超过 10 学分的课程，其用意相同，不再注释说明。——编者

专为研究生开设的课程

历史 511

自然科学史　　　（3—6 学分）

主讲人：汉金斯

历史 512—513—514

自然科学史讨论班　　（均为 3—6 学分）　　分别在秋季、冬季、春季开课

历史 524

不列颠帝国史　　　（3—6 学分）

主讲人：贝尔

历史 543

1931 年—1941 年间的美国外交与世界危机　　（3—6 学分）　　秋季开课

主讲人：巴托

　　美国参加第二次世界大战以前十年之外交的领域课程①，重点放在远东的危机。必备条件：得到许可。

历史 544—545

1931 年—1941 年间的美国外交与世界危机讨论班

（均为 3—6 学分，最高为 12 学分）　　冬季、春季开课

主讲人：巴托

　　美国参加第二次世界大战以前十年的外交，重点放在远东危机。必备条件：得到许可。

---

①　领域课程是为研究生获取硕士或博士学位所开设的选修课程。——译者

历史 551

非洲史领域课程　　　（3—6学分）　　　春季开课

主讲人：格里菲思

　　对非洲史一些主要的历史著作和一些阐述性的争论作系统的考察，同时特别注意研究历史之重建的边缘科学方法的成长和对口述史料的评价与运用。必备条件：具有下列某一种语言的阅读能力：法语、德语、葡萄牙语、阿拉伯语，或非洲其他语言。

历史 561

伊斯兰教史　　　（6学分）

主讲人：巴卡拉克

　　领域课程。对伊斯兰教的一些主要时期及问题的深入研究导论。强调目录学的指导。

历史 562

奥斯曼帝国史　　　（3—6学分）

主讲人：休格

　　领域课程。介绍1300年至1914年奥斯曼帝国的主要时期和诸问题，使学生了解至少用两种文字写的主要著作。试图讲授一些运用奥斯曼帝国资料的方法。每个学生需详细研究一个较小的问题。必备条件：除英语外至少具备一门主要语言知识（如：法语、德语、俄语或其他语言）。

历史 563

近代的近东　　　（3—6学分）

主讲人：巴卡拉克

　　把1798年到现在的近东史的主要时期及诸问题介绍给学生的领域课程。必备条件：得到许可。

历史 571

本学院的历史（无学分）

是为未来的学院和大学历史教师准备履行他们的职责而设的课程，此课无学分，自愿选修。必备条件：获得历史学的硕士学位。

历史 591

古代及中世纪时期的欧洲历史编纂学　　（3学分）　　秋季开课

历史 592

近代初期的欧洲历史编纂学　　（3学分）　　冬季开课

历史 593

近代初期的欧洲和美国历史编纂学　　（3学分）　　春季开课

历史 594—595

历史哲学讨论班　　（均为3—6学分）

历史 598

历史研究工作的一些方法　　（5学分）

这是对从事历史研究工作的一些治学方法之实际训练。通过写作练习反复培养，达到专业人员的水平，写作练习包括实际查找史料的能力，对文献的鉴别评价，撰写报告和论文时对这些历史证据的运用，以及引用文件的几种适当格式。前往各类档案机构作实习旅行，以补充讲课和写作练习。

历史 600

独立研究或研究工作　　全年进行

历史 700

硕士论文　　　全年进行

历史 800

博士论文　　　全年进行

美洲史

本科学生的课程

美洲史 135

美国人民以及他们在世界大战、革命和社会变革时期的文明：1941 年以来的
美国历史　　（5 学分）　　冬季开课

　　主讲人：皮斯

　　　　　　现代世界范围的社会变革时期美国历史主要动力的调查研究。主要
　　　　　　通过研究历史文件、个人的陈述以及原始资料，通过写专题报告和
　　　　　　指导教师的分组个别指导、讲课和听觉视觉的展示，鼓励学生们检
　　　　　　查证据，并用历史方法考察历史纪录及他们自己一代和前一代范围
　　　　　　之内的人物、事件和运动。本课主要是为一年级学生开设的。

美洲史 150

美国黑人史　　（5 学分）

　　主讲人：弗林特

　　　　　　初步概括研究美国黑人史的课程和问题，既注意非洲也注意美国。
　　　　　　提供关于美国黑人史的一般知识，并且作为美国黑人史连续的讲演
　　　　　　课程和讨论班的一门基础入门课。

美洲史 180

1848 年以前的奇卡诺人民史　　　　（5 学分）

主讲人：吉尔

　　　从西班牙时代以前到美国与墨西哥战争时期奇卡诺人民的历史概述。

美洲史 181

1848 年以来的奇卡诺人民史　　　　（5 学分）

主讲人：吉尔

　　　美墨战争以来奇卡诺人民的历史概述，建议学生选修美洲史180课程。

美洲史 201

美国史概述　　　（5 学分）　　　秋季、冬季和春季开课

　　　为每个有理解能力的、受过教育的美国公民提供应具备的美国历史知识。目的是使学生了解本国历史的遗产，并且更加明智地意识到现在。

美洲史 281

拉丁美洲史导论：从哥伦布到卡斯特罗　　　　（5 学分）

主讲人：索尔伯格

　　　从伊比利亚人的征服到现在的拉丁美洲政治、经济和社会的历史概述。讲演、讨论和影片都集中于通过研究其历史根源来逐渐了解拉丁美洲当代的问题。课程乃计划为初学者和非专业人员开设的。

美洲史 301

美国文明的基础　　　（5 学分）　　　秋季开课

主讲人：约翰逊

　　　西半球盎格鲁撒克逊人社会的建立。着重于最早殖民地建立、新文明的发展、独立和美国联邦的组织。

美洲史 311

美国的文明：独立后的第一个世纪　　　（5学分）　　　冬季开课

主讲人：皮斯，普雷斯利，索姆

美国宪法制度的建立；国家的扩张；思想和文化的发展；内部冲突，南北战争和重建。

美洲史 331

1877 年以来近代美国的文明　　　（5学分）　　　春季开课

主讲人：伯克，皮斯，普雷斯利

南北战争后近代美国的出现；经济、社会、政治和思想发展的相互关系。

美洲史 333

二十世纪二十年代以来的美国南部　　　（5学分）

主讲人：福勒

前南部同盟十一个州的政治、社会和经济的发展。特别着重于种族关系问题、公民权利和文化的特点。建议学生选修美洲史201课程。

美洲史 351

1840 年以前美国宪法的形成　　　（3学分）

英国的君主立宪政体及其对殖民地的意义；美国革命；各州宪法的制定；邦联条款和 1787 年宪法；新政府的就职典礼和"权利法案"的采纳；约翰·马歇尔的宪法裁决；杰克逊的民主政治及其宪法的含义。

美洲史 381

拉丁美洲：早期殖民地时代　　　（5学分）　　　秋季开课

主讲人：奥尔登，索尔伯格

美洲的发现与西班牙和葡萄牙帝国的建立及其十八世纪改组前的发展。

美洲史 382

殖民地末期和民族国家初期的拉丁美洲 （5学分） 冬季开课

主讲人：索尔伯格，奥尔登

帝国的改革，为独立而斗争；新国家的建立。

美洲史 383

现代拉丁美洲 （5学分） 春季开课

主讲人：索尔伯格

分析自十九世纪末以来拉丁美洲几个主要共和国的经济问题，政治和社会变化以及文化思潮倾向。

美洲史 384

美洲国际关系史 （5学分） 冬季开课

主讲人：吉尔

美洲国际关系的历史概述，着重于1776年以来美国对于拉丁美洲一些问题在外交和军事上的反应，同样着重于一些地区组织的活动。建议学生选修美洲史381、382、383课程。

美洲史 401

美国革命和邦联 （5学分）

主讲人：约翰逊

美国脱离英帝国的原因；革命时期的政治理论；革命时期的军事史；革命时期的外交；作为社会运动的革命；知识界的状况；独立后重新整顿；美国联邦的形成；宪法。

美洲史 404

从建立到内战时期的新英格兰 　　（5学分）　　　冬季或春季开课

主讲人：约翰逊

　　从白人殖民者和土著居民第一次接触到十九世纪中叶该地区上升到
　　国家领导地位的新英格兰。重点放在清教教义、新英格兰的城市、
　　统辖权的调整、革命和宪法的制定、党派的成长、废奴主义、地区
　　文化的繁荣，以及具体体现这些关键主题和时期的人物。

美洲史 409

美国早期社会史 　　（5学分）

主讲人：弗林特，罗雷鲍

　　从殖民地初期到内战结束，这一时期美国社会和制度的概述，特别
　　着重于改革、劳工、移民、教育、法律的实施和城市。

美洲史 410

美国现代社会史 　　（5学分）

主讲人：弗林特，罗雷鲍

　　从重建时期到现在的美国社会和制度的概述，特别着重于改革、贫
　　困、社会的流动性、移民和种族集团，城市及其法律的实施。

美洲史 411

内战和重建时期的美国 　　（5学分）　　　春季开课

主讲人：普雷斯利

　　从十九世纪四十年代到七十年代美国内部的互相冲突的势力、意识
　　形态和生活方式。

美洲史 412

1700 年—1850 年的西进运动　　（5 学分）

主讲人：奈克曼

> 英裔美国人进入美国大陆的内地终于占领远西部。在殖民时期与新
> 法兰西和新西班牙的竞争；联邦政府在西部扩张中的作用；土地政
> 策和土地的分配；移民群、拓居地和拓荒者的经历；联邦对印第安
> 人的政策和手段；政治的演变，都市化和越过阿巴拉契亚山的西部
> 经济的发展，国家特点和制度的形成。

美洲史 413

横越密西西比河的西部史　　（5 学分）

主讲人：奈克曼

> 英裔美国人对横越密西西比河的西部的探险、征服、占领和开发，
> 着重于二十世纪的经济发展，本课考虑到美国西部历史编纂学中具
> 有启发性的题目（社会、政治、文化的题目）的广阔范围。建议学
> 生选修美洲史412课程。

美洲史 414

1607 年—1914 年美国土地的占据和利用的历史　（5 学分）　冬季开课

主讲人：卡斯坦森

> 追溯美国土地占有的显著特点的历史以及赢得和利用巨大的自然资
> 源——毛皮、农田、金属、矿藏、森林、渔业、水和水利的方式。
> 本课为具有一般美国史知识的高年级学生开设。

美洲史 420

被剥夺继承权的美国人　　　（3学分）　　　冬季开课

主讲人：弗林特

　　　　没有分享美国梦想的一些主要集团以及这种梦想与现实的矛盾的概
　　　　述。特别强调导致剥夺继承权的贫困、权利的转让、歧视及其他因
　　　　素。本课分析在剥夺继承权成为地方和全国的现象时的反应，特定的
　　　　时期和争论。必备条件：学过1865年以来美国史的任何一门课程。

美洲史 425

1870 年以前的美国城市史　　　（3学分或 5 学分）

主讲人：弗林特

　　　　从十七世纪起的英国城市发展概述，考察城市的起源、成长的基
　　　　础、发展的模式以及由于城市内部的发展模式而产生的一些问题的
　　　　复杂性和影响。选修本课3学分的学生每周听三次讲演。要获得5学
　　　　分的学生每周听三次同样的讲演，外加用于讨论和特别研究项目的
　　　　两课时。本课为主修历史和学习城市专业的学生开设。

美洲史 426

1870 年以来的美国城市史　　　（3学分或 5 学分）

主讲人：弗林特

　　　　十九世纪和二十世纪美国城市的发展和改造概述。研究大都市问
　　　　题，工业化和工业技术发展变化的影响，移民、迁徙、人种类别和
　　　　社会阶级；外形日益变化的城市与促进城市实体结构的设计之间的
　　　　关系。选修本课3学分的学生每周听三次讲演，要获得5学分的学生
　　　　每周听三次同样的讲演，外加用于讨论和特别研究项目的两课时。
　　　　本课是为主修历史专业和城市专业的学生开设的。

美洲史 431

1920 年以来美国的政治和社会　　　（5 学分）

主讲人：伯克，皮斯

　　1920 年到现在美国的政治、社会、经济和思想界的发展。

美洲史 432

华盛顿州和太平洋沿岸西北部的历史　　　（5 学分）

主讲人：奈克曼，沙姆

　　华盛顿和太平洋沿岸西北部的探险和开拓；经济的发展；政府和社会制度的发展；州的地位。

美洲史 435

1654 年—1885 年美国犹太人的社团　　　（5 学分）　　　春季开课

主讲人：利普斯塔特

　　研究美国犹太人社团的政治、社会、经济和宗教的历史，其时间范围是从 1654 年开始，经过西班牙和葡萄牙犹太人时期，德国犹太人时期，直到东欧移民流入美国的开始。侧重于犹太人的社团和宗教的制度，因为它们反映美国犹太人社团的独特性质。

美洲史 436

1885 年以来的美国犹太人史　　　（5 学分）

主讲人：利普斯塔特

　　从东欧大移民时期直到现在的美国犹太人社团之政治、社会、经济和宗教的历史。移民社团和一般美国社会之融合；排外主义的兴起；美国社会主义的发展；第一次世界大战和第二次世界大战，以及美国犹太人对这些事件的反应。

美洲史 443

1619 年—1877 年美国黑人史　　　（5 学分）

主讲人：弗林特

　　一般概述和评论考察从殖民地时期到重建时期终结；这一时期决定美国黑人历史进程的力量，重点放在黑人社团以及制度和社会的发展。

美洲史 444

1877 年到现在的美国黑人史　　　（5 学分）

主讲人：弗林特

　　一般概括和评论考察重建时期终结以来决定美国黑人历史进程的力量，主要重点放在黑人社团以及制度和社会的发展。

美洲史 451

1776 年—1789 年美国宪法的制定　　　（5 学分）

深入研究邦联条款的制定、各州宪法、土地法令、1787 年美国宪法和"权利法案"。学习方法：课堂讨论和写学期论文，此外要求学生听美洲史 351 课程的讲授，该课包括英国和殖民的背景以及 1840 年前的发展。但不能既得到美洲史 351 又得到美洲史 451 课程的学分。

美洲史 454

美国思想史　　　（5 学分）

主讲人：沙姆

　　讲演和讨论都用于从美国历史开端到现在美国精神的发展。

美洲史 455

1789 年以来美国自由的历史 （5 学分）

主讲人：伯克，皮斯，普雷斯利，沙姆

　　比较研究美国四次改革运动的目的和成就：杰斐逊的民主政治，杰克逊的民主政治，进步党的政见和新政。

美洲史 456

美国人的性格 （5 学分） 冬季开课

主讲人：皮斯

　　研究有些人能够在美国整个历史时期比较至少两个国家或社会——其中一个是美国，从而看出美国人民性格的不同特性的方式；考察对美国人性格的主要解释并试图评价美国人性格的历史后果。课程进行方式是讲演、讨论、阅读和写报告。必备条件：两门学院水平的历史课程，包括研究美国人民和至少另一近代国家社会的人民。

美洲史 458

1865 年以前的美国教育史 （5 学分）

主讲人：伯吉斯

　　在文明发展的来龙去脉中美国教育的发展：殖民地时期，启蒙的影响和免费公立学校的运动。本课与教育政策研究494课程结合开设。

美洲史 459

1865 年以后的美国教育史 （5 学分）

主讲人：伯吉斯（按：原文件中误作"吉伯斯"）

　　在文明发展的来龙去脉中看美国教育的发展：循序渐进的教育，近来的评论，持续的争论和倾向。本课与教育政策研究495课程结合开设。

美洲史 461

1776 年—1901 年美国外交史　　（3 学分或 5 学分）　　秋季开课

主讲人：福勒

　　二十世纪以前美国政府的对外政策。着重于国际战争，领土扩张，美国在世界整治中的地位的特点。选修本课 3 学分的学生每周听三次讲演。获得 5 学分的学生每周听同样的三次讲演，外加每周讨论班两课时。

美洲史 462

1901 年到现在的美国外交史　　（3 学分或 5 学分）　　冬季开课

主讲人：福勒

　　二十世纪期间美国政府的对外政策。把一些国际战争和外交的一些主要事件作为重点。选修本课 3 学分的学生每周听三次讲演。获得 5 学分的学生每周听同样的三次讲演，外加每周讨论班两课时。

美洲史 477

加拿大史　　（5 学分）

主讲人：索尔伯格

　　分析从新法兰西建立到现在的加拿大政治、经济、社会和文化的历史。还侧重 1867 年以来的事件和问题以及二十世纪英属哥伦比亚和魁北克的事件。

美洲史 482

从殖民地时期到现在的巴西史　　（5 学分）

主讲人：奥尔登

　　殖民地的建立；第一和第二帝国；新老共和国；当前的问题；未来的前景。

美洲史 483

普拉特河流域诸共和国和智利：从殖民时期到现在 　　　（5 学分）

主讲人：索尔伯格

分析阿根廷、乌拉圭、巴拉圭和智利的政治史、经济发展和社会变革，以及思想倾向；还涉及这些国家和美国、欧洲以及它们之间的相互关系。

美洲史 485

二十世纪拉丁美洲社会革命：一个比较的探讨 　　　（3 学分）

主讲人：索尔伯格

分析和比较二十世纪拉丁美洲三次重大的社会革命：墨西哥（1900年—1920年），玻利维亚（1952年—1964年）和古巴（1959年以来）。讲演、讨论和读物都是研究这些革命的背景和原因，以及它们所产生政治、社会、经济、文化的变化。仔细分析美国和一些革命政府以及革命后政府之间的关系。

美洲史 486

从殖民的开端到 1882 年的墨西哥史 　　　（5 学分）　　　冬季开课

主讲人：奥尔登，吉尔，索尔伯格

自墨西哥被西班牙人发现到脱离西班牙而独立，这一时期政治、社会和经济的历史。

美洲史 487

从 1882 年到现在的墨西哥史 　　　（5 学分）　　　冬季开课

主讲人：奥尔登，吉尔，索尔伯格

从脱离西班牙而独立到现在的墨西哥政治、社会、经济的历史。建议学生选修美洲史486课程。

美洲史 488

加勒比海地区和中美洲的历史 （5学分）

主讲人：吉尔

加勒比海地区和中美洲从它们被发现到现在的政治、社会和经济的历史。

专为研究生开设的课程

美洲史 501

美国初期的历史 （3—8学分） 冬季开课

主讲人：约翰逊

美洲史 503—504

美国初期历史讨论班（均为3—6学分，最高12学分）冬季、春季开课

主讲人：约翰逊

美洲史 509—510

美国城市史讨论班 （均为3—6学分，最高12学分）

主讲人：费林特

集中于城市史的目录学和研究问题。研究计划与指导教师磋商选定。阅读各个不同地区的城市历史和发展的读物。

美洲史 511

美国内战史 （3—6学分）

主讲人：普雷斯特

美洲史 512

美国西部的历史 　　 （3—6 学分） 　　 秋季开课

主讲人：纳迪曼

美洲史 513—514—515

美国西部史讨论班 　　 （均为 3—6 学分，最高 12 学分）

主讲人：卡斯坦森

美洲史 521

美国史：1770 年—1870 年的著作与解释 　　 （4—6 学分） 　　 秋季开课

主讲人：伯克，福勒，皮斯，普雷斯利

美洲史 522

美国史：1870 年以来的著作与解释 　　 （4—6 学分） 　　 冬季开课

主讲人：伯克，福勒（按：原文件中误作"福克"），皮斯，普雷斯利

美洲史 524

1860 年以前的美国社会史 　　 （3—6 学分）

领域课程。概述 1860 年以前美国社会史的主要问题和文献。

美洲史 525

1860 年以后的美国社会史 　　 （3—6 学分）

领域课程。概述 1860 年以后美国社会史的主要问题和文献。

美洲史 531

二十世纪的美国史 　　 （3—6 学分） 　　 秋季、冬季开课

主讲人：伯克

美洲史 532—533—534

现代美国史讨论班 （均为 3—6 学分，最高 12 学分） 秋季、冬季、春季开课

主讲人：伯克，皮斯

美洲史 554

美国思想史 （3—6 学分）

主讲人：桑姆

美洲史 555—556

讨论：美国思想史讨论班 （均为 3—6 学分，最高 12 学分）

主讲人：桑姆

促进美国思想史的研究和写作能力。必备条件：经过许可。

美洲史 561

美国对外政策史 （3—6 学分）

主讲人：福勒

美洲史：562—563

美国外交史讨论班 （均为 3—6 学分）

主讲人：福勒

美洲史 581

殖民地时期的拉丁美洲史 （3—6 学分） 冬季开课

主讲人：奥登

美洲史 582

民族国家时期的拉丁美洲史 （3—6 学分） 春季开课

主讲人：奥登，索尔伯格

美洲史 583—584—585

拉丁美洲史讨论班 （均为 3—6 学分，最高 12 学分）

主讲人：奥登，索尔伯格

从殖民地开端到现在，拉丁美洲史中历史研究问题。

美洲史 586—587

比较殖民地的讨论班 （均为 3—6 学分）

主讲人：奥登

古代中世纪史（包括拜占庭）

本科学生的课程

古代中世纪史 201

古代史 （5 学分） 冬季开课

主讲人：费里尔，卡茨，托马斯

从青铜器时代到罗马的征服，这一时期古代希腊文化的发展和特征。从古代近东发展的来龙去脉看希腊的起源。

古代中世纪史 202

古代史 （5 学分） 春季开课

主讲人：费里尔，托马斯

从公元前八世纪初到中世纪开始，这一时期罗马的政治、社会、经济和文化的发展。

古代中世纪史 331①

中世纪早期　　（5 学分）

黑暗时代，封建制度，中古文明秩序的出现和罗曼语文化的发展。

古代中世纪史 332

中世纪中期　　（5 学分）

中世纪中期的欧洲，教堂和大学的文化，民族国家的形成，城市社会的发展。

古代中世纪史 333

中世纪晚期　　（5 学分）

在民族国家冲击下，中世纪秩序的瓦解，社会的世俗化和教堂的衰落，改良和革命运动，晚期哥特人欧洲的文化。

古代中世纪史 336

人文主义的典型，从希腊人到文艺复兴　　（3 学分）　　秋季或冬季开课

主讲人：费里尔，格里菲思，O·托马斯

　　　　学生们读一些古代、中世纪和文艺复兴的课本，凭精选的课本来表明人文主义传统的连续性及其演变，并且根据阅读写定期读书笔记或者学期论文。本课旨在补充有关各个时期历史的课程。

古代中世纪史 351

中世纪的意大利　　（5 学分）

从蛮族的入侵到文艺复兴，被看作欧洲和地中海文明结构中的意大利。

---

① 编号 331、332 和 333 课程，原件未设主讲人，汉译也未做说明。丁先生当时关注的重点不在于主讲人是谁，而是其课程设置的结构和彼此关联的逻辑。后面雷同，不再注释说明。——编者

古代中世纪史 401

早期希腊 （5 学分）

主讲人：费里尔，托马斯

早期希腊政治制度和文化历史的研究，重点放在希腊文化的起源。

古代中世纪史 403

亚历山大大帝和希腊化时代 （5 学分）

主讲人：埃德蒙森，托马斯

从亚历山大到罗马的征服，这一时期希腊——东方社会的政治、社会、经济和文化的历史，特别侧重于从城邦国家到世界国家以及希腊文化和东方文化融合的变化。

古代中世纪史 405

古代史的论题 （3 学分，最高 6 学分）

主讲人：费里尔，卡茨，托马斯

一门内容广泛可以用来探讨从青铜器时代到罗马帝国衰落期间古代世界史专题的课程。每一季度深入研究一个专题。必备条件：得到许可。

古代中世纪史 411

早期罗马共和国 （3 学分）

主讲人：费里尔

政治、社会、经济和文化的历史，侧重解决法规的发展和领土扩张。

古代中世纪史 412

晚期罗马共和国 （3 学分）

主讲人：费里尔

政治、社会和文化的历史，特别侧重西塞禄和恺撒时期。

古代中世纪史 413

早期罗马帝国　　（3学分）

主讲人：费里尔

　　政治、社会、经济和文化的历史，侧重于朱利奥-克劳迪家族。

古代中世纪史 414

晚期罗马帝国　　（3学分）

主讲人：费里尔，格鲁梅尔，卡茨

　　政治、社会、经济和文化的历史，侧重于古代文化的衰落。

古代中世纪史 421

拜占庭帝国　　（5学分）

主讲人：鲍巴，卡茨

　　从四世纪到十五世纪东罗马帝国政治、制度和文化的历史，侧重于它同拉丁语地区的西部，斯拉夫人地区以及穆斯林地区的联系。

古代中世纪史 426

欧洲各国的起源　　（5学分）

主讲人：鲍巴

　　分析欧洲从部落到国家的政治、社会和文化的发展，从而导致区域国家的形成。必备条件：学过几门中世纪史课程或经许可。

古代中世纪史 431

中世纪史的论题，500 年—1000 年　　（5学分）

主讲人：鲍巴，拜纳姆

　　深入研究一个或更多的中世纪早期欧洲历史论题。必备条件：学过一门中世纪史课程。

古代中世纪史 432

中世纪史论题，1000—1250 年　　　（5 学分）

深入研究一个或更多的中世纪中期欧洲历史论题。必备条件：学过一门中世纪史课程。

古代中世纪史 433

中世纪史论题，1250 年—1500 年　　　（5 学分）

深入研究一个或更多的中世纪后期欧洲历史论题。必备条件：学过一门中世纪史课程。

古代中世纪史 441

中世纪的教会和国家　　　（5 学分）

主讲人：鲍巴

　　　中世纪文化中宗教和世俗因素的关系在理论和现实方面的变化。

古代中世纪史 442

中世纪的中欧　　　（5 学分）

主讲人：鲍巴

　　　一般认为是西欧文明范畴之内的一个地区的德国、奥地利、波希米亚和波兰的起源及其中世纪历史。

古代中世纪史 452

早期文艺复兴，1300 年—1450 年　　　（3 学分）

主讲人：格里菲思

　　　意大利城邦的人文主义文化的成长。它与日益衰落的中世纪哥特人的社会准则形成对照。

古代中世纪史 453

文艺复兴全盛时期，1450 年—1560 年　　（3 学分）

主讲人：格里菲思

人文主义传统达到高潮和欧洲文化的扩展。

古代中世纪史 470

罗马帝国晚期：中世纪早期的思想史和宗教史　　（5 学分）　　秋季开课

主讲人：拜纳姆

在公元200年—1000年思想和宗教的历史中精选题目：维护基督教教义的辩护士；基督教的柏拉图学派；新柏拉图学派；基督教的传播及其成就；四至五世纪的教义争端；基督教《圣经》解释的发展；一些古罗马元老院议员，特别注意奥古斯都、波厄丢斯和格里高利一世；寺院制度的发展；中世纪早期基督教徒的生活历史作品；加洛林王朝和奥托一世的复兴，特别注意加洛林王朝的神学和教育学；十世纪的修道院改革。大多数阅读材料都是翻译出来的原始材料。必备条件：学过一门中世纪史课程。

古代中世纪史 471

中世纪发展时期思想和宗教的历史　　（5 学分）　　冬季开课

主讲人：拜纳姆

公元1000年—1300年间思想史和宗教史的精选题目：封地仪式的权力之争；十一、十三世纪宗教复兴；逻辑学的复兴；早期经院哲学，特别注意安塞尔姆的"本体论的论点"；赎罪学说和阿拉尔的伦理学；对古典作品的兴趣的恢复；关于爱情的宗教和世俗的理论；历史作品和自传文学；十二、十三世纪对大自然的看法；异端和盛行的宗教；十三世纪男修道士与妇女的宗教运动以及神秘主义；经院哲学的全盛时期，特别注意托马斯、阿奎那斯、波拿文图拉和1277年的谴责。大多数的读物都是翻译出来的原始材料。必备条件：学过一门中世纪史课程。

古代中世纪史 472

中世纪晚期思想和宗教的历史　　　（5 学分）　　　春季开课

主讲人：拜纳姆

　　公元1250年—1550年思想史和宗教史的精选题目。重点放在阿尔卑斯山脉以北的欧洲，研究哲学和神学的争端，而不是单纯研究人文主义和学术成就的历史。题目包括：十四世纪早期宗教运动，亚维农罗马教皇的权力，以及十四、十五、十六世纪的神秘主义。特别注意爱克哈尔德、库山那斯和阿维拉的特里萨；唯名论哲学和神学；威克利夫和劳拉尔德；地方议会制度；北部人文主义，特别注意依拉斯谟；十六世纪激进的宗教运动；路德（改革）的中世纪背景；卡尔文；十六世纪天主教的教士，特别注意伊格内修斯、罗纳拉；巫术；魔法以及流行的宗教。大多数读物为翻译出来的原始材料。必备条件：学过一门中世纪史课程。

专为研究生开设的课程

古代中世纪史 501

希腊历史　　　（3—6 学分）

主讲人：埃德蒙林，托马斯

　　雅典宪法史的诸问题。

古代中世纪史 511

罗马历史　　　（5—6 学分）

主讲人：费里尔

　　公元前31年—公元37年的罗马历史。

古代中世纪史 512—513

古代史讨论班　　　（均为 3—6 学分）

主讲人：费里尔，托马斯

　　　　详细研究古代史中的专门论题。必备条件：得到许可。

古代中世纪史 521

拜占庭历史　　　（3—6 学分）

主讲人：鲍巴，卡茨

古代中世纪史 530

早期的中世纪　　　（3—6 学分）

主讲人：鲍巴

　　　　领域课程。概括地研究部落的迁徙和来自亚洲的入侵整个时代的早期欧洲历史。包括研究的问题和方法。必备条件：得到许可。

古代中世纪史 531

中世纪欧洲历史　　　（3—6 学分）

古代中世纪史 532—533—534

中世纪欧洲的讨论班　　　（均为 3—6 学分）　　　秋季、冬季、春季开课

必备条件：具备德语或法语以及拉丁语的阅读能力。

古代中世纪史 591—592—593

中世纪和文艺复兴的高级讨论班　　　（均为 3—6 学分）

主讲人：巴卡拉克，鲍巴，拜纳姆，格里菲思，卡茨，利维

　　　　每年开设三季连续性的讨论班，为主修中世纪史和文艺复兴史的全体学生提供一个论坛，以便正在写论文、博士论文或者从事任何科研项目的学生得以向研究生和全体教师提出他们正在进展中的论文，听取评价。

亚洲史

本科生的课程

亚洲史 201

古代印度文化（5学分）　　　秋季开课

主讲人：康伦

　　论述从古代到伊斯兰教入侵以前印度宗教、文学、哲学、政治、艺术和历史的入门课程。

亚洲史 202

近代印度文化　　（5学分）　　　冬季开课

主讲人：康伦

　　介绍伊斯兰教对印度的影响，英国对印度的征服和当代印度的入门课程。重点是关于民族主义的兴起、社会组织以及当代印度的生活和历史。

亚洲史 211

中国文化史　　（5学分）　　　秋季开课

主讲人：达尔

　　深入概述从古到今的中国文化。向全体学生（包括主修东亚史的学生）介绍中国通史的一般潮流。重点放在社会文化和思想的发展。

亚洲史 212

朝鲜文化史　　（5学分）

主讲人：帕雷斯

　　从古至今的朝鲜文化概述，本课程从政府组织、社会经济的变化、文学和艺术方面探讨朝鲜社会和文明发展的各个方面。

亚洲史 213

日本文化史　　（5 学分）

主讲人：汉利，帕雷斯，派尔

　　介绍从史前时期到近代的日本文化。本课探讨日本的文学、艺术的
　　传统，日本独特的政治、文化以及它的经济和社会模式。

亚洲史 401

古代印度史　　（5 学分）

主讲人：康伦

　　古代的印度，重点放在政治组织和经济生活的形式、社会组织以及
　　文化发展。必备条件：学过亚洲史201课程或经许可。

亚洲史 402

印度中世纪和莫卧儿人的历史　　（5 学分）

主讲人：康伦

　　中世纪印度，重点放在它的政治组织和经济生活的形式、社会组织
　　和文化发展。

亚洲史 403

1900 年以前的近代印度史　　（5 学分）

主讲人：康伦

　　近代的印度，重点放在它的政治组织和经济生活的形式、社会组织
　　和文化的发展。必备条件：学过亚洲史202课程或经许可。

亚洲史 404

二十世纪的印度史　　（5 学分）

主讲人：康伦

　　分析研究当代印度社会生活的领域，国际、国内政治，教育、经
　　济，以及印度面临的并可能决定它的前途的其他地区等问题。

亚洲史 405

印度史上的马哈拉斯特拉 （5学分）

主讲人：康伦

> 通过考察印度西部的马哈拉斯特拉历史，对印度的中世纪和近代的历史作地区探讨。马拉萨族的兴起；英国的统治；政治和经济的现代化；宗教和社会生活，以及当代印度的社会问题。必备条件：学过亚洲史403课程或经许可。

亚洲史 421

日本早期历史 （5学分） 秋季开课

主讲人：汉利，派尔

> 日本德川幕府初期（十七世纪）政治、社会、经济和文化的发展。

亚洲史 422

德川幕府时代的日本史 （5学分） （冬季开课）

主讲人：派尔

> 1600年以前日本封建社会的发展；德川幕府政治组织的建立；从1600年到1868年期间社会、经济和文化的历史。

亚洲史 423

日本现代史 （5学分） 春季开课

主讲人：派尔

> 从德川幕府末期到现在日本政治、社会、经济和文化的发展，特别是西方文化对日本的影响。

亚洲史 451

从远古到公元前 221 年的中国史 （5学分） 秋季开课

主讲人：达尔

> 秦帝国时代以前的中国。

亚洲史 452

从公元前 221 年到 906 年的中国史　　（5 学分）　　冬季开课

主讲人：派尔

　　中华帝国的发展。

亚洲史 453

906 年到 1840 年的中国史　　（5 学分）　　春季开课

主讲人：詹，达尔

　　五代十国、宋、元、明和清初的历史。

亚洲史 454

中国近代史　　（5 学分）

主讲人：卡普

　　大致从1800年到现在的中国，主要着重1895年以来，中国政治和思
　　想的历史。重点问题是中国的现代化和革命的进程，以及这两者的
　　关系。

亚洲史 476

中、俄两国思想史中的西方影响　　（4 学分）

主讲人：特雷德戈尔德

　　比较分析中俄两国宣告马克思列宁主义为官方意识形态以前，西方
　　对俄国（1462年—1917年）和中国（1582年—1949年）这两国思想
　　的影响。

亚洲史 481

传统的朝鲜史：从古代到 19 世纪　　（5 学分）

主讲人：帕雷斯

　　从古代到19世纪的朝鲜历史概述。

亚洲史 482

从 1860 年到现代的朝鲜近、现代史 　　（5 学分） 　　冬季开课

主讲人：帕雷斯

　　　朝鲜传统的制度和社会，日本的殖民统治、解放和朝鲜战争，朝鲜
　　　早期的共产主义运动，和自1945年以来的南、北朝鲜情况。（也可
　　　参看历史443课程）

专为研究生开设的课程

亚洲史 501

印度史 　　（3—6 学分）

主讲人：康伦

　　　必备条件：得到许可。

亚洲史 502—503

印度史讨论班 　　（均为 3—6 学分，最高 12 学分） 　　冬季、春季开课

主讲人：康伦

　　　从中世纪和现代印度史中精选出的题目和问题的讨论班。必备条
　　　件：学过亚洲史501课程，并得到许可。

亚洲史 521

日本近代史 　　（3—6 学分）

主讲人：派尔

　　　领域课程。必备条件：学过亚洲史422和423课程，或得到许可。

亚洲史 522

1905 年—1945 年间成为世界强国的日本 　　　（3—6 学分）

主讲人：巴托

　　　从日俄战争开端到第二次世界大战结束，这一时期日本政府外交的领域课程。

亚洲史 523—524

日本近代史讨论班 　　　（均为 3—6 学分）

主讲人：派尔

　　　必备条件：得到许可。

亚洲史 525

二十世纪的日本 　　　（3—6 学分）

主讲人：贝克曼

　　　1890 年—1952 年期间，日本政治、经济和社会的历史诸问题。

亚洲史 551

宋代以前的中国史领域课程 　　　（3—6 学分） 　　　春季开课

主讲人：达尔

　　　介绍从宋朝到近代关于中国史的西文资料，以便给予学生以目录学和其他的帮助，为他们参加这个历史领域的考试做准备。

亚洲史 562—563—564

从宋朝到近代的中国史讨论班 　　　（均为 3—6 学分）

秋季、冬季和春季开课

主讲人：詹

　　　从宋朝到近代的中国史的专业写作讨论班。必备条件：中文阅读能力。

亚洲史 571—572

中国近代史　　　（均为 3—6 学分）　　　冬季和春季开课

主讲人：卡普

　　　　中国近代史的领域课程，主要着重于广泛阅读关于中国近代史的第二手材料。本课为研究生准备领域考试以及将来的研究和教学打下坚实的基础，阅读材料围绕1800年以来中国历史阐明的主要问题进行布置。亚洲史572课程中的一部分是用于准备撰写关于重要课题的讨论班论文。必备条件：学过亚洲史454课程或经许可。

亚洲史 573—574—575

中国近代史讨论班　　（均为 3—6 学分，最高 12 学分）　　四季开课

主讲人：卡普

　　　　中国近代史研究讨论班。训练掌握研究的资料和方法，以及准备一些加以扩展的研究论文。必备条件：学过亚洲史571和572课程或经许可，以及中文阅读能力。

亚洲史 581

朝鲜近代史　　　（3—6 学分）　　　春季开课

主讲人：帕雷斯

　　　　领域课程。必备条件：学过亚洲史407课程或经许可。

亚洲史 582—583—584

朝鲜史讨论班　　（均为 3—6 学分）　　　秋季、冬季、春季开课

主讲人：帕雷斯

　　　　朝鲜史和历史编纂学中的精选题目。

亚洲史 585

朝鲜近代史研究讨论班　　　（3—6学分）　　　秋季开课

在朝鲜史研究的方法和问题方面，进行高级指导，不要求任何外国语言。必备条件：经过许可，也可参看历史543—544—545课程。

欧洲近代史

本科学生的课程

欧洲史 271—272—273

英国政治和社会的历史　　（均为5学分）　　秋季、冬季、春季开课

主讲人：贝尔，特梅尔

从古代到现在的英国，着重于美国制度和社会模式的起源。

欧洲史 369

1932年—1945年欧洲犹太民族的消灭　　　（3—5学分）　　　冬季开课

主讲人：立普斯特德

考察反犹太主义的历史，大屠杀的范围；大屠杀的组织和受害者的反应；世界对欧洲这类大事件的反响；同盟国政策、难民政策以及美国的行动。由这类大事件所引起的大量法律的、历史的、社会学的问题。

欧洲史 370

北欧海盗　　（3学分）

研究在斯堪的纳维亚本土和国外的北欧海盗，特别强调在考古发现和在历史以及文学资料方面新展示的他们的活动。本课与斯堪的纳维亚语言和文学370课程联合开设。

欧洲史 371

英国近代思想史 （3 学分）

主讲人：利维

叙述从1500年到现代与历史事件有关政治理论、哲学、科学和文学方面的变化。

欧洲史 378

运用法语研究当代法国的形成 （5 学分） 冬季开课

主讲人：诺斯特蓝德，平克尼

研究历史的起源和以后的几个当代问题的发展，法国政府和政治、经济及社会的特点。本课与法国语言文学378课程联合开设。必备条件：学过法国语言文学203或222课程，或相应的课程。

欧洲史 380

1521 年以前的斯堪的纳维亚史 （3 学分）

从北欧海盗时代到 1521 年斯堪的纳维亚的历史概述，着重于冰岛、丹麦、挪威、瑞典致力于统一和它们与欧洲大陆之间的关系。本课与斯堪的纳维亚语言和文学 380 课程联合开设。

欧洲史 381

1809 年以前的斯堪的纳维亚史 （3 学分） 春季开课

从 1521 年到 1809 年的斯堪的纳维亚的历史概述，着重于研究路德的宗教改革，三十年战争和拿破仑战争。本课与斯堪的纳维亚语言和文学 381 课程联合开设。

欧洲史 382

从 1809 年到当代的斯堪的纳维亚史　　（3 学分）　　春季开课

从 1809 年到现在的斯堪的纳维亚历史概述，主要着重在斯堪的纳维亚各国政治、社会、文化、经济的发展方面。本课与斯堪的纳维亚语言和文学 382 课程联合开设。

欧洲史 401

宗教改革　　（3 学分）

主讲人：格里菲思

　　十六世纪的危机中，欧洲分裂的起因，特别着重在宗教和政治之间的关系方面。

欧洲史 402

法国文艺复兴史　　（5 学分）

主讲人：格里菲思

　　十六世纪法国史，同时代作家们和政治家们目睹观察到文艺复兴与宗教改革之间政治与宗教的冲突。

欧洲史 405

十八世纪欧洲思想史　　（5 学分）　　秋季开课

主讲人：基尔卡普

　　十八世纪欧洲社会科学，道德理论，政治理论和宗教思想的发展。理性主义、经验主义、功利主义和唯心主义的起源。必备条件：至少学过一门欧洲近代史的课程。

欧洲史 406

十九世纪欧洲思想史　　　　（5 学分）　　　秋季开课

主讲人：基尔卡普

　　　　直到1860年思想史中精选的题目，法国革命在哲学上的后果，唯心
　　　　主义、保守主义、浪漫主义和早期社会主义理论的发展。实证主
　　　　义，历史循环论问题，为基督教辩护的新形式，衰落的功利主义，
　　　　作为哲学的自由主义和初期的马克思。必备条件：至少学过一门欧
　　　　洲近代史课程。

欧洲史 407

二十世纪的欧洲思想史　　　　（5 学分）

主讲人：基尔卡普

　　　　十九世纪末和二十世纪初期，欧洲思想中精选的题目；达尔主义的
　　　　后果；现代社会科学方法论的诸问题；历史循环论和道义相对论；
　　　　哲学和社会主义理论的非理性主义；世俗和正统宗教上的修正主
　　　　义。必备条件：至少学过一门欧洲近代史的课程。

欧洲史 411

1814 年到 1870 年的欧洲　　　　（5 学分）

主讲人：布里奇曼，埃默森，利特勒，平克尼，休格

　　　　梅特涅时代欧洲的发展，1848年革命和新民族国家的出现。

欧洲史 412

1870 年到 1914 年的欧洲　　　　（5 学分）

主讲人：布里奇曼，埃默森，休格

　　　　人口增长和工艺学的变革对欧洲的影响，欧洲人生活的紧张、过劳
　　　　和展望。

欧洲史 413

1914 年到 1945 年的欧洲 （5 学分）

主讲人：布里奇曼，埃默森

集中营时期欧洲的政治和社会。

欧洲史 414

1945 年以来的欧洲 （5 学分）

主讲人：厄尔曼

欧洲在冷战影响下的政治、经济和军事的发展。

欧洲史 415

六年战争中（1939 年—1945 年）的欧洲 （5 学分）

主讲人：埃默森

探究1939年—1945年战争是怎么回事，和它对一亿以上的欧洲人的影响。

欧洲史 421

1429 年—1789 年的法国 （5 学分）

主讲人：莱特尔，平克尼

从圣女贞德到革命前的法国政治和文化的历史（维龙、拉伯雷、蒙泰恩、莫里哀、伏尔泰、卢梭和托克维尔）。

欧洲史 422

法国革命与拿破仑：1789 年—1815 年 （5 学分）

主讲人：莱特尔，平克尼

1789年革命时期法国的改造；恐怖统治与拿破仑；革命和拿破仑对欧洲的影响。

欧洲史 423

1815 年以来的法国 （5学分）

主讲人：莱特尔，平克尼

维也纳会议以来，法国政治、经济和社会的历史。重点特别放在革命传统的连续性。

欧洲史 430

1000 年—1048 年的德国 （5学分）

主讲人：布里奇曼

从中世纪晚期到威斯特伐利亚条约，这一时期中欧社会、经济和政治问题概述。

欧洲史 431

1648 年到 1914 年的德国 （5学分）

主讲人：布里奇曼，爱默森

从三十年战争到第一次世界大战，这一时期中欧的社会、经济和政治问题概述，特别侧重于十九世纪。

欧洲史 432

1914 年到 1945 年的德国 （5学分）

主讲人：布里奇曼，爱默森

从俾斯麦帝国的崩溃到希特勒帝国崩溃期间的德国政治和社会。

欧洲史 435

第一次世界大战 （5学分）

主讲人：布里奇曼，爱默森

第一次世界大战的政治、机构、文化和军事的历史，特别着重战争对欧洲社会的影响。

欧洲史 438

俄国近代思想史 （5学分）

主讲人：埃利森，特雷德戈尔德

从十七世纪到1917年革命，这一时期俄国社会思想和政治思想及哲学的发展。

欧洲史 439

第二次世界大战以来的苏联

主讲人：埃利森

涉及苏联内政和外交政策并且包括政治、经济、社会和文化的发展。

欧洲史 440

共产主义史 （5学分） 冬季、春季开课

主讲人：埃利森

从俄国社会民主党布尔什维克派的共产主义起源开始，论述意识形态的发展，各种各样的共产党和共产主义国家。本课和俄国东欧史440课程联合开设。必备条件：学过两门欧洲近代史或政治学课程。

欧洲史 441

中世纪俄国编年史 （5学分）

主讲人：沃

介绍俄国编年史写作并介绍作为文献和历史史料的编年史的研究，重点放在后者。必备条件：俄文的阅读能力和得到许可，建议学生学习欧洲史443课程。

欧洲史 442

大彼得时代以前的俄国文化 　　（5 学分）

主讲人：沃

着重于基辅和莫斯科国，"高度"的文化的发展（到十八世纪初）；宗教、政治思想和广义上的文艺；文化影响的问题。广泛运用听觉视觉的资料。必备条件：学过欧洲史443课程或得到许可。

欧洲史 443

基辅人和莫斯科人的俄国；850 年—1700 年 　　（5 学分） 　　秋季开课

主讲人：沃

从最早时代到大彼得统治时期俄国的发展。必备条件：学过历史111和112课程，或得到许可。

欧洲史 444

1700 年—1900 年的俄帝国 　　（5 学分） 　　冬季开课

主讲人：德雷德戈尔德，沃

从大彼得到尼古拉二世俄国的发展。必备条件：学过欧洲史443课程或历史111和112课程，或得到许可。

欧洲史 445

二十世纪的俄国 　　（5 学分） 　　春季开课

主讲人：埃和森，德雷德戈尔德

从尼古拉二世到现在的俄国和苏维埃社会主义共和国联盟。必备条件：学过欧洲史444或历史111、112、113课程，或得到许可。

欧洲史 446

俄国历史编纂学 　　（5 学分） 　　春季开课

必备条件：学过欧洲史 441 或 442 课程或历史 111、112 课程，或得到许可。

欧洲史 447

俄国和东欧各国目录学　　　（5学分）　　冬季开课

主讲人：鲍巴

分析社会科学和人文科学的目录学问题。为高年级学生和研究生开设。必备条件：掌握一种东欧语言或德语。

欧洲史 450

俄国和东欧的种族史　　　（5学分）　　冬季、春季开课

主讲人：鲍巴

在获得民族实感和政治自觉阶段，种族以及种族团体之概况。强调同化和异化的发展过程。

欧洲史 451

1772 年到 1918 年的东欧　　　（5学分）

主讲人：休格

从第一次瓜分波兰到第一次世界大战结束，这一时期的波兰、捷克斯洛伐克、匈牙利、罗马尼亚、南斯拉夫、保加利亚和阿尔巴尼亚。

欧洲史 452

1918 年以来的东欧　　　（5学分）　　冬季开课

主讲人：休格

从第一次世界大战结束到现在这一时期的波兰、捷克斯洛伐克、匈牙利、罗马尼亚、南斯拉夫和阿尔巴尼亚。必备条件：学过欧洲史 451课程或得到许可。

欧洲史 453

从 1400 年到现在巴尔干各国的历史 （5 学分）

主讲人：休格

论述几个世纪的奥斯曼统治，这种统治为十九世纪和二十世纪各独立国家的重新出现以及直到现在的这些新国家造成了一个新的基础。

欧洲史 461

1700 年以前西班牙国家的形成 （5 学分）

主讲人：厄尔曼

研究导致费迪南和伊莎贝尔统治下西班牙国家形成的主要统治、经济和文化的事件。

欧洲史 462

1700 年到现在的西班牙 （5 学分）

主讲人：厄尔曼

研究西班牙在政治、经济和文化方面适应资本主义、自由主义和世俗主义的努力。

欧洲史 463

探险时代的葡萄牙 （5 学分）

主讲人：奥尔登

从十一世纪到十七世纪葡萄牙在欧洲探险中的关键作用。

欧洲史 464

西班牙历史中的犹太人 （3 学分或 5 学分）

主讲人：厄尔曼

西班牙和葡萄牙犹太人在西班牙政治、经济和文化中的作用，强调中世纪黄金时代和天主教审判异端的宗教法庭。

欧洲史 470

詹姆士一世时代：1580 年—1630 年的英格兰　　　（5 学分）

主讲人：利维

　　强调的不是国王的战争传统和政治，而是文艺和社会；城市和乡村里以及皇家宫廷范围内或宫廷外在野的社会各阶层人们的生活方式。既讲些关于诗歌、戏剧、音乐、建筑、绘画，室内装饰和某些较次要的文艺的课程，也讲些关于人口统计学和某些传统历史问题的课程。没有学过欧洲史471或472课程的学生不得选修本课。

欧洲史 471

十六世纪的英格兰　　　（5 学分）

主讲人：利维

　　从亨利七世到伊丽莎白一世的政治、行政和社会的历史，着重于宗教改革运动及其影响和伊丽莎白一世时期英格兰的生活情况，没有学过欧洲史470课程的学生不得选修本课。

欧洲史 472

十七世纪的英格兰　　　（5 学分）

主讲人：利维

　　从詹姆斯一世就职到光荣革命这一时期政治、行政和社会的历史。没有学过欧洲史470课程的学生不得选修本课。

欧洲史 473

十八世纪的英格兰　　　（5 学分）

　　研究社会、政治、经济和文化的发展；议会政府；英帝国的兴起；贵族政治文化。

欧洲史 474

十九世纪的英格兰　　　（5 学分）　　　冬季开课

主讲人：贝尔，特米勒

　　政治、社会和文化的发展；土地、工业和法国的革命，议会民主制
　　的兴起；维多利亚时代；从功利主义到费边主义的政治思想；爱尔
　　兰的地方自治。

欧洲史 475

二十世纪的英格兰　　　（5 学分）

主讲人：贝尔，特米勒

　　从布尔战争到现在；保守主义、自由主义和社会主义；两次世界大
　　战中的英国；英国帝国主义的衰落。

欧洲史 476

爱尔兰近代史　　　（5 学分）

主讲人：特米勒

　　从1800年到现在的爱尔兰的政治和社会的历史，合并法案后的爱尔
　　兰问题；自治时期和新芬运动时期爱尔兰民族主义的发展；爱尔兰
　　的自由邦和1921年以来的北爱尔兰；目前北爱尔兰诸问题。

专为研究生开设的课程

欧洲史 501

文艺复兴和宗教改革　　　（3—6 学分）

主讲人：格里菲思

欧洲史 502—503—504

文艺复兴和宗教改革的讨论班　　　（均为 3—6 学分，最高 12 学分）

秋季、冬季、春季开课

主讲人：格里菲思

欧洲史 515

欧洲近代思想史　　（3—6 学分）　　　秋季开课

主讲人：基尔卡普

关于十八、十九世纪思想史选定问题的一些读物和讨论。必备条件：法语的阅读能力和得到许可。

欧洲史 516—517

欧洲思想史讨论班　　（均为 3—6 学分）　　　秋季、冬季开课

主讲人：基尔卡普

关于欧洲近代思想史（主要是十八世纪）的讨论班。必备条件：经许可和具有法语、意大利语或德语的阅读能力。

欧洲史 521

欧洲近代史：法国　　（3—6 学分）

主讲人：莱特尔，平克尼

欧洲史 522—523—524

法国史讨论班　　（均为 3—6 学分）　　　秋季、冬季、春季开课

主讲人：莱特尔，平克尼

欧洲史 531

欧洲近代史：德国　　（3—6 学分）　　　冬季开课

主讲人：布里奇曼，埃默森

欧洲史 532—533—534

欧洲近代史讨论班：德国 （均为 3—6 学分） 秋季、冬季、春季开课

主讲人：布里奇曼，埃默森

欧洲史 540

中世纪俄国的文献 （3—6 学分） 冬季开课

主讲人：沃

研究中世纪俄国文献资料的导言；古抄本的方法和使用与古文书和
法典学的介绍。必备条件：俄语的阅读能力和学过欧洲史 443 或经许
可；建议学生选学欧洲史 441 课程。

欧洲史 541

俄国中世纪史 （3—6 学分）

主讲人：沃

必备条件：学过欧洲史 443 或经许可，并且有俄语阅读能力。

欧洲史 543

俄国中世纪史讨论班 （3—6 学分，最高 12 学分） 春季开课

主讲人：沃

必备条件：俄语的阅读能力。

欧洲史 544

俄国近代史 （3—6 学分） 秋季开课

主讲人：特雷德戈尔德

欧洲史 545—546—547

俄国近代史讨论班　　　（均为 3—6 学分）　　　秋季、冬季、春季开课

主讲人：埃里森，特雷德戈尔德

　　　必备条件：俄语及法语或德语的阅读能力。

欧洲史 548

苏维埃史的领域课程　　　（3—6 学分）　　　春季开课

主讲人：埃里森

　　　本课为历史研究生在1917年以来俄国历史的渊博文献方面开设的专
　　　门研究课程。本课计划为研究生在苏维埃时期的俄国历史方面准备
　　　参加硕士和博士学位的领域考试而设。

欧洲史 551

1772 年—1939 年的东欧史　　　（5 学分）

主讲人：休格

　　　研究东欧—中欧地区：波兰、捷克斯洛伐克、匈牙利、罗马尼亚和
　　　巴尔干各国。从它们的复兴到第二次世界大战。必备条件：德语、
　　　法语、俄语或一门东欧语言阅读能力。

欧洲史 552

1939 年到现在的东欧史　　　（5 学分）

主讲人：休格

　　　必备条件：一种主要欧洲语言或一种东欧语言的阅读知识。

欧洲史 553—554—555

东欧近代史讨论班　　　（均为 3—6 学分）　　　秋季、冬季、春季开课

主讲人：休格

　　　学习和研究设计论述近代东欧各国历史的特殊方法。

欧洲史 562

西班牙早期历史　　　（3—6学分）

主讲人：厄尔曼

　　从古代到中世纪西班牙史诸问题。

欧洲史 563

西班牙近代史　　　（3—6学分）

主讲人：厄尔曼

　　从1500年到现在西班牙历史诸问题。

欧洲史 571

都铎王朝时期和斯图亚特时期的英国史　　　（3—6学分）

主讲人：利维

欧洲史 572

英国史　　　（3—6学分）

主讲人：贝尔，特米勒

欧洲史 573—574

英国近代史讨论班　　　（均为3—6学分）

主讲人：贝尔，特米勒

欧洲史 575—576

都铎王朝和斯图亚特时期历史讨论班　　　（均为3—6学分）

主讲人：利维

　　都铎王朝和斯图亚特王朝时期英国史的讨论班。必备条件：学过欧
洲史571课程或经许可。

对美国革命不断变化着的解释的评论①

埃德蒙·S·摩根

生活在一七六三年至一七八九年的美国人，都经历了从帝国到共和国，从殖民地到独立国家，从分散到联合这一历史上极其显著的变化。在那些年代里，事态的发展是如此迅猛，以致我们在谈论起它们的时候，毫不犹豫地使用起"革命"这个字眼。但是每一个对它们进行过研究的人都知道，要确定什么是革命的，什么不是革命的，是多么不容易的事情。什么是旧的，什么是新的？美国革命指的是什么？同样也是不容易确定的事情。

辉格学派：班克罗夫特和特里威廉

在二十世纪以前，对上述问题最常见的回答是乔治·班克罗夫特所系统阐述的那个答案②，他是第一个论述美国革命的大历史学家。班克罗夫特是个杰克逊派的民主党人，他把美国历史视为一部自由的历史。他认为，英国为压制美国土壤上自然发展形成的自由进行了一系列不成功的尝试，而（美国）革命不过是这一系列不成功的尝试发展到顶点的一个事件。班克罗夫特不得不承认，英国一度曾是自由的发源地，但是他倾向于认为，最优秀的英国人，即那些酷爱自由的人们，都到美洲去了。清教徒不是因为英国人的迫害而被驱逐出来了吗？留在本土的英国人不是听任他们的政府压制美国人，使之屈从于不合理的经济制度，从而显示

---

① 本书(指《解释和讲授美国历史》一书)编辑们对美国历史协会历史教师服务中心允许从一套小册子中几乎按原版重印此章表示感谢。摩根先生对原文做了几点修正，主要说明从一九五八年这本小册子写成以来一些书籍的出版情况。

② 乔治·班克罗夫特，《从美洲大陆发现以后（美利坚）合众国的历史》，波士顿:小布朗出版社，1834—1875 年。

出对自由的冷漠吗？

班克罗夫特倾向于把英国当局在美国行使任何权力都视为侵犯。在他的著作关于十六世纪弗吉尼亚探险的一章中，他甚至使用了这样一个大胆的标题："英国对合众国的占领"。在他看来，航海条例中所表明的英国重商主义，几乎是一种对合众国主权的侵犯，而这种情况就连安德鲁·杰克逊也不能容忍。在人们通读了班克罗夫特著作的头几卷以后，对革命的到来就不感到突然。乔治三世不过是那帮坏家伙中的最后一个，而一七七六年的美国人却是那些在斯图亚特王朝的统治下首先奋起反抗暴政的人们中最优秀的部分。

在今天，我们不难发现班克罗夫特的缺点。在他看来，凡事都是绝对化，不是正确的就是错误的。他厚颜地滥用引文，割裂事实真相，有时提供了无关宏旨的部分。但是，如果我们漠视他，我们将要犯比他更严重的错误。他并不是胡乱地写作，大概还没有其他人像他那样熟悉革命时期的原始资料，并且在这些原始资料只有很少一部分付印出版时，他就熟悉它们了。甚至在今天，任何一个曾在一些大档案馆中运用一些未出版的有关革命的手稿的人都会感到，求教于班克罗夫特是有启发的，并且发现他熟悉这些手稿的证据。他确实把原始资料简明化了，但这是历史学家的职责，尽管他的许多观点已经被证明是错误的，但是还没有一个人能够像他那样承担艰巨的任务，并大规模地重写有关革命的历史。

与班克罗夫特观点最接近的一位历史学家是一个英国人，这大概不是巧合的事情。因为他以对乔治三世怀有同样敌意、对旧式政治自由表示同样爱好的态度撰写历史。乔治·奥托·特里威廉爵士是一个十九世纪的辉格党人，他要探查他所在党的十八世纪的先辈。正如他所想的，在灾难性的诺斯勋爵内阁期间那些反对乔治三世的人们中间找到了他们。他的四卷本的《美国革命》一书，展示了一小帮虔诚的人们，即罗金厄姆辉格党人，他们曾一致反对一个拼命想揽权的国王和一伙腐败的猎取官职者。这些辉格党人曾竭力去阻止专制暴政的趋势，而国王和他的同伙却镇压了他们，直到美国革命胜利和王室一败涂地，才给不列颠的政治带来新的体制。特里威廉像班克罗夫特一样，善于通过复杂的问题提出他的见解，并且向读者展示出什么似乎是问题的核心。在所有关于（美国）革命的历史著作中，他的作品一直仍是最通俗易懂的[①]。

① 乔治·O·特里威廉，《美国革命》，4 卷；纽约：郎曼斯，格林出版社，1899—1913 年。

帝国学派

甚至在特里·威廉还没完成他的著述之前，一个新的历史学派便已对他和班克罗夫特从事著述所根据的设想开始了重新检验。这一学派大多数历史学家都没有直接探讨革命的本身。他们反而把注意力都集中在早期的殖民地历史上，而班克罗夫特却认为早期的殖民地历史曾展示了引起革命的同样一些力量。他们质问道：古老的不列颠帝国真的像班克罗夫特所含蓄描述的那样糟糕吗，对殖民地居民施加的限制难道是不公平的吗？对于所有这些问题，他们都予以强有力的否定的回答。

第一个颇有影响的帝国学派历史学的代言人是乔治·路易斯·比尔，他是个纽约烟草商人，曾在哥伦比亚大学学习历史。比尔在三十一岁时带着一小笔财产退出了商界，以便致力于研究十七、十八世纪的不列颠的殖民政策。一九〇七年，他发表了他的著作《一七五四——一七六五年不列颠的殖民政策》，书中论证了在七年战争中，美洲殖民地居民的行为是绝不值得称赞的，而大不列颠的表现却是建设性的和负责的。他认为，殖民地居民对于保护他们以防来自法国和西班牙的威胁的那个国家既不大效忠，也不感激。一旦法国的威胁被消除了，殖民地居民便迅速地朝着独立的方向采取行动，这并不是为了维护什么公民或政治自由，而是因为他们继续留在帝国内已无利可图了。后来事态的发展竟使美国革命看来好像是通向民主制度道路上的一块里程碑，这倒是比尔感到奇怪的。他认为，"在往后一些世纪中政治演变可能按常规进展，以致美国革命将失去它现在所具有的伟大意义，并且这个革命将仅仅表现为两个同源的民族的暂时分离，因为这两个民族固有的同一性过去是为不同的经济和社会条件所造成的表面分歧所遮掩了"，而这种发展绝不是不可能的 [①] 。

比尔在简要地提到革命后，就回顾了十七世纪的历史，著有《一五七八——一六六〇年不列颠殖民制度的起源》和《一六六〇——一六八八年（原文如此，一六八八应改为一七五四——译者）旧殖民制度》[②] 。在著作中，他发现的和班克

---

① 乔治·路易斯·比尔，《一七五四——一七六五年不列颠的殖民政策》，纽约：麦克米伦出版社，一九〇七年；纽约再版：P·史密斯出版社，一九三三年。

② 乔治·路易斯·比尔，《一五七八——一六六〇年不列颠殖民制度的起源》，纽约：麦克米伦出版社，一九〇八年；纽约再版：P·史密斯出版社，一九三三年；《一六六〇——一七五四年旧殖民制度》，2卷，纽约：麦克米伦出版社，一九一二年；纽约再版：P·史密斯出版社，一九三三年。

罗夫特所曾发现的一样，即和以后时期类似的差不多同样的力量在发挥作用。但是班克罗夫特所看到的是英格兰的专制和美国的自由，而比尔看到的却是英格兰的政治家风度和美国的不负责任的态度。当第一次世界大战爆发时，比尔的历史研究终止了，那时他意识到，这是一个恢复被革命所中断的（英美）联合的机会。在战争期间与和平会议时，他都朝着这个目标而努力工作。直到一九二〇年他与世长辞。

尽管对英美联合怀有深厚的感情，比尔的研究工作还是以严谨的治学态度为基础的。他作为一个学者的严谨态度和他的许多观点都为著名的殖民历史学家查理·麦克莱恩·安德鲁斯所继承下来。安德鲁斯同比尔一样，把他的注意力主要集中于革命以前的历史。他培养了一代的学者，他们都把殖民地时期的历史视为帝国的历史。当他们从伦敦方面而不是从波士顿或詹姆士城方面考虑问题时，一些大家所熟悉的美洲殖民地开拓的事件就展现出一种新的意义。在安德鲁斯指导下详细研究殖民地历史的学者们，都以一种对英国行政官员所必须全力应付的问题表示同情谅解的态度得出关于美国革命的结论。航海条例看来不再像是一个经济压制性的文件，而是一种报答英格兰对殖民地居民所提供的保护的合理方式。海事法庭不再是一个专制工具而成为一个保证商业贸易流通的有益设施。

安德鲁斯既熟悉英国的观点，也熟悉殖民地居民的观点，甚至包括殖民地居民与英格兰人有争执的观点。他的专题论文《美国革命的殖民地背景》并无空谈理论之处。但是他并不想全面考虑革命本身，他的巨著《美国历史的殖民地时期》主要涉及的是一些殖民地的建立问题。只是在最后一卷，他才以"英格兰的商业和殖民地政策"为题着手探讨革命[1]。

安德鲁斯的学生们继续研究不列颠的殖民政策，在他们发表的著名研究中，有伦纳德·W·拉巴里的《在美洲的皇家政府》，书中详细地探讨了一些皇家总督和殖民地议会之间的摩擦[2]。这个问题留给了安德鲁斯另一个学生劳伦斯·H·吉普森，他以帝国学派的观点对导致独立宣言的一些事件进行了全面的考察。在

---

[1] 查理·麦克莱恩·安德鲁斯，《美国革命的殖民地背景，四篇关于美国殖民地时期历史的论文》，纽黑文：耶鲁大学，一九三一年；《美国历史的殖民地时期》，4 卷；纽黑文：耶鲁大学，一九三四——一九三八年。

[2] 伦纳德·W·拉巴里，《在美洲的皇家政府；一七八三年以前不列颠殖民制度的研究》，纽黑文：耶鲁大学，一九三〇年。

一部仍在撰述的题为《美国革命前的不列颠帝国》的巨著中①，吉普森调查了一七五〇年的帝国状况，对它的东部以至西部的边区村落都予以足够的重视，然后就开始阐述朝向一七七六年的长期历程。在第八卷中，他已接近完成了"七年战争"的写作，由于这次战争具有帝国的局面，他重新把它命名为"为帝国而战的伟大战争"。吉普森教授对美国人在这次战争中的行为的估量并不高于比尔。在他看来，这次战争的胜利是靠英国倾泻在美洲土地上的金钱和鲜血所取得的。在一九五六年出版的第九卷里，他论述了一七六三年的"巴黎和约"所提出的行政管理问题。直到第十卷吉普森教授才着手涉及通常与革命初期有关的一些事件，然而第十卷尚未出版。

这样，关于革命的起因，我们仍然没有一个从帝国学派观点做出的完备而渊博的论述。但是，吉普森教授在《新的美国国家丛书》中他那本《革命的亲临，一七六三——一七七五年》书中给我们提供了有关这个问题的梗概②。尽管这种论述特别是对一七六七年后一些年代的论述是简要的，但是我们仍然可以领会出他所阐述的内容大致是这样：不列颠政府向殖民地征税的尝试，是对殖民地人们提出一个公平合理的要求，因为殖民地人们的赋税负担和英格兰人相比较是极其轻微的，并且他们是使英格兰的国债增加一倍的这次战争的主要受益者。在反对英国议会征税方面，美国人大谈关于宪法的原则，但是吉普森教授暗示说，他们对这些原则抱有的诚意，是可以加以怀疑的，特别是他们随着形势的变化而不断变换他们的论点，更是令人怀疑的。

政治理论

在强调殖民地反征税立场的反复无常方面，吉普森教授并不比几位研究美国政治思想的历史学家阐述得更多，这些史学家中没有一个人确是属于帝国学派或

---

① 劳伦斯·H·吉普森，《美国革命前的不列颠帝国，在美洲危机之前的时代地方特征与地域趋势》，1—3卷，考德威尔，印第安那·卡克斯顿出版社，第4卷；纽约：诺普夫出版社，到一九五六年出版了9卷。

② 劳伦斯·H·吉普森，《革命的来临，一七六三——一七七五年》，纽约：哈珀出版社，一九五四年。

阐明历史的其他学派的。卡尔·贝克尔在《独立宣言》①一书中以他惯用的巧妙言辞探讨了美国表述十八世纪的政治思想的方式。他指出，殖民地人民在完全否认英国议会的权力以前，就采取了一系列预备的步骤。他坚持说，在实行印花税条例时期，他们反对殖民地内部的课税，但却承认进出口关税的合法性。当议会相信了他们的话，并且征收了进口的汤森德税以后，他们转而拒绝了英国议会的一切课税，但同意由议会来管理他们的贸易。直到第一次大陆会议期间，他们才准备完全拒绝英国议会管制他们的任何权力。

伦道夫·G·亚当斯在《美国革命的政治思想》②一书中，追溯了上述同一进程。亚当斯主要感兴趣的是在美国反抗的最后阶段汇总提出的不列颠帝国这一概念，即这个拥有几个并立的立法机关的帝国是只靠效忠于一个共同君主而联结在一起的。后来，这一概念证明，在把不列颠帝国其他部分联结为一体上是卓有成效的。并且亚当斯赞扬了那些系统阐明这一概念的人们的远见。但他欣然同意，这个概念是和早年反对英国议会所表述的思想相矛盾的。甚至查尔斯·霍华德·麦克厄尔温也在《从宪法说明美国革命》一书中为帝国这一概念的宪法依据进行辩护，承认直到殖民地人民尝试了较少正当根据的思想后，他们才接受了这种帝国概念的宪法依据。（麦克厄尔温的关于殖民地最终的地位是有宪法依据的论点，被罗伯特·L·斯凯勒在《议会与不列颠帝国》一书中提出了质疑。）③

对革命政治理论的发展做了最新详细阐述的是克林顿·罗西特的《共和国的酝酿时期》一书，它是继班克罗夫特之后，寻求贯穿于过去殖民地时期的美国自由的根源。④罗西特像贝克尔和亚当斯一样，是同情美国人的，但他也承认，在这场争论开始以后，美国人曾几度改变了他们的立场。

---

① 卡尔·L·贝克尔，《独立宣言，政治思想史的研究》，纽约：哈考尔特和布拉斯出版社，一九二二年；纽约再版：诺普夫出版社，一九四二年。

② 伦道夫·G·亚当斯，《美国革命的政治思想；一七六五——一七七五年不列颠的美洲对英帝国体制问题的贡献》，达勒姆：三一学院出版社，一九二二年；纽约再版：巴恩斯和诺布尔出版社，一九五八年。

③ 查尔斯·H·麦克厄尔温，《从宪法说明美国革命》，纽约：麦克米伦出版社，一九二三年；参阅罗伯特·斯凯勒，《议会与不列颠帝国；一些有关帝国立法权限在宪法上的争论》，纽约：哥伦比亚大学出版社，一九二九年。

④ 克林顿·罗西特，《共和国的酝酿时期；美国政治自由传统的起源》，纽约：哈考尔特、布拉斯出版社，一九五三年。

这就显示出，班克罗夫特笔下的英国专制和美国的自由的历史经历了一次修正。研究政治思想的历史学家们都认为，美国人民在他们忠于原则的态度方面是前后矛盾的和动摇的，同时帝国学派的历史学家们把他们与英国主子比较一下，就感到这些美国人是自私的和狭隘的。

英国的政治

与此同时，英格兰的历史学家们已经修改了乔治·特里威廉爵士和其他辉格党学者们所勾画的十八世纪不列颠政治的局面。这场新的运动的领导者是刘易斯·纳米尔爵士，这场运动的经典著作就是他的《乔治三世即位时期的政治体制》和《美国革命时代的英国》①。这些已成为后来许多研究的楷模著作，它们详细地考察了被选为乔治三世的第一届议会的议员们和他们的投票方式。选举的结果是辉格党的解体，而这个党是特里威廉依据罗金厄姆的追随者们的表现所塑造的。刘易斯爵士告诉我们说，在美国革命时代中，英格兰不存在任何政党，没有辉格党，也没有托利党。由国王的亲信组成的无足轻重的小集团，无论如何都不能总是按照国王对他们的嘱咐行事。一些小的派别，通常是一些有影响的领导人的追随者，常常为谋取政治职位而组织起来的；不过，一个遵从任何一套原则（不管是好是坏的原则）的政党还有待于诞生。

刘易斯爵士还指出，在一些党派未出现时，绝大多数议员们都主要忙于为他们自己或他们地方上的选民谋取特权。在他们看来，有关国计民生的大事，是无足轻重的。在这种形势下，一个比以往历史学家所认识到的还要大的责任就落到国王身上了。保证帝国机构的运转就成了国王的职责。那些引导向议会提出重要法案的大臣们，不止在名义上是他的大臣。当他告诉他们在下院该做些什么，以及如何在幕后操纵保证得到大多数的时候，他并没有僭越他的先辈已经放弃的职责。他只不过在做着处在这样地位的一个负责人所必须做的事。他不能胜任这一职务，这是无法否认的。乔治是一个才智平庸的人，但却面临着一项需要天才的任务。他失败了，不过，刘易斯爵士仍认为，这并不是因为他生来就喜欢专制。

---

① 刘易斯·B·纳米尔爵士，《美国革命时代的英国》，伦敦：麦克米伦出版社，一九三〇年和《乔治三世即位时期的政治体制》，伦敦：麦克米伦出版社，一九二九年。

革命的社会观

当我们比较一下研究不列颠政治、帝国以及政治思想的历史学家们所持有的新观点时，就会发现某些矛盾。举例来说，我们怎么能强调一个为地方集团控制的政府的帝国远见呢？在把这些新观点协调成为一种新的综合体以前，我们只能探讨它们具有什么样的相对重要性。然而，有一件事是清楚的，这就是：这些新观点都要求我们重新考察诸如为什么竟然会爆发革命的问题。假如航海条例是公平的，假如美国人不是一开始就执着于任何关于议会权威的特定观点，假如乔治三世不是暴君，那么，为什么殖民地人民还要追求独立呢？另外，革命又是什么呢？假如班克罗夫特的答案是错误的，那么我们将用什么样的答案来代替它呢？

历史学家们并没有忽视这个问题。至少到目前为止，最使历史学家们满意的似乎是卡尔·贝克尔所提出的答案了。他在《一七六〇——一七七六年间纽约殖民地各政党的历史》一书中指出，革命期间纽约的政治主要是围绕着两个问题：地方自治和谁应该治理本地[1]。大家都知道这场革命是为了获得地方自治而进行的，换言之，就是为了独立。贝克尔的论述以及他著作的要旨都使人们注意（与独立战争）同时发生的殖民地居民自身之间的冲突。

纽约也许是贝克尔能够阐述自己观点的最好的地方了。就像后来欧文·马克的一项研究（《殖民地时期纽约的土地斗争，一七一一——一七七五年》）证明的那样：革命前，殖民地政府被一伙紧密地结合在一起的地方贵族所控制[2]。总督的政务会、殖民地议会、法院以至律师界都挤满了拥有大地产的人们或他们的亲属，这些大地产所有者在哈得逊河谷和康涅狄格河谷北部往往拥有十万英亩以上的土地。尽管贝克尔没有统计资料证明这类事实，他还是相信纽约反对不列颠的征税和民众反对当地的统治阶级是密切联系在一起的。

最初，这些大人物带头唤醒了人民抵制不列颠的征税（可能因为他们从中看透了征税是对他们地方控制权的一种威胁）。但是，由印花条例引起的骚动，证明了这些贵族怕人民大众的程度可能甚于怕英国的控制。因此，他们从反英的行

---

① 卡尔·贝克尔，《一七六〇——一七七六年间纽约殖民地各政党的历史》，威斯康星大学第286号公报，历史丛书第二卷，第1期，麦迪逊：威斯康星大学出版社，一九〇九年；一九五九年再版。

② 欧文·马克，《殖民地时期纽约的土地斗争，一七一一——一七七五年》，纽约：哥伦比亚大学出版社，一九四〇年。

列中撤退出来，并且也试图使人民默许征税。但实施这个计划的时运不佳，印花税条例的骚动已使一批民众领袖涌现出来，他们是不容易平静下来的。在保守的贵族有把握地控制下的地方议会是够顺从的了，然而一些超出法律管辖范围的委员会仍然继续出现，坚持与英格兰相敌对。

虽然，这些保守的贵族也常常加入这些委员会，并竭力想保持对它们的控制，但他们最终面对着非此即彼的选择：或者成为效忠派，或者和人民革命团体共命运。他们之中许多人，如约翰·杰伊、詹姆斯·杜安，都参加了革命，并保持了充分的领导地位，进而把一部保守的宪法强加于这个新生的国家。在以后的十年中，纽约的历史表明，在胜利的革命者之间，即以原先统治阶级的成员为一方和以小农为另一方之间展开一种持续不断的斗争。[①]

贝克尔既没有主张纽约的革命仅仅是社会内部的两个阶级斗争，也没有证明其他殖民地必然发生类似纽约的情况。以后的历史学家却多少把他的解释推进了一步。阿瑟·迈耶·施莱辛格在《殖民地商人与美国革命》一书中，研究了所有殖民地商人在"独立宣言"发表之前十二年动乱中的作用[②]。他发现，在最初反对食糖税条例和印花税条例当中，商人起了领导作用。不过，印花税条例引起的骚动使他们停顿下来。当汤森德条例获得通过后，他们再度采取不进口公约的手段，但却表示坚决反对暴力。当下层各阶级对不进口公约满怀热情时，这些商人却逐渐不那么热情了。一七七〇年以后，他们竭力想把下层阶级置于他们的控制之下，以防止与英格兰的敌对行动的爆发。仅当茶叶条例威胁到他们，把他们从茶叶生意中排挤出去时，他们才决心再次站出来带头反对不列颠。他们反对的结果是场大灾难，以至于他们许多人很快地退缩了。但是为时已晚。施莱辛格教授以独立的来临作为他叙述的终结，不过，在最后一章里，他展望了战争和战后的一些年代，看出了商人和贵族一起仍然和那些在这场革命的鼓动中变得突出的上述下层阶级进行尖锐的对抗。

贝克尔和施莱辛格两人写的都是有关革命时期的一些特殊的发展，贝克尔

---

① 十八世纪八十年代这段冲突的历史在厄尼斯特·魏尔德·斯鲍尔丁的《一七八三——一七八九年危险时期的纽约》一书中有了充分的叙述。纽约，哥伦比亚大学出版社，一九三二年。

② 阿瑟·M·施莱辛格，《殖民地商人与美国革命，一七六三—一七七六年》，纽约：哥伦比亚大学出版社，一九一八年。

写的是关于纽约的政治，施莱辛格写的则是关于整个殖民地的商人。J·富兰克林·詹姆森的著述则把整个革命看成是一场民主的剧变，它的开端可能仅仅是一次政治抗议，反对英国议会的那些条例，但接着以像俄国革命和法国革命的同样方式广泛展开，从而改造了整个社会[1]。詹姆森说："革命的激流，一旦形成，就不可能被限制在狭窄的堤坝之间，必然广泛地扩展到陆地上来。"同时，他探查了众多的社会变化中的滚滚洪流，所有的变化都"趋向于一种均衡的民主制这个方向"[2]。奴隶贸易和奴隶制度在许多州的废除，长子继承权和限定继承财产权的废除，效忠派财产的没收和分配，选举财产资格限制的降低，政府对英国国教的支持的废除——在这些以及相类似的发展中，詹姆森看清了谁应该在本地进行统治这个问题的最终答案。

正像贝克尔、施莱辛格、詹姆森所表述的那样：从社会观点来观察这个革命，就把殖民地人民自身的斗争夸大到最大限度，从而趋向于把殖民地与英格兰之间的斗争缩小到最低限度。我们看到了殖民地居民之间所以互相厌恶的原因，可是，他们为什么对英格兰如此愤怒却很少被明确地揭示出来。

宣传可能是一个答案。有三本重要的著作已经探讨了用宣传方式导致民众敌视母国这一问题。在《萨姆·亚当斯：宣传工作的先锋》一书中，约翰·查斯特·米勒描述了一个人如何通过促成叛乱爆发的重大事件来领导马萨诸塞居民[3]。菲力普·戴维森在《宣传与美国革命》中指出了其他一些鼓动家和他们组成的团体是如何不择手段地利用全部殖民地的公众感情的[4]。施莱辛格教授在《独立的序曲》中，对一些报纸和它们的出版商的作用这一问题为我们提供了详尽的研究[5]。这些书都包含了有价值的材料。但是，"宣传"一词已经失去了它在十五年或二十年以前所具有的魅力。我们甚至再也不能自信，说我们懂得宣传的意思是什么。（真理能是宣传吗？或者宣传往往是虚假的吗？）然而，仍然存在着一种看

---

[1]　J·富兰克林·詹姆森，《作为一次社会运动的美国革命》，普林斯顿：普林斯顿大学出版社，一九二六年；波士顿再版：彼肯出版社，一九五六年。

[2]　J·富兰克林·詹姆森，《作为一次社会运动的美国革命》，第11页，第25页。

[3]　约翰·C·米勒，《萨姆·亚当斯：宣传工作的先锋》，波士顿：小布朗出版社，一九三六年。

[4]　菲力普·戴维森，《宣传与美国革命，一七六三——一七八三年》，查佩尔希尔：北卡罗来纳大学出版社，一九四一年。

[5]　阿瑟·M·施莱辛格，《独立的序曲：一七六四——一七七六年对不列颠的新闻之战》，纽约：诺普夫出版社，一九五八年。

法，即就其为争取地方自治的运动而言，这场革命是由于像萨姆·亚当斯和帕特里克·亨利那样的鼓动家的努力而产生的，而他们却夸大了英国的罪过以便达到自己特殊的目的。

对邦联与宪法所做的经济的与社会的解释

这很难算是一个完整的答案。但是，帝国学派和社会经济学派的历史学家们都还依赖于这个答案，他们对于寻求一个更好的答案都不太感兴趣。虽然已经有人提出这样的看法，即美国革命是殖民地经济发展的不可避免的结果，但是这一命题还没有在对这个时期的任何深入研究中得到证明。实际上，那些强调经济和社会力量的历史学家较少涉及殖民地敌视英国的原因，而谈论较多的则是后来的社会分裂的历史，贝克尔和施莱辛格都阐述过独立之前一段岁月这种社会分裂的历史。这些历史学家提出了下述问题：那些殖民地内原有的统治阶级遭到过什么情况？他们是否被彻底推翻，因而导致新的美国各州完全地为革命的民主主义者所统治？由阿伦·内文斯和最近伊莱沙·道格拉斯先后对新生的州政府所做的两项概括的研究得出了否定的结论。[①] 虽然各地情况不同，但是原有的统治阶级在任何一个州里都没有被彻底地更换。尽管新州政府可以比旧政府给予下层阶级更多的好处，但是富人和出身显贵的人仍在继续发挥其强有力的影响。

接着，十八世纪八十年代同该世纪七十年代一样，阶级与阶级之间旗鼓相当，互相对阵，每一个阶级都企图控制政府。因此，社会分裂就像在《独立宣言》发表以前一样，也可以当作了解美国《独立宣言》发表以后这一段历史的钥匙。

关于这一点的来龙去脉，我们必须读查尔斯·比尔德所写的《美国宪法的经济解释》（一九一三年版）一书，它是所有撰写有关美国历史的书籍中最有影响的一本。[②] 比尔德的书是继贝克尔的研究之后不久出版的，虽然此书并没有涉及革命的本身，但它也许比贝克尔的书谈论更多的是劝告历史学家，必须用阶级冲

---

① 阿伦·内文斯，《美国革命时期和革命后的各州，一七七五——一七八九年》，纽约：麦克米伦出版社，一九二四年；伊莱莎·P·道格拉斯，《反叛者和民主主义者：美国革命期间争取平等的政治权利及多数人统治的斗争》，查佩尔希尔：北卡罗来纳大学出版社，一九五五年。

② 查尔斯·A·比尔德，《美国宪法的经济解释》，纽约再版：麦克米伦出版社，一九三六年。

突的观点来观察美国革命的全过程。

比尔德这本书的主要内容是对一七八七年制宪会议的五十五名成员逐个地进行审查（比尔德在运用这种历史调查的方法方面先于纳米尔）。根据财政部的档案，比尔德能够证明，这些人中的大多数据有公债券，它们作为新宪法的一项成果而提高了价格。他们通过强化政府和提高合众国的信用使他们对政府公债的投资得到了偿还。他们也许是按照对他们有利就是对国家有利的假设行事的，但是比尔德指出，这些人当时并没有投资于不动产，而是投资于动产；他们制定宪法就是为了保护动产的安全；而他们之所以能使这部宪法获得通过，仅仅是因为大多数居民没有参加投票。这样，从比尔德的研究来看，那些开国元勋们是作为一个有才干的资本家投机商集团出现的。他们成功地哄骗了一般平民百姓去接受一个以有利于少数显贵们为目的而设计的政体。

比尔德所说的一些动产所有者就是阿瑟·施莱辛格提到的那些商人以及卡尔·贝克尔提到的那些纽约贵族在经济方面的后裔，或者也可能就是他们本人（从"独立宣言"到制宪会议只有十一年），证明这一点并不困难。如果比尔德的看法是正确的，那就似乎是那些在一七七六年失去了控制权但还有影响的贵族在一七八九年又夺回了全部的权力。

上述结论是梅里尔·詹森在对十八世纪八十年代两项研究中加以详细说明的。较早期的一些著作把十八世纪八十年代看作是前途暗淡的时期。那时，取得战争胜利的美国人由于地方之间的争吵和妒忌的危害而处于危险局面。约翰·菲斯克的一本书的书名就把这个时期称作"危险时期"。他在这本书中指出美国正处在瓦解状态，无力提抗外侮，它的商业和贸易都衰退了。所有这些都是因为美国缺少一个真正的中央政府[1]。其他的历史学家们都已认识到，菲斯克描绘的这幅图景并不完全准确，而詹森则在《邦联条款》和《新国家》两本书中都正面批驳了菲斯克的观点[2]。

詹森论证说，"邦联条款"是"独立宣言"原则的政治体现，而"独立宣言"

---

① 约翰·菲斯克，《美国历史上的危险时期，1783 年—1789 年》，波斯顿和纽约:豪顿、梅弗林出版社，1898 年。

② 梅里尔·詹森，《邦联条款;对美国革命中的社会宪法史的解释，1774 年—1781 年》，麦迪逊;威斯康星大学出版社，1948 年;《新国家:邦联时期的合众国史，1781 年—1789 年》，纽约:诺夫出版社，1950 年。

则是民主革命的体现，这次革命既反对地方贵族统治，又反对英国。在根据《邦联条款》产生的国家实体的整个时期里，那些保守的贵族们时刻都阴谋重建大不列颠先前曾竭力建立的那种中央集权制的政权。如果说这个时期存在着危险，那也是由这些"勉强的革命者"造成的。但是，不管怎样说，这个时期事实上并不是那样的糟糕。由各州设立的地方关税一般说来是针对外国的，而不是针对邦联其他成员的。美国在外交上的失败是当时整个欧洲局势的结果，并不是美国的软弱造成的。在废弃邦联条款以前，美国的经济繁荣已经开始出现了，而贵族们所真正厌恶的则是这个时期的民主制度。

这样，从不同的著作中，我们可以得出一个对于从一七六三年到一七八九年整个时期的一致的解释。其首要的论题就是阶级冲突以及谁将在国内进行统治的问题。在独立之前的动乱时期，群众被发动起来去反对被信以为真的英国暴政，但是群众发现了另外一些更加显而易见的当地暴政，从而对之发泄了他们的愤怒情绪。随着独立的到来，群众就设法谋求多方面的改革以争取更加广泛的民主制度。但是，那些保守的财产占有者和资本家投机商们却千方百计紧握权力不撒手，他们终于随着宪法的正式通过占了上风。

这种解释是由几个不同的互相呼应的研究部分构成的，因而引人注目。这种从整个历史时期做出的解释是有意义的，甚至指出了对美国历史的其他阶段探求相类似解释的方法，那就是把美国历史的其他阶段看成是反对上层阶级专制主义的渴望民主的解释的方法，那就是历史。这种解释企望把一八〇〇年杰斐逊派的革命，杰克逊的民主制以及平民主义、进步主义、新政等都看作是"七六年精神"的化身，而把联邦主义者、辉格党人、内战后的共和党人等都看作是复活了的贵族统治的代表。

对早期的解释的挑战

在二十世纪头四十年中，当绝大多数知识分子对进步主义和新政顶礼膜拜的时候，这种解释的正确性几乎是不容置疑的。查尔斯·比尔德的《宪法的经济解释》一书本身就是进步主义的思想武器，它直接对准了挥舞宪法这根棍棒反对社会立法的最高法院。二十世纪四十年代和五十年代情况发生了变化。在这个时期，我们不但有了新政的社会立法，而且也有了空前未有的繁荣。也许因为这个时期还没有像二十世纪初期那样清晰地显现出阶级冲突的阵线，因而我们所能看到的美国革命中那种阶级冲突比我们曾经一度对这个问题的想象要少得多。也许是经过这些具有专业学识的两代人，才使我们充分地懂得，需要对这个问题做出更加准确的估价。不管原因如何，在从一九四五年到一九六〇年的十五年间，发表了许多著作，它们开始改变了以前对美国革命是什么这个问题的答案。

这些著作中最主要的一本是奥利弗·M·迪克森的《航海条例与美国革命》①。作者在该书第一部分中论证了美国人并不反对《航海条例》，即不反对这些条例所体现的重商主义的政策。根据这种观点，他继续进行了帝国学派历史学家对班克罗夫特任意的攻击。在这本书的第二部分中，迪克森教授开始回答了"为什么美国会背叛英国？"这一问题，而这个问题是近来很少几个历史学家提出过的。

迪克森教授提出的答案是新颖的。他说，这个难题的核心是一七六七年在波士顿建立的"美洲海关专员署"。在一七六七年以前，美洲的海关官吏直接向英国的海关专员署汇报工作。在根据《唐森德条例》而设置的专管美洲海关的独立专员时，英国对任命的官员放任自流，这伙人在不到十年的时间里就毁灭了迄今一直把帝国结合在一起的忠诚和共同利害关系。迪克森教授详细地追溯了美洲海关专员以及按照他们指示办事的那些公职人员的活动。他所发现的是"海关敲诈勒索"，即运用法律的技术性细节使美洲商人陷于困境并没收他们的船只（那些公职人员得到了因违犯海关规定而被没收和拍卖的船只的收益的三分之一）。在那些受害人中，有两个是美国革命中的重要人物：一个是波士顿的约翰·汉考克，另一个是南卡罗来纳的查理斯顿的亨利·劳伦斯。在许多激起美国人敌视英国的著名事件——包括波士顿惨案和英国武装帆船"葛斯比号"的劫掠——的幕后迪克森教授都发现了海关专员们从中操纵的黑手。

《航海条例与美国革命》一书提供了在过去二十五年时间里展现的有关美国革命的极其重要的新材料。这本书的影响在于把人们的注意力从国内冲突转回到地方自治这个问题上来。这本书向人们表明，这些殖民地居民对英国有过真正的怨恨，并且他们可能不是仅为宣传鼓动或为逃税的欲望所左右。秉公而论，他们是应该缴纳这些税款的。然而，这本书并没有直接讨论殖民地反对英国议会征税

---

① 奥利弗·M·迪克森，《航海条例与美国革命》，费城，宾夕法尼亚大学出版社，1951 年。

的合法性和连贯性。

在由海伦·M·摩根和埃德蒙·S·摩根合著的《印花税条例危机：革命的序幕》一书中检查了反对《食糖条例》和《印花税条例》的论据，发现这些论据比人们通常想象的要有力得多[①]。当英国在一七六四年第一次试图向美国人征税时，美国人表示在原则上反对英国议会规定的所有税收，并且没有区分经常加诸他们的内部赋税同来自外部的征税两者之间的界限。因此，他们对于自己因前后矛盾的言行而受到的指责是问心无愧的。虽然他们的政治信念并不是始终不渝的，但是他们遵从原则的精神却比二十世纪的历史学家通常想象的要伟大得多。在一本关于从一七六三年到一七八九年整个时期的小册子中，摩根试图叙述美国对自由原则的探求，并且把这些年代看成是临时统一而不是分裂的时代。[②]

奥斯卡和玛丽·汉德林对社会经济解释假说中的一个方面表示了怀疑。[③]汉德林夫妇提出的这一观点是：施莱辛格在马萨诸塞发现的一七七六年以前的那种分裂，同后来那些值得注意的分裂事件并不是连续着的。一七八八年的联邦主义者和反联邦主义者，同该世纪七十年代的激进分子和保守人士在地理上、社会上和政治上都不是一回事。

罗伯特·E·布朗在他的一本著作中，对把革命作为一场阶级冲突的观点进行了更加直接的反驳。[④]把革命作为一场社会冲突的那种解释曾断定有大量的下等阶级存在，而这个阶级的人不能参加投票，因为他们不合乎财产上的选举资格的规定。布朗也证明：在马萨诸塞没有这样的阶级存在。他通过对一些典型城镇所做的统计向人们表明：在从未想到进行革命以前，马萨诸塞的绝大多数成年男子就已经享有投票的权利了。而且他还向人们证明，不管在其他各地情况怎样，马萨诸塞的西部农民同东部的商人一样在议会里享有充分的代表权。布朗教授论证说，在这里不存在民主革命，因为这里没有进行民主革命的余地：马萨诸塞已

---

① 埃德蒙·S·和海伦·M·摩根，《印花税条例危机：革命的序幕》，查佩尔希尔，北卡罗来纳大学出版社，1953 年。

② 埃德蒙·S·摩根，《共和国的诞生，1763 年—1789 年》，芝加哥，芝加哥大学出版社，1956 年。该书有精装版本和平装版本。

③ 奥斯卡和玛丽·F·汉德林，"独立后马萨诸塞州的激进分子与保守人士"，1944 年 9 月号《新英格兰季刊》，第 17 卷，第 343—355 页。

④ 罗伯特·E·布朗，《中等阶级的民主制与马萨诸塞的革命，1691—1780 年》，伊萨卡：康奈尔大学出版社，1955 年。

经是民主主义的了。批评家们对此公正地评论说：代表权的公平体制和广泛选举权的存在，并不一定意味着民主制的存在。但事实仍然是，不论在革命期间，还是在革命以后，那种想象中的关于代表权的公平体制和广泛选举权的确立常常被当作民主制兴起的标志而引来欢呼。

把布朗教授的结论引申到其他所有的殖民地，那将是危险的。单独对马萨诸塞西部的研究表明，阶级冲突是在这个州的西部地区起过某些作用，如果不是在东部的话。① 但是，把卡尔·贝克尔对纽约的研究结果引申出去同样是危险的。最近对马里兰、宾夕法尼亚、新泽西、罗得岛的研究表明，在每一个殖民地里，政治社会的事变都有其独特的形式。② 至少在马里兰、新泽西和罗德岛的模式并不象征着一场社会革命。但是，在我们对于作为一场社会运动的美国革命能够做出准确判断之前，我们需要对从一七六三到一七八九年整个时期的每一个州进行研究。

与此同时，布朗教授在另一本书中，对社会经济解释的堡垒进行了攻击。③ 这实际上是对比尔德的《宪法的经济解释》一书的每一段阐述进行仔细的审查。尽管布朗的这本书带有否定比尔德《宪法的经济解释》一书的味道，但是它成功地证明了比尔德为其经济解释所依据的论据是经不起仔细推敲的。比尔德所使用的财政部的大多数档案是从制宪会议以后若干年才开始的。即使我们认可这些档案，把它们作为一七八七年制宪会议成员拥有财产的准确标志，但对这些成员拥有的其他财产的研究则表明，他们的资本中只有很小一部分投资于公债券上，而绝大部分却投资于土地上。布朗还证明，制宪会议的成员是在假定（同比尔德的

① 罗伯特·J·泰勒，《美国革命中的马萨诸塞西部》，普罗维登斯：布朗大学出版社，1954年。

② 查尔斯·A·巴克尔，《马里兰的革命的背景》，纽黑文：耶鲁大学出版社，1940年；菲利普·A·克劳尔，《美国革命期间及以后马里兰政治和经济的研究》，巴尔的摩：约翰斯·霍普金斯大学出版社，1943年；西奥多·塞耶，《宾夕法尼亚的政治及民主制的发展，1740年—1776年》，哈里斯伯格：宾夕法尼亚历史及文物委员会出版社，1953年；罗伯特·L·布龙豪斯，《宾夕法尼亚的反革命，1776年—1790年》，哈里斯伯格：宾夕法尼亚历史及文物委员会出版社，1953年；理查德·P·麦考密克，《独立的尝试：危机时期的新泽西，1781年—1789年》，新布伦斯威克：拉特格斯大学出版社，1950年；戴维·S·洛夫乔伊，《罗德岛的政治与美国革命，1760年—1776年》，普罗维登斯：布朗大学出版社，1958年。

③ 罗伯特·E·布朗，《查尔斯·比尔德与宪法，对〈宪法的经济解释〉一书的评论性分析》，普林斯顿：普林斯顿大学出版社，1956年。

假定恰好相反）大多数州的成年男子大部分能够参加选举的情况下行事的。这样布朗靠间接的证据就把自己对马萨诸塞的研究结果延伸到其他各州去了。

福雷斯特·麦克唐纳同布朗不谋而合。他在《我们美国人民》一书中得出了与布朗相似的结论。[1] 比尔德自己曾说过，对他的解释做实事求是的考查就需要对参加批准宪法的会议各种成员进行审查。麦克唐纳做了一次这样的审查，而且还研究了邦联时期各州的经济史，其结果并没有证实比尔德的论点。在大多数州里，公债券的占有与对宪法的态度之间几乎毫不相干。麦克唐纳承认对宪法进行经济解释的可能性，但是他指出这种解释必定是比比尔德提出的那种解释要复杂得多。

对于比尔德《经济解释》的另一种反驳来自塞西莉亚·M·凯尼恩的一篇论文。这篇论文的题目是《缺少信任的人们：反联邦主义者论代议制政体的性质》。[2] 比尔德的论点是这样的：宪法制定者们制定宪法是为了保护投机的资本家的利益不受多数人统治的干预，而由民主主义狂热引起的对宪法的反对则是为了保护多数人的统治。凯尼恩教授考查了反对批准宪法的论点，发现反联邦主义者对强加于多数人的牵制已经漠不关心了。相反，他们对这种牵制不够强有力倒表示担忧。他们是一些缺少信任的人，因为他们不希望给予任何一个政府以广泛的权力，就像他们害怕联邦政府根据宪法将拥有广泛的权力一样。

另外，还有一些反响。弗雷德里克·托尔斯评价了詹姆森根据其后的调查所得出的研究成果。[3] 虽然托尔斯很清楚，詹姆森的研究成果仍是有根据的，但是，他断定美国革命并不完全是詹姆森所想象那样的一次社会运动。而理查德·B·莫里斯在对关于"危险时期"的论文的研究中，认为自己的观点更接近于菲克而不

---

[1] 福雷斯特·麦克唐纳，《我们美国人民：宪法的经济根源》，芝加哥：芝加哥大学出版社，1958 年。杰克逊·T·梅因在其论文"查尔斯·A·比尔德与宪法：福雷斯特·麦克唐纳在《我们美国人民》中批判性的评论"中对麦克唐纳的见解进行了强烈的批判，载《威廉与玛丽季刊》，1960 年 1 月第三辑，第 17 卷，第 86—102 页。麦克唐纳除了承认有些事实上的较小错误以外，仍坚持自己的结论。出处同上，第 102—110 页。

[2] 1955 年 1 月《威廉与玛丽季刊》第三辑，第 12 卷，第 3—43 页。

[3] 弗雷德里克·B·托尔斯，《作为一次社会运动的美国革命：再评价》，见《美国历史评论》，1954 年 10 月，第 60 卷，第 1—12 页。

是詹姆森。①

在英国，由于路易斯·纳米尔爵士的新发现而引起的震动也开始平息下来了。至少有一位历史学家已经指出：对于十八世纪的政治来说，可能存在某些事理超越了既无主义也无政党的派别之间的斗争。赫伯将·巴特菲尔德在《乔治三世和历史学家》一书中论证说，由于纳米尔及其弟子们对于政治结构的特殊注意使他们看不清思想和原则的表现形态，而人们往往凭这种表现形态来观察他们的政治活动。②他说，其结果不仅是丧失了正确剖析事物相互关系的能力，而且使历史蒙上了一层迷雾。巴特菲尔德呼吁对于作为历史叙述的主题的那些较大的公开争论问题进行反复的思考。

如果我们留下这样的印象，即帝国学派、社会经济学派或者纳米尔主义的解释目前已经过时，那将是错误的。每一个学派的解释都为我们对革命时期的了解做出了不可磨灭的贡献。每一个解释都在激励着人们去进行新的研究。但是我们可能开始确定这些解释的局限性的时代已经到来了。③我们应运用已经获得的这些知识，比较全面地了解人们在一七七六年和一七八七年所以采取那种行动的原因。但是我们不必把一种特定的见解扩展为一种普遍的见解。由于我们还没有彻底弄清楚，所以必须继续提出"美国革命是什么"这一问题。

[东北师大历史系美国史研究小组译自威廉·H·卡特赖特和小理查德·L·沃森合编的《解释和讲授美国历史》（华盛顿D.C.，1961 年）一书的第四章，第38—55 页；丁则民校。]

① 理查德·B·莫里斯，"邦联时期与美国历史学家"，载《威廉与玛丽季刊》，1956 年4 月，第三辑，第13 卷，139—156 页。
② 赫伯特·巴特菲尔德，《乔治三世与历史学家》，（纽约：麦克米兰出版社，1959 年）。
③ 埃德蒙·S·摩根，《美国革命:需要修正的一些修正》，载《威廉与玛丽季刊》，第三辑，第14卷，3—15 页，1957 年1 月。

关于美国内战背景的史学[①]

戴维·M·波特

引　言

在美国历史上，从一八三〇年至一八六一年这一时期（除了其后的内战）可以想得到是有其完整独立的意义的。但是，历史学家们除了把它看作内战的序幕外，却很少别有他论。有些作者并未认真阅读数十年来与美国内战前各种冲突无关的纪录，便指出诸如铁路的增长、工业的兴起、移民的热潮、强行进入密西西比河以西地区、工业革命等发展的重要性，认为正是这些吸引了人们的注意力并激起了他们的奋发精神，而有时却不顾关于奴隶制的争论。然而，甚至正是那些要求人们注意这些因素的历史学家们却往往重弹两个地域日益增长着对抗的老调，并且把它作为整个这一时期的中心论题。默认这个重点实际上表明，没有人对艾伦·内文斯所写的一本书名为《联邦的严峻考验》的贴切性表示疑义，该书以四卷的篇幅综合论述了美国一八五〇年至一八六〇年十年的历史，但却没有任何明显的具体化的严峻考验，直到第五卷这种严峻考验才作为高潮出现。一七六三年至一七七三年这十年和一八五〇年至一八六〇年这十年几乎总是以战争的序幕来论述，而对一九一七年前和一九四一年前的那些年月却很少做这样的处理，这在我们的历史文献中是奇特的现象。

由于集中于这个焦点，大部分文献对从大约一八三〇年至一八六一年这一时期的论述不是（a）直接与内战起因的问题有关，就是（b）与那些间接地同南北分裂有关的论题，诸如地域主义在其经济和文化方面的发展、奴隶制的建立、人道主义运动中的反奴隶制斗争、南部社会的性质（关于社会结构和思潮）以及导

[①]　原文标题为《内战的背景》，为了更加明确地体现本文所阐述的内容，译者把标题作了改动。

致最后危机的具体步骤如一八五〇年妥协案、德雷德·司考特判例等等的论题。

本文就是试图就近二十年（一九四〇年至一九五九年）间涉及这两个地区的历史文献的发展做以概述。

内战的起因

近二十年来，从历史上理解内战前的许多发展已有了很大的进展，但是这很难说它们已明显地使我们更接近于这一点，即一个历史学家组成的评审委员会似乎很可能做出裁决，从而解决关于起因的争论。实际上，争论中的一些最基本的问题，也就是那些反对奴隶制问题重要性的问题已复而再起，而且看起来现在解决这种争论比以往任何时候都更加困难。

到一九四〇年为止，关于内战的文献已经积累了八十年[①]。在这八十年间，对内战的解释主要经历了三个阶段。第一，在战争刚结束的年代，有内战的参与者和党派人士撰写的文献，他们都力图证明自己的行为方针是正当的，因此不是竭力辩护就是拼命控诉。两方面都诉诸绝对的社会准则：如果他们是联邦党人，他们就用奴隶制和分裂来解释这场战争，并要求人类自由和国家统一在道义上的至高无上；如果他们是同盟党人，他们则以脱离问题来解释这场战争，并要求在州主权的理论方面合法的绝对的固有性质和自决权在道义上的至高无上。

第二，在战争创伤开始恢复的时期，有一种国家主义的解释，詹姆斯·福特·罗兹（1893—1906）的七卷本的历史著作就是一个很好的例子。这本书有意回避责任的归咎，而强调南北两方的诚意和高尚的动机[②]。罗兹自己曾明确说过，奴隶制是内战的起因，但他又认为，国家而不是南部，应对奴隶制负责，而且假如他要为脱离而谴责南部的话，那么他也要为重建而谴责北部。在这样的解释

---

① 根据历史条件来解释内战的各种努力早在1861—1862年就开始了，做各种解释的有约翰·L·莫特利、乔治·班克罗夫特、弗朗西斯·帕克曼和爱德华·A·波拉德。对内战历史编纂学做一般性讨论的，也有这些作者，参见托马斯·J·普雷斯利：《美国人解释他们的内战》，普林斯顿：普林斯顿大学，1954年；霍华德·K·比尔："历史学家所谈及的内战起因"载社会科学研究会公报第54号，《历史研究的理论与实践》，纽约：社会科学研究会，1946年。

② 《从一八五〇年妥协案到一八七七年南部自治最后恢复的美国史》，纽约：麦克米伦，1893年—1906年。

中，冲突不可避免或"无法制止"的概念就十分合宜了，因为如果战争已不可能被制止，那么就没有人能因为不能制止战争而受到谴责，这样也就没有人有罪了。一九〇二年，查尔斯·弗朗西斯·亚当斯把这种观点推到了它逻辑上必然的极限，他宣称："简言之，人人对，没人错"①。

第三，在二十世纪二十年代，经济决定论的观点开始在美国知识分子中间广泛流行后，比尔德夫妇在他们合著的《美国文明的兴起》②一书中，对内战发表了一种很有影响的解释。比尔德夫妇把这场历史的剧烈抗争看作是权力之争而不是原则之争，认为道德和法律的论据只不过是一些文饰，因此他们否认南部真的介意州权或北部真的介意奴隶制。南部只是利用州权作为保护少数派地位的策略手段。共和党人也只是利用奴隶制问题使舆论转而反对南部，实际上共和党人并未成为废奴主义者，也没有帮奴隶做过什么事，他们只是企图通过排斥奴隶主进入新领地以"遏制"奴隶主的势力。因此，内战不是原则之争，而是权力之争——一场自由未必要反对奴隶制而工业主义无疑要反对种植园主利益的经济地域的冲突。

这三种解释是简单概括的三种主要的解释，它们直到一九四〇年一直居于支配地位。一九四〇年后，主要的趋势是：（a）所谓"修正论"的解释发展起来，这种观点极端轻视奴隶制或其他任何引起内战的基本因素的重要性，而且认为内战是可以和应该被防止的；（b）对修正论者进行反驳的一些作者，他们一再强调成为内战起因的奴隶制问题的重要性。

（一）修正论者

虽然有时提到的修正论者好像他们是一个"学派"，实际上所谓修正论者是一些有特色、有见解的学者，他们独立工作，时而意见分歧，只是为他们的怀疑而联合，他们怀疑奴隶制作为地域争端要害的作用，怀疑冲突不可避免。

这些怀疑就像内战本身一样年久了，但现代修正论可能始于印第安纳的共和党参议员约翰·马歇尔的传记作者阿伯特·J·贝弗里奇。大约在一九二〇年，

---

① "脱离联邦的伦理道德观"，1902 年发表的演说，刊登在《军事和外交研究，1775 年—1865 年》中，纽约：麦克米伦，1911 年，第 208 页。

② 查尔斯·比尔德和玛丽·比尔德：《美国文明的兴起》，纽约：麦克米伦，1927 年。

贝弗里奇开始写林肯传。他是以传统的共和党的敬意对一个几乎是超人——反奴隶制戏剧性事件的必然主角——从事这项工作的。而在这场戏剧性的事件中又必须有一个对抗者或者反面人物，斯蒂芬·A·道格拉斯在其中则总是一成不变地充当此种角色。但是，当贝弗里奇开始研究后，他发现事实远比传说复杂得多，而谈到林肯—道格拉斯辩论时，他断定道格拉斯是做事正直的，而且道格拉斯阐述了一个十分值得尊重的观点，那就是各领地的奴隶制问题是杜撰的问题，不值得引起一场可能危及国家的危机。由于废奴主义者用这种方法"煽动"争端以致加速了危机，贝弗里奇得出了与废奴主义者相反的看法，并开始认为没有废奴主义者就可能没有战争——甚至于奴隶制那时可能在经济力量的压力之下最终和平消亡[1]。

一九二七年，贝弗里奇逝世。他写的关于林肯生平的书在他死后第二年出版[2]，这本书只写到一八五八年，而且我们永远也无法知道他还会提出什么广博而全面的解释。但是，他预示的某些思想在三十年代的十年中继续发展。一九三三年，吉尔伯特·H·巴恩斯出了一本叙述早期废奴主义者运动的书（《反奴隶制的冲动，1830—1844》）[3]，在这本书里他突出了被忽视的西奥多·德怀特·韦尔德的形象，而贬低了威廉·劳埃德·加里森的重要性，同时谴责了一般废奴主义者的狂热。在同一年，《巴尔的摩太阳报》的杰拉尔德·W·约翰逊出了一本解释性的小册子，名为《南部各州的脱离》，这本小册子十分出色地叙述这场争论说，反奴隶制的狂热分子如马萨诸塞州的查尔斯·萨姆纳和空谈理论的条文主义者如南卡罗来纳州的约翰·C·卡尔霍恩两方面都武断僵硬地各执"己见"终至于演成了一场不必要的战争，在这场不必要的战争中，"人人错，没人对"。也许因为约翰逊不是专业历史工作者，他的小册子被忽视了[4]，但是这本小册子至今留下了一个修正论主要论点的最有力、最吸引人的论述。一九三四年《查塔努加新闻报》的编辑乔治·福特·密尔顿出版了一本道格拉斯全传，这本传记以大量新的手稿

① 克劳德·G·鲍沃斯：《贝弗里奇和进步时代》，波士顿：霍顿·米夫林，1932年，第561—579页。

② 《林肯传，1809—1858》，2卷本，波士顿：霍顿·米夫林，1928年。

③ 纽约：阿普尔顿—森杜里。

④ 吉尔伯特·巴恩斯：《反奴隶制的冲动，1830年—1840年》纽约：帕特南·约翰逊的小册子在普雷斯利的《美国人解释他们的内战》一书中根本没有被提到，普雷斯利的这本书是一本全面评述历史编纂学的大部头著作，它对一些不太重要的项目也有详细的论述。

为基础，并题有意味深长的书名叫作《冲突的前夕：斯蒂芬·A·道格拉斯和不必要的战争》[1]。同贝弗里奇一样，密尔顿认为道格拉斯尽量缩小地域争端的重要性是合乎政治家的风度的，并坚信不明智的政治领导对内战负有责任。

在这些开端之后，对修正论反应的浪潮贯穿于三十年代后期和四十年代初期，这主要是两个人——詹姆斯·G·兰德尔和艾弗里·O·克拉文工作的结果，他们是沿着有点平行的路线独自前进的。

一九三六年，克拉文在一篇名为《州与州之间爆发的战争：一种解释》[2]的论文中，第一次明确地阐述了自己的观点。此后，他在一九三九年出了一本简要的解释性的著作，名为《可道制的冲突》[3]，在一九四二年出了一本从一八三〇年到一八六一年的完整的历史著作，名为《内战的来临》[4]。从那以后，他在一些著作中继续发展和修正自己的观点，这些著作中包括南部历史丛书中一本著名的《南部民族主义的发展，1848年—1861年》（1953年）和一本解释性的讲演集《正在酝酿中的内战，1815年—1860年》（1959年）[5]。

克拉文解释的根本点也许在于，他深信南北之间基本的和本质的差别还未严重到非造成战争不可。南部的农业社会与东北部的工业社会之间的差异确实是不和与误解的肥沃温床，但是总的来说，这些误解并非现实的。历来强调的重大差别在于奴隶制这一点，但是，克拉文论证说，黑人作为一个不熟练的从事棉花种植的工人，他的经济地位在支配他的生活状况方面比起他作为一个奴隶的法律地位要重要得多。因为这些经济因素，即解放后的黑人地位，直到二十世纪三十年代棉花经济本身发生了变化时，它才稍有变化。克拉文还强调说，南部白人的四分之三不是奴隶主，也没有直接卷入复杂的奴隶制中。实际上，北部和南部并非截然不同。

可是，如果地域对抗不是由根本的差别造成的，那么又是由什么引起的呢？克拉文认为，它们产生于两个地域各为对方造成的错误形象，产生于用一种偏激的毫无理性的激动人的情节指控这些形象。他认为，这些旧框框在某种程度上是

---

① 乔治·福特·密尔顿：《冲突的前夕》，波士顿：霍顿·米夫林。

② 《南部历史杂志》，1936年8月号，第2卷，第303—322页。

③ 巴吞鲁日：路易斯安那州立大学。

④ 纽约：斯克里伯纳，第2版，芝加哥：芝加哥大学，1957年。

⑤ 巴吞鲁日：路易斯安那州立大学。

由南北双方那些不负责任的政治家虚构出来的——也就是由一些"好斗的"脱离主义者和废奴主义者虚构出来的。换言之，这种解释与其说在于客观条件方面，倒不如说在于心理状态方面。根据这个结论，因此我们必须谨防任何所谓冲突不可制止的随意假定（虽然克拉文后来断定，相反的假定也应避免，因为问题实在难以确定）。因此奴隶制的重要性也应予以缩小：克拉文提出了"这种可能性，即在决心把奴隶制置于最终灭亡之途的背后，还可能有既同黑人奴隶制或美国南部很少有关的动力，也可能有成为奴隶制本身和所谓'奴隶政权'的直接产物的其他动力"。因为按照他的看法，"大批美国人的态度是温和保守的（而且）……勉强才来到内战的边缘[①]"可以真正被称之为战争罪孽的重大责任在于那些政治领袖（"极端主义者"）如理尔斯·萨姆纳和巴恩韦·雷特，他们利用公众的情绪，直到他们造成了一场形势并不需要的冲突，而且这场冲突既不是北部也不是南部大多数人所想要的。

当克拉文正在芝加哥大学发展这些论题时，詹姆斯·G·兰德尔也正同时在伊利诺伊大学做出一种解释，对此他自己使用了"修正论者"这个字。他这种解释第一次明确的陈述出现在他一九三七年撰写的《内战和重建》[②]中，不过并未着重强调。这种解释得到较详尽的阐述是在他一九四〇年发表的三篇重要的论文中，这三篇论文名为《铸成大错的一代》《内战再研究》和《一八六一年战争来临时》[③]。最后，在《林肯这位总统：春田村到葛底斯堡》（1945年）中[④]，他以完全成熟的形式陈述了自己的观点。

评论家们有时谈到克拉文和兰德尔好像他们的观点是完全一致的。为什么会发生这种情况并不难理解，因为他们两人持有着一些共同的主要见解：地域的差别并未严重到必须发生一场战争；情绪的煽动较之实际问题的冲击来说，更是造成危机的原因；两方面的极端主义者对这种感情的破裂都负有责任，而且北部的

---

① 《正在酝酿中的内战，1815年—1860年》。

② 詹姆斯·兰德尔：《内战和重建》波士顿：D. C. 希思。

③ 载《密西西比流域历史评论》，1940年6月号，第27卷，第3—28页；《南部历史杂志》，1940年11月号，第6卷，第439—457页；《林肯季刊》，1940年3月号，第1卷，第3—42页。三篇论文中的第一篇和第三篇作了一些修改后，重新发表在J. G. 兰德尔的《林肯，自由主义的政治家》中，纽约：多德，米德，1947年。

④ 詹姆斯·兰德尔：《林肯：自由主义的政治家》纽约：多德，米德。

极端主义者（也就是废奴主义者）的责任比南部的极端主义者（也就是好斗的脱离主义者）的责任更需予以强调，但是北部极端主义者的责任却被许多历史学家忽视了，而南部极端主义者的责任却遭到历史学家过多的谴责；而最重要的是，战争既可避免又无必要，它的发生是领导失败的结果。但是，在主要方面一致的结构中，克拉文和兰德尔又各自发展了不同的侧重点。其中克拉文指出战争尤其不应发生，兰德尔则对战争本身的问题十分关心，并且是在世界正迅速失去第一次世界大战和国际联盟应该赢得的国际和平时进行写作的，他指出，这样的战争是应该被制止的，认为"基本的动机引起战争"[1]是一种荒谬的见解。实际上，他坚持认为对战争起因的分析必定失败，除非把精神变态的因素也考虑进去。

因为兰德尔对引起战争的一般问题十分关心，因此他也比克拉文更关心驳斥经济决定论的观点，这种观点作为一种对战争的解释是属于比尔德的观念的。在兰德尔最出色的一些分析中，他指出经济决定论者有一种"正面我赢——反面你输"的程式。假如一个没有经济上差别的民族发生了战争，他们的好战性可以用经济上自给自足的需要来解释。而假如一个有这种差别的民族发生了内部战争，他们的倾轧又可用不同利益的冲突来解释。不论发生哪种情况，对战争都有现成的解释。按照兰德尔的看法，不同的特点可以导致相互间的依赖而不是战争，而经济上差别的存在也不能成为对抗必然随之发生的理由。哪里存在对抗，它就必须根据特定的原因加以解释[2]。

兰德尔的侧重点与克拉文的第二个不同之处是，克拉文不全相信奴隶制作为一种制度的重要性，兰德尔则极端轻视奴隶制作为一种争端的重要性。他最有力的论点之一是，虽然自由对奴隶制的广泛争端可能值得打一仗，但是，敌对势力在一八六一年所详细阐明的争端并不那样广泛，也不值得打一场他们规定了形式的战争；因为在一八六一年共和党人并未打算解放奴隶，他们在一八六一年甚至同意担保蓄奴州的奴隶制度和送还逃亡奴隶。他们只坚持一点，那就是他们不承认任何新领地内的奴隶制度。但是，自从这些新地区的气候和经济变得无论如何也不适于奴隶制后，领土争端就被看成是一种抽象观念——争夺"幻境中虚幻的黑人"，不足以成为战争的起因。领土争端是虚构的争端这种意见并不是新的——

---

[1]　兰德尔：《林肯，自由主义的政治家》，第88页。

[2]　兰德尔：《林肯，自由主义的政治家》，第88页。

詹姆斯·K·波尔克早已有力地表述过——但兰德尔在他关于战争起因的论述中又将这种意见加以新的运用。

修正论的第三种主要的表述出现于一九四八年，其时宾夕法尼亚大学的罗伊·F·尼科尔斯出版了他的《美国民主制的瓦解》一书[①]。与克拉文和兰德尔不同，尼科尔斯不是从总体上对地域危机做一般性的解释。相反他使自己从事更专门化的研究，他研究地域对抗在破坏一个全国性的政党——民主党过程中的影响。因此，他的著作是一种在制度方面的研究，它研究地域压力对美国政治机构的冲击，他的这一著作获得了普利策奖。但是，这种研究的结果与修正论的论点十分相宜，因为尼科尔斯说明了政治制度的缺陷（过多的地方主义、为了在不断的选举中刺激选民而对煽动的需要等等）是怎样在地域压力的影响下促成全国性政治组织分裂的。此外，尼科尔斯还用明确的言辞表明，他相信当时的"极端情绪"使"地方政治机构中那些不负责任的和盲目的操纵者"有可能利用极易爆发的争端，而正是这种争端导致了战争。

将近四十年代末，修正论主要控制了内战文献的领域。除了艾伦·内文斯的《联邦的严峻考验》（1947年）的一部分外，十年中论述内战的所有主要著作都反映了修正论的观点。修正论已深入到教科书中，并且被那些受人欢迎的作家们所采纳。威廉·E·伍德沃德的一部在一九五一年暂定名为《内战：一个全国性的大错》，最后以《疯狂的年代》[②]为名发表的关于内战史的遗著，也许就具有代表性。

（二）对修正论的反应

在克拉文和兰德尔吹响了明显的修正论的第一声号角后大约九年，小阿瑟·施莱辛格在他的《杰克逊时代》（1945年）中提出了不同的意见。在一次顺便举行的简短讨论中，施莱辛格肯定地说，他相信"最终把北部引向战场和流血的情绪是在道义上对奴隶制的憎恶"。他还否定了比尔德的所谓奴隶制遭到抵制是因为它成为工业资本主义的障碍的论点；相反，他说："令人首先感到将遭受奴隶政权的威胁的那种抱负实际上是民主主义的抱负。"[③]四年后，他在一篇论兰德尔论点

---

① 纽约：麦克米伦。

② 纽约：帕特南。在普雷斯利的《美国人解释他们的内战》中提到过这些书，参见该书第285页。

③ 波士顿：利特尔，布朗。引自第432—433页。

的论文中，为了进一步展开论述，又讲到了这个题目①。施莱辛格抨击修正论者用客观性的要求和自行发展的观念来作为回避奴隶制道义上的争端的手段，他认为奴隶制争端的焦点集中到领地上，并不是因为急求得利的工业主义者妄想夺取新地区的权力和不关心旧地区奴隶的困苦，而是因为美国人发现他们在道义上对奴隶制的犹豫与他们作为公民对服从宪法的踌躇是不能相容的，而恰恰是这一点保护了蓄奴州的奴隶制度②。因此，这就使他们反对人类奴役的巨大冲动偏离了其必然的目标——各州的奴隶制度，而好像他们是被转化到各领地中奴隶制的非本质问题进行攻击。但是，尽管有这种目标的转移，施莱辛格仍深信不疑：奴隶制的道义问题是促使地域间冲突的根本原因。

在施莱辛格发表他后一篇论文的同一年，一位十分著名的荷兰历史学家皮尔特·盖伊尔也以荷兰文发表了一篇评论文章，评论兰德尔的所谓战争能够避免的观点。(这篇评论文章的一部分在一九五一年被译成英文出版)③。盖伊尔把注意力主要集中在兰德尔的如下论点上，即因为大多数人不要冲突，战争就应该能够避免。他认为历史的过程并不像兰德尔假设的那样合理，地域意见分歧的一些问题不能与由它们引起的、并终至于无法控制的激动截然分开。他的评论必须与施莱辛格的评论并列，成为对修正论论点的两个主要的批驳之一，但其他的意见也提了出来。伯纳德·德沃托在《哈珀杂志》上发表了两篇很有影响的文章驳斥修正论者，这两篇文章以其既发表得早(1946年)又言辞辛辣而著名④。一九五〇年，奥斯卡·汉德林在一篇对内文斯的评论中，哀叹因为废奴主义者和脱离主义者两伙都是狂热分子而把他们相提并论的习惯做法，他说："在成为一个自由的狂热者

① "内战的起因：对历史感伤主义的评论"，见《党人评论》，1949年，第16卷，第469—481页。

② 同样的观点在同年也由戴维·M·波特提出，参见戴维·M·波特和托马斯·G·曼宁的《1775—1877年美国的民族主义和地域主义：在历史解释中精选问题》，纽约：霍尔特，1949年，第215—216页。

③ 这篇论文的一部分的译文以"美国内战和必然发生的问题"为题发表，参见《新英格兰季刊》，1951年6月号，第24卷，第147—168页。在盖伊尔的《同历史学家辩论》中重印，格罗宁根：J. B. 沃尔特斯，1955年，第216—235页。

④ 伯纳德·德沃托："易得的席位"，载《哈珀杂志》1946年2月号，第192卷，第123—126页；同上，1946年3月号，第192卷，第234—237页。

与成为一个奴隶制的狂热者之间无疑是存在着差别的。"①

哈里·V·杰法对修正论的大部分见解提出了重要而全面的批评②。杰法否认奴隶制已达到它扩张的地理范围，并且否认政治限制是过多的。他还否认道格拉斯的人民主权论和林肯的限制主义两者能取得同一结果，那就是各领地的自主权；他也否认他们没有提出基本的争论点。相反，他认为道格拉斯是愿意为多数裁定的原则而牺牲自由和平等的原则的，而林肯虽然不是一个教条的平等主义者，他却要"能够得到普通（大多数）赞同的最高程度的平等"。就像杰法所强调这一差别一样，他对危机时期的情绪是被"煽起的"或与事实不符的观点则不予考虑。此外，唐·E·费兰巴彻说明了林肯怎样真正怕德雷德·司考特判例成为使奴隶制在全国合法化进程的开端，林肯自己又怎样有力地表明他的立场与道格拉斯的立场之间的根本不同③。

也许因为许多历史学家对修正论的历史观点感到不满，并且欢迎对其挑战，致使对修正论的反击赢得了广大的拥护者。但是，修正论的评论家们却不是研究内战时期的专家：施莱辛格是研究杰克逊时期和新政时期的权威；盖伊尔是研究荷兰史的；杰法是政治学家。因此，他们虽然在自己的评论文章中陈述了自己的观点，但是除了杰法外，都没有从历史叙述的角度来说明问题。比较起来，克拉文、兰德尔和尼科尔斯则曾研究危机时期各种发展，他们是那样勤奋的研究者和那样多产的作家，以致许多教师虽然可能不同意他们的解释，然而对他们讲述的历史内容还是信赖的。近二十年间绝大多数一般的历史评述都是修正论者写的，——艾伦·内文斯。

许多年前，内文斯就曾设想能够论述从一八五〇年至一八六五年地域危机及内战整个时期大段历史的计划。自从詹姆斯·福特·罗兹在上世纪末和二十世纪初出版了他论述一八五〇年至一八七七年这一时期的多卷本著作以来，还没有人著述过这样的历史，自然也就没有根据现代的历史学成果写出来的这样的历史。内文斯埋头于一项庞大的研究计划，并且在一九四七年出版了两卷包括一八五〇

---

① 对内文斯的《林肯的崛起》的评介，载《民族周刊》1950 年 12 月 2 日，第 171 卷，第 512—513 页。

② 哈里·V·杰法：《房子裂开的危机：林肯—道格拉斯辩论问题的解释》，纽约：道布尔戴，1959 年。

③ 唐·E·费兰巴彻："林肯的房子裂开之演说的起因和目的"，载《密西西比流域历史评论》，1960 年 3 月号，第 46 卷，第 615—643 页。

年至一八五七年这个时期的著作；一九五〇年出版的另外两卷叙述到一八六〇年；一九五九年出版的第五卷包括内战的爆发和到一八六一年末的战争本身①。

有些评论家抱怨说，内文斯在解释危机时没有始终如一的宗旨。有时他似乎像修正论者那样强调"不真实的狂热"；有时又认为，"虽然歇斯底里是重要的，但我们总要问究竟是什么基本原因促使激起这种歇斯底里的宣传成为可能"②。他一方面似乎赞同修正论者的所谓"美国领导者的失败"促成了联邦的破裂，他甚至表示相信"战争应该予以避免"③，这与说战争能够予以避免是完全不同的。此外，他还抛弃了所谓奴隶制作为一个道义问题是争论的关键这种旧的过分简单化的观点，而代之以这样的观点：即"冲突的主要根源（也有次要的根源）是奴隶制问题及其附加的人种调节问题……它是一场因奴隶制和黑色人种在北美未来地位而进行的战争"④。但是，这种观点本身与修正论的见解相去甚远，而且内文斯在注意奴隶制更严酷的方面和谴责他所认为的斯蒂芬·A·道格拉斯在倡议堪萨斯—内布拉斯加法案时在道义上的不够鲜明方面，甚至更为明显地抛弃了修正论。

根据内文斯的论述，人们可以推知，修正论就像历史上所有的矫正措施一样，它并不是靠说服别人采用其明确的观点，而是靠在传统的题目中强行修正去为其目的服务的。训练有素的历史学家决不能再光用经济决定论或者用对奴隶制进行道义上的讨伐求解释内战；他们决不能再以冲突不可避免的总定则排除领导者的责任和失败问题。而这些就使修正论具有持久的影响。

但是，领导者的作用、心理因素（"情绪"）的作用和最重要的奴隶制的作用问题，则仍然是或者将继续是争论的主题。阿伯拉罕·林肯——这个谈吐严谨的大师——在他第二次就职演说中说："大家知道，奴隶制由于某种原因成了战争的起因。"最重要的词就是"由于某种原因"，围绕着这个词，历史上的争论连续不断地进行。

同时，内文斯的著作在历史评注非常高的水平上所做的叙述，在用新观点说

————————

① 书名分别为：《联邦的严峻考验》（2 卷，1947 年）、《林肯的崛起》（2 卷，1950 年）、《为联邦而进行战争》（1959 年）。均出版于纽约：斯克里伯纳。

② 《联邦的严峻考验》，第 1 卷，第 9 页；《林肯的崛起》，第 2 卷，第 470 页。

③ 《林肯的崛起》，第 2 卷，第 463 页；《联邦的严峻考验》，第 1 卷，第 8 页。

④ 《林肯的崛起》，第 4 卷，第 468—471 页。

明老问题上其内容之丰富和叙述之详尽都是无出其右的，这些著作在论述许多棘手的问题方面始终表现出高度批判性的优点，而且始终保持着极为丰富的想象力。

促成联邦危机的原因

虽然关于内战爆发的一般论述构成了历史解释的主要焦点，在近二十年间还是出现了非常丰富的文献，这些文献论述造成一八六〇年危机的地域分歧和地域冲突的一切方面。这种文献的重点由强调政治和经济方面转向一种继续深入分析政治和经济问题的更广泛的论述，但是，它还是未能更全面地考虑地域主义的性质，未能更全面地考虑在地域分裂中社会的、文化的以及意识形态的因素的性质。以下叙述将分成三组来评论这种文献：（一）地域主义和作为一个地域的南部；（二）反奴隶制运动；（三）一八二〇年至一八六一年日益加剧的地域危机的一系列事件或发展。

（一）地域主义和作为一个地域的南部

地域主义包含着多少有些对立的人群之间的相互作用，这些人群在地理上分隔开来，但却在一个共同的政治组织之内进行活动。因此，对地域主义的认识涉及对卷入这种敌对关系中的各种力量的认识。这些力量在一八三〇年至一八六〇年间的美国，一方面是"南部"作为一个独特的自觉的实体的发展，它在一定程度上与联邦的其余部分有所区别，而另一方面是南部以外的力量的发展，这种力量反对南部所设想的其自身利益之所在，特别是把这些利益看作与奴隶制的建立相一致的看法。历史学家就南部到底是一个要保护它自身的自觉的少数，还是一个谋求控制联邦的富于侵略性的奴隶制的统治集团这一问题进行争论。对于北部反对南部到底是由于理想主义抵制奴隶制本身，还是由于更敏感的相互排斥和更鄙俗的地域利益的动机，他们也意见不一。但是，不管这些问题是怎样解决，对地域主义的认识必须首先取决于认识什么是南部固有的特性，南部的这种固有的特性又是怎样与它以外地区形成敌对关系的，而南部以外的这个地区又很难被看成是一个地域，因为它构成一个多数，因而它的利益能够被认为是与国家的利益

一致的 ①。

地域主义的重要性得到承认已有很长的时间了，而且它的某些方面许多年前在那些至今仍然是权威的研究中已经得到解决。譬如，关于奴隶制建立的问题，对密苏里、北卡罗来纳、佐治亚、密西西比、亚拉巴马、路易斯安那和肯塔基所做的重要研究还未失去其影响 ②。同样，关于脱离的问题，德怀特·L·杜蒙德在一九三一年所做的全面论述 ③，以及一些对诸如南卡罗来纳、密苏里、亚拉巴马、弗吉尼亚、密西西比、路易斯安那和北卡罗来纳各州所进行的长期研究也都仍未失去其影响 ④。关于南部历史的一些主要论题由威廉·E·多德和尤尔里奇·B·菲力普斯充分加以发展了，但多德的所有重要著作都是在一九二〇年前写的，菲力普斯则在一九三四年去世了。菲力普斯关于奴隶制的观点遭到肯尼思·M·斯坦姆帕（Kenneth M. Stempa）的尖锐批评，但是对于菲力普斯所写的《美国黑人奴隶制》（1918 年）⑤ 以及内战前的经济和社会的研究（1929 年）⑥ 的基本价值，甚至斯坦姆帕也是予以肯定的。刘易斯·L·格雷的名著《一八六〇年前的美国南部

① 梅里尔·詹森编辑的《美国的地方主义》，麦迪逊：威斯康星大学，1951 年，其中包括富尔默·穆德和弗农·卡斯坦森朗西森·B·西姆金斯写的论"南部"的文章，参见第 147—172 页。

② 哈里森·A·特雷克斯勒："密苏里的奴隶制，1804 年—1865 年"，见《历史与政治科学研究》，第 32 卷，第 2 期，巴尔的摩：约翰斯·霍普金斯大学，1914 年；罗塞·H·泰勒：《北卡罗来纳的奴隶占有：一种经济观点》，查佩尔希尔：北卡罗来纳大学，1926 年；拉尔夫·B·弗兰德斯：《佐治亚的种植园奴隶制》，查佩尔希尔：北卡罗来纳大学，1933 年；查尔斯·S·赛德诺：《密西西比的奴隶制》：纽约：阿普尔顿—森杜里，1933 年；查尔斯·S·戴维斯：《亚拉巴马的棉花王国》，蒙哥马利：亚拉巴马州档案和历史部，1939 年；罗杰·W·舒格：《路易斯安那州阶级斗争的起因》，巴吞鲁日：路易斯安那州立大学，1939 年，第 1—5 章；约翰·温斯顿·科尔曼：《肯塔基的奴隶制时代》，查佩尔希尔：北卡罗来纳大学，1940 年。

③ 《脱离运动，1860 年—1861 年》，纽约：麦克米伦。

④ 菲力普·M·海墨：《南卡罗来纳的脱离运动，1847 年—1852 年》，艾伦镇，宾夕法尼亚：H·R·哈斯，1918 年；乔恩西·S·波克纳："南卡罗来纳的脱离与合作运动，1848 年—1852 年"，圣路易斯：《密苏里：联合或脱离》，纳什维尔：乔治·皮博迪师范学院，1931 年；克拉伦斯·P·丹曼：《亚拉巴马的脱离运动》，蒙哥马利州档案和历史部，1933 年；亨利·T·谢克斯：《弗克尼亚的脱离运动，1847 年—1861 年》，里士满：加里特和马塞，1934 年；珀西·L·兰沃特：《沿密西西比，脱离风潮的中心，1856 年—1861 年》，巴吞鲁日：奥托·克莱特，1938 年；威利·马温·卡斯凯：《路易斯安那的脱离和恢复》，巴吞鲁日：路易斯安那州立大学，1938 年；约瑟夫·卡莱尔·西特森："北卡罗来纳的脱离运动"，《詹姆斯·斯帕鲁特历史和政治科学研究》，第 23 卷，第 2 期，查佩尔希尔：北卡罗来纳大学，1939 年。

⑤ 纽约：阿普尔顿。

⑥ 《内战前南部的生活与劳动》，波士顿：利特尔，布朗；以及为数很多的论文。

农业史》^①从来也没有被看成是内战前农业经济的最后的和全面的论述。

　　但是，如果不轻视那些较早而至今仍有价值的基本著作和解释，人们仍能注意到过去二十年里的巨大进展。没有什么能比一部规划为十卷、自一九四七年来已经出版了七卷的南部史这一事实更令人信服地说明这种发展了。这部巨著由温德尔·H·斯蒂芬森和E·默顿·科尔特负责编辑，它包括约翰·R·奥尔登的《革命中的南部，1763年—1789年》（1957年），已故的查尔斯·S·西德诺的《南部地域主义的发展，1819年—1848年》（1948年）和艾弗里·O·克拉文的《南部国家主义的发展，1848年—1861年》（1953年）^②。这些著作都提供了大量帮助说明地域主义的性质的新线索。奥尔登的著作指出南北间的冲突是在这样一个时刻出现的，那时海岸地区和边疆地区之间的东西轴线被认定为地域间唯一重要的划分。就奥尔登看来，说"在革命时代结束的时候……南部形成了一个独立的部分，南部人形成了一个不同于北部人的民族"^③，似乎是无可非议的。但是，在杰斐逊的党派占优势的时期，这些早期的地域划分就趋于消亡了，而且西德诺认为地域因素直到1819年的时候还几乎是无足轻重的。他写到，那时南部还是一个"未开发"的地区，在那里"地区的差别还没有结出造成地域苦难的恶果"，而且在那里"也许还根本谈不上南部人"^④。然后，西德诺开始探测确实由来已久的地域主义的发展，这种地域主义是在密苏里争论到墨西哥战争结束期间逐渐形成的。西德诺论述他论题的方法有两点是特别重要的。其中之一是，他强调南部不是一个由专横的种植园主贵族控制的地区，而是一个其中民主的政治与社会的各种力量都在稳固地增强着它们优势的地区。在西德诺发表他的著作之前和之后，弗莱彻·M·格林也发挥了这种民主制的政治方面^⑤，而已故的弗兰克·L·奥斯莱以及他的妻子和学生则通过一系列人口调查的分析，特别强调了社会民主制这一主题，试图说明一般不占有奴隶的农场主在南部的社会结构中占有重要的和受尊重的地位。这些早在一九四〇年以前就开始的研究，在奥斯莱的《内战前南

①　2卷。出版物第430号。华盛顿：华盛顿卡内基协会，1933年。

②　巴吞鲁日：路易斯安那州大学。

③　奥尔登，《革命中的南部》第2页。

④　西德诺，《南部国家主义的发展》第32页。

⑤　弗莱彻·M·格林：《南大西洋各州的宪法发展，1776年—1860年》，查佩尔希尔：北卡罗来纳大学，1930年；"内战前南部的民主制"，载《南部历史杂志》，1946年2月号，第12卷，第3—23页。

部的普通居民》中得到了最详尽的说明①，但是他的观点有点过分，结果惹起费宾·林丹的非难，一九四六年费宾·林丹在《黑人历史杂志》上连篇累牍地进行争辩②。在经过许多学者大量深入细致的研究之后，关于内战前南部社会的基本结构问题仍未解决，实在是令人啼笑皆非。

西德诺的著作的第二个重要特征是，这本书用文化上的自我意识和脱离的心理感觉来探究地域主义的起源。这种观念当然不是他的创见，但是他异常有效地发挥和运用了这种观念。继西德诺之后，艾弗里·克拉文在他的著作中也用对一些严酷事件的心理反应来探寻地域主义的发展过程，比如堪萨斯—内布拉斯加法案，虽然南部的舆论相对来说似乎并不怎么关心它，但它却总是激起北部的情绪，而约翰·布朗的袭击对于使南部在感情上走向极端则起了决定性的作用。

随着对心理因素的强调，还不断增长着对地域主义诸方面的关注，而这些方面是能够通过对思想史的研究而得到启发的。这是南部历史发展得最快的一个方面。近如一九四〇年，最好的论述也许是帕林顿的《美国的主要思潮》中的一部分，多德的《棉花王国》中的三章和威廉·S·詹金斯所写的一部鲜为人知的论《内战前南部的亲奴隶制观念》的专著③。但是，在一九四〇年，克莱门特·伊顿发表了他的《内战前南部的思想自由》④，这本著作论述了南部从杰斐逊时代的自由主义到卡尔霍恩时代的保守主义的过渡。伊顿发现南部在奴隶制问题上的守势根本上是这种保守主义的反映，他指出正是这种守势导致了利用"思想封锁"来

---

① 福兰克·L·奥斯莱和哈丽特·C·奥斯莱："内战前南部后期社会的经济基础"载《南部历史杂志》，1940 年 2 月号，第 7 卷，第 24—45 页；"农业田纳西的经济结构，1850 年—1860 年"，同上书，1942 年 5 月号，第 8 卷，第 161—182 页。布兰切·H·克拉克：《田纳西的自耕农，1840—1860 年》，纳什维尔：范德比尔特大学，1942 年。小哈里·L·科尔斯："对路易斯安那的奴隶所有制和土地所有制的一些评论，1850 年—1860 年"，载《南部历史杂志》，1943 年 8 月号，第 9 卷，第 381—394 页。赫伯特·威弗：《密西西比小农场主，1850 年—1860 年》，纳什维尔：范德比尔特大学，1945 年。福兰克·L·奥斯莱：《内战前南部的普通居民》，巴吞鲁日：路易斯安那州大学，1939 年。

② 费宾·林丹："蓄奴南部的经济民主制：对最近一些观点的评价"，载《黑人历史杂志》，1949 年 4 月号，第 31 卷，第 140—189 页。詹姆斯·C·邦纳："内战前社会后期的形象"，载《美国历史评论》，1944 年 7 月号，第 49 卷，第 663—680 页。这两篇论文都介绍了说明非民主社会结构的材料。

③ 弗农·路易斯·帕林顿：《美国的主要思潮》，3 卷，哈考特，布拉斯，1927 年—1930 年，第 2 卷，第 1—179 页；威廉·E·多德：《棉花王国》，载《美国编年史丛书》，纽黑文：耶鲁大学，1919 年，第 48—117 页；威廉·S·詹金斯：《内战前南部的亲奴隶制观念》，载《社会研究丛书》，查佩尔希尔：北卡罗来纳大学，1935 年。

④ 达勒姆：杜克大学。

排斥所有自由的或近代的思想。在伊顿之后仅仅一年，约瑟夫·C·罗伯特的《来自蒙蒂塞洛的铁路》通过对弗吉尼亚反奴隶制运动衰落的描述，发挥了这个保守题目的另一方面①。更近的是约翰·霍普·弗兰克林的《好斗的南部，1800年—1861年》（1956年）②，这本书还指出南部守势的另一个侧面——内战前南部的好斗特征。

对南部社会哲学的研究集中到了两个人的身上，他们是乔治·菲茨休和约翰·C·卡尔霍恩。菲茨休接受了在南部盛行的所谓"占有奴隶制"比"雇佣奴隶制"剥削要少的论点，并且通过争论说奴隶制对白人劳动者和黑人劳动者是同样可取的③，而把这种主张推演到其逻辑上必然的结论。他的意见从未明显地为人所接受，但是这些意见在说明一个有阶层社会的典型的含义方面还是有些意义的。卡尔霍恩是这种观念的最主要的拥护者，他曾长期被看作是爱钻牛角尖的宪法理论家，但是近来他却被评价为重要的社会思想家。理查德·霍夫斯塔特写的一篇值得重视的论文和查尔斯·M·威尔茨写的一部很有影响的三卷本的传记，都尤其足以说明卡尔霍恩是一个有固定社会秩序的建制社会观念的辩护人④。

在这些作者强调南部人思想中的保守因素时，其他一些作者则强调浪漫主义

———————

① "来自蒙蒂塞洛的铁路：关于1832年弗吉尼亚奴隶制争论的研究"，载《三一学院历史学会历史文集》，第24号，达勒姆：杜克大学，1941年。这篇论文指出，废奴主义者攻击奴隶制在引起南部转而保卫奴隶制方面的作用比人们料想的要小。

② 坎布里奇：哈佛大学贝克内帕分校。

③ 哈维·威希：《乔治·菲茨休：内战前南部的宣传员》，载《南部传记丛书》，巴吞鲁日：路易斯安那州大学，1943年；路易斯·哈茨：《美国的自由传统》，纽约：哈考特，布拉斯，1955年，第4部分，"南部的封建迷梦"；阿诺德·B·利范尔和托马斯·I·库克："乔治·菲茨休和美国保守主义的理论"，载《政治杂志》，1945年5月号，第7卷，第145—163页。

④ "约翰·C·卡尔霍恩，统治阶级的马克思"，见理查德·霍夫施塔特：《美国的政治传统及其创造者》，纽约：克诺夫，1948年；查尔斯·M·威尔茨：《约翰·C·卡尔霍恩》，3卷，印第安纳波利斯：鲍勃斯—梅里尔，1944年—1951年；玛格丽特·L·科依特：《约翰·C·卡尔霍恩，美国的肖像》，波士顿：霍夫顿·米夫林，1950年。还可参见理查德·N·卡伦特："约翰·C·卡尔霍恩，反动的哲学家"，载《安蒂奥克评论》，1943年夏季刊，第3卷，第223—234页。拉尔夫·H·加布里埃尔：《美国民主思想的发展过程》，纽约：罗纳德，1940年，第103—110页，"关于约翰·C·卡尔霍恩的注脚"。路易斯·哈茨："南卡罗来纳对合众国的起诉"，见丹尼尔·艾伦编辑的《危机中的美国》，纽约：克诺夫，1952年，第73—90页；奥古斯特·O·斯佩思：《约翰·C·卡尔霍恩的政治理论》，纽约：书人协会，1951年。一部新版本的《约翰·C·卡尔霍恩文集》已在编辑，第1卷由已故的罗伯特·李·梅里韦塞负责编辑，已在1959年出版（哥伦比亚：南卡罗来纳大学，为南卡罗来纳会社出版），随后的数卷将由W·埃温德·海姆菲尔编辑。

在形成南部人精神中的重要性。一九四一年，威尔伯·J·凯什写了一部非常杰出的著作，这部著作在说明浪漫主义的边疆气质同上流社会的骑士气质是怎样结合起来形成一种南部浪漫的生活形象方面给人以特别深刻的印象①。一九四九年，罗林·G·奥斯特威斯发表了一篇论文，指出在某些方面浪漫气质已成为脱离联邦前十年南部民族主义的一部分②。在文献方面，其他论文也强调了作为南部民族主义一个方面的文化民族主义的重要性。这些研究中最重要的也许是杰伊·B·休贝尔的不朽的南部文学史和柯蒂斯·卡罗尔·戴维斯所写的威廉·A·卡洛瑟斯的传记。前者是休贝尔写的一篇论南部的文化民族主义的长篇论文，而在后者中戴维斯说明卡洛瑟斯的小说是怎样促成南部本身的形象成为骑士传统的堡垒的③。

虽然已有关于这些新的社会和文化题目的著作，而且它们较之关于奴隶制、脱离、党派关系以及较早一些作者的同样受欢迎的题目的著作更有意义，但是那些传统的研究领域仍然吸引着一部分有才干的解释者。南卡罗来纳的两篇杰出的论文已补充了较老的州关于脱离的专题论文，它们是哈罗德·S·舒尔茨的《南卡罗来纳的民族主义和地域主义，1825年—1860年》（1950年）④和查尔斯·E·考琛的《南卡罗来纳参战，1860年—1865年》（1950年）⑤。舒尔茨和考琛都论证说，在这个对全局有着重要意义的南部州内，联邦主义和反联邦主义并不是对联邦特别热爱或者缺乏这种热爱，而是它们的变化是与南部对反奴隶制的情绪将会支配北部的担忧是相称的。这就是说，联邦主义只有一种与奴隶制有关的偶然价值，而不具有只反映爱国热忱的程度的绝对价值。

关于稻和糖的大量新论文的增加，也更加丰富了年代较久的关于南部经济的

---

① 《南部的精神》，纽约：克诺夫，1941年。

② 《内战前南部的浪漫主义和民族主义》，纽黑文：耶鲁大学。

③ 杰伊·B·休贝尔：《美国文学中的南部，1607—1900年》，达勒姆：杜克大学，1954年；休贝尔："内战前南部文学上的民族主义"，参见戴维·K·杰克逊：《美国纪念威廉·肯尼思·博伊德论文集》，达勒姆：杜克大学，1940年；柯蒂斯·卡罗尔·戴维斯：《骑士史学编者：弗吉尼亚小说家威廉·A·卡洛瑟斯博士生平》，里士满：迪厄茨，1953年。在南部文化史上有地位的还有玛丽·C·西姆斯·奥丽芬特、艾尔弗雷德·T·奥戴尔和T·C·邓肯·伊夫斯合编的《威廉·吉尔莫尔·西姆斯书信集》，5卷，哥伦比亚：南卡罗来纳大学，1952年—1956年。

④ 达勒姆：杜克大学。

⑤ 《詹姆斯·斯帕兰特历史和政治科学研究》，第32卷，查佩尔希尔：北卡罗来纳大学。

文献①。至于奴隶制的建立，已有三部较全面的关于亚拉巴马、田纳西和阿肯色三州奴隶制的专著②，而其中之一，蔡斯·C·穆尼的《田纳西的奴隶制度》，运用计量统计的方法对奴隶占有怎样与土地占有和农业生产相联系进行深入的研究，从而开辟了新的领域。约翰·霍普·弗兰克林也出版了非常令人满意的美国黑人通史③。但是，奴隶制史学中的主要发展是肯尼思·M·斯坦姆帕的《特殊的制度》，它进行了全面的叙述，中心集中于这样一个问题：成为一个奴隶会是什么样的？斯坦姆帕认识到一些十分突出的严酷因素；他也相信奴隶制度比通常想象的要更有利可图，而且它不会像某些南部的历史学家所声称的那样会愿意降低自己的重要性④。晚些时候，斯坦利·M·埃尔金斯的《奴隶制度，美国制度的生活中的问题》出版了⑤。由于斯坦姆帕倾向于把黑人看作在文化上与白人没有差别，埃尔金斯写了一篇阐述自己主要论点的论文，他说奴隶制的环境促使黑人幼稚化，妨碍黑人个性的发展，有助于产生"吉姆·克罗"式的黑人，其特征是无所用心、谄媚巴结、不负责任。埃尔金斯的论述是有争议的，但是它涉及了意义深远的问题，而且是特别重要的。

内战后一个世纪，一些地域力量的发展得以被深入细致地考察。三十多年前，政治和宪法舞台中关于一些特定的地域争端的冲突已获得了非常充分的预期结

---

① J·H·伊斯特拜编辑的《罗伯特·F·W·艾尔斯顿书信文集中揭示的南卡罗来纳稻种植园》，芝加哥：芝加哥大学，1945年；J·卡莱尔·西特森：《糖业之乡：南部的蔗糖工业，1753年—1950年》，列克星敦：肯塔基大学，1953年。还有在一九三八年约瑟夫·C·罗伯特发表的《烟草王国：弗吉尼亚和北卡罗来纳的种植园、市场和工厂，1800年—1860年》，达勒姆：杜克大学。其他关于南部经济制度的重要的新近著作有阿伯特·V·豪斯编辑的"内战前佐治亚的种植园主经营和资本主义：种稻人休·弗雷泽·格兰特的日记"，载《美国农业史研究》，第13号，纽约：哥伦比亚大学，1954年；约翰·希伯朗·穆尔：《内战前密西西比的农业》，纽约：书人协会，1953年；刘易斯·E·阿瑟顿：《南部的乡村商店，1800年—1860年》，巴吞鲁日：路易斯安那州大学，1949年。

② 詹姆斯·B·塞勒斯：《亚拉巴马的奴隶制度》，尤尼弗西蒂，亚拉巴马：亚拉巴马大学，1950年；蔡斯·C·穆尼：《田纳西的奴隶制度》，载《社会科学丛书》，第17号，布卢明顿：印第安纳大学，1957年；奥维尔·W·泰勒：《阿肯色的黑人奴隶制》，达勒姆：杜克大学，1958年。

③ 《从奴隶制到自由：美国黑人史》，纽约：克诺夫，1947年；第二次修订版，1956年。

④ 肯尼思·M·斯坦姆帕：《特殊的制度：内战前南部的奴隶制度》，纽约：克诺夫，1956年。发现奴隶制合情合理地有利可图并不是始于斯坦姆帕，他也没做这样的要求。自从一九三○年以来，刘易所·C·格雷和其他一些人已经承认了这些事实，但是斯坦姆帕在指出这个制度不会听任其自行消灭时，发挥了奴隶制有利可图的重要性。

⑤ 芝加哥：芝加哥大学，1960年。

果。更近些时候，南部人的文化和心理方面的特征又受到更大的关注。这样一来，最重要、最新的进展倒是出现在证实地域的特点方面，而不是出现在详细描述它的冲突方面。虽然所有的分析都深入到文化因素的解释，但是在关于内战前南部各州究竟是民主政权还是贵族式政权的程度上，巨大的分歧仍然存在。疑问还围绕在这么样一问题上：在造成南部团结的意识中，究竟是文化上的密切关系是主要的呢，还是在反对北部共同防御中所维护的共同利益是主要的？一方面，毫无疑问，生产大宗农产品的农业、双元种族主义和有阶层的社会使南部形成了不同的生活方式；但是，另一方面，所谓南部的文化民族主义又有点难以令人信服，因为它暗示并不是与北部的摩擦可能产生了虚构的民族主义，而是真有一个南部民族主义与北部发生摩擦。在这个意义上说，关于利益冲突的题目有被文化史学家们所忽视的倾向，这也许是不幸的。几年前，在南部举行商业会议的研究项目和关于地域主义经济方面的研究都指出了南部在经济上的不满，而且随着南北经济差别的不断增长，南部人好战的特征越来越明显地表现出来[1]。但是，除了罗伯特·R·拉塞尔写的一项关于因修筑太平洋铁路而引起地域冲突的研究外[2]，许多年来还较少有对地域主义经济方面的分析。最近关于这个时期最重要的综合性经济研究是乔治·R·泰勒的《运输革命，1815年—1860年》[3]。这本书十分出色地描述了在损害南部的情况下加强东北部与西部间联系的经济变化，而且它实际上说明了经济基础的建立，其目的在于巩固联邦。但是，这本书却比较忽视地域对这些发展的反应，或者比较忽视在强调地域主义时考虑到地域发展速度不同的影响。不把这些因素包括到原因中去，就很难了解南部人的特性最初究竟是由于文

---

[1]　主要的研究有罗伯特·罗亚尔·拉塞尔的"南部地域主义的经济状况，1840年—1861年"，载《社会科学研究》第11卷，第1和2号，厄巴纳：伊利诺伊大学，1924年；约翰·C·范杜森的"南卡罗来纳分裂的经济基础"，载《历史、经济和公法研究》，第305号，纽约：哥伦比亚大学，1928年；约翰·G·范杜森的《内战前南部的商业会议》，达勒姆：杜克大学，1926年；赫伯特·温德的"南部商业会议，1837—1859"，载《历史和政治科学研究》，第48卷，第4号，巴尔的摩：约翰斯·霍普金斯大学，1930年。

[2]　向太平洋扩张伴随着一场长期的竞争，它部分在地域之间，部分在密西西比河流域的商业中心之间，目的是为了控制陆路的东部终点站或者通向太平洋沿岸的铁路。这场竞争是地域史和经济史的一个重要阶段，罗伯特·R·拉塞尔的《1783年—1864年美国政治中的一场争端：改善到太平洋海岸的交通》，塞达拉皮兹：托奇，1948年，一书对此作了详细的分析。

[3]　纽约：莱因哈特，1951年。

化上密切关系的因素和感觉从内部产生的呢，还是由于共同的不利条件与危险的感觉从外部引起的。

（二）人道主义和反奴隶制运动

假如一个分离的南部——即自觉的和取守势的南部，其发展如同硬币的一面，那么在南部以外与奴隶制对抗的发展则足以形成另一面。这一面也受到了值得重视的历史再解释，尤其是在两个方面：第一，是包括反奴隶制运动在内的改革运动的主要性质已经得到了更加充分的调查研究；第二，是越来越多的作家对废奴主义真正体现一种争取黑人的幸福的利他主义关心到什么程度提出疑问。

一九三三年，吉尔伯特·H·巴恩斯发表了《反奴隶制的冲动，一八三〇——一八四四年》[①] 后，反奴隶制运动较主要的观点获得了首次重要的势头。这部著作通过说明西奥多·德怀特·韦尔德和其他一些人的重要性，破除了专门对作为废奴主义的一个权威的象征的威廉·劳埃德·加里森进行研究的集中点。同时，它把注意力从新英格兰转到了中西部。它还通过说明废奴主义同狂热的福音派宗教——韦尔德是这一宗教的传教士——的整体联系，开始把反奴隶制运动同其他力量联系起来。尽管加里森的模式被这样打破了，但是其他的作家还是做了大量的工作，去考察反奴隶制运动的社会及思想的起因和关系。说明这种趋势的是：艾丽斯·费尔特·泰勒的《自由的萌发》，该书全面论述了人道主义改革运动的各个方面，其中有反奴隶制运动发展的来龙去脉；托马斯·E·德雷克的《美国教友派教徒和奴隶制度》，该书又把注意力集中到了反对奴隶制的某些不那么激动和不那么好战的方面；塞缪尔·弗拉格·贝米斯的《约翰·昆西·亚当斯和美国》阐述了亚当斯作为反奴隶制的指导者在国会中的经历，并且说明与废奴主义者为立即解放奴隶所展开的运动相比，反奴隶制运动是多么广泛；菲力普·S·丰纳的《弗雷德里克·道格拉斯的生平与著作》则强调了自由黑人在废奴运动中的作用[②]。

把反奴隶制运动关于人道主义运动视为一事，往往包含对废奴主义者某种程

---

① 　纽约：阿普尔顿—森杜里。

② 　泰勒：《自由的萌发：1860 年前美国社会史的各阶段》，明尼阿波利斯：明尼苏达大学，1944 年；德雷克，载《耶鲁历史出版物》综合集，第 51 号，纽黑文：耶鲁大学，1950 年；贝米斯，纽约：克诺夫，1956 年；丰纳，4 卷，纽约：国际出版社，1950 年—1955 年。

度的认可。但是，尽管这些认可在部分文献中一直无疑是很突出的，然而还是增长着一种怀疑废奴主义者基本动因的倾向，有时是用现代心理学术语提出这种怀疑的。当然，废奴主义者总是遭到那些把美国的分裂归咎于反奴隶制运动的狂热的作家们的谴责。但是，大多数最近出现的观点完全相反的评论却认为，废奴主义者受到满足自己某种特殊心理需要的驱使较之他们对黑人福利的关心来说，对他们的触动更大。

拉塞尔·B·奈在一九四九年出版的《被束缚的自由》中就列有这种论题，这本书论证说奴隶制本身和其积极的防御都对公民的自由权构成了一种威胁，因而激起了那些反对奴隶政权却并不一定关心奴隶的人们的反对。几乎与此同时，理查德·霍夫施塔特把林肯说成是一个把自己的成功归结于他巧妙地找到了"赢得强烈厌恶黑人的人和反对奴隶制的人共同支持"的方法的人。霍夫施塔特没有把反对奴隶制的人们描写成他们本身是强烈厌恶黑人的人，但是约瑟夫·C·弗纳斯在《与汤姆大叔告别》中却实际上把争论推进到这种看法。由于废奴主义者接受了黑人低劣的观念，弗纳斯对废奴主义者的严厉批评为后来的隔离制度铺平了道路，而且他十分明确地指出，许多废奴主义者虽然抵制奴隶制度，然而却确实"测定"黑人是低下的。他的书出版后，罗伯特·F·德丹写的传记《詹姆斯·谢泼德·派克》又说明，反奴隶制和厌恶黑人这两股力量是怎样被以《纽约论坛报》的一位编辑的名义惊人地结合起来的，而《纽约论坛报》是反奴隶制事业最重要的喉舌[1]。

同时，戴维·唐纳德基于对 106 名著名的反奴隶制者背景情况的研究，对废奴主义者做出了某些判断。他发现废奴主义者一般地来说，对利用产业工人是保守的、不感兴趣的，而对杰克逊的民主制又抱有敌意。他还指出，他们中间许多人是新英格兰牧师家庭的后裔，这些人发觉他们的领导地位受到了新工业主义的挑战，因此转而进行改革，并以此作为一种手段，使"他们本阶级"能够再维持住"它以前的社会优势……如果是完全无意的话，对奴隶制的攻击也是他们对新

---

① 奈：《被束缚的自由：公民自由权利和奴隶制争论，1830 年—1860 年》，东兰辛：密执安州立学院；霍夫施塔特：《美国的政治传统》，第 112 页；弗纳斯，纽约：斯隆，1956 年；德丹：《詹姆斯·谢泼德·派克：共和党的政策和美国黑人，1850 年—1882 年》，达勒姆：杜克大学，1957 年。

工业体制的最有力的攻击"①。

也许绝大多数的历史学家既不同意说反奴隶制的领袖大都是厌恶黑人的人，也不同意说他们热心于社会除恶的运动只是替别人反对工业对他们统治的威胁。但是，根据最近二十年的学术成果来看，结论往往是绝大多数反奴隶制的领袖在最主要的意义上都不是伟大的人道主义者，他们都不能看出美国的种族顺应社会发展问题，而这正是奴隶制问题的实质。部分的原因是他们以如此狭隘的方式解释这个问题，说奴隶的问题不是以解放而获得解决的，它只不过是被处于社会上从属地位的黑人的问题所取代了②。

（三）增长着的地域危机

从研究对立地域力量的角度看，任何关于内战背景的研究还必须考虑到以地域紧张局势增长为特征的长期而连续的发展过程，它逐步加剧着，直至一八六〇——一八六一年联合契约突然中断为止。这些发展包括一八二〇年的密苏里争论、一八三二年的关税和州不遵从国会法令的原则的争论、一八三六年至一八四四年间争夺兼并得克萨斯的领土、关于从墨西哥夺得的领土中奴隶制地位的斗争（它起于一八四六年的威尔莫特但书，终于一八五〇年的妥协案）、北部反对逃奴追缉法、一八五四年的堪萨斯—内布拉斯加法案废除了密苏里妥协案、以流血的堪萨斯而出名的长期暴力行为、德雷德·司考特判决案、林肯与道格拉斯的辩论、约翰·布朗袭击哈普斯渡口、林肯当选为总统、下南部的脱离、南部同盟的组成和萨姆特堡战事的爆发。

---

① 戴维·唐纳德，"对废奴主义者的重新考虑"，见《重新考虑林肯》，纽约：克诺夫，1956年，第19—36页。又参见罗伯特·A·斯考塞姆，"关于历史方法的注解：戴维·唐纳德的'废奴主义者的重新考虑'"，载《南部历史杂志》，1959年8月号，第25卷，第356—365页。

② 除了前面提到的关于道格拉斯的著作外，反奴隶制运动的文献还包括一些传记形式的有价值的著作，如：拉尔夫·V·哈洛：《加里特·史密斯，慈善家和改革者》，纽约：霍尔特，1939年；福雷斯特·威尔逊：《穿裙子的斗士：哈丽特·比彻·斯托的生平》，费城：利平科特，1941年；弗兰克·弗雷德里尔：《弗朗西斯·李厄伯，十九世纪的自由主义者》，巴吞鲁日：路易斯安那州立大学，1947年；拉尔夫·科恩戈德：《人之二友：威廉·芳埃德·加里森和温德尔·菲力普斯的故事》，波士顿：利特尔，布朗，1950年；本杰明·P·托马斯：《西奥多·韦尔德：争取自由的战士》，新不伦瑞克：鲁特杰斯大学，1950年；拉塞尔·B·奈：《威廉·劳埃德·加里森和人道主义的改革者们》，载《美国传记丛书》，波士顿：利特尔，布朗，1955年；贝蒂·L·弗拉德兰德：《詹姆斯·贾尔斯皮·伯尼：从奴隶主到废奴主义者》，伊萨卡：康奈尔大学，1955年。

所有这些事件都被细致地研究。其中有些在许多年前已被十分彻底地调查研究过，以致在近二十年中再没有增加多少有意义的东西，例如对约翰·布朗的袭击的研究就是这样的。而另外一些则成为新的研究对象——有时做出了给以极端不同解释的成果。

格洛弗·穆尔首先对密苏里争论做了重新调查[1]。穆尔除了做出比以前通常的叙述更为详尽的叙述外，他还说明大多数的南部国会议员并未投票赞成在购买来的路易斯安那中以三十六度三十分作为划分自由州与奴隶州的界线。争夺的双方没能找到都能接受的解决办法，那么确切地说，也就没有妥协方案。因此，说三十四年后撤销三十六度三十分时违反了一个"神圣的契约"是不尽准确的。

关于密苏里妥协案后与一八五〇年妥协案前这一时期地域间的竞争，也许最有意义、最新近的论述都出现在传记中。其中不仅包括威尔茨关于卡尔霍恩和贝米斯关于 J·Q·亚当斯的权威性研究，而且包括一部萨姆·豪斯顿的生平，它第一次充分论述了豪斯顿在得克萨斯吞并后的经历；还包括一篇关于约翰·泰勒的完整作品和关于塞拉斯·赖特、米勒德·菲尔莫尔和约翰·贝尔的详尽而博学的描述。查尔斯·G·塞勒斯发表了第一卷关于詹姆斯·K·波尔克的生平，对他的经历叙述到一八四三年。有两本关于扎卡里·泰勒的生平，它们出自布雷纳德·戴厄和霍尔曼·汉密尔顿之手（下文还要谈到汉密尔顿）；两本关于托马斯·哈特·本顿的生平，它们出自威廉·N·钱伯斯和埃尔伯特·B·史密斯之手，在这两本书中前者关心得较多的是本顿的时代，而后者则较多地描写其个人。安德鲁·史蒂文森、乔治·班克罗夫特、威廉·L·马西和约翰·比格洛的传记在许多情况下正如那些重要人物的生平一样具有历史意义。分别由格林顿·G·范杜森（1937 年）和克劳德·费厄斯（1930 年）写的关于亨利·克莱和丹尼尔·韦伯斯特的较早而完整的传记，仍然是权威著作，不过克莱门特·伊顿和理查德·柯伦特也写了很有价值的解释这两个人生平的概要，而且经詹姆斯·F·霍普金斯编辑，肯塔基大学出版社还出版了最后一版克莱的作品。但是，尽管罗伯特·V·雷明尼对一八二一年至一八二八年间范布伦所经历的关键时期

---

[1] 《密苏里争论，1819—1821 年》，列克星敦：肯塔基大学，1953 年。

做了详尽的论述①，还是没有好的范布伦全传。对这个时期和一个著名政治人物的最新总结，是格林顿·G·范杜森写的关于《1828年—1848年杰克逊时代》（1959年）②的历史。

关于使美国成为横贯大陆的共和国的扩张主义趋势——一种把地域对抗引入尖锐的冲突焦点的趋势——有意义的新作一直是有限的。最重要的一篇是诺曼·A·格雷厄伯纳的《太平洋帝国》，它通过论证说东部商业利益集团企图控制太平洋沿岸港口的欲望是"天定命运"的重要因素，对长期的土地扩张主义的传统提出了异议③。在重要性方面次于这篇文章的大概可推詹姆斯·C·N·保罗的一项研究，这项研究谈到在一八四四年巴尔的摩大会上，扩张问题在造成民主党的波尔克派和范布伦派分裂——这一分裂后来被掩盖了，但是绝未愈合——中的作用④。

① 莱雷纳·弗兰德：《萨姆·豪斯顿，伟大的设计者》，奥斯汀：得克萨斯大学，1945年；奥利弗·P·奇特伍德：《约翰·泰勒，内战前南部的斗士》，纽约：阿普尔顿—森杜里，1939年；约翰·A·加雷蒂：《塞拉斯·赖特》，纽约：哥伦比亚大学，1949年，罗伯特·J·雷贝克：《米勒德·菲尔莫尔：一位总统的传记》，布法罗历史学会，第40卷，布法罗：斯图尔特，1959年；约瑟夫·帕克斯：《田纳西的约翰·贝尔》，巴吞鲁日：路易斯安那州大学，1950年；查尔斯·G·塞勒斯：《詹姆斯·K·波尔克，杰克逊的信奉者，1795年—1843年》，普林斯顿：普林斯顿大学，1957年；布赖纳德·戴厄：《扎卡里·泰勒》，载《南部传记丛书》，巴吞鲁日：路易斯安那州大学，1946年；霍尔曼·汉密尔顿：《扎卡里·泰勒》，2卷，印第安纳波利斯：鲍勃斯—梅里尔，1941年—1951年；威廉·N·钱伯斯：《来自新西部的参议员"老金块本顿"：托马斯·哈特·本顿》，载《大西洋每月推荐的一书》，波士顿：利梅尔，布朗，1956年；埃尔伯特·B·史密斯：《伟大的密苏里人：托马斯·哈特·本顿的生平》，费城：利平科特，1958年；弗朗西斯·F·韦兰德：《安德鲁·史蒂文森：民主党人和外交家，1785年—1857年》，费城：宾夕法尼亚大学，1949年；拉塞尔·B·奈：《乔治·班克罗夫特，文人造反》，纽约：克诺夫，1944年；艾弗·D·斯潘塞：《胜利者和战利品，威廉·L·马西生平》，普罗维登斯：布朗大学，1959年；玛格丽特·A·克莱帕：《被遗忘的第一流公民：约翰·比杰劳》，波士顿：利特尔，布朗，1947年；克莱门特·伊顿：《亨利·克莱和美国政治的艺术》，载《美国传记丛书》，波士顿：利梅尔，布朗，1957年；理查德·N·柯伦特：《丹尼尔·韦伯斯特和国家保守主义的兴起》，载《美国传记丛书》，波士顿：利特尔，布朗，1955年；罗伯特·V·雷米尼：《马丁·范布伦和民主党的形成》，纽约：哥伦比亚大学，1959年。

② 《新美国国家丛书》，纽约：哈珀。

③ 《太平洋帝国：美国大陆扩张之研究》，纽约：罗纳德，1955年。

④ 保罗：《民主制的分裂》，费城，宾夕法尼亚大学，1951年；也许理查·R·斯坦伯格是波尔克政府扩张主义政纲最严厉的批评家，例如见他的"吞并的阴谋"，载《西南评论》，1939年10月号，第25卷，第58—69页。埃德温·迈尔斯的"'五十四度四十分或者战争'——美国政治稗史"中，对一八四四年的选举作了一个值得注意的注脚，他说这个口号并未用在竞选运动中，实际上它"直到波尔克就任总统后大约一年才流传开来"。这篇文章刊登在《密西西比流域历史评论》，1957年9月号，第44卷，第291—309页。

在扎卡里·泰勒就职后的第一次国会会议上，十九世纪四十年代的所有地域摩擦已到了紧要关头，那时北部与南部为墨西哥割让地中奴隶制的地位问题而争执不休，结果产生了一八五〇年妥协案[①]。到一九四〇年时，妥协的这段历史已经获得了精细的研究并且又被修正了；历史学家们认识到了斯蒂芬·A·道格拉斯而不是亨利·克莱在使妥协案获得通过中的重要性；赫伯特·D·福斯特写的论文使绝大多数历史学家信服，在颁布妥协案时，分裂确实即将发生[②]。但是，就像妥协案本身的结局一样，这些结论的结局被过早地大肆宣扬。从那以后，霍尔曼·汉密尔顿在一系列重要的刊物论文中以及在他写的关于扎卡里·泰勒的传记中，都重新讲述了关于妥协案的情况[③]。他的杰出分析证明了两个重要事实：第一，由于妥协案是由特殊措施混合拼凑而成的，因此并不是大多数人都支持这样的妥协案，它只是少数人通过从北部各阶层或南部各阶层有选择地收集选票才使其正式通过的；第二，在采纳妥协案的过程中，得克萨斯债券持有者的利益集团起了关键性的作用。汉密尔顿还提出了一个重要的论点：他认为南部在一八五〇年并

[①] 关于墨西哥战争本身而不是它的起因，有三项新近的论述，它们是伯纳德·德沃托的《决定之年》，波士顿：利特尔，布朗，1943 年；阿尔弗雷德·霍伊特·比尔的《冲突的演习：与墨西哥之战，1846 年—1848 年》，纽约：克诺夫，1947 年；罗伯特·塞尔夫·亨利：《墨西哥战争的故事》，印第安纳波利斯：鲍勃斯—梅里尔，1950 年。关于皮尔斯政府期间阻挠国会议事的后阶段和南部的扩张主义，在近二十年里没有更多的著作，但是下列著作在"天定命运"方面增加了重要的资料：奥林格·克雷肖的"黄金集团的骑士"，载《美国历史评论》，1941 年 10 月号，第 47 卷，第 25—50 页；C.A. 布里奇斯的"黄金集团的骑士：阻挠国会议事的幻想"，载《西南历史季刊》，1941 年 1 月号，第 44 卷，第 287—302 页；罗伯特·F·德丹的 J.D.B. 德鲍："一个奴隶制扩张主义者的纠缠"，载《南部历史杂志》，1951 年 11 月号，第 17 卷，第 441—461 页。巴兹尔·罗奇："美国在古巴的利益，1848—1855年"，载《历史、经济和公法研究》第 537 号，纽约：哥伦比亚大学，1948 年；以及 C·斯坦利·厄班在各种期刊里发表的一系列关于南部的态度和与阻挠国会议事有联系的各种活动的文章。

[②] 乔治·D·哈蒙："道格拉斯和一八五〇年妥协案"，载《伊利诺伊州历史学会杂志》，1929 年 1月号，第 21 卷，第 453—499 页；密尔顿：《冲突的前夕》，第 75—78 页；弗兰克·H·霍德："一八五〇年妥协案的原作者"，载《密西西比流域历史评论》，1936 年 3 月号，第 22 卷，第 525—536 页；赫伯特·D·福斯特："韦伯斯特的三月份第七次大演说和脱离运动，1850 年"，载《美国历史评论》，1922年 1 月号，第 27 卷，第 245—270 页。

[③] "民主党的参议院领导地位和一八五〇年妥协案"，载《密西西比流域历史评论》，1954 年 12 月号，第 41 卷，第 403—418 页；"'观察形势者'和一八五〇年妥协案"，载《南部历史杂志》，1957 年 8 月号，第 23 卷，第 331—353 页；"得克萨斯债券和北部的收益：妥协案、投资和院外势力的研究"，载《密西西比流域历史评论》，1957 年 3 月号，第 43 卷，第 579—594 页。对于妥协案中关于奴隶制规定的精确分析，许多历史学家却未严格处理，见罗伯特·R·拉塞尔的"一八五〇年妥协案是什么？"，载《南部历史杂志》，1956 年 8 月号，第 22 卷，第 292—309 页。

不愿意脱离联邦，而扎卡里·泰勒的强硬政策比妥协案更好。如果汉密尔顿的陈述不能证明这个论点，那么它一定会重开争端。

一八五○年妥协案签署后不到四年，堪萨斯—内布拉斯加法案又激起了地域的愤怒。这个插曲还引起了大笔战。到一九四○年，在这个经年不断的争论中，历史研究的趋势逐渐变得有利于斯蒂芬·A·道格拉斯。为道格拉斯辩护的人否认当总统的野心是其动机，他们强调他开发西部的目的的重要性以及他建议用人民主权的原则解决那些领地内奴隶制地位的真正的民主性质[1]。自一九四○年以来，关于道格拉斯的论战连续不断。艾伦·内文斯在《联邦的严峻考验》一书中，对以前有关道格拉斯动机的种种解释做出于极好的评论。他自己强调道格拉斯的魄力和才干，但却把他描写成是伪善的、粗俗的和诡辩的人[2]。但是，这个判断并未比以前那些意见更为普遍地被接受，一九五九年杰拉尔德·M·凯珀斯在一本新的道格拉斯传记中，把这个"小巨人"描写成一个真正的民族主义者，而他却一直是那些反奴隶制运动伪善的领导者进行人身攻击的历史牺牲品[3]。同时，詹姆斯·C·马林提出假定说，在广义上道格拉斯和他的地方主义的人民主权原则是在同实行中央集权的工业化力量做斗争。马林还坚持认为，各种发展使密苏里边远地区的奴隶制争端早已过时，道格拉斯也是力求回避这一争端的，但是地域主义者热衷于争斗，因此把这一争端强加进道格拉斯的议案中[4]。罗伊·F·尼科尔斯写的一篇尤为出色的史学文章进一步论证了道格拉斯是怎样完全背离了他自己最初的意图的[5]。这样，具有讽刺意味的是，道格拉斯现在是以采纳一八五○年妥协案的关键人物出现——这被传统地认为与克莱是一致的，而不是以其名字总是与之联系着的堪萨斯—内布拉斯加法案的真正创立者出现。

---

① 弗兰克·H·霍德："堪萨斯—内布拉斯加法案的铁路背景"，载《密西西比流域历史评论》，1925 年 6 月号，第 12 卷，第 3—22 页；贝弗里奇：《阿伯拉罕·林肯，1809—1858》，4 卷本，第 3 卷，第 187 页；密尔顿：《冲突的前夕》（1934 年），第 114—154 页；克拉文：《内战的爆发》，1942 版，第 328—332 页。

② 《联邦的严峻考验》，第 2 卷，第 11、101、102—106、143—144、422—423 页。

③ 《斯蒂芬·A·道格拉斯，联邦的保卫者》，载《美国传记丛书，波士顿：利特尔，布朗，1959 年，第 72—77、231 页。

④ 马林：《内布拉斯加问题，1852 年—1854 年》，劳伦斯，堪萨斯：作者，1953 年。

⑤ "堪萨斯—内布拉斯加法案：一个世纪的历史编纂学"，载《密西西比流域历史评论》，1956 年 9 月号，第 43 卷；第 187—212 页。

随着堪萨斯—内布拉斯加法案而来的堪萨斯冲突展现出一段混乱的和大量争论的历程。最近的学术成果提出，在新领地中的大量侵略活动都是由土地竞争造成的，移居者们的动机并不单单在于他们反对判定奴隶制问题有罪——这对他们大多数人来说是个极端抽象的问题[①]。在经常反映这个问题本身的混乱的文献中，有两篇最近的著作却以其明晰透彻而著称。塞缪尔·A·约翰逊写的一部历史著作，第一次写出了处于亲奴隶制的控诉与反奴隶制的托词间关于新英格兰移民救助会在堪萨斯讨伐运动中作用的真实情况[②]。詹姆斯·C·马林在《布朗和五十六人传奇》中，用历史方法这把精确的剪刀剪除了大量未经证实的有关布朗在堪萨斯的臆断[③]。

堪萨斯—内布拉斯加法案通过后三年，最高法院在德雷德·司考特判例中宣布，密苏里妥协案从一开始就是无效的。既然最高法院的法官们认为司考特无论如何没有资格向最高法院提出诉讼，那么很清楚，他们就没有必要考虑密苏里妥协案对司考特判例的适用性。因此，从那时起，历史学家一直在仔细思考这一个问题，即为什么最高法院的法官们要故意——假如他们确实是故意——对爆炸性的问题做出裁决。反奴隶制的传统把他们的行为简直看成是南部奴隶制统治集团进行侵略的又一例证。但是，在一九三三年，F·H·霍德提出了后来被普遍接受的论点，他说最高法院的两个北方法官麦克林和柯蒂斯试图通过写下他们最终断言一八二〇年的密苏里妥协案是符合宪法的这个有争议的意见，来强迫不甚愿意的南部人们接受一项宽大的判决[④]。但是在一九五〇年，艾伦·内文斯在他的《林肯的崛起》一书中，对德雷德·司考特判例做了严密的分析。他在评论中提出了强有力的证据说，最高法院的南部法官们在麦克林和柯蒂斯采取他们的立场之前就已经为宽大的判决做了准备。内文斯还指出，尽管在判决中没有像共和党人当时所断言的那种串通的证据，但是在判决做出之前，詹姆斯·布坎南与最高

---

① 见克拉文的《内战的爆发》一书第362—365页的讨论及其引证保罗·华莱士·盖茨和詹姆斯·C·马林的分析。

② 《自由的战斗口号：堪萨斯讨伐运动中的新英格兰移民救助会》，劳伦斯：堪萨斯大学，1954年。

③ 《美国哲学学会回忆录》，第17卷，费城，美国哲学学会，1942年。

④ 弗兰克·H·霍德："德雷德·司考特判例的一些方面"，载《密西西比流域历史评论》，1929年5月号，第16卷，第3—22页。

法院成员之间的通信中却有明显的不正当行为的迹象①。

对于从德雷德·司考特判决到萨姆特要塞危机这一时期，一些优秀的研究充实了历史的描述，但是没有大量修改流行的解释。保罗·M·安格尔出了一版林肯—道格拉斯辩论的全文，并附有极好的编辑背景②。

关于约翰·布朗的袭击，没有对布朗本人新的认识能像艾弗里·克拉文关于这次袭击在突然激起南部地域情绪中的心理影响的论证那样重要，这种地域情绪绝不像南部地域主义者所希望的和北部地域主义者所担心的那样"团结一致"③。关于林肯的当选，雷哈德·H·卢辛的《林肯首次竞选》和奥林格·克兰肖的《一八六〇年总统选举中的各奴隶州》（1945年）都取代了埃默森·D·菲特所写的较早的论文④。

关于下南部的脱离，绝大多数的政治记录至少在二十多年前已被整理出来了⑤。但是，关于北部对脱离的反应，兴趣还相当浓厚。霍华德·C·珀金斯的两卷《关于脱离的北部社论》⑥揭示北部对分裂问题反应的广度和复杂性比以往任何时候都更明晰。珀金斯的材料还没有被充分地使用过，他的注意力集中在出现脱离危机期间林肯政府的政策上。林肯要与南部打仗吗？他认为战争是必要的吗？或者他希望防止战争吗？这三种观点都有人坚持。一九三七年，查尔斯·W·拉姆斯德尔出色地论证了第一种观点，而在一九四一年这种观点又被蒙哥马利的一位律师约翰·希帕利·蒂利用一种显然是荒谬的，可能遭到反对的方法加以夸大

---

① 《林肯的崛起》，第1卷，第9—118页；第2卷，第473—477页。

② 安格尔编辑的《生而平等吗？一八五八年林肯—道格拉斯辩论全文》，芝加哥：芝加哥大学，1958年。

③ 克拉文：《南部民族主义的发展》，第303—311页。一般来说，约瑟夫·C·弗纳斯的《到哈珀斯渡口之路》，纽约：斯隆，1959年。是关于反奴隶制运动并对布朗尤为注意的一篇叙述。

④ 卢辛，坎布里奇：哈佛大学，1944年；克兰肖，《历史和政治科学研究》，第63辑，第3号，巴尔的摩：约翰斯·霍普金斯大学，1945年；菲特：《一八六〇年的总统竞选运动》，纽约：麦克米伦，1911年。

⑤ 参见拉夫尔·A·伍斯特在各州刊上对南部脱离会议成员的分析，这些都概括在他的"下南部脱离会议成员的分析"一文中，载《南部历史杂志》，1958年8月号，第24卷，第360—368页。也要注意舒尔茨和考琛的研究项目的参考资料。参见哈罗德·S·舒尔茨：《南卡罗来纳的民族主义和地域主义，1825—1860年》，达勒姆：杜克大学，1950年和《詹姆斯·斯帕兰特历史和政治科学研究》，第32卷，查佩尔希尔：北卡罗来纳大学。

⑥ 纽约：阿普纽顿—森杜里，1942年。

了①。一九五〇年，肯尼思·M·斯坦姆帕在他写的《战争来临》一书中支持了第二种观点②。一九四二年，戴维·M·波特在一项研究中论证了第三种观点，这篇论文认为北部抵制妥协既部分地产生于一种不符事实的信念，以为脱离的威胁并不严重，同时也部分地产生于一种十分现实的看法，认为南部是不团结的（在南部同盟成立后两个月，八个奴隶州仍然留在联邦内）③。波特认为，林肯打算避免摊牌，并且等待南部联邦主义者的反应，但是未曾预料到的供给萨姆特要塞安德森少校驻军以粮食的必要性，却使他的计划失败了。

在危机最后阶段的历史中，也正像在整个这一时期的全部记载中一样，大部分最有价值的历史著作都以对一些特别人物的研究问世了。关于林肯尤其如此，他的生平一直是研究联邦危机的一个焦点。早在二十年前就已经有了令人惊愕的一大批关于林肯的文献，而现在又增加了另外四部极为重要的著作。一九三九年，卡尔·桑德堡出版了他的巨著《战争年代》，这是一部气势磅礴、想象力丰富的著作，顺便提一下，它与更早的《草原年代》一起，是所有美国人的传记中最长的一部④。一九四五年，詹姆斯·G·兰德尔出版了四卷研究项目的头两卷，这两卷第一次对林肯直辖的决策机构的问题和政策做了充分而又有学术价值的描述⑤。一九五二年，本杰明·P·托马斯出版了一卷本的传记，这本传记在历史叙述方面的简洁与均衡都是典型的⑥。一九五三年，鲁特杰斯大学出版社出版了罗伊·P·巴斯勒的八卷的林肯的作品——它较尼科莱和海以前的版本大有进展，尼科莱和海的版本很不完全也很不准确⑦。在南部方面，这一时期的其他传记包括罗伯特·D·米德的关于贾达·P·本杰明的研究，鲁道夫·冯·艾贝尔的亚历山

① 拉姆斯德尔："林肯和萨姆特要塞"，载《南部历史杂志》，1937年8月号，第3卷，第259—288页；蒂利：《林肯取得统帅权》，查佩尔希尔：北卡罗来纳大学，1941年。

② 斯坦姆帕：《战争来临：北部和脱离危机》，巴吞鲁日：路易斯安那州立大学，1950年。

③ 波特："脱离危机中的林肯及其政党"，《耶鲁历史出版物》第13号，纽黑文：耶鲁大学，1942年。

④ 《阿伯拉罕·林肯：战争年代》，4卷，纽约：哈考特，布拉斯，1939年；《阿伯拉罕·林肯：草原年代》，2卷，纽约：哈考特，布拉斯，1926年。

⑤ 参见本文（一）修正论者的后半部分。

⑥ 《阿伯拉罕·林肯：一部传记》，纽约：克诺夫。对林肯作历史解释的另外两本非常重要的书是唐纳德的《重新考虑林肯》，纽约：克诺夫，1956年和理查德·N·科伦特的《无人知晓的林肯》，纽约：麦克格劳—希尔，1958年。

⑦ 《林肯文集》，新不伦瑞克：鲁特杰斯大学为阿伯拉罕·林肯协会出版的书籍，8卷，1953年；索引卷，1955年。

大·H·斯蒂芬斯生平和赫德森·斯特罗德的缺乏批判和过分颂扬的杰斐逊·戴维斯生平[1]；在北部方面，有格林顿·G·范杜森写的特劳·韦德生平和霍勒斯·格里利生平，弗雷德·H·哈林顿写的纳撒尼尔·P·班克斯生平，托马斯·G·比尔丹和玛瓦·R·比尔丹，写的萨尔蒙·P·蔡斯及其家族的生平，弗莱彻·普拉特写的埃德温·M·斯坦顿生平，弗兰克·B·伍德福德写的刘易斯·卡斯生平，唐·爱德华·菲兰贝彻写的约翰·温特沃思生平和杰特·A·艾赛莱写的一部关于格里利和共和党的研究项目[2]。

关于所有直接或间接与内战有关的种种问题的文献是那样繁多，以至于简直怎样都不可能将其集拢到任何一个集中点来加以观察。也许这些文献所共有的最普遍的特性就是它们将继续明显地或者含蓄地引起争论。历史学家们不仅在关于究竟是奴隶制为战争提供了基本的动机，还是奴隶制为掩盖基本的动机提供了烟幕的问题上意见不一，而且在关于内战前南部的社会性质、奴隶制的性质、反奴隶制运动的动力和特性以及对引起最后危机之前的一系列地域冲突中每个环节的解释也都意见不一。这种争执的讽刺意味在于这样一个事实，即面对着大大增多了的真实知识和不断加强了的学术研究，它却继续存在。的确，这种差异之大足以造成一种显而易见的历史现实，这种历史现实很少像它在这个问题上那么不言自明：也就是单单掌握真实的资料不一定就能在历史真实情况的广泛问题上取得一致。它一定要在争论继续盛行的两种意见之间缩小抉择的范围，而这种抉择范围的缩小本身就是客观进步的一个重要证明。但是，在抉择的范围内，事实真相的确定或许更多地依靠用于解释资料的基本的哲学假定，而不是依靠资料本身。

---

① 米德：《贾达·P·本杰明，南部同盟的政治家》，纽约：牛津大学，1943 年；冯·艾贝尔：《亚历山大·H·斯蒂芬斯》，纽约：克诺夫，1946 年；斯特罗德：《杰斐逊·戴维斯》，已出版 2 卷，纽约：哈考特，布拉斯，1955 年、1959 年。

② 范杜森：《特劳·韦德，院外活动集团的术士》，波士顿：利特尔，布朗，1947 年；范杜森：《霍兰斯·格里利，十九世纪的斗士》，费城：宾夕法尼亚大学，1953 年；哈林顿：《好战的政客：陆军少将 N·P·班克斯》，费城：宾夕法尼亚大学，1948 年；贝尔丹夫妇：《如此堕落的天使们》，波士顿：利特尔，布朗，1956 年；普拉特：《斯坦顿，林肯的陆军部长》，纽约：诺顿，1953 年；伍德福德：《刘易斯·卡斯，极端的杰斐逊信徒》，新不伦瑞克：鲁特杰斯大学，1950 年；菲兰贝彻：《芝加哥巨人："长约翰"温特沃思传记》，麦迪逊，威斯康星：美国历史研究中心，1957 年；艾赛莱：《霍勒斯·格里利与共和党，1853 年—1861 年》，《历史研究》（Studies in History），第 3 卷，普林斯顿：普林斯顿大学，1947 年。

在这个意义上，资料仅仅是历史解释的原始材料，而不是解释过程中的决定因素。这就是为什么关于内战爆发的艰难的研究领域仍然存在的原因，而且看起来很可能永远存在下去，并有待于我们称之为的重新解释——我们所说的重新解释，指的就是把个人的哲学观点应用于过去的史料之中。

[译自威廉·H·卡特赖特和小理查德·L·沃森合编《解释和讲授美国历史》（华盛顿 D.C.，1961 年）的第七章：《内战的背景》，第 87—119 页；丁则民校。]

弗雷德里克·杰克逊·特纳

雷·艾伦·比林顿

弗雷德里克·杰克逊·特纳（一八六一——一九三二年），是美国历史学家、用"边疆学说"和"地域理论"解释美国历史的创始人，他出生于威斯康星州波特奇的半拓荒的环境中。他于一八八四年在威斯康星大学获得了学士学位，又于一八八八年获得了硕士学位，并受到一位杰出的导师威廉·弗朗西斯·艾伦的影响，这位导师教他的这位年轻学生批判运用文献资料的方法，向他灌输科学方法和复杂的因果关系方面的信念，使他转而相信把社会看成是一种不断进化的有机体的社会观。特纳在约翰斯·霍普金斯大学的一年（一八八八——一八八九年）中，虽然在经济史方面的志趣受到理查德·T·伊利的鼓舞，在国家主义方面的志趣受到伍德罗·威尔逊的鼓舞，但是收获不多。一八九〇年，该大学授予他博士学位。特纳对他的主要导师赫伯特·巴克斯特·亚当斯的教导并无好感。亚当斯认为，美国的全部制度都是由中世纪德国的"生源论"逐渐演化而来。几年后，他写信给卡尔·贝克尔说，他从事历史专业工作，"是出于我对那种观点的义愤的一种极其强烈的反应"。（特纳书信集，亨利·E·亨廷顿图书馆，TU 第 34 盒）。

特纳在思想方面造反的成果是他在威斯康星大学最初几年间所写出的三篇著名的论文。他于一八八九年在威斯康星大学继艾伦早亡之后任教授。在《历史的意义》（一八九一年写的第二篇论文，一八六一年出版，第 11—27 页）一文中，他阐明了他的历史信念，为运用科学的、各学科间的技术而辩护，坚持为有关当前的问题的"有用的"研究作品而辩解，用典型的方式阐明相对主义的学说，极力主张展开对人类行为所有方面的研究，而不仅仅限于政治一方面。在不多的篇幅中，特纳预先为"新史学"做了准备，并为从那时开始推广的大多数哲学和方法论的改革提出了充分的论据。他的第二篇论文《美国历史中的问题》（一八九二年发表，一九六一年出版，第28—36页）要求对美国历史的研究进行新的探索：历史学家必须考虑制度和宪法的形式的背后，从而发现那些"产生这些组织机构并塑造它们使之适应变化着的形势的生机勃勃的力量"；他们必须采用自然科学家的工具来确定自然条件对民族发展的影响；他们必须衡量在形成美国文明特点的过程中当地环境与欧洲的遗产的相互影响。

他的第三篇论文《边疆在美国历史中的意义》（一八九三年发表，一九六一年出版，第37—62页）是于一八九三年在芝加哥举行的美国历史协会的一次会议上宣读的，这篇论文使他脱离了他过去选择的研究和分析的部分。他认为，在美国人性格和制度方面值得注意的许多明显的特点，都源于一种独特的环境，尤其是源于一个不断退缩的边疆的存在。他写到："一片自由土地的存在及其不断地向后退缩和美国移民的西进，说明了美国历史的发展。"（一九二〇年版，第1页）。在拓荒者中间，文明不断地再生，他们的文化模式由于不断地在与未开化的自然的接触以及与来自不同背景的移民杂居而被破坏了，这些都有助于赋予美国人以不同于其欧洲祖先的特征和社会准则。在这些特征和社会准则当中，特纳列举了美国人的特性：粗犷而富有力量、一种有创造性的性格、自然、和社会的流动性、一种好动的活力、坚强的自力更生精神和显著的个人主义、强调实利主义，尤其是一种对民主制和国家命运的强烈信念。特纳坚持认为，在边疆发生了人和制度"美国化"的过程。

从十九世纪末至二十世纪三十年代，边疆学说支配了美国的史学思潮。特纳的追随者们并不像他们的师傅那样谨慎地解释从文学到政治的美国历史各个方面，作为开拓经历的结果，他们把"美国历史协会"改变成为一个巨大的"特纳协会"。特纳本人被推任其同行中最高的职位——各大学都力求聘请他去任教，他的同行历史学家选他作一九一〇的美国历史协会主席。那年，他终于离开了威斯康星大学去哈佛大学，他这样做只是作为对威斯康星大学的某些董事们反知识分子的倾向的抗议，因为这些董事们似乎正以纯理论的形式来威胁学术成就。

与此同时，他的兴趣转到了对美国历史独特性的第二种解释，即地域假说。他推论说，随着人口的西移，一个接一个的地理区域都被占据了，每一区域都和其他区域的气候、土壤、地形以及其他自然条件有所不同，并且，随着这些"地域"各自发展了与之相适应的经济事业，它就力求使国家的立法符合其本身的利益。特纳认为，美国政治的历史只能被理解为各地域之间利益的一系列调整与和解的历史。这就是他在两部著作中所强调的观点，一部是他毕生所完成的著作：《新西部的兴起，一八一九——一八二九年》（一九〇六年出版）；另一部是他晚年撰写，死后才出版的著作：《一八三〇——一八五〇年的美国，这个国家及其地域》（一九三五年出版）。

一九二四年，特纳从哈佛大学离职，以便腾出充足的时间致力于上述研究，最初住在麦迪逊，一九二七年前往亨廷顿图书馆任高级研究员。一九三二年他去世了，这使他免于知晓对他的理论的攻击，而这种攻击在三十年代有了扩展趋势并且持续了二十年之久。年轻的历史学家们强烈地反对在机械化、国际主义时代强调田园风味和民族主义的思想，指责他过分地强调美利坚民族历史上的独特性而歪曲了美国的社会准则，因而称他为一元的宇宙因果论者和地理决定论者。这一反特纳主义浪潮在五十年代自然地发展起来了。紧接着这种浪潮而来的又是一个新的时期，在此期间，几个学科的学者们开始检验他的边疆假说的各个方面；看来，在能够对开拓的经历的确切作用予以评价之前，注定需要一个持续多年的过程。

今天，边疆学说已被美国历史学家所接受，他们把它看作仅仅是对美国文明发生影响的诸多因素之一，对于这一评价，特纳会完全赞同的。

特纳的著作

1. 一八九一年发表的第一篇论文《威斯康星州印第安人贸易的性质和影响：对作为制度的贸易站的研究》，载《约翰斯·霍普金斯大学历史和政治科学研究》，第9辑，第11—12号，巴尔的摩：约翰斯·霍普金斯出版社。

2. 一八九一年发表的第二篇论文，《历史的意义》，载《弗雷德里克·杰克逊·特纳的边疆和地域论文选集》第11—27页，新泽西，恩格尔伍德·克利夫斯：普伦蒂斯——霍尔出版社，一九六一年。

3. 一八九二年发表的论文《美国历史中的一些问题》，出处同上，第28—36页。

4. 一八九三年发表的论文《边疆在美国历史中的意义》出处同上，第37—62页。

5. 一九〇六年出版，《新西部的兴起，一八一九年——一八二九年》，马萨诸塞，格洛斯特：史密斯出版社一九六一年。平装本，附有雷·艾伦·比林顿撰写的新的前言和书目，科利尔出版社，一九六二年。

6. 一九一二年出版，弗雷德里克·杰克逊·特纳、爱德华·钱宁和艾伯特·B·哈特合著，《美国历史的研究与学习指南》，波士顿：吉恩出版社。

7. 一九二〇年出版，《美国历史上的边疆》，纽约：霍尔特出版社，一九六三年。

8. 一九三二年出版，《地域在美国历史中的意义》，马萨诸塞，格洛斯特：史密斯出版社，一九五〇年。论文集由麦克思·法兰德和艾弗里·克拉文编辑。

9. 一九三五年出版，《一八三〇年——一八五〇年的美国》，附有艾弗里·克拉文写的导言，马萨诸塞，格洛斯特：史密斯出版社，一九五〇年。该书于作者去世后出版。

10. 《弗雷德里克·杰克逊·特纳的早期作品》，麦迪逊：威斯康星大学出版社，一九三八年。

11. 《弗雷德里克·杰克逊·特纳的遗作：未出版的美国历史著作》，威尔伯·R·雅各布，桑·马利诺编辑，亨廷顿图书馆出版，一九六五年。

12. 《边疆和地域论文选集》，附有雷·艾伦·比林顿写的前言，新泽西，恩格尔伍德·克利夫斯：普伦蒂斯—霍尔出版社，一九六一年。

参考书目

1. 卡尔·贝克尔，《弗雷德里克·杰克逊·特纳》，载于霍华德·W·奥德姆编辑的《美国的社会科学大师：通过被忽视的传记领域对社会科学研究的探讨》，第273—318页，纽约，霍尔特出版社，1927年。

2. 李·本森，《特纳和比尔德：对美国历史写作重新考察》，伊利诺伊，格伦科，自由出版社，1960年。

3. 雷·A·比林顿，《年轻的弗雷德·特纳》，载《威斯康星历史杂志》，第46卷，第38—48页。

4. 雷·A·比林顿，《弗雷德里克·杰克逊·特纳来到了哈佛（大学）》，载马萨诸塞历史会社的《记录汇编》，1962年，第74期，第51—83页。

5. 雷·A·比林顿，《美国的边疆遗产》，纽约，霍尔特出版社，1966年。

6. 艾弗里·克拉文，《弗雷德里克·杰克逊·特纳》，载于威廉·T·哈钦逊编辑的《美国历史编纂学论文集，纪念马库斯·W·杰尼根》的第252—270页，芝加哥大学出版社，1937 年。

7. 默尔·柯蒂，《美国历史上的边疆和地域：弗雷德里克·杰克逊·特纳的方法论概念》，载于社会科学研究理事会的社会科学的科学方法委员会，《社会科学的方法：一个实例书籍》，第 353—367 页，芝加哥大学出版社，1931 年。

8. 默尔·柯蒂，《弗雷德里克·杰克逊·特纳》(1949 年发表，1961 年出版)，载于威斯康星州历史会社的《威斯康星对弗雷德里克·杰克逊·特纳的见证：关于这位历史学家及其主题的论文集》，第 175—224 页，麦迪逊，上述会社出版。

9. N. D. 哈伯，《历史学家特纳：‘假说’还是‘进程’？》附关于澳大利亚的边疆会社的特别资料，载《堪萨斯城大学评论》，1951 年第 18 期，第 76—86 页。

10. 威尔伯·R·杰寇布斯，《弗雷德里克·杰克逊·特纳：优秀的导师》，载《太平洋历史评论》，1954 年，第 23 期，第 49—58 页。

11. 富尔默·穆德，《作为一位历史学思想家的弗雷德里克·杰克逊·特纳的成长》，载马萨诸塞殖民地时期会社的 “会刊”，1939 年，第 34 期，第 283—352 页。

12. 富尔默·穆德，《地域概念的起源、演变及其运用，1750 年—1900 年》，载于梅里尔·詹森编辑的《美国的地区主义》，第 5—98 页，麦迪逊，威斯康星大学出版社，1951 年。

[东北师大历史系美国史研究小组译自《社会科学的国际百科全书》，第 16卷，第 168—170 页，纽约，1972 年。丁则民校。]

查尔斯·A·比尔德

约翰·海厄姆

查尔斯·A·比尔德是美国历史学家、政治学家和教育家。从一九一二年左右到一九四一年，他是美国最有影响的社会思想家之一。他促进了二十世纪初美国政治科学训练方法的改革，并且在两次世界大战之间接近于支配了美国历史的研究。当时一个自由主义知识分子的团体认为，在许许多多影响他们思想的作家当中，比尔德的地位仅次于索尔斯坦·维布伦①。比尔德去世后不久，《展望》杂志举行过一次民意测验，一部分编辑和教育工作者投票推选了他的名著《美国文明的兴起》（一九二七年），认为它是本最充分说明美国民主制度的书。他总共发表过三百多篇论文，出版过大约六十部书。有的是同他的妻子玛丽·里特·比尔德合著，有的是和其他同事合著的。他撰写关于欧洲史、美国史以及美国政府的教科书发行了几百万册。作为一个变革时代产生的人物，比尔德是经常关心政治和社会问题的学者，猛烈地抨击传统的神话和陈词滥调，不断地评论时政，并且多次致力于政策的制定。他那种品德的魄力不仅渗透在他著作的字里行间，而且贯穿于他生活的方方面面；因为他享有巨大的影响力，而且举止像个古代圣哲的权威。

比尔德是一位殷实的地主兼建筑承包商的儿子，他是在印地安那州奈特斯镇附近的一个在农庄中长大的。他的父母都是老式的唯理论者和教友会会员的后裔。这种精神遗产使比尔德终生保持在个人与思想方面同十八世纪美国密切的关系。他在家庭教养中所形成的那种朴实的富有人情味的性格，在德鲍大学通过阅读卡尔·马克思的著作，特别是约翰·鲁斯金——他的肖像一直挂在比尔德的书房

① 索尔斯坦·维布伦 1857 年—1929 年是美国作家及经济学家，著有《有闲阶级的理论》(1889 年) 和《商业企业的理论》(1904 年) ——译者

120

中——的著作之后，更加明朗了。在芝加哥的某一个夏天——其中一部分时间是在赫尔公寓度过的——比尔德直接卷入当时的社会动荡去了。一八九八年他从德鲍大学毕业后，到英国牛津大学攻读英国史和欧洲史。在那里他结识了一些世界主义者和激进分子，而且在组织一个工人学院——鲁斯金学院方面出过很大的力。他的第一部著作《工业革命》（一九〇一年）向英国工人阶级读者阐明了当时一些社会问题。牛津大学的经历使比尔德对英国的文学修养有了相当多的了解，这在许多美国社会科学家当中是个明显不寻常的特征。

在牛津大学那种严格的科学研究方法训练下，比尔德的这些道义的和人道主义的热情逐渐增长。从牛津大学的教授们，如著名的弗里德利克·约克·鲍威尔教授那里，比尔德懂得了一个从事科学的人日益增长的抱负，即对人类事务提供经验主义的理解，而不把一些价值判断强加于人。后来，在哥伦比亚大学研究院的进一步深造，使比尔德对价值自由的社会科学的支持更加坚定了。一九〇四年，比尔德在哥伦比亚大学获得博士学位。

从某种观点来看，可以把比尔德的一生看作是这样一场斗争，即：他坚持把他相信科学是一种严密地客观探究的信念与对道义行动的热忱支持两者间富有成效地结合起来了。在二十世纪初的哥伦比亚大学，坚持这种结合并不难。那时，经验主义是美国整个社会科学界的口号。在哥伦比亚大学，比尔德参加了一个由一些学者组成的著名的团体，他们确信民主制度的进展依靠社会科学，因为社会科学将以具体实用的专门知识和技术来代替教条的或纯理论的说教。这一观点既是科学的、功利主义的，也是"重视现代"的。它在哲学方面为约翰·杜威所阐明，在历史学方面为詹姆斯·哈维·鲁滨逊所阐述。鲁滨逊提出了"新史学"，它是一些更加专门化的科学研究成果的综合体，因此，它将涉及人类活动的全部来龙去脉，而不是详细阐述刻板的制度的缓慢演变。新史学家将研究进展的技术，并且一般地把注意力集中于与现在的重大社会问题最有关联的过去的各个方面。因而鲁滨逊的历史学强调变化而不是连续性，并且求助于科学的权威，以争取学术研究和社会的改革。这一切对比尔德都有着强烈的吸引力，因而他迅速地成长起来，从一个无名之辈一跃而与他的那些老师们并列。

虽然比尔德主要人接受历史方面的训练，但是一九〇七年以后，他却在哥伦比亚的公法系任教。在这以后的十多年里，他主要从事美国宪法史和公共行政方面的执教与著述工作。他始终强调在法律原则和政府体制背后能够发现社会与经济的"现实"。对比尔德来说，抛弃抽象的理论和大部分以前对于法律和统治权的分析，就能够使政治科学更紧密地考察动机、利益以及实际效果。在公共行政这个新领域中，比尔德的工作确实是注重实际的。他作为一位创建纽约市政研究局的领导人，曾对若干个主要州和城市的规划设计进行了指导，以便使行政机构合理化并建立一查明确的公共职责标准。后来，在一九二二年到一九二三年，他担任了东京市政研究局的顾问，并且就东京大地震以后的城市重建问题向日本政府提出建议。

比尔德对宪法史的研究出于一种同样实际的和现代的兴趣。最高法院所做出的一系列保守的、放任主义的裁决曾引起了对于它的合法权力的激烈争论。在《最高法院与宪法》（一九一二年）一书中，比尔德对开国元勋们关于司法复审的意图做了调查研究，它比以往任何人所写过的关于这方面的调查研究都更深入细致。比尔德得出的结论是，宪法制定者们企图让最高法院实行对立法的控制，而司法对立法的控制正是宪法制定者们保护财产权利不受好骚动的大多数群众侵犯这一更大目的的一个方面。然而，比尔德还是以对宪法制定者们所具有的那种不屈不挠的才能表示赞赏来结束他的结论，而宪法制定者们正是用这种不屈不挠的才能才把宪法建立在自身利益的牢固基础之上的。在别人仅仅看出理想主义的地方，比尔德却看到了更值得赞赏的现实主义。

比尔德最著名的著作《宪法的经济解释》（一九一三年）曾仔细地考查了开国元勋们的动机。由于部分地受到弗莱德里克·杰克逊·特纳及其学生们正在从事的关于地域投票选举模式的定量研究的启示，比尔德考察了一七八七年美国经济权力的分布状况，并详细列出了那年制宪会议每一位代表拥有财产的状况。他断定，至少有六分之五的代表必定由于宪法的实施而获得了个人利益。这主要是由于宪法的实施将保护公债并提高他们所握有的公债券的价值。这部论著是一种令人注意的研究方法   集体纪传体——的楷模。而这种集体纪传体只是最近才普遍地应用于各种历史研究中。但是比尔德的分析同后来的精确的研究比起来同样似乎是粗糙的。好像以他意识到的私利是决定政治行为的唯一因素为出发点来进行他的研究，并以此来假定他所要论证的东西。此外，比尔德还把简单化了的社会二元论穿凿附会在他对于一些个人的研究成果上：他把宪法描绘成资本家债权人一致反对拥有土地的债务人的工具。比尔德在第三部有影响的专著《杰斐逊民主政治的经济起源》（一九一五年）中，进一步用文献记录来证明上述的分裂存在。在这部著作中，比尔德试图论证一七八七年的组合在十八世纪九十年代的各政党中又重新出现了；杰斐逊的民主政治仅仅意味着联邦权力从流动资本占有者手中转移到经营农业者手中。

在美国历史的写作中，比尔德的资本家—土地均分论者的两分法很快显示出无比的重要性。因为它断言，存在着一种令人耳目一新的"现实主义的"冲突模式，而这并不违背美国传统的政治修辞学。实际上，比尔德对美国历史的经济解释为美国的政治主要是杰斐逊民主政治与汉密尔顿特权政治之间的斗争这一老观念提供了具有实际内容的阶级基础。比尔德以两个由一些利益集团组成的联盟——一方为城市资本家所控制，另一方为小地主和种植园主所控制——的根本对抗为出发点，用灵活的二元论代替了比较复杂的马克思主义模式，而这种比较复杂的模式当时正在影响着欧洲历史的写作。

在二十世纪二十和三十年代，比尔德所写的优秀的著作连同几名著名学者如弗农·L·帕林顿、阿瑟·M·施莱辛格及霍华德·K·比尔的著作一起，扩大了这个概念的体系。为此，比尔德的《国家利益的思想》（约一九三四年出版）一书就把汉密尔顿派和杰斐逊派之间的外交政策传统的分歧解释成是由于经济利害关系造成的。并且认为资本家和平均地权派的斗争为《美国文明的兴起》（一九二七年）提供了根本动力。这部包罗万象的著作突出的特点，是把杰克逊的民主制解释为农工起义，把内战看成是"第二次美国革命"，在这次革命中北部的商人剥夺了南部种植园主贵族的权力。

然而比尔德的《美国文明的兴起》同他第一次大世界大战前的著作之间存在着明显的差别。一九一七年他辞去了哥伦比亚大学的职务以抗议战时对学术自由的侵犯。在二十世纪二十年代，他深为现代战争对民主制准则所造成的威胁和当时蔓延于知识界中的对进步和人性丧失信心所困扰。比尔德不相信仅仅通过科学上的探究就可以解决社会问题，因而他直率地起而捍卫他的基本准则。他独自居住在康涅狄格州的山上时，在政治学方面日益摆脱了行为主义的倾向。他的著作具有了更加人道主义的特点。《美国文明的兴起》一书把他在第一世界大战前就已发展了的经济决定论和对美国人民的文明成就的公开赞美结合在一起了。书中还明确地赞扬了美国人民集体的力量和他们对于进步的坚定信心。

萧条和极权主义的蔓延更使比尔德加强了对一些准则的关切。他在二十世纪三十年代卓有成效的活动，是试图凭创造性思想在美国重新恢复科学和世界历史似乎不再保证的进步。在《国内门户开放》（一九三四年版）和其他著作里，他描绘出一幅计划经济的宏伟蓝图。他在一九三二年——一九三七年出版的十六卷《美国历史协会关于学校中进行社会研究的委员会报告》撰写中可能起到了决定性的作用。这个报告主张小学和中学教育应当同集体主义的民主制的进展相协调。他成了知识界主张孤立主义的主要代言人，并且他还开始研究历史哲学。

直到二十世纪三十年代，在各学科的美国学者中，很少有人重视史学思想的基本问题。讲求实际的美国人都认为掌握历史知识的关键是科学而不是哲学。当比尔德继续坚持认为历史学必定有用的时候，他也宣称，历史学不可能是客观的和科学的，并且历史学也不应该是宿命论的。他就任美国历史协会主席时所做的大声疾呼的演说宣称："历史写作是一种信念的行为。"力促历史学家们认清历史的主观性，以便恢复人类研究中的社会准则的首要地位，从而引导正在形成的历史学。

比尔德对运用科学技巧来解决当时重大问题失去了信心，这激起了一场对符合科学规律的历史学的普遍反叛。他在历史学方面的新观念和卡尔·贝克尔所表述的类似观点一起，使美国历史学家们投入了一场关于相对主义的大辩论。这场争论一直贯穿于整个二十世纪四十年代，造成很大的混乱。这种情况的部分原因是比尔德借鉴意大利和德国哲学家特别是著名的贝尼迪托·克罗塞的观点，其实比尔德从来没有真正地了解和接受他们的唯心主义认识论。最后，大多数历史学家断定比尔德在否定客观性方面走得太远了，从而使历史具有过分的"现代色彩"了。然而他的这种煽动却留下了持久的影响。它打乱了职业史学工作者自鸣得意的设想，而这种设想认为道义上的判断在他们的著作中并没有合法的地位。它也唤起了一种富于哲理性的意识，并使美国重新接受欧洲的史学理论。

比尔德在一九四八年的逝世，触发了一场对他关于美国历史解释的普遍反对。从那时起，许多最优异的研究成果已修正了他所强调的唯物主义因果论，并且修正了他强调冲突而不注意一致，强调国内而不注重国际事件来龙去脉的观点，他们的注意力已在很大程度上从利益集团转到政治地位集团，并从唯理主义的动机转到非唯理主义的动机上去了。具有讽刺意义的是，在比尔德晚年的历史学著作中预示了这种世界观的变化：在二十世纪四十年代他又重新强调了思想和个人在历史中的作用。他主要放弃了用经济观点解释历史的思想，然而一个仍然没有改变的特点是，他一生自始至终是个理性主义者，决心凭理性来控制权力。

比尔德的著作

1. 1901 年版《工业革命》，伦敦，艾伦和安温出版社，1927 年再版。

2. 1912 年初版《最高法院和宪法》，附有艾伦·F·韦斯廷所写的序言和文献目录、新泽西，恩格尔伍德·克利福斯，普伦蒂斯—霍尔出版社，1962 年版。

3. 1913 年初版《美国宪法的经济解释》，纽约，麦克米伦出版社，1935 年版；平装本于 1962 年由麦克米伦出版社出版。

4. 1915 年初版《杰斐逊民主政治的经济根源》，纽约，麦克米伦出版社，1952 年版。

5. 1922 年初版《政治的经济基础》，纽约，诺普福出版社，第三次修订版，1945 年。平装本于 1957 年由伦顿姆出版社出版。

6. 1927 年初版查尔斯·A·比尔德和玛丽·R·比尔德合著的《美国文明的兴起》，新版和再版增订版，两卷。纽约，麦克米伦出版社，1933 年。第一卷：《农业的时代》，第二卷：《工业时代》。

7. 《国家利益的概念：对美国外交政策的分析研究》，纽约，麦克米伦出版社，1934 年。

8. 《社会科学关于教育目的的性质》，纽约和芝加哥，斯克里布纳出版社，1934 年。

9. 《国内门户开放：国家利益的试验哲学》，纽约，麦克米伦出版社，1934 年。1934 年发表《编写历史是一种信念的行为》，载汉斯·迈耶霍夫编辑的《我们时代的历史哲学选集》，第 140—151 页，纽约，花园城，达布尔戴出版社，1959 年。

10. 查尔斯·A·比尔德和玛丽·R·比尔德合著的《过渡中期的美国》，纽约，麦克米伦出版社，1939 年。

11. 查尔斯·A·比尔德和玛丽·R·比尔德合著的《美国精神：合众国的文

明思想的研究》，纽约，麦克米伦出版社，1942年。平装本于1962年由科利尔出版社出版。

12.《共和国：漫谈基本原则》，纽约，维金出版社，1943年。

13.《罗斯福总统与1941年战争的来临，对现象与本质的研究》，纽黑文，耶鲁大学出版社，1948年。

参考书目

1. 霍华德·K·比尔编辑，《对查尔斯·A·比尔德的评价》，莱克星顿，肯塔基大学出版社，1954年。该书附有一个关于比尔德作品的书目。

2. 李·本森，《特纳与比尔德：对美国历史写作的重新考察》，伊利诺斯，格伦科，自由出版社，1960年。

3. 伯纳德·C·博宁，《查尔斯·A·比尔德的政治、社会思想》，西雅图，华盛顿大学出版社，1962年。

4. 伯纳德·克里克，《美国的政治科学：它的起源和状况》，伯克利，加利福尼亚大学出版社，1959年。

5. 约翰·海厄姆、伦纳德·克里格和费利克斯·吉尔伯特合著的《历史》，新泽西，恩格尔伍德·克利福斯，普伦蒂斯—霍尔出版社，1965年。

6. 马修·约瑟福逊，《查尔斯·A·比尔德传略》，载《弗吉尼亚季刊评论》，1949年，第25卷，第585—602页。

7. 托马斯·J·普雷斯利，《美国人解释他们的内战》，普林斯顿大学出版社，1954年。

8. 库欣·斯特劳特，《美国史上的实用主义反抗：卡尔·贝克尔和查尔斯·比尔德》，纽黑文，耶鲁大学出版社，1958年。

9. 莫顿·怀特，《美国的社会思想：对形式主义的反抗》，纽约，维金出版社，1949年，平装本于1957年由比康出版社出版。

[东北师大历史系美国史研究小组译自《社会科学的国际百科全书》，第2卷，第33—36页，纽约，1972年。丁则民校。]

重　建

霍华德·H·比尔

　　阿伯拉罕·林肯在他死前不久制定了一项迅速恢复南部各州的纲领。这个纲领是建立在这样一种信念基础之上的：对已经战败的敌人实行宽大和公正的处理，将最有效地重新建立起联合的"正确的、实际的关系"，并保证黑人为其发展所必不可少的权利。在这种政策指导下，任何脱离州或一个脱离州的一部分，只要有一八六〇年合格的选民的十分之一，并且他们做过忠诚宣誓而后建立起一个州政府，它就将恢复在联邦中的地位。到一八六五年四月，这样的政府已经在田纳西、路易斯安那和阿肯色履行职责，而弗吉尼亚的一个忠于联邦的留守集团也获得承认。林肯在组织这种政府过程中，在汉普顿—罗兹会议里，在他的第二次就职典礼上以及在一次经过认真准备的并在他被暗杀前三天所发表的一次演说中，都为他迅速重组脱离各州的愿望提供了充分的证据。

　　安德鲁·约翰逊由于恢复工作的温和纲领的失败，一直遭到不公正的指责。激进共和党人靠中伤约翰逊的办法来攻击他的政策，而且他们竟干得这样成功，以致传给后代的只有关于约翰逊的讽刺描述。事实是，约翰逊具有高于一般人的能力，对职守和联邦具有高度的忠诚以及坚忍不拔的精神、勤奋、正直、不屈不挠的勇气。对于民主制具有几乎是宗教式的虔诚，对群众怀有善良的看法。在情绪激昂的时候，他仍保持着富有理解力的和冷静的判断力，以便制定和坚定不移地执行一项子孙后代都将普遍认为是明智的南部政策。他的最大的弱点是：他是一个不理解北部主张的局外人。他在一个居于统治地位的政党中没有掌握住控制权，的确，他甚至不是党员。甚至早在战争时期就曾激烈反对林肯的所有共和党人结成了反对约翰逊的联盟。林肯本来具有约翰逊所没有的品格和经验等非常有利的条件，但是我们不要忘记，如果林肯还活着的话，那些败坏约翰逊的势力也可能毁掉林肯。

约翰逊遵循林肯制定的原则，于一八六五年五月二十九日，在两个公告中宣布了他的重建纲领。第一个公告规定，对于所列举的十四种人之外的所有南部同盟分子——只要他们宣誓今后忠于联邦——一律实行赦免，并恢复他们除了奴隶之外的一切财产所有权。对于规定不在赦免之列的人，如果需要的话，约翰逊就可以不受限制地给予他们赦免。在为处理各个州的其他公告而紧接着发表的第二个公告里，他任命了北卡罗来纳州的临时州长，并且把重新建立一个效忠于联邦的州政府及其在联邦中的正常关系的充分权力交给了那些已经宣过誓的一八六〇年选民。约翰逊拒不允许未获得赦免的叛乱分子参加选举或担任公职。他提出了三项明确要求：撤销分离法令；批准第十三条修正案；废除叛乱时期同盟和各州的债务。他要求各州保护黑人的公民权利，他本来赞成限制黑人的选举权，但是他拒绝把这些措施强加给违反他们意愿的各个州。为了恢复南部各州的地位，并保证它们未来的忠诚，他所任命的临时州长，都是经过精心挑选的，而他本人也在特殊困难条件下进行了孜孜不倦的、耐心的工作。

南部社会是一片混乱。整个社会和经济秩序已经崩溃。一场战争——这场战争曾经是南部的大多数领袖们所梦寐以求的——使南部陷于贫困和枯竭，使它的生产资料遭到了破坏。在这种形势下，它不得不对社会和经济进行整顿以适应新的秩序。这种整顿被南部的稳健派领袖（温和主义领袖——译者）与极端主义者之间的争吵破坏了。稳健派领袖想要承认失败和奴隶的解放，并尽可能快地使他们自己适应目前的形势。而极端主义者则不愿正视战败的结局。他们无视北部的要求和严酷的现实，力图恢复旧秩序。有很多州，往往在它们的旧领袖被赦免之前就选举他们担任公职，这是合乎情理的，也是可以理解的，但显然是愚蠢的。极端主义者反对撤销分离法令，而这种法令由于不可抗拒的战争结局也已被废除。他们反对废除同盟的债务。他们制定了"黑人法典"。这种法典看上去似乎是对黑人的重新奴役。这些法典，就像其他许多失策的法令、条例一样，部分地是由于顽固地要恢复原有状态的努力所造成的，而部分地则是由于一种正当的努力所造成的。这种努力的目的是要在黑人刚刚获得解放而又不习惯自由的特别难办的、不寻常的生活条件下制定出一种暂时的管理办法。但是南部的行动却把一件强大的武器交给了恢复工作的北部敌人。

北部的主张本身也是有分歧的。那部分曾经反对战争的宽大为怀的、但已丧失信誉的少数派，力图无论在任何条件下都立即恢复南部的地位。很多主战派民主党人和林肯的共和党人也赞成宽宏大量（的行为）和尽快恢复南部的地位，但这必须以约翰逊所提出的条件为基础。另一方面，激进的少数派则坚决要求把南部置于联邦之外或军事管制之下，一直到南部以剥夺白人选举权和给予黑人选举权的方式，能于"按着一种北部的模式得到改造"和激进派对全国的永久统治能够得到保证时为止。在林肯逝世的时候，大多数北部人都支持他和约翰逊的政策。激进派领袖由于看到他们甚至在他们自己内部也处于无望的少数地位，因而他们在"教育"人们采取极端措施的时候也力求缓进。他们取得了如此显著的成效，致使他们在一八六五年四月到一八六六年十一月之间能够争取到一大批拥护者，从而取得了控制国会所足够的三分之二的多数，并且强行把南部人排除于国会之外。这种公众心情的变化，是靠一种传布流言和诽谤的运动来实现的。这个运动使公众对全国所面临的重要问题失去了判断力。

实际上，在激进派的大话的烟幕背后是一些隐蔽性的问题，这些问题的解决将决定美国未来数十年的命运。其中第一个问题就是：是否能够信赖南部人重新参加联邦。尽管许多北部人都真的认为农场奴隶主的本性就是凶恶的，允许他们重新掌握政权将会破坏联邦，但是激进共和党人是更加现实的。他们之所以反对顽固守旧的南部的恢复，主要是因为他们认为这种恢复可能使南部人与北部保守派共和党人联合起来以打破激进派对国会的控制。因此，广泛争论的关于随着南部的恢复而来的危险问题，实际上只不过是旨在保持激进派权力的一种政治策略而已。有关黑人问题也是如此。像查尔斯·萨姆纳这样的一些人，真诚地关心黑人的福利问题，并决心保护他们以免再遭奴役。可是，激进派之所以关心黑人，就其中绝大部分人而言，是因为黑人将会投共和党人的票。激进派领袖们决心从开头起便靠给黑人以选举权的办法来保住执政地位。但是，北部所存在的反对黑人平等的力量太大了，以致不允许这个问题成为一八六六年国会竞选运动中公开争论的问题。

第十四条修正案包括四项不同的措施，由激进派汇编并为一条（修正案）。第一项，保护黑人的公民权利。第二项规定，如果不给黑人以选举权，那么南部的代表名额就应根据黑人人数所占全体居民的比例核减之。第三项，剥夺所有下列人员担任公职的资格：凡曾在美利坚合众国或任何一州里担任过文武公职——无论职位多么低微——而后来由于自觉支持南部同盟而违背了该职务所要求的忠诚誓言的人们。但只有国会有权以三分之二的票数表决取消此种限制。第四项，废除同盟债务，保证联邦债务。

这个修正案的惩罚性条款打算使南部在它最困难的历史时期处于没有领袖的状态；它包括的内容使整个修正案对于南部人以及那些本来可能接受其他条款的北部约翰逊保守派来说，都成了不能忍受的，这是不可避免的。可是激进派拒不同意对修正案中的不同措施予以孤立的处理；这样，他们就能够声称，那些本来只反对那些惩罚性条款的保守派，也反对那些比较温和的条款。例如那些握有债券的人认为，只有选举激进派，才有可能防止拒付联邦的债务。由于提出一项保证恢复批准的法案，激进派促使温和派相信这个修正案体现了他们对于南部的最后的条件。然而，如果该项法案没有获得通过，当他们取得控制国会所需要的三分之二的多数时，他们就让完全征服南部各州的大门敞开着。这样，第十四条修正案在激进派夺取胜利的过程中就起了重要的，但又有意使之掩人耳目的作用。

经济问题——实际上是激进派真正攻击南部的问题——却被置于隐蔽的地位。来自"叛乱者权力的恢复"的实际危险并不是推翻联邦，而是由南部种植场主和西部农民之间重新建立起来的联盟剥夺新兴的工业力量对华盛顿的控制。当时仍旧有待于以永久形式决定的重大的经济政策是：国会的铺张浪费、征税的影响范围、通货紧缩还是通货膨胀、用黄金还是用贬值的纸币支付联邦的公债、新的银行的作用以及政府对待垄断活动和大企业贪污手段的态度以及对待掠夺公有土地以谋取私利的态度等等问题。关税问题具有特别重要性。在战前，主张高关税率的人们曾处于无望的少数地位。在南部人被排斥出联邦之后，他们就能够取得很高的关税率，这个高关税率不仅足以补偿对工业征收的巨大的战时税款，而且也足以提供额外的保护以抵制外国商品。于是，那些主张实行保护关税的人们，利用把南部代表排除出国会，并以一项羊毛关税率作为争取西部农民的手段，就能够在他们用以补偿的战前税款被废除之后仍旧保留战时税率。这些就是激进派不敢让"没有经过改造"的南部对之进行评判的经济问题。北部人对激进派立场的反对真是太强烈了，以至于把这些问题持续地排除在政治讨论之外。多年以来，对激进派纲领——它意味着政府对大企业的支持——的批评，是靠诉诸暴民的歇斯底里而被有效地压制下去的，这种诉诸暴民的活动诸如"挥舞血腥的衬衫"或乞灵于地域性的忠诚等。

激进派领袖们在领导才能方面比约翰逊更胜一筹。约翰逊认为无论在任何问题上的让步和妥协都意味着最后的失败。因而，在南部各州被允许参与它们的立法工作之前，他拒绝批准有关南部的重大决策。这一点说明了他为什么反对一般来讲他本来可以接受的法案，也说明了他为什么拒绝劝告南部批准第十四条修正案。但是，约翰逊犯了一个令人遗憾的大错误，当时他未能撤掉所有激进派的官员，因而使激进派能够用政治上的职务所拥有巨大的权力来反对他。约翰逊允许激进派搞乱和掩饰了当时真正的重大问题，因而犯了更深一层的错误。因为他自己在这些问题上，特别是在一些经济问题上的立场，就是在北部也会取得多数支持的。温和的第三党运动本来能够席卷整个北部，它之所以失败，是因为一八六六年费拉德尔菲亚会议并没有建立起一个拥有党的机构和候选人的新党。因此，保守派共和党人的投票人在一八六六年十一月在大多数场合都陷入了在激进派和铜头蛇之间进行选择的困境。尽管有这一切情况，一八六六年激进派在南方许多州也只是以微不足道的多数取得了胜利。因此，不能想当然地把这件事认为是赞成激进派重建的一种结论。不管怎样，正是这次选举使激进派在国会里获得了三分之二的多数。这就使他们能够在没有反抗的情况下实现他们的南部政策。

体现着激进派纲领的重要的重建法案是在一八六七年三月二日通过的。这个法案把前同盟各州（除了田纳西而外，它已经批准了第十四条修正案，并已为联邦重新接纳。）分为五个军区，在各军区实行了军事管制法。它建立了临时州政府，而这些州政府可以根据联邦政府的意愿予以取消或改组。它要求由全体成年男子——不管什么肤色——参加选举制宪会议的代表，但被第十四条修正案剥夺了担任官职资格的南部领导人不能参加选举。根据制定包括给予黑人选举权的（州）宪法和批准第十四条修正案以及国会对这些新宪法的批准，各个脱离州准备重新加入联邦。但是，那些未能以"严格的誓言"——表明他从未反对过联邦、从未在南部同盟下任过公职、也从未以任何方式支持过同盟——进行过宣誓的任何人，都无资格被选入国会。到一八六八年，除了田纳西以外，又有五个州在接受了这些苛刻的条件之后被联邦重新接纳。

一直到一八六八年总统竞选运动，共和党人还不敢在党纲里提出给北部黑人以选举权。但是在这次选举取得胜利之后不久，他们就通过了第十五条修正案。修正案规定，选举权不应"因为种族、肤色或以前的奴隶地位"而被否定。到一八七〇年3月这个修正案获得批准。但它像第十四条修正案一样，除了靠强力统治南部以外，根本不能得到批准。由于南部人变得越来越难于驾驭，国会在一八七〇——一八七二年间制定了更为极端的措施：颁布强制执行第十四条和第十五条修正案的法律；保护黑人选举权免受个人和州的侵犯；授权联邦法院审理涉及种族平等的案件；规定由联邦监督选举；准予使用武装力量保护黑人；从法律上认可暂停实行人身保护法；严惩"三K党"的活动。在他们于一八七五年三月失去对众议院的控制之前不久，共和党人制定了新的民权法案。

但是，最后的结局已经临近了。那些自备毡囊者、南部的无赖汉和黑人——后者中的大部分人目前还不适于担任公职——统治的暴行，使整个南部面临完全毁灭的危险。滨海地带的旧统治阶级与内地的小农场主的关系在传统上一直是互相敌对的，现在为了反对共同的敌人、即被给予选举权的黑人和他们北部的自备毡囊者朋友而联合起来了。对（南部）全体人民所实行的军事专政也绝不可能长久地维持下去。一旦北部部队撤离，南部白人就会公然不顾法律和宪法的约束，利用对黑人的恫吓手段和暴民的暴力行动，把政权夺回自己手里。北部人对于企图用武力统治南部也感到厌倦了。他们急于解决为重建政治家们所一直回避的重大经济问题。因此，要动员公众舆论来支持对于保持南部共和制所必须的严厉措施越来越困难了。一八七一年，"严格的誓言"被废弃了；一八七二年，国会同意实行大赦；一八七七年，海斯总统撤走了联邦驻南部的最后一支部队。随着北部支持的消失，白人夺取了一些共和党人——黑人政府，而且在以后的五十年中，南部一直是支持民主党的。

宪法问题，在关于重建问题的辩论中占有重要地位。南部各州根据这样一个理论来为他们脱离联邦的行为进行辩护，即宪法乃是独立自主的各州之间的一项契约，当它不再符合先前制定它的目的时，任何一个州都可以废除它。北部则根据这样一种理论来为它利用战争迫使不满的南部人留在联邦里的行动进行辩护，即合众国乃是不再有独立主权的各州之间的破坏不了的联盟。既然每个州的每个公民同时也是合众国的公民，而且对合众国都怀有最高的忠诚，那么任何一个州都不能脱离它。随着战争的结束，约翰逊力图在破坏不了的联盟的理论基础之上恢复各个脱离州的地位。但是，这已经不再符合激进派的意图，他们当中有些人现在支持"被征服的省份"这样一个理论，而这个理论否认南部人除了那些战胜者愿意授予的而外的一切权利；另外一些人则把他们一八六一年的要求，即各州不能脱离联邦与他们一八六五年否认南部各州的州地位的愿望两者协调起来了，而他们否认南部各州的州地位的理由是他们强调南部各州由于叛乱已丧失了作为州的地位，而恢复到领地的状态了。另一方面，南部人为要求完整的州权而进行强有力的辩论。实际上，关于宪法问题的争论，只不过是决定各自有关纲领的经济和政治愿望的合理化的表现。因此，并不是宪法的判例，而是一种武装力量使最高法院在审理得克萨斯对怀特（市）的案件①中做出了这样的判决：一七八八年对宪法的批准曾以庄严的仪式庆祝了不可破坏的联邦；国会有权批准或者否认南部各州的政府。

在关于是支持还是否定南部各州的脱离权利或领地状态的宪法先例的辩论中，激进派废除美国政府的传统形式的企图经常被忽略。实际上，激进派是力图以严格的集中制代替现行的联邦制，把各州变成单纯的隶属的行政区划，并借此把权力集中于中央政府。他们希望建立一种议会制来取代联邦的抑制与均衡。这种议会制将使行政权、立法权和宪法本身都从属于一个有最高权威的国会。在三年中，约翰逊的努力之所以徒劳无功，不仅仅是因为他面对着总能使他的否决权归于无效的三分之二的多数，而且也因为有了削弱他的行政权力的特定立法。这种立法甚至规定，不经国会同意不准他罢免自己所任命的官员。如果激进派在免除约翰逊的职务方面获得成功，总统就要变成国会手中的傀儡。最高法院就的确可能很容易地成为下一个牺牲品。事实正是这样，最高法院多年来受到威胁，要它撤销那些触犯了国会的决议。尽管米里根②甚至在战时民政法庭还在起作用的时候，就确实片面地宣布过军事法庭是非法的，可是这项决议一直到内战完全结束二年后才宣布。当激进派重建法案是否违宪的问题被提到最高法院时，它竟然回避问题。而且在乔治亚对斯丹顿③、密西西比对约翰逊④等案件中，它找到了拒

① 《美国最高法院判决书（一八六九年）》，第74卷，第700页。

② 《美国最高法院判决书（一八六六年）》，第71卷，第2页。

③ 《美国最高法院判决书（一八六七年）》，第73卷，第50页。

④ 《美国最高法院判决书（一八六七年）》，第71卷，第457页。

不承担裁判任务的理由。一八六九年，在得克萨斯对怀特的案件中，它只是登记了战争的结果和激进派的意志。一直到社会舆论改变了，而且激进派已丧失了对国会的控制，最高法院才敢于在合众国对克鲁克查克[①]、合众国对里斯[②]、公民权利案件[③]以及合众国对哈里斯[④]等案件中，把它的违反宪法的印章盖在激进派的重建（法案）上。

重建给南部留下了一份重要遗产。它给这里带来了许多苦难、旧的贵族统治的衰落、来自内地的白人群众权利的兴起以及社会和经济革命，这个革命创立了一个"新南部"。奴隶制被废除了，但是重建并没有解决，甚而实际上使得奴隶制下曾经存在过的愚昧、低效能和种族不和睦等社会和经济问题复杂化了。尽管轻而易举地施展计谋通过了内战后宪法修正案，但重建没有给南部黑人刚刚获得的公民权利提供适当的保证。他们实际上仍没有投票权，社会地位低下，经济上遭受剥削并且没有足够改善自身生活和社会地位的手段。国家从重建中继承了一个"传统上一贯支持民主党的南部"。对南部来讲，这意味着它对待全国问题的态度完全为保持一个反对黑人的联合阵线的必要性所左右；对民主党来讲，它意味着出现了一个保守派集团，其势力之大足以阻止该党成为一个真正自由主义的组织；对国家来讲，它意味着政治上的混乱，这种混乱是由于南部各个集团不能够与其他地域的类似集团同仇敌忾所引起的。

重建也给北部留下了一份重要遗产。第十四条修正案——可能是用来保护黑人——已经被最高法院用来阻止制定为财产利益集团所反对的社会立法和对政府对企业实际活动的管理（法）。此外，由于巧妙地使用了一种群众性特有的术语，北部工业家通过他们的同盟者——共和党的领袖们——进行工作，在差不多二十年中成功地把全国的注意力集中于重建这一个问题上。同时，由于防止了南部与西部结成联盟，他们制服了促进农民利益的势力，而这一势力乃国家真正的统治阶级。在一八六五年，新兴的工业力量本来很容易在选举投票中为对方所压倒。但是在长时间的重建过程中，一个新的经济与社会秩序，正在

---

① 《美国最高法院判决书（一八七六年）》，第92卷，第542页。
② 《美国最高法院判决书（一八七六年）》，第92卷，第214页。
③ 《美国最高法院判决书（一八八三年）》，第109卷，第3页。
④ 《美国最高法院判决书（一八八二年）》，第106卷，第629页。

靠关税和政府的其他偏袒措施以及特权的培育下充分发展起来了。到重建结束以及南部与西部得到许可在政治上再次联合起来的时候，现代工业主义已经强大到不能加以控制的程度了。大企业的时代已经显露了曙光。激进派的重建并没有带来工业化。但是在企业未受任何干扰地控制政府的这些年里，却对工业化的进程产生了影响。

（田锡国译自《社会科学百科全书》，第 7 本第 13 卷，第 168—172 页，纽约，新发行版，1937。丁则民校。）

一个公正的看法（1865年）

陆军少将　卡尔·舒尔茨

原书编者按

舒尔茨由于参加了一八四八年的起义，被迫逃离了德国。他来到了美国，并在一八五六年选举运动中成为共和党著名演说家。他拥有很大的影响，特别是对德裔的投票人具有很大的影响。在内战时期，他成为联邦军队中的一名军官，并一直晋升为陆军少将。战争结束时，以约翰逊总统特使的身份到南部去调查那里的政治、社会情况。这个材料就是他的调查报告的摘录。从战争一开始他就是参议员、内政部长，并且非常认真地支持行政机构的改革。

……当前，不存在再次发生反对合众国当局的大规模叛乱的危险，而且人民愿意重建他们的州政府，并选派他们的参议员和众议员进入国会。

但是，关于这种结局的道义价值，我们一定不要沉溺于任何幻想之中。我请求您要注意两个主要问题。第一，迅速恢复了那么多的刚刚参加过反对联邦的剧烈战争的人们的权力和影响，已经产生了一种结果，而这种结果根本不是联邦政府最初所期待的。在目前情况下，在南部的叛逆并没有显得是令人憎恶的。它的犯罪行为并没有给人民留下深刻的印象。第二，目前在南部人民中还完全缺乏一种民族情感。……

南部缺乏民族精神已存在了这么长时间，并且终于爆发了叛乱。其主要原因是，同美国人民所共有的利益和制度比较起来，南部人民更加珍爱、致力于和尊崇他们自己的特殊的利益和制度。因而，黑人问题，作为统一这个总问题，特别是作为重建这个总问题的有机组成部分，具有很大的重要性。……

没有哪个通情达理的人会期待着在如此特别不利的情况下所进行的自由劳动

试验，会立即取得完美无缺的结果。可是，我所接触过的大部分南方人都如此自信地表示了他们的看法，以至于使人们产生了这样一种印象：他们是完全拿定了主意。当我询问他们对于新制度的看法时，在二十次中至少有十九次所得到的回答是这样的："没有肉体的强制，你就无法使黑人干活。"……

像这样一种如此广泛传播开来，并已经根深蒂固的信仰、信念或成见——或不论你管它叫作什么都可以——对于怀有这种信念或成见的人们的行动所产生的非常严重的影响，是一定要估计到的。它很自然地使人们产生一种希望，即尽可能广泛地、长期地保留原来形式的奴隶制——也许您还记得，在战争结束后两个多月的时候，一个临时州长曾经承认，在他那个州里，人们仍旧一味留恋于奴隶制，希望它还能够保留下来——或把能够使黑人干活的肉体强制因素渗透到这种新制度中去。……各处种植园主，在一定的时期里，在尽力使他们原先的奴隶对于自己的新的权利处于一无所知的状态或至少表示怀疑方面，都取得了成效；而且，为了这个目的而设置的主要机构所使用的手段是暴力和恫吓。在许多情况下，逃离种植园的黑人，不是在路上被抓住、被击毙，就是遭到严重惩罚。这就是要在那些仍旧从属于他们主人的黑人中制造一种印象，即任何想要逃离奴隶制的企图，其结果是注定要失败的。大部分犯罪的暴力行为，肯定都归因于这种动机。……

……除了关于没有肉体的强制，黑人就不能干活这样一种假说之外，在南部似乎还广泛流传着另一种看法，它成为成功地解决这个问题的道路上的一个同样严重的障碍。这种看法认为，黑人就是专门为了替白人种植棉花、稻谷和甘蔗这个特殊目的而存在的；黑人要是像其他人一样地以他自己的方式追求自己的幸福，那就是非法的。虽然他们已获准不再是某个主人的财产，但是他们却无权成为自己命运的主人。……像这样一种根深蒂固的感情，很容易产生那种阶级性质的立法。而根据这种立法所制定的法律，只能是为了维护一个阶级的利益而统治另一个阶级。在各地制定出来的关于劳动管理的各种规章中，都可以清楚地看到这种倾向。……

关于通常所说的"重建"，不仅仅是说要重建南部各州的政治机构和宪法所规定的它们同联邦政府的关系，更确切地说，为了使南部社会与美国社会的其他部分相协调一致，南部社会的全部组织机构都必须重新建设起来。不能认为，当南部人民进行效忠宣誓，选举州长、立法机关，选举国会议员和民兵首领的时候，完成这项任务的困难就将会被克服。……

（南部）形势困难的真实性质在于：由于宣布解放奴隶，共和国联邦政府在南部开始了一场伟大的社会革命。但是，这场革命至今尚未完成。只是完成了其中被否定的部分，即奴隶在形式上获得了解放，但是事实上奴隶劳动尚没有为自由劳动所取代。……

我在从南部发回来的急件中，曾再三表示这样一种看法：那里的人们还无意平心静气地、谅解地制定有关自由黑人劳动的立法。……当叛乱被镇压下去之后，他们发觉自己不仅在政治上和军事上遭到了失败，而且在经济上也遭到了毁灭性的打击。曾掌握着南部财富的种植园主，现在有一部分正在令人难堪的严峻的窘境中从事劳动，而另一部分则陷于绝对贫困之中。很多被剥夺了全部有用财产的人和很多除了土地之外再没有其他财产的人，他们在阴郁的绝望中交叉起自己的双臂，没有能力起而应付一个果断的决定。另外一些仍然拥有财产的人，则根本不知如何运用这些财产。这是因为，由于奴隶制的废除，他们做事情的老一套已经行不通了，至少在那些联邦政府军队已经解放了黑奴的地区是这样。另外一些人正在力图继续坚持老一套。而那种老一套，实际上是他们所了解和有把握的唯一方法。只有少数人准备接受新秩序。一大批种植园，或许还有相当多的更为贵重的财产都已成为举债的重大的抵押品。而它们的主人知道，如果他们不能在一个比较短的时间内重新收回他们的财产，他们就将失去财产的所有权。在某种程度上来讲，几乎是所有的人都陷入了困境。这种状况所引起的精神方面的忧虑，也涉及了南部社会里的这样一些阶级：他们虽然不是种植园主，但却始终与种植园的利益有密切的商业性联系。而在南部，几乎没有一个商业或工业部门同种植园的利益没有这种直接或间接的联系。此外，南部士兵也像北部士兵一样，退伍以后找不到一个专门等待他们回来的繁荣昌盛的社会，为他们提供有报酬的职业。他们当中有很多人发现自己的家宅被破坏了，农田荒芜了，他们的家庭陷入了贫困。而那些稍微幸运一点的人，不管怎样，还找到了一个民穷财尽的社会，它只能向他们提供一点点帮助。这样，一大批人被抛到社会上去以他们可能采取的手段设法谋生。为了维持生计，他们一定要这样做，而且一定会立即做一些正当或不正当的事情。当前，他们的前途是非常暗淡的。因此，那种急欲恢复已经被破坏了的财产和防止更为严重的破坏与贫困的焦虑情绪，几乎笼罩了所有的阶级，并且给社会团体的一切活动带来了一种可怕的不健康的特征。

在哪方面这些人最容易改变他们的观点呢？抛开种族偏见问题不谈，从很小的时候起他们就只了解一种劳动制度。而且他们已经习惯于认为那种制度就是他们全部的利益。他们认为，除了他们已经习惯了的那种制度之外，再没有什么别的办法能够拯救他们。现在，他们已经面临着另一种劳动制度。可是由于他们还不理解目前的形势，这种制度最初是在一种没有什么成功希望的前景中出现的，尽管他们的需要是很迫切的，但是他们认为试行这样一种制度，是他们所无力负担的一种试验。他们没有很冷静地分析、思考，足以使他们自己确信这种试验是势在必行的。在这种情况下，他们应该研究的，不是如何采取和发展自由劳动，而是如何阻止它的实施以及如何尽量多和尽量快地恢复类似旧制度那样的事物，这就确实毫不奇怪了。同样毫不奇怪的是，这种意图一定要在他们试图立法的活动中表现出来。但是，即使把这种趋势看成是正常的情况，也并没有使这种试验减少其危险性和它所遭到的反对。现在出现的现实问题是：是否有这样的必要立即恢复后期参加叛乱的各州的绝对自治，以致因而冒着损害内战的一项伟大成果并在那些州里引起叛乱与混乱的危险？还是把恢复工作推迟到这种危险过去之后再做，不是更好吗？只要南部人民仅仅从它的破坏性后果来了解从奴隶制到自由劳动的变革，南部人民就一定会阻止这种变革。如果是这样的话，那么在这种变革能够显示出某种有利的效果之前，凭借曾经首创这种变革的政权的干预来使社会"重建"运动保持在正确的轨道上，不就似乎没有必要了吗？

……为什么南部人民在使自己适应新秩序方面是如此之缓慢，原因之一就是他们盲目自信地认为，很快他们就会被允许根据自己的意愿来管理事务。政府对他们所做的每一次让步，都被认为是鼓励他们坚持这种希望。对他们来讲不幸的是，他们由于来自国内其他地区的影响而怀有这种希望。因而，他们急欲立刻恢复州政府，要求撤退联邦军队、撤销自由民局，尽管有许多有识之士清楚地认识到，鉴于无视法律的风气还很盛行，在问题获得最后解决之前，由联邦政权坚定地维护共同的社会秩序，对他们来讲是再好不过了。……然而，如果联邦政府坚定、明确地宣布它的这种政策，即在自由劳动改革最后获得成功之前，政府将不会放弃对这种改革的管理，那么这种改革的进展，肯定会比政府采取那种允许人们沉溺于相反的希望中的态度，要快得多，它所遇到的困难也要小得多。

《第39届国会第1次会议参议院行政文件》（华盛顿，1866年）第1卷，第2册，第13—40页。

[田锡国译自 A・B・哈特编辑《当代人讲述美国历史》（5卷，纽约，1897—1929），第4卷，第452—456页。丁则民校。]

有关重建时期的一般著作

J·G·兰德尔等

已经出版的有关战后时期最好的资料汇编是沃尔特·L·弗莱明编辑的《重建时期的历史文献——政治、军事、社会、宗教、教育和工业的历史文献，一八六五年—现在》（2 卷本，1906 年版）；可是，这部书由于一种亲波旁派的偏见和乐于收集任何有损于黑人的流言蜚语而被玷污。爱德华·麦克弗森编辑的《重建时期的美国政治史》（1871 年版）是一部官方文件汇编。

最详尽的重建时期的历史是埃利斯·P·奥伯霍尔策的《内战后的美国历史》（多卷本，1—3 卷，1926 年版），虽然包括了极好的政治通史和一些有关社会和经济形势的有价值的材料，但是奥伯霍尔策的著作对南部黑人和西部农民都存在着严重的偏见。与此类似的著作是詹姆斯·F·罗兹的《合众国历史》的第 5—7 卷，它包括了这个时期的历史。

还有几种重建时期的一卷册的历史书，实际上都具有相同的倾向性。它们都强调南部的一些问题，而尽量贬低解脱奴隶身份的自由民的成就，并把白种人的优越性看成南部的正常的政治秩序。这些著作中最好的一本是威廉·A·邓宁的《政治和经济的重建，一八六五年——一八七七年》（1907 年版）。沃尔特·L·弗莱明的《阿波马托克斯的结局》（1919 年版）是一本重述邓宁观点的简明通俗的书。克劳德·G·鲍尔斯的《悲惨的时代》（1929 年版），是一本过分渲染的反对共和党人的小册子。罗伯特·S·亨利写的《重建时期简史》（1938 年版），是一本简单的、实际上是进行政治性论述的书。E·默顿·库尔特在《重建时期的南部，一八六五年——一八七七》（1947 年版）一书里显示了他的前辈的偏见，但也补充了有关前同盟各州内社会和经济情况的很有用的材料。霍丁·卡特在他的《愤怒的伤痕》（1959 年版）一书中，努力以较公正的态度对待黑人，但是他没有改变关于那个时期的基本的旧框框。

马克思主义史学家则从相反的方面同样抱有偏见。W·E·伯格哈特·杜波伊斯在《黑人的重建》（1935年版）一书中强调了黑人的成就，并发现南部各州里有一个夭折的贫苦的黑白混合的无产阶级队伍的迹象。还可参看杜波伊斯的"重建时期及其带来的好处"①。另一方面，詹姆斯·S·艾伦在《改造时期——为争取民主而斗争，一八六五——一八七六年》（1937年版）一书中，对黑人表现出与杜波伊斯同样的热情，但他认为南部各州不是为无产阶级，而是为一种"资产阶级民主专政"所统治。

本书在着重吸取邓宁学派作者们的真实研究成果和马克思主义者的见解的同时，对重建时期的旧模式采取了修正派的态度。很多最好的修正派成果表现在一些论文和专著中。为了一般地了解这种作品，可参看霍华德·K·比尔的《论重写改造时期的历史》②；约翰·H·富兰克林写的《重建时期历史编纂学向何处去？》③；富兰西斯·B·西姆金斯写的《关于南部重建时期的新观点》④；A·A·泰勒写的《重建时期的历史学家》⑤；伯纳德·A·韦斯伯格尔写的《重建时期历史编纂学的黑暗而血腥的领域》⑥和T·哈里·威廉斯的《关于重建时期若干观点的剖析》⑦。

有三本重要的综合性著作远远超出了关于历史编纂学的争论。其中第一本是阿伦·内文斯的《近代美国的出现，一八六五年——一八七八年》（1927年版）它对整个国家所经历的社会和政治变化做了精辟的探讨。伦纳德·D·怀特的《共和党的时代，一八六九年——一九〇一年》（1958年版），对联邦政府的行政机构做了深入的研究。保罗·H·巴克在他的《通向重新联合的道路，一八六五年——一九〇〇年》（1937年版）一书中，既没有忽视经济因素，又强调指出了文化和社会力量在促进国家重新统一方面的作用。

[田锡国译自J·G·兰德尔与戴维德·唐纳德合著《内战与重建》，波士顿，1961年，第2版，所附文献目录，第776—777页。丁则民校。]

---

① 载《美国历史评论》第15期，第781—799页，1910年。
② 载《美国历史评论》第45期，第807—827页，1940年。
③ 载《黑人教育杂志》，第17期，第446—461页，1948年。
④ 载《南部历史杂志》第5期，第49—61页，1939年。
⑤ 载《北部历史杂志》第23期，第16—34页，1938年。
⑥ 载《南部历史杂志》第25期，第427—447页，1959年。
⑦ 载《南部历史杂志》第12期，第469—486页，1946年。

美国通史专题讲义

第一讲　北美大陆的土著居民与两个美洲发展差别的由来

前　言

1. 亚美利加名称的来源：因一位佛罗伦斯航海家亚美利哥·维斯普西（1451—1512）而得名，他曾三次航海至美洲大陆，在第二次航行中，他认为到达的地方（巴西海岸），不是印度而是一个新大陆，后来德国地理学家马丁·维尔德西姆勒于十六世纪初（1507 年）绘制地图时称整个新大陆为亚美利加（国内学界译为美利坚），最初仅应用于南美，后来到十六世纪末逐渐称整个大陆为美利坚。美国和美国人独占这一称谓。

2. 美国历史分期大体可分为三个时期：

（1）早期美国，即英属北美殖民地时期，1776 年以前

（2）近代美国（1776—1898 年）

（3）现代美国（1898—现在）

早期又可以分为三个时期：

a）1492 年以前：印第安人在北美游牧时期

b）1492 年—17 世纪初：欧洲列强在北美探险和殖民时期

c）1607 年—1776 年：英属北美殖民地的建立和发展时期

（一）北美印第安人概况

印第安人名称的来源，哥伦布误认到了印度群岛，因此称当地人为印第安人，西方一直沿用，实际是美洲印第安人。

北美大陆的土著居民，是世代生息和繁衍在这里的印第安人，早在一万年至二万五千年前美洲就有印第安人活动，他们是蒙古利亚人种。

他们的来源有四说：(1)经欧美间或非美间的陆地桥梁——即传说中所讲的"消失了的亚特兰蒂斯来到西半球的；(2)由西太平洋岛屿或非洲渡过海洋而来；(3)是美洲土生人种；(4)其主体是由亚洲跨白令海峡来到西半球的，然后由印第安人向美洲大陆分布开来的。这是占优势的看法，为一般学者所接受。

印第安人的分布：在哥伦布发现美洲时，整个西半球印第安人人数无精确统计，有的学者估计约有1400万人，其中绝大多数生活在墨西哥、中美洲以及南美的委内瑞拉、哥伦比亚和秘鲁等国，生活中墨西哥以北的北美地区只有150万人左右，当时的印第安人分散为上千个独立的单位，讲1700多种不同语种和方言。北美印第安人方言在500种以上，分为九个文化地区。

印第安人社会生活以游牧为主，兼搞农业耕种，他们的社会发展，据刘易斯·摩根（1818—1881，主要著作有1877年出版的《古代社会》）分析，处于野蛮时期低级和中级阶段，即原始社会阶段，分为许多不同的部落。部落公社制的基础是土地公有（即公共控制和公共使用），其社会组织采取氏族形式，无论氏族、部落或部落联盟，都是以家族关系的原则为基础。

部落公社制是民主的，部落经济是依据全体成员的利益而运转的，各级酋长都是由选举产生的，他们并无什么特权，也不高人一等，总之他们是被血缘关系联系在一起的。

美洲印第安人除从事游牧外，也搞些农业耕种，他们的主要农作物有玉米、马铃薯和烟草，其中以玉米为主，因其易广泛生长，产量也高。

公元前8000年以后，由于地球气候的巨大变化，许多印第安人部落消失了，他们仍赖以生存的猎场大为减少，只得转向耕种，以维持生活，因而使较为稠密的人口增长成为可能，亦使复杂的社会成为可能。因此，有人说："正如亚洲早期文明在大米的基础上建立，欧洲是在小麦的基础上建立，美洲土著制度则以玉米为基础。"

美洲印第安人三个文明，虽然有些具体情况难以查明，但仍留下了一些遗迹，如绘画、雕塑和建筑等，三大文明是：

1. 玛雅文明 主要地区在尤加坦在墨西哥东北部，存在时期为公元前2000

年至前 1000 年。

2. 印卡文化　由哥伦比亚至智利安第斯山诸国高地，公元 1000 年左右建立。

3. 阿兹台克　主要地区在墨西哥中、北部，在西班牙人来之前，在这个地区主宰了 400 年左右。

哥伦布发现美洲时，只有阿兹台克文化还存在。据考证阿兹台克人的宗教非常像中国佛教的禅宗，有轮回之说，人间—地狱—天堂等，与佛教许多说法相似。

美洲印第安人的宗教，都崇拜自然力量，如太阳、月亮等，认为它们是至高无上的主宰。

在当今北美境内约有 150 万人，分为许多部落，最大的部落是散布大西洋沿岸的阿尔贡根人（Algonquin）、易洛魁人（Iroquois）、西奥人（Sioux 即苏族人）、阿拉巴斯干人，他们经常为争夺土地、猎场和水边而不断斗争，其中最强的是易洛魁人。

欧洲人移居到美洲时，把他们较高级的社会制度推行到西半球来，使当时在美洲成型的原始社会向前跨进了一大步。但这一历史进程是通过一连串的流血、暴虐和痛苦的历程来完成的（但这是殖民者把封建 - 资本主义制度强加给土著人的）。

印第安人曾给予最初来的殖民们以巨大的帮助，教他们种植玉米、捕鱼、打猎，把自己贮存的粮食供给他们，使他们免于饿死。但后来，欧洲殖民者却恩将仇报，为了夺取印第安人的土地和东西极力排挤和残害印第安人，消灭印第安人的部落，加以白种人传播的疾病（如性病和天花）等，北美印第安人的数目锐减，到目前为止，只有 50 万人左右，而且居住在限定的保留区，过着落后和贫困的生活。他们的遭遇是人类历史上一大悲剧。

（二）英属北美殖民地的建立和发展

1. 欧洲殖民主义国家之间的争夺战

十六、十七世纪欧洲列强纷纷在北美进行探险和殖民。十六世纪上半期西班牙人的足迹遍及南卡罗来纳到加利福尼亚一线，并在大西洋沿岸、墨西哥湾一带，即现今佛罗里达、佐治亚、亚拉巴马、德克萨斯地区建立了殖民据点。1534—

1541 年法国的卡提尔曾三次在圣劳伦斯湾探险，1607 年建立魁北克，后扩充为新法兰西殖民地，包括现加拿大东部及密西西比河广大地区直到墨西哥湾。荷兰人于 1602 年建立了尼德兰东印度公司，1609 年亨利·哈德逊驾着帆船沿着后来以他的姓氏命名的哈德逊河上游，后来在新尼德兰建立贸易据点，接着又在曼哈顿岛南端建立阿姆斯特丹堡，不久即扩充为新尼德兰。英国人瑞劳爵士在英王许可下，于 1584 年在北卡罗来纳河附近探险，并把该地命名为弗吉尼亚。1606 年英国成立了伦敦弗吉尼亚公司和普利茅斯公司（Plymouth Company）对北美开始大规模开发。

随着英国资本主义的迅速发展，英国实力增强了。1588 年，英国击败了西班牙的舰队，为侵入北美洲减少了阻力。十七世纪初，英、法、西、荷、瑞典展开了争夺海上霸权、掠夺海外殖民地的混战。十七世纪英国资产阶级革命后，加紧了对外扩张，继续争夺海上霸权。它通过在十七世纪三次对荷兰（商业资本的强国）战争，彻底战胜了荷兰，夺取了它在北美的殖民地。十八世纪，英国又同法国展开了争夺海上霸权，争取殖民地的激烈角逐，在七年战争（1756—1763 年）中，英国击败了法国，从法国手中夺取了加拿大和北美殖民地若干据点，法国被迫退出了对北美霸权的争夺，英国获得了加拿大以及阿巴拉契亚山脉以西直到密西西比河岸的广大地区。到十八世纪中叶，北美大西洋沿岸一带及其西部地区主要成了英国的势力范围。

2. 英国北美殖民地的建立及其政治、经济和制度发展

英国于 1607 年—1773 年在北美建立了 13 个殖民地，他们是弗吉尼亚、马萨诸塞、康涅狄格、罗得岛、纽约、新泽西、特拉华、新罕布什尔、宾夕法尼亚、马里兰、南卡罗来纳、北卡罗来纳和佐治亚。最早建立的是弗吉尼亚（1607 年），最晚建立的是佐治亚（1733 年）。

经过一个多世纪移民的辛勤劳动，殖民地经济发展很快，它们的主要经济活动是围绕开发资源的行业——农业、渔业、伐木业、皮毛业、造船业——以及境内外贸易进行的。农业始终是 13 个殖民地的主体，90% 以上的居民是农业人口。形成这种现象的原因：①获得土地较容易；②土地比较肥沃，适于种植多种作物和饲养牲畜。由于自然条件和经济条件的不同，13 个殖民地在发展中逐渐形成以发展资本主义为主的三种类型。

北部四个殖民地（马萨诸塞，罗得岛，新罕布什尔，康涅狄格，称为新英格兰地区，这里气候寒冷，地形崎岖，土质瘠薄，不适宜发展农业，但是这里海岸曲折，良港很多，适于发展渔业，这一带还拥有广大的原始森林，所以移民们又发展了伐木业和造船业，到十八世纪中期，悬挂英国国旗航行的船只有1/3是北美殖民地建造的。这样它近港口（波士顿，纽波特）得以发展对外贸易，把鱼干、木材、皮货等运往西印度群岛，贩卖黑奴的船只往返于新英格兰、西印度群岛和非洲三个地区，进行"三角贸易"（指从北美殖民地港口运甜酒到非洲西部海岸，换取奴隶和黄金运送到西印度群岛，再由西印度群岛运送水稻和奴隶到北美殖民地，由此往复循环）。这种三角贸易促进了新英格兰经济的高涨。这里矿产也很丰富，特别是铁矿蕴藏量很大，因而有利于铁器制造业的发展。其他如面粉、锯木和织麻、酿酒等行业也发展很快，出现了许多规模较大的资本主义手工工厂，也出现许多资本雄厚的商人，因此这一地区资本主义经济发展迅速，逐渐成为英国经济竞争的对手。

中部四个殖民地（宾夕法尼亚、纽约、新泽西、特拉华）由于土地和气候条件优越以及当地居民有良好的技术，农业和家畜饲养均较发达，小麦是本地区最主要的农作物，因而这一地区有"面包殖民地"之称。这里还富产水果、蔬菜，酿酒业也很发达，农产品和水果蔬菜多从费城输出。

南部五个殖民地（弗吉尼亚、马里兰、南卡罗来纳、北卡罗来纳、佐治亚）也是个适于农业发展的地区，但与中部殖民地不同，因它的（资本主义）种植园奴隶制经济为主，而且其农业具有高度商业化。主要作物是烟草和蓝靛以及大米。烟草是从西印度群岛传入弗吉尼亚后迅速发展起来的，种植烟草的小农庄经不起大种植园主的竞争，逐渐为后者所兼并，形成大种植园经济。1616—1618年向英输出的烟草从2500磅上升到50000磅，1700年前后增长到每年1150万磅。靛青是英国纺织业必需的一种染料。

这一地区，土地容易获得，当时劳动力极为缺乏，商业资本家和大种植园主为了补充劳动力来源，除从欧洲贩运的契约奴外，还从非洲贩运大陆黑奴。从1619年开始，不断贩运黑奴到南部，从事烟草种植和农业开垦。1660年弗吉尼亚首先规定黑奴为终身奴隶的制度，以后各殖民地陆续实行这一奴隶制。

由于宗主国的需要和殖民地的可能，北部殖民地的伐木业、造船业、渔业和纺织业（毛纺织业）日益发展起来。英国限制政策日益加强，但其法令很难得到贯彻，原因是：①殖民地官员本身就与这些行业有利害关系；②当时英国国内发生资产阶级革命，后又在殖民地与法国展开竞争，无暇顾及殖民地的具体事务，因此英帝国的限制政策在一段时间内并不能阻碍北美殖民地工业的发展。

各殖民地内部之间的贸易对殖民地经济的增长有重要意义。最初是移民与印第安人的皮货贸易，并以出口为目的，（貂皮）出口贸易促进了航运业的发展。同时，殖民地内部贸易也在增长，主要项目是中部把面粉谷物运往北部和南部，新英格兰则把鱼类、甜酒运往中部和南部。但这些贸易只限于沿海、沿河地带，木制品、铁制品因陆路交通很困难。陆路交通困难和缺乏货币，形成对贸易的障碍。

殖民地的政治制度：统治机构

十七世纪，英国没有设立统治殖民地的专门机构，统治北美殖民地的权力由枢密院各部（主要是海军部、陆军部、财政部）掌握，英王是大英帝国最高统治者。

北美殖民地的政治制度最初分为四种类型：公司特许殖民地（弗吉尼亚、马萨诸塞）；自治殖民地（康涅狄格，罗得岛）；业主殖民地（纽约，新泽西，特拉华，马黑兰，北卡罗来纳，南卡罗来纳，佐治亚和宾夕法尼亚）；皇家殖民地（新罕布什尔）。1752 年后，演变为三种类型殖民地，除原来两个自治殖民地和宾夕法尼亚，马里兰，特拉华仍为业主殖民地外，其他 8 个殖民地改为英王直辖殖民地，目的在于加强控制。

在自治殖民地，总督由殖民地议会推选产生，但终经英皇批准，受英国法律约束。总督对殖民地议会立法有否决权。在业主殖民地，由英皇赐给他的宠臣或有功之人，总督由业主指派。在英王直辖殖民地，总督由英王指派，他代表英王直接进行统治，掌控军事、政治和财政大权，参事会协助总督统治殖民地。

1619 年弗吉尼亚最早成立了殖民地议事会，它是美国资产阶级民主的雏形。后来在各殖民地内，陆续成立了代表殖民地资产阶级和奴隶主阶级的议会，与总督及参事会展开了争夺权力的斗争。

3. 北美殖民地的社会结构和阶级斗争

英属北美殖民地是一个有严格的阶级划分的社会，这个社会像一座金字塔，顶端是英王委派的代表——总督、参事和税吏，中间是资产阶级（商人和种植园主）和小资产阶级（小土地所有者、小作坊、技师和自耕农），下层是劳动者（手工者、水手、工人、佃雇农），最低层为契约奴 [被奴隶贩子拐骗到北美来的贫苦男女和儿童，登陆后被拍卖为定期服役（通常是 4 年至 7 年）的奴隶] 和黑奴。十七世纪中叶前，各殖民地均有契约奴，约占当时移民的半数。十七世纪中叶以后，黑奴成为南部殖民地最主要的劳动力。黑奴是奴隶主的私有财产，像牲畜一样被卖来卖去，毫无人身自由。到独立战争前夕，黑人数量已达 60 万之多，占当地殖民地全部人口的 20%。

在金字塔式的殖民地阶级社会里，殖民地的下层人民（占居民的绝大多数）一面要供养英王委派的官吏，另一方面还要提供维持殖民地上层阶级优越生活的条件，因此负担着苛刻、繁重的捐税（北部居民得纳人头税和财产税，中部居民得纳田产税，南部居民得纳人头税和进出口税）。在殖民地原始的农业经济条件下，剩余生产品并不富余，实在无力负担过重的赋税，因而经常发生反抗和起义，除了印第安人和黑奴的零星反抗外，契约奴反抗也常发生。较大规模的起义有1689—1691 年纽约来斯勒领导的起义，这是边疆小农与殖民地上层分子的斗争。这种起义虽然是反对殖民地的统治阶级，但却带有反抗英国殖民压迫的色彩。

北美殖民地虽仍然是个阶级社会，但有着与欧洲封建制度不同的特点：①社会人口流动性很大，人们社会地位的改变较容易，除黑奴外，小农和小生产者上升为另一阶级的机会较多，比欧洲容易；②西部有广阔的"自由土地"的存在，有些贫苦的农民和小地主还可去西部拓荒，发展成为小农场主或农场主。

4. 英国殖民北美与法国、西葡殖民美洲的比较

英国在北美战胜法国的原因；拉美国家为什么直到现在仍较落后，历史原因是什么。几乎同时开发，美加属于第一世界，拉美属于第三世界。

英、法在北美殖民的比较

法国在北美的殖民地，就面积来说是最大的，但分散在广大地区上，主要从事皮货贸易。由于法国经济是封建性质的，没有像英国那样把大量的过剩人口抛到殖民地去，因此法国人的贸易站和小移民区通常是临时性的，到1750 年，法国在北美殖民地的移民人数仅为英国移民人数的1/20。

英国在北美殖民地虽较法国的面积小，但它有为数众多密集的定居移民，他们主要从事农业，后来手工业和工场手工业也迅速发展起来了。英国的殖民导致了一些较大的固定的移民区的出现，因此，在七年的"抗战"中，移民众多有定居区的资本主义英国战胜了移民人数稀少的定居区不固定的带有封建经济性质的法国。

英属北美殖民地与西、葡殖民拉美的比较

拉美在自然条件上以及资源上均不在美国之下，开发的时间几乎相同，为什么拉美国家现在却这样落后，从历史上看原因何在？

a. 西、葡人是最早到美洲区的欧洲人，但这两国当时尚处于封建专制的时代。他们对拉美的殖民不能不打上这个时代的烙印。他们去美洲的目的是要发财，其手段就是掠夺和屠杀，他们中十有八九都是海盗和冒险家。他们去美洲既不想定居，也没有什么计划，占据大片荒地后，还没开发，先自立为王，要本地土著和同去的人都服从于他。称不了王的先做个小酋长，或立个小山头，因此拉美后来产生了许多独裁专制的国家，在那里，既没有民主，也没有法制，谁权力大，谁就做"皇帝"，他说的话便是法律，致使后来拉美国家不断出现军阀独裁统治，经常你争我夺，闹得社会永无宁日。

做法：这些强盗和冒险家去拉美就是要发财，寻找金银财宝，捞一笔就走，因此他们不带财产，不带家属，在那里乱搞一通，结果把墨西哥以南的美洲人种搞乱了。拉美人成为黄种人、白种人、黑人的混血，西方称之为讲西班牙语的人。

b. 到达北美的英语民族却不同，他们的一切据说都是按照盎格鲁美利坚传统行事，而这种传说实际上是打上了资本主义时代的烙印，因英国资产阶级革命后，资本主义生产方式已逐渐取代了封建制度。

做法：他们去北美开发，首先是组织个公司，第一个公司便是1606年成立的弗吉尼亚公司。什么是公司呢？就是一些商人联合起来，每个人出些钱，组织个公司，成立公司，就得组织个董事会，由它选出一个董事长和总经理，总经理再选几个人管财务，设置一些专门开发的部门。如果总经理干得不好，过几年就重选一个。

公司还要有个章程，公司章程是根据英国的法律制定的，总经理要负责执行公司的章程。所以拿破仑说英国是个小商人的国家，事实上如此。美国本身就是个大公司，它的州也是个公司，学校、企业等都是个公司。美国宪法就是这个大公司的章程。大家都根据这个章程行事，大家都要绝对服从这个章程，这就是自治谁也不比谁大，大家一律平等，自治就是法治，一切根据法律。

北美殖民时期"五月花"号公约就是典型的例子。

1620年，英国移民102人乘"五月花号"去美途中在荷兰停留，本来要去弗吉尼亚，但船被吹到了普策茅斯。在下船前，大家商议说，我们将来这里的人，大家来签订个合同，大合同跟公司签，跟英国国会签，我们自己也签个合同，其中说，将来我们的人民一律平等，谁也不能称王称霸，我仍要选举一个人做首领，共同建设这个小殖民地。100人开了这个会，40个人签了字，这就是有名的"五月花协议"。

这是世界上资产阶级民主文献记述的一件了不起的事，即他们组织公司的基本原则。这体现了人民主权的思想，即人民有权按照自己的意愿，组织机构管理自己的思想。这种传统后来在美国广泛推行，就是谁也不比谁大，大家一律平等。只是在资本主义制度下，后来有人发了大财，有人成了光棍，前者欺负后者，也成为普遍现象。

劳动力是维持殖民地存在的首要因素，保证英国公司取得利润。而在劳动力来源上，英国却与西、葡等国不同。西葡等人后来找不到金银，发财致富的幻想落空后，只得定居下来经营农业，以维持生活，但他们的劳动力主要靠本地印第安人，而且形成奴隶制，生产力很低下。

英国在北美的公司逐渐认识到，要开发，要兴旺，只有靠劳动力，而他们的劳动是来自欧洲：①破产的农民和手工业者；②契约奴；③罪犯；④黑人奴隶。他们从事生产的能力当然比处于原始阶段的土著人高得多，而且发现，土著人不愿意为白人做奴隶。因此无论英国政府或是殖民地当局都采取一些措施鼓励移民来美，从事垦殖和开发。因此英属北美殖民地社会经济比拉美的发展快得多，先进得多。

作业题　任选其一

① 什么叫资本原始积累？英属北美殖民地以什么方式进行原始积累？有什么特点？

② 资本主义时代，民族的形成需要具备哪些条件，试述殖民地时期美利坚民族的初步形成。

参考书目

（一）马列主义经典著作

1. 马克思：《资本论》，第一卷，第 24 章，载《马恩全集》，中文版，第 25 卷第 371—372 页。第 21 卷 . 第 34—35 页

2. 斯大林：《马克思主义和民族问题》，载《斯大林全集》第二卷，第 291—300 页

（二）中文参考书

1. 黄绍湘：《美国通史简编》，人民出版社，1979，（第一章）。

2. 莫利森：《美利坚共和国的成长》（上卷），天津人民出版社，1978 年，（第 1—8 章）。

3. 罗彻斯特：《美国资本主义（1607—1800）》，中译本，三联书店，1956 年，（第一编）。

4. 摩理士：《争取美国自由的斗争》，中译本，三联书店，1957 年，第一部分。

5. 摩尔根：《古代社会》，三联书店，1957 年。

（三）英文参考书

1. Max savelle，*The foundations of American civilization*，*A History of Colonial America*，New York：Holt 1942

2. C.P Nettles，*The Roots of The American Civilization*，New York，1946.

3. H.L Osgood，*The American Colonies in the 17 century*.New York，1904—1909.

4. H.L Osgood，*The American Colonies in the 18 century*，New York，1924—1928.

5. H.S Commager，Documents of American History，New York，1948. 该书包括 500 多个文献，每一文献前，附有对书目的重要性的介绍。

第二讲　美国独立战争（1775年—1783年）与十八世纪美国革命（1775年—1787年）

前　言

十八世纪美国革命是第一次大规模的殖民地争取民族独立的革命，也是第一次大规模被压迫人民争取政治、经济、社会平等的革命。因此，它是第一次大规模的资产阶级民主革命。

这次革命开始于 1775 年美国独立战争，经过五年浴血奋战，美国人民终于推翻了英国在北美的殖民统治，建立了美利坚合众国，为美国资本主义的发展开辟了道路。但是，美国人民争取民主的斗争，并未因独立战争的胜利停顿下来，而是持续到 1787 年宪法制定，才大体告一段落。因此，美国许多历史著作都把从独立战争到 1787 年宪法的制定这一时期的斗争列入美国革命的范畴。

18 世纪的美国革命与独立战争的影响是广泛的和深远的，它首先点燃了法国革命的大战，《独立宣言》成为人权宣言的指南，它推动了英国议会改革的运动，对后来拉美的殖民地民族解放运动也有巨大影响，在美国革命四十年内，西、葡属的拉美殖民地于 19 世纪初期掀起反抗宗主国封建统治的斗争，建立了民族独立国家。

（一）英国与北美殖民地的矛盾及其发展

英国的殖民政策是以重商主义为基础的，它对北美殖民地的政策也是如此。根据这种政策，北美殖民地既是英国工业原料的提供地（来源），也是英国制成品的销售市场。为了使北美殖民地成为宗主国的附庸，英国对它采取了剥削、压迫的政策：对它的贸易和经济进行控制（如十七世纪中叶《航海条例》），在工业上进行压制（如 1732 年《制帽条例》，1750 年《制铁条例》等）和在土地上进行限制（如 1763 年《宣告令》，禁止人们越阿巴拉契亚山西移）。

尽管英国施加了种种控制、压制和限制，北美殖民地资本主义仍在发展，工商业和贸易都在不断发展，手工业也在发展。因为：①殖民地当局并不坚决贯彻英国法令和措施，因它们本身就与殖民地某些行业有利害关系；②英国国内发生资产阶级革命，当权者忙于内部事务，无暇顾及殖民地发生的事情；③在北美殖民地与其他列强的竞争，也牵制了英国的力量（如 1702 年至 1713 年西班牙王位继承战争（安尼女王之战），1756 年至 1763 年七年战争，即与法国和印第安人战争）。这些都使北美殖民地得以不顾英国的专制法规而发展其工商业和贸易。

（放松）

（控制但无什么效果）　　　　　　　　（加紧控制和镇压）

1650 年　　　　　七年战争　　　　　　1775 年

1756—1763 年

加紧控制表现在制定一系列压制性法律（如 1763 年《宣告令》、1764 年《食糖法》和 1765 年《印花税法》，用以限制、摧残殖民地日益发展的工业和贸易。这些专横的法令和措施不仅引起了殖民地资产阶级商人的不满和愤恨，就是南部种植园主和土地投机商也颇有怨言，后者为 1763 年《宣告令》所激怒，因为它禁止他们越过阿巴拉契亚山西移。《印花税法》涉及各阶级的人们，更是遭到普遍的反对，各阶层纷纷集会，展开向国王请愿活动，要求取消此法令。等激进派首领萨弥尔·亚当斯为首的群众运动在波士顿展开了，1775 年纽约组成的"自由之子社"迅速扩大，广泛开展反英运动。殖民地各阶层的请愿活动、抵制英货运动风起云涌，终于迫使英国政府于 1766 年取消了《印花税法》，但英国仍不甘心，颁布了《驻军法》，以镇压殖民地人民的反抗，并勒令殖民地人民提供给养。1773 年又通过《茶叶法》，向殖民地倾销东印度公司的茶叶，这又激起殖民地人民极大的愤慨。同年 12 月在波士顿发起了"茶党"（Tea Party）事件，把三艘342 箱茶叶（18000 磅）投入海中（即"倾茶事件"）以示抗议。英国政府不顾抵抗，竟然宣布五项新的镇压法令进行报复，终于激起殖民地人民的反抗。1775年 4 月 19 日莱克星顿（在波士顿西北）武装抵抗的枪声就标志了美国独立战争的开端。

除了经济矛盾日益激化外，英国与北美殖民地间还有宪法权限的斗争：①英国认为英国宪法对殖民地当然有效，英国议会有权向殖民地征税；而殖民地则认为英国议会无殖民地代表，因而议会的决议可以不执行；1765 年 10 月九个殖民地的代表集会于纽约，反对《印花税法》，大会郑重表示：殖民地人民只能拥护殖民地议会通过的决议，提出了"无代表即不纳税"的口号；②因此，双方的矛盾不单纯是税收轻重多寡的问题（何况英本土也征印花税），而是宪法权限的问题。③富商大贾对抗"法"有兴趣，而中层以下的殖民地人民则无心于抗"税"。城市平民既抗"税"也抗"法"，不抗《帽子法》，制帽工人就要失业了。

美国独立战争的领导是资产阶级和种植园主，但革命的主要动力是城市平民（无产阶级）和广大农民——包括黑人。他们是大陆军的主力，在战场上坚决打击敌人，在后方采取各种方式争取民主，反对想与英国妥协的商人、种植园主阶级。商人和种植园主是动摇分子。北部商人最初以为只有与宗主国维持密切关系，才会有殖民地的繁荣。在 1765 年《印花税》征得下，商人被迫加入了人民革命战线，其标志是"自由之子"与"自由之女"社的建立，但他们仍始终摇摆不定，后来，在人民革命力量日益增长下，商人和地主都害怕起来，企图与英国统治者妥协，如效忠派分子塞缪尔·西伯里（Samuel Sealury 新伦敦的主教教会牧师）写到："如果我们必须受奴役，至少也得让一位国王来奴役我们，而不能听命于一群暴发户和不法委员会。"

1767 年的几次《唐森德条例》，规定向殖民地征税以支付殖民地司法和行政的费用和提供在殖民地英国驻军的开支，这打击了殖民地工商业，北部商人便起而领导全国性的抵货运动，但新罕布什尔和罗得岛的商人却唯利是图，猖狂进行走私贸易，破坏抵货运动，南部种植园主贪图输入廉价的英国制成品，也藐视抵货运动的合约，因而抵货运动流产了。南部种植园主事实上是被卷入革命洪流的，《航海条例》绞杀了南部烟草业，致使他们破产或对英国负债累累。1763 年《宣告令》禁止向西部移殖，也使他们走投无路，只好跟着革命走了。1773 年"波士顿"倾茶案件发生后，殖民地在新的压迫下，内部矛盾日趋缓和，民族矛盾上升，逐渐走向团结，一致对外。及至 1774 年五项不可容忍的法令颁布后，殖民地人民更加愤慨，冲突大有一触即发之势。1774 年 9 月，资产阶级领导的第一次大陆会议（英国是岛国，美洲是大陆，所以它叫"大陆会议"）就是在这种形势下召开的。除佐治亚外，12个殖民地55名代表在费城参加了会议。这些代表大体分为三派：①资产阶级激进派，如马萨诸塞的塞缪尔·亚当斯，罗得岛的斯蒂芬·霍普金斯，弗吉尼亚的和帕特里克·亨利，南卡罗来纳的克里斯托夫·加登。②温和派如弗吉尼亚的佩顿·伦道夫（会议主席），乔治顿·华盛顿，宾州的约翰·迪金森，南卡罗来纳的约翰·鲁特里奇和爱德华·鲁特里奇。③保守派，如纽约的盖姆斯杜安，约翰·杰伊和宾夕法尼亚的约瑟夫·加洛韦。会上主张与英国妥协的保守派占多数，主张独立的民主派只占少数，双方展开了激烈的争论，民主派希望大陆会议成为政权机关，以领导革命斗争，而保守派则建议北美殖民地与英国合并，设立北美会议，与英国议会共同管理北美事务，非经前者同意，美国议会的任何法令不得在殖民地施行。最后民主派以一票多数否决了保守派的主张，通过同英国的"三断"决议（即同英国断绝一切输出、输入和消费的关系）。虽通过三断，但会议作为对温和派的让步，通过一份向英王的请愿书，其中仅仅提出争取与生俱来的英国人民的权利，只字未提殖民地独立的问题，反映了资产阶级的软弱性与妥协性，但温和派的要求也为英国统治集团所拒绝，而且首先诉诸武力。莱克星顿武装反抗爆发后，第二届大陆会议于1775年5月10日召开了。在战争序幕已揭开后，这次大陆会议决定抗战，改编民兵为"大陆军"，任命华盛顿为陆军总司令，但仍未宣布脱离宗主国而独立，只是要求英国让步，仍不肯放弃与宗主国的妥协政策。1776年1月，激进派Thomas Paine（契约奴出身的文化战士）发表《常识》小册子，直截了当地提出了独立的口号，推动了民族意识的发展，敲起美国革命的战鼓，革命情绪大为高涨。保守派要求维持现状的叫嚣逐渐销声匿迹了。1776年7月4日大陆会议通过了由激进派领袖杰斐逊起草的《独立宣言》，宣告与英国断绝一切政治上的附庸关系，建立独立的美利坚合众国。

（二）美国的独立宣言

a）宣言的产生：（美国是以民主共和为立国原则的国家，这在所有大国中是绝无仅有的）。在《宣言》颁布前，一些殖民地便通过了"权利法案"或"权利宣言"，作为各殖民地宪法的序言。1776年1月，新罕布尔什尔通过了第一部州宪法；5月弗吉尼亚议会宣布独立并建议第二届大陆会议应联合各殖民地成为自由独立的国家，解除与大不列颠国王或议会的一切隶属或依附关系。

对此，第二届大陆会议代表意见存在分歧，决定推迟三周讨论。6 月会议任命了一个五人委员会（由托马斯·杰斐逊，本杰明·富兰克林，约翰·亚当斯，罗杰·谢尔曼，罗伯特·利文斯顿组成）起草独立宣言。

1776 年 6 月 28 日大陆会议开始讨论杰斐逊等起草的独立宣言，9 个殖民地赞成，南卡罗来纳和宾夕法尼亚反对，纽约弃权，特拉华的两名代表意见分歧。经过几天的讨论，7 月 4 日正式通过《独立宣言》，宣布 13 个殖民地各为"自由独立之邦"，正式与英国脱离关系，以后美国定这一天为国庆日。

b）宣言的基本内容和评价

《独立宣言》全名是《美利坚十三个联合州一致宣言》（*The Unanimous Declaration of the Thirteen United States of America*），它是十三个联合州的"独立宣言"，后来译为合众国，实际上是合州国。

宣言体现了美国革命中资产阶级民主政治的见解。它除宣布对英国独立外，还陈述了以下原则：①人人生而平等，他们由造物主赋予几种不能转让的权利，其中包括有生命、自由和追求幸福的权利。人民为保障这些权利，所以成立政府。（与洛克不同，洛克只追求财产权，而杰斐逊改成追求幸福的权利，这是创造性发展）②政府正当的权利是来自被统治阶级的同意，任何政府如损害这些目的，人民就有权改变或废除它，另建新政府，必要时使用武力，因推翻专制政府、建立新政府完全是合法行为。

宣言体现了人民主权的原则，确认人民革命的正当权利，因此被马克思称为世界上"第一个人权宣言"（《马恩全集》），15 卷，256 页）。

宣言戳穿了封建专制时期君权神授的谎言，它历数英王乔治三世压迫北美殖民地的专横暴行 25 条罪状，其中涉及殖民地立法权利 19 条，指控英王违背自然权利和社会契约，因而他"实在再也不配做一个自由民族的统治者"。

宣言是在美国革命走向高潮之际通过的，受到殖民地人民热情的欢迎和拥护。7 月 8 日在费城宣读时，礼炮和钟声齐鸣，兴高采烈的人民群众发出暴风雨般的欢呼。宣言的影响远远超过了 13 个殖民地的疆界，传播到拉美，也传播到欧洲，受到各国革命人士的欢迎和传颂，成为他们的思想武器和战斗口号，鼓舞了当时各国人民反对君主专制和封建秩序的斗争。

宣言出自革命阶级的智慧和手笔，起草人受到法国启蒙运动和英国资产阶级哲学家约翰·洛克关于天赋人权的影响，但劳动人民也有巨大的功绩，没有他们英勇的反英斗争，为宣言的出现创造美好前景，宣言的影响也不会这么深远。

宣言的局限性：①虽然宣称人人平等，但黑人、印第安人和妇女都不包括在内，他（她）们仍无权；②奴隶制仍被保留，杰斐逊在宣言的草案中，建议谴责奴隶制和奴隶贸易，但遭到难卡罗来纳和佐治亚的代表坚决反对，他们威胁说，如保留这一条，他们将退出大陆会议，并拒绝参加反英斗争，结果这一条被取消了。（见丰纳，《美国革命》报告，第7—8）；附识：当时新英格兰的黑奴曾控告说："你们（指商人和奴隶主）对英国剥夺你们的权利感到不满，但你们把我们从非洲抓来，也应该归还我们的天赋人权。"因此有些进步人士指出，英国剥夺殖民地人的天赋人权是罪恶的，而奴隶主剥夺了60万奴隶的天赋人权，则是更大的罪恶。

（三）1787年美国宪法的制定

思考题

（1）美国独立后国内外形势

（2）制宪会议的过程及其主要矛盾问题的解决

（3）新宪法的主要内容

（4）批准新宪法的斗争与对宪法的评价

参考书目

1．列宁："一九一八致美国劳动者的信"，载《列宁全集》，第28卷，第43—57页。

2．威廉·福斯特：《美洲政治史纲》，中译本，三联书店，1957年版。

3．赫伯特·摩累斯：《为美国的自由而斗争，最初200周年》，中译本，三联书店，1987年版。

4．刘祚昌：《论美国第一次革命的成就》

5．丁则民：《关于18世纪美国革命的史学评介》，《1981—1983美国史论文集》，三联，1983.14—47，48—72。

6．S.E莫里森等著：《美利坚共和国的成长》（中译本），天津人民出版社，第6—11章。

7．C.H.比尔德：《美国宪法的经济观》（中译本），商务印书馆，1984年版。

英文参考

1. J.Franklin Jameson，*The American Revolution Considered as a Social Movement*，（Princeton N.J.1926）.

2. Carl Becker，*The Declaration of Independence*，New York，1992.（认为启蒙思想对美洲殖民地人民有深刻的影响，殖民地人民反英是以自然法则为基础的）。

文献

1.《1765—1917 年的美国》，三联书店，1957 年。

《独立宣言》《邦联条例》《美国宪法》

2. H.S.Commager，*Documents of American history*，5th ed，New York，1949.

第三讲　美国建国初期面临的主要问题

美国建国后，面临着两个主要的问题，一是新国家怎样发展的问题，另一个是在当时国际形势下，如何巩固已取得的独立的问题。分述如下。

一、联邦主义与共和主义的斗争

宪法制定后，美国的首要任务就是组织政府，建立国家政权（共和制、三权分立的政权）。但：①谁是国家的主人，政府应代表什么人的利益？②政府的目标是什么？权力应当是大的还是小的？中央政府与州权应该如何划分？③合众国应如何发展？政权应如何发挥作用，如何为经济服务，新国家应该怎样发展资产阶级内部两个不同利益的集团有着不同的看法和主张，具体表现在各自代表（东北部工商业资产阶级与南部种植园主）人物——汉密尔顿和杰斐逊——的不同主张，因而产生了较尖锐的分歧。

（1）汉密尔顿（Alexander Hamilton，1775—1804）与联邦主义，汉密尔顿1789年被任命为财政部长，因他善于理财。22岁时他在华盛顿手下供职，任秘书和副官，后来在约克敦指挥过一支突击队，后来充当律师，在法律界崭露头角，后在制宪会议成为主要角色之一。《成长》一书作者评论他时说："他的行政天赋在美国人中是无与伦比的，其判断力圆熟精到也很少有人能超过。"他的政治哲学，认为只有富人和社会的上层人士是美国真正的主人；一般平民是无知的，让其参政只会把事情弄糟。在制定宪法时期，他主张建立一个强有力的中央政府，认为"邦联条例"太松散，不能适应美国发展的需要，力主制定合众国宪法，以加强中央政府的职能；中央政府应促进工商业资产阶级的利益，使他们成为国家的统治阶级，并利用这个阶级来加强联邦政府；积极致力于镇压各地发生的动乱，如1794年，在宾州爆发了反对征收田产税的威斯忌酒的事件的农民起义，汉密尔顿就亲自率领军队前往镇压。）

在美国建国后，汉密尔顿任财政部长，他的具体政策体现在他向国会提出关于发展美国资本主义的"三大报告"中：即"关于公共信贷的报告"（1790.1.9.）、

"关于设立国家银行的报告"（1790.12.14）、"关于制造业的报告"（1790.12.15）。在美国历史上，这几个文献的重要性可和"宪法"相提并论。在某种意义上，美国政府发展资本主义的措施是从这几个报告开始的，后来美国资本主义基本上是他所提出的模式发展。

他认为，美国必须拥有信贷来发展工业，用于商业活动和开展政府工作。它未来的信用将取决于它如何对待其现有的债务。（美国独立战争行将结束时，美国政府已有 1100 万美元外债和 4200 万美元的内债。各州举债总数也超过 1800 万美元，共计约 7100 万美元的债务。）所谓"现有债务"即独立战争期间由州政府和合众国政府所举借的公债。是否应当偿还这些债务（包括外债和内债）以及怎样偿还？各派对之有不同意见或是一笔勾销，或是打个折扣酌量偿还。汉密尔顿主张，内债必须与外债同等对待，照票面价值，连本带利，恰如其分地加以偿还，这包括由联邦政府来承担州政府的公债。其理由：（1）美国宪法旨在保护个人的生命、财产和自由，其中以财产权最为宝贵，如果美国政府全部或部分赖账，那不是对债权持有人的私有财产构成了侵犯吗？不就是违宪吗？（2）国家与个人一样不能不讲信义，如果赖账，对于这个新生的共和国，在政治上不是要造成很大的损害吗？

至于还债的办法和手段，他认为完全可以在"宪法"的范围内找到：联邦政府可以通过征收关税和国产税和其他捐税的方式来筹款；国会也可以合众国的名义和信誉举债。国家发行一笔用以偿还旧公债的新公债，无疑是向市场注入一支强心剂，即政府拿出一笔钱来，由它及厂商来运用，借以刺激经济的发展，促进美国的生产活动。这就是汉密尔顿主义的主要内容——利用行政力量，通过行政方式来扩大生产活动和个人财富。在某种意义上看，三十年代风行一时的凯恩斯主义不过是汉密尔顿的延伸运动而已。

光靠发行新公债，是不足为美国的经济发展提供足够资金的，因此，1790 年12 月又提出《国家银行报告》，即建议设立一个全国性、独占性的国营公司，行使国家银行的职权，并在全国各地设立分行，由他们向大厂商贷款，供发展生产之用。

汉密尔顿的这种政策，遭到杰斐逊的猛烈抨击，认为"认账"是"劫贫济富"，设立国家银行是违宪的。杰斐逊认为，宪法明确规定了联邦政府的所有权利，但其中没有设立银行的权利，凡是没有载明的其他权利保留给各州。（这是一种狭义的解释）。汉密尔顿则争辩说，有很多权利在宪法中只能用一般性的条文来概括，不可能规定琐碎的细节，但宪法中有一条授权国会"制定一切必须而适当的法律"，以便实施宪法中明文规定的其他权利。汉密尔顿的方案得到华盛顿的支持。（宪法授权联邦政府征收赋税偿清债务和借贷，国家银行的设立可以协助推进这项工作，因此，国会根据它的概括权利，有资格成立一个银行）。

接着，汉密尔顿又提出《关于制造业的报告》，汉密尔顿和联邦分子认为，如果不发展工业，美国是摆脱不了对英国和其他欧洲国家的依赖的，这说明他们主张在独立自主的基础上发展美国民族工业，而发展工业的办法就是政府用奖励工业的方式来促进民族经济的发展，如实施保护关税，鼓励投资，大量输入移民等。但是，有些美国历史学者，包括我国学者在内，对汉密尔顿存有偏见，对他的政策进行指责，说他是"美国君主制度的崇拜者，是美国资产阶级内部的亲英派"，因此"他主张美国应该依附于英国，建立英美帝国，实际上是把美国重新变为英国的殖民地"。前者反映了汉密尔顿政治思想的倾向，但说他要把美国重新变为英国殖民地，不仅不符合历史史实，而且是有意识地污蔑他。

但是，他的这项报告在 1812 年只是部分地加以实施，因而是失败的，失败的主要原因是由于南部种植园主的反对，他们反对保护关税，希望能得到便宜的英国制成品，但更主要的是当时美国还是个以农业为主的国家，制造业尚处于家庭工业或手工业阶段，拥护其主张的人尚未有举足轻重的地位。

总之，汉密尔顿政策是，通过偿付公债和发放贷款的方式，确立一个与政府利益相结合的一个富有集团，作为这个政府的阶级基础。其主要目的是加强联邦政府，以克服州政府存在的离心力，由联邦政府承担各州的战债，就是为这一目的服务的。那些从认债和贷款政策中得到好处的资本家，会尽全力支持国家的信贷政策和其他政策，而联邦政府由于有他们的支持，随着工商业的发展，联邦政权也会得到进一步的巩固。

从上述措施的意义来看，汉密尔顿可说是美国资产阶级和美国资本主义发展方面的第一位功臣；从后来美国历史发展来看，他是个有敏锐远见的，确定美国发展方向的历史人物。但在当时，他的"认账""贷款"和发展制造业的政策都深遭南部种植园主的反对，也为劳动人民所不满。

（2）杰斐逊与共和主义

杰斐逊本身是个种植园主，代表南部种植园主阶级和小农场主的利益。但他的政治哲学是：民主制乃建立在小的、受教育的和独立的地产保有人的基础之上。他反对长子继承制和地产限定继承制，因为他害怕小地产保有者，即便在地域广阔的美国，如果家族能永久把大地产保持在自己手中，小地产持有者就可能被排挤掉。他虽然是私有财产权的坚定信徒，但他认为过去，有的财产分配不当，并且反对将这种分配方式永久保持下去，而认为应当在有才能的、精力旺盛的和节俭的人们之间进行广泛的分配。政府的权力来源于人民，应服从人民的意志，为人民办事，如果人民文化水平不够，应办学校来教育他们。他认为所有儿童都应受到初等教育，在初等教育之上，就要进行稳定的筛选过程，某些精选的学生可以读高级学校或学院。他关于民主制的要素，还包括宗教信仰、言论和出版自由；没有这种自由，民主制是不可能实现的。因此在他的著作中都表明对民主制的担心，除非在一个小农、拥有少数城市雇佣工人的国家是个例外。他的理想是建立一个法律宽大和机会均等的农业共和国。他说："只要我们的国家还保持以农立国的传统，我想，它还可以在未来的几个世纪里维持它的道德水准。"他和麦迪逊都坚信，如果政府是跟生产的阶级——尤其是占人口大多数的农民结合起来，那么，它不但可以得到很大的加强，而且还可以免去跟城市资产阶级结盟所带来的权力滥用问题。他厌恶工商业资本家和城市生活，认为人们集中在城市里，就会很快地像欧洲那样堕落。他认为应把政府的作用减至最低限度。一个好政府是"节俭的"，不干涉人民经济生活的政府，即组织个"清静无为"的政府。认为政府只要提出一个结构和某些原则就行了，让人民在这些结构内，根据那些原则行事，他们的行事是以个人私利和理性为指导的。如果联邦政府搞得太大，尾大不掉，那么就可能成为少数人掠夺大多数人的工具，从而违背《独立宣言》的精神。他对宪法进行狭义严谨的解释，尽量多保留州权；作为足以成事的多数裁定原则（指过半数的人裁定了的全体必须服从），除非也承认少数人的平等权利，不能够是公正的。此外他还主张自由贸易，国家尽量少举债。杰斐逊是美国第三位总统，他与第四位总统麦迪逊都是弗吉尼亚王朝的领袖人物，也是共和主义的创始人。

二、联邦主义的汉密尔顿与共和主义的杰斐逊的分歧及其斗争

杰斐逊认为财权更重要

两人在政治主张、人性问题以及美国应如何发展等方面都有根本的分歧,《成长》一书的作者对这种分歧做了精确的概括,值得一读。(中译本,第1卷,第317页)。

"从根本上说,汉密尔顿乃是希望集中权力;杰斐逊则希望分散权力。汉密尔顿担心会出现无政府状态并珍爱秩序;杰斐逊则是担心暴政且珍爱自由。汉密尔顿相信,共和制政体只有在一个统治阶级的领导下才能取得成功;杰斐逊则相信,共和制若无民主基础几乎不值得试行。汉密尔顿采取了霍布斯(Thomas Hobbes,1588—1679,英国唯物主义哲学家)对人性悲观的观点;杰斐逊则采取了一种较有希望的观点,他相信人民虽然并非永远都是最有智慧的,但都是最可靠和最有道德的掌权者;教育将会使他们智慧完美。汉密尔顿依靠制定法规来促进海运业和建立制造业,将会使美国的经济多样化;杰斐逊则要使美国仍保持为农民的国家。所有这些在气质、理论和政策等方面的作用,都概括为关于美国过去是怎样一个国家,及其可能成为什么样的国家这一问题的两个相对立的概念。"杰斐逊对于新大陆"持有理想主义的看法",即认可它是一个法律宽大和机会均等的农业共和国,是被压迫者的庇护所和自由的灯塔,他要放弃财富和商业,以保全淳朴和平等。但在汉密尔顿看来,"这一切全都是多情善感和有害无益的废话",他认为,美国"只有在一个以英国为典型的等级社会和一种下贱的'暴民政治'之间,才存在着唯一可以进行的选择"。杰斐逊希望美国与欧洲不同,汉密尔顿则希望美国变成一个新欧洲。

两人甚至仪表与风度也迥然不同:汉密尔顿身材挺秀、举止柔和、衣冠楚楚,有贵族绅士的气派。杰斐逊表现出散漫松懈、衣着敝旧、举止笨拙,谈话"东拉西扯,漫无所归",却常"迸发出一些精辟的意见"。妇女都情不自禁地为汉密尔顿所倾倒,对杰斐逊则不甚重视,不加理睬。

因此,两派和两人的分歧斗争,不是要不要资本主义的问题,而是发展资本主义的道路和策略问题,在这两派斗争中,存在马萨诸塞州与弗吉尼亚州的对立,也存在着北部资产阶级与南部奴隶主阶级的对立。这一系列的对立构成的主要矛盾,贯穿着美国建国后将近百年的历史进程。

实际上，就是弗吉尼亚王朝当道的时代，新英格兰各州以及纽约等州的工商业也还是在欣欣向荣地发展起来。因此从全局来看，整个美国和《美国宪法》都是建立在发展资本主义工商业的基础之上的，只要杰斐逊及其追随者在这样的社会结构和经济体系之下继续活动，不管有多少想法和不同意见，他和后来几位"共和主义"总统所执行的到头来还是"联邦主义"的政策。

他虽从"平等权利"的观点出发，抨击了汉密尔顿的政策，但作为第三位总统，他还是对华盛顿和约翰·亚当斯的一些重要政策继承下来，归纳起来，大体有以下三个方面：继续用政府的财力促进经济发展；对公债的认账和发行新的公债以维持合众国的良好信誉；沿用了汉密尔顿有关公债、国家银行以及制造业的政策，对"国家银行"只是多派了几个"共和主义"分子去控制它，而非砸烂它。

三、对杰斐逊和汉密尔顿的简要评价

美国不少历史学家认为汉密尔顿是彻头彻尾的反动派，而杰斐逊是真正代表美国民主传统的历史人物。老左派历史学家基本持有这种看法，黄绍湘的《美国通史简编》沿袭了这种看法。但也有些美国历史学家持相反的看法。（有的美国历史学家认为，当时美国正需要这两种力量。美国当时能有这两个人，他们的哲学思想互相融合和互相协调，实在是很幸运的事。）

评价历史人物，既要结合当时的历史实际来观察、研究历史人物，这里包括研究他代表的阶级利益，他的政治思想和主张及其所推行的政策，把他们剖析清楚，予以定性的评价；同时也要结合后来历史发展的实际，对他推行的政策及其作用进行评价，主要是看它们是否符合历史发展的潮流的需要，即使这些历史人物有阶级偏见，甚至遭到当时一般人的唾骂和抨击，只要是这些政策符合历史发展潮流的需要，那他们的主要方面还是应予以肯定。

从这种评价历史人物的角度出发，汉密尔顿在当时是美国工商业资产阶级强有力的代表人物，在政治思想和处理主要问题的方式上都带有很深的资产阶级的偏见，推行的许多政策，特别是认账政策是劫贫济富，为了实现资产阶级的统治而损害了劳动人民和其他阶级的利益，这是应该予以揭露的，但他也有些进步思想，主要推行一些符合历史潮流的政策，即发展资本主义的政策，如要求美国建立强大的工业，以保证美国独立，不致仰人鼻息。这些都是符合美国人民的长远

利益的。但他的顽固资产阶级立场却导致他实现这一目的的方式损害了当时人民的利益，引起了人们的反对，因而也阻碍了他的这一目的的实现。

杰斐逊当时基本是代表进步力量的，特别是他崇尚的民主制度，受到人们的拥护和好评。但从历史长河发展的眼光来看，他也有些消极，甚至倒退思想在作祟，比如他认为：美国不应为工业化国家，而应成为小农经济共和国，因他认为工业发展了，就会涌现大批丧失土地的无产者，引起社会动荡，危及共和国的存在。这当然不符合历史发展的趋势。经过几年痛苦的经验，他才明白过来，美国没有自己的工人，就要任凭欧洲列强的摆布。关于政府的作用问题，他主张"清静无为"，小政府，少过问经济活动，少干涉，反对保护关税政策等，这是对政府作用的消极看法。因为发展资本主义，就要有政府的支持，就要发挥政府的作用。而且资本主义越发展，就越需要加强和扩大政府的作用，这也是历史趋势。

参考书目

中文参考书

1. 黄绍湘：《美国通史简编》，人民出版社，1979年，（第二章，第一节）。

2. 莫累斯：《为美国的自由而斗争》，三联书店，（第七章第238—256页）。

3. 谢沃斯季杨诺夫主编：《美国近代史纲》，三联书店，1977年，（上卷，第三章，第210—253页）。

英文参考书

1. Claude G.Bowers, *Jefferson and Hamilton : the Struggle for Democracy in America*, Boston, 1925.（这是亲杰斐逊观点的著作，把杰斐逊与汉密尔顿的这场斗争看成是一场民主制与贵族政治之间的尖锐斗争）

2. Nathan Schachner, *The Founding Fathers*, New York, 1954.（这是本亲汉密尔顿和联邦党人的著作，认为杰斐逊与汉密尔顿间的矛盾是当时政治斗争的主题，了解这个时期的关键在于掌握政治领袖们及其相互抵触的哲学，并且认为由当时冲突的政治斗争中出现了一条中间路线，引导美国前进。）

3. 关于汉密尔顿的传记，我们有四五本，最近出版的书，一本是McDonald F., *Alexander Hamilton*, New York, 1997 但还有较好的两本 C.Miller, A. Hamilton :

Portrait in Paradox（自相矛盾的肖像），书中阐述了汉密尔顿的政治思想和经历，把他描绘为自相矛盾的人物，既非英雄，也非恶棍，既有缺点，也有美德。Saul.K Padover, *The Mind of Alexander Hamilton*, New York 1958. 其中有一章《富有争议的汉密尔顿先生》，写得很详细。

四、1812年—1814年美国第二次反英战争

（一）战争爆发的原因

美国独立后，美英之间出现了新的矛盾，主要表现在以下三个问题上：

（1）边境兵站问题：《巴黎和约》签订后，英国拒不履行，长期不撤掉其设在美国西部边境一带的军事据点，以便使英商人在这一地区从事皮货贸易和继续控制从加拿大到密西西比河的通道。

（2）美加的边界问题，《和约》对五大湖地区的边界划定得较明确，而东西两头的边界划定得很粗略，因此英国方面改划西部美加边界，并在已规划美国的地区（即今威斯康星和印第安那）一带建立一个"缓冲"的印第安人区，鼓动印第安人反对美国，制造边境"骚乱"。

（3）支持美国内存在的分裂势力，以图瓦解这个年轻的共和国。1804年英以金钱、军火支持亚伦·柏尔在西南组织的叛乱。同年，英还几次插手联邦党人的策划，妄图把新英格兰各州并入英在北美的版图。1804年柏尔与汉密尔顿决斗，后者受致命伤。

（4）商务贸易问题，美国独立后，与美国恢复了贸易关系，而英国却利用美国经济力量薄弱的情况，对这种贸易施加种种限制，如1783年英制定的《新航运条例》，禁止美船进入西印度群岛。借此以阻扰美国经济的发展，特别是美国航运业的发展，因而两国之间关系比较紧张。直到1794年两国签订《杰伊条约》，英虽同意撤掉在美境内的所有兵站，局势稍有缓和，但边界问题和贸易问题并未解决。

十九世纪初期，美英矛盾日趋激化，终于爆发战争，导致战争的直接因素（导火线）有二。一是英在与法国争取欧洲霸权期间对中立国贸易的限制；二是强征美国海员。

在英法争霸欧洲的战争初期，美国商人利用美国中立国地位与交战双方进行广泛的贸易活动，获利甚大，使这种贸易成为美国经济发展中的一个相当重要因素，但却引起英国商人的妒忌，要求英政府采取限制的措施。1803 年，英法战端重开，直到 1814 年，战争愈演愈烈。从 1806 年起，双方开始了封锁战，拿破仑颁布了 1806 年的《柏林禁令》。英国政府规定，凡外国商船在英国港口停泊，须向英国政府申请，以取得许可证。拿破仑则以 1807 年的《米兰命令》进行反击，宣布凡开进英国港口获得许可证的中立国船只一律予以没收。双方封锁战的结果使中立国贸易均属非法，并经常被没收。到 1807 年，法国没收了不少在欧洲港口的美国船只，但英国截获美国船只力度更大，它抢劫了美国海上船只的 1/8。难怪约翰·昆西·亚当斯 1808 年说："他们设想的原则是，除了与它的自治领（贸易），并且作为他的附庸国外，我们在战时别无生意可做。"

美国的对策：1806 年杰斐逊政府被迫宣布"禁运法案"，企图以停止为交战双方转运原料物资，迫使英法放弃封锁政策，但未奏效，结果，美国进出口贸易锐减，其后果是：航运业几乎完全停顿，新英格兰与纽约对此大为不满；美国农业方面受了严重的打击，因南部和西部农民的剩余谷物、肉类和烟草无法输出，价格猛跌。一年之内美国出口商品金额不及原有进口商品支出的 1/5。原想用禁运使英国陷于饥饿，从而迫使英国改变政策，但这种希望完全破灭了。在国内不满情绪日增的情况下，禁运法只好于 1809 年废除了，改而采取不交往法，即哪一国取消对美贸易的限制，美即允许美商与英法及其殖民地进行贸易，但遭到英国拒绝。美只得禁止对英贸易，并与英断绝外交关系。

强征美国船上的海员问题。当时英拥有战舰 700 余艘，海军人员近 15 万人。英国就靠这支力量来维护其海上霸权，但英海军人员待遇很差，因此，必须用强制方法征兵，很多服役水兵开小差逃到美国船上去避难。为此英国军官认为他们有权搜查美国船只，追回英国逃兵，这是粗暴违反国际法的行为，是对美国主权的侵犯，但英国坚持这样做，许多美国船上的海员常被拉走，被迫加入英国海军。这种强行征募海员的专横行为引起美国舆论的愤怒。为此，美曾多次提出抗议，但英拒不放弃征募原则，而且这种专横行为在 1803 年英法重开战端后变本加厉，到 1812 年战争开始前，英已劫捕了 6000 名以上自称是没国籍的海员，致使美英矛盾发展到了极点。

（二）1812年—1814年美英战争的进程与国内各阶层对战争的态度

美国社会各阶层对这次战争的态度是不同的。一般人民和美国相当部分的工商界人士，视英国的行为对美国独立的威胁。但是，南部奴隶主和西部农场主的代表人物（如南卡罗来纳的国会议员约翰·卡尔洪和肯塔基州国会议员亨利·克莱）企图利用这次战争的机会扩充美国的疆界，把加拿大、东佛罗里达夺取过来，这种扩张主义在国会中被称为"好战之鹰"的战争集团。

但是东北部商业资产阶级集团利益的代表人物则不赞成对英战争，因为他们主要靠对英贸易获利的，战端一开，他们的贸易即趋衰落、停顿，甚至有些联邦党人想与英国结盟，故曾派代表去加拿大面见英军英司令，请求英国支持新英格兰脱离美国的计划。

战争的进程（简述）

1812年，美国在忍无可忍的情况下，对英宣战，但战事的进展，对美国极为不利，从双方实力对比看英国占有优势：

	人口	海军	海军服役的水兵
英	2000万人	七百百艘军舰	15万人
美	800万人	10多艘（加上小船共16艘）	5000人

美国陆军训练很差，军官也无作战经验和训练，远远落后于英军。英国的不利条件是忙于欧洲争霸战争，海陆军主力都在应付欧洲战场，只在加拿大拥有很有限的武装力量，5000人左右，难于集中优势兵力。

①夺取加拿大彻底失败，好战之鹰原以为美国能够轻而易举地拿下加拿大，但却吃了大败仗，组织大量军队几次企图攻入加拿大，但都遭到失败，完全被英军赶回美国。

②北部战场，第一年美军在底特律、尼亚加拉河、香普兰湖一带连续败北。第二年美军虽收复了底特律，但尼亚加拉要塞失陷了，纽约州的布法罗也被英军烧毁了。

③到 1814 年，英国海军已摆脱欧洲方面的军事行动，开往北美，加强了对美国海岸一带的封锁，美国对外贸易额急剧减少，只占 1808 年很低的贸易额的 1/4。同年 8 月，一支有 4000 名士兵的英军队伍在切萨皮克湾登陆，进攻首都华盛顿，美军统帅部仓皇失措，美军遭到惨败，国会大厦、白宫及许多政府建筑物都被焚毁。攻陷首都后，英又准备进攻巴尔的摩，炮轰该城的麦克亨利要塞。美军坚守，英攻不进，当时被扣留在英国船只上的一位马里兰的年轻律师弗朗西斯·基目睹这场战事，写下了《星条旗永不落》这支歌，1913 年定为美国国歌。

华盛顿的失陷和领土被占领：这次战争前，美国人已日益变得自私，只顾为自己地区打算，但这次战争激起了爱国热情的高涨和人民的团结。英军原想攻占纽约，但因该市武装起来，有了防备，英军只得放弃。

④国内分离势力的抬头与新奥尔良之役的胜利

美国连续失利，联邦党人利用这种失利反对麦迪逊政府，拒绝购买战时公债，有些州长不准民兵开出州境。1814 年 10 月，马萨诸塞州议会向新英格兰各州发出请柬，要求他们派代表参加哈特福德会议，准备修改美国宪法，限制联邦的职权，如达不到目的，新英格兰将脱离美国，与英国媾和。但代表团抵达华盛顿时，形势已发生变化，一是传来与英媾和的消息，二是安德鲁·杰克逊率领的美军在新奥尔良一带赢得了唯一一场大胜仗，代表团的活动只得作罢，战争宣告结束。

（三）战争的后果及影响

有的美国学者说，这次战争虽然看来没有解决什么问题，实际上它解决了整个问题。约翰·亚当斯于 1817 年对杰斐逊说，"尽管有一个错误和大错"，麦迪逊政府已经"获得了比他的前任们（华盛顿、亚当斯和杰斐逊）都加起来更多的光荣和更大的团结"。将近半世纪以前开始的美国革命，看来终于过去了，并且取得较圆满的成功。

这次战争的具体影响

①不仅在政治上维护了美国的独立，更重要的是促进美国经济的发展，使美国经济面貌出现了较大的变化，由于封锁和对外贸易的锐减，商业资本开始工业投资，东北部各州开始建立新的工厂，（制造业）工厂数目不断增加，美国工业

开始从手工工厂制过渡到以机器生产为基础的工厂制度，这种经济的发展使美国开始摆脱对英国的依附。

②激励了美国人民的爱国心，维护了美国的统一和团结。在战争前，美国人的州权思想还较重，地方观念也很强，许多政治人物只顾为自己的地区打算，但这次战争激发了人们的爱国心，他们在感情上和行动上，都更像个团结一致的国家了，整个国家有难，地区利益也难以保障。在爱国情绪日益增长的情况下，联邦党人召开的 Hartford 的分裂会议只得销声匿迹了，联邦党人自此逐渐消失了。1816 年总统选举，结果是共和主义的，来自弗吉尼亚的詹姆斯·门罗当选总统，开始了"新英兰的和谐"时代。

参考书目

经典著作

1. 列宁：《战争与革命》，1917.5.14，《列宁全集》（24 卷），第 369—371 页。

2. 毛泽东：《矛盾论》。

3. 马克思："美国的舆论"，《马克思全集》，15 卷，第 467 页。

英文参考书目

1. Julius W.Pratt，*Expansonists of 1812*，（1949）.

2. Julius W.Pratt，*Western Aims of the War of 1812*（Miss.Valley Hist. Review 1925）36.

3. Reginald Horsman，*The Causes of War of 1812*，（1962）.

4. Thomas A.Bailey，A Diplomatic History of the American People，1974，有关章节。

5. 王群：1812 年美英战争的起因及其性质，《东北师大学报》，1982，第 3 期。

作业题

结合几个报告的内容简评汉密尔顿的历史作用

1812 年—1814 年美英战争的性质

马列主义经典作家如何论述战争的性质，结合史实论述

第四讲 门罗宣言的产生及其历史作用

1823 年 12 月 2 日门罗总统在致国会咨文中提出了一项重要的外交政策声明，过了 1/4 世纪后它开始在美国外交史中起到了重要作用。

（一）《门罗宣言》产生的历史背景

它的产生有其错综复杂的国际形势背景，适应美国资本主义发展的需要，维护其独立国家的外交。

当时美国所处的国际形势：随着西班牙帝国的衰落，拉美各国争取民族独立的运动风起云涌，到 1822 年美洲大陆从五大湖到合恩角全部独立，欧洲列强只对伯利兹（即洪都拉斯）、玻利维亚和英法、荷属圭亚那保有宗主权，风传反动的"神圣同盟"（1815—1816 俄、普、奥三国君主所组成）已拟就干涉拉美独立运动的方案，欧洲列强都想乘机浑水摸鱼，把这些原先西、葡属的殖民地据为己有。当时海上霸主英国，既反对神圣同盟的干涉企图，又不愿承认拉美国家的独立，他们唯一关心的是把自己的势力伸展到拉美去，成为那里的主宰者。这就是《门罗宣言》宣布前美国所面临的国际形势。

1812 年—1814 年美英战争后，美国资本主义和南部种植园制度都有了进一步的发展，但总的来说，美国实力仍然薄弱。而北部资产阶级和南部种植园主都热衷于对外扩张，夺取新领土，为了适应资产阶级和种植园主的需要，形形色色的扩张主义理论，如"自然疆界论""政治重心说"，以及"美洲体系说"都风行一时。门罗宣言的主要内容就是上述思想意识的反映和发展。

美国 1822 年 3 月承认五个拉美国家（阿根廷，智利，秘鲁，哥伦比亚和墨西哥）的独立。1803 年，法国侵入西班牙，绞杀西班牙革命，恢复西班牙王室的统治，盛传法西联军部队将在神圣同盟的支持下，远征拉美，镇压拉美革命。在这种形势下，在拉美拥有政治、经济利益的英国面临困难的境地：既反对神圣同盟的干涉，又不愿追随美国之后，不愿把它们纳入国际大家庭。但是，如果不采取措施，英国又担心美国会取得排他性的有利贸易条件，甚至有可能出现一个泛美共和国联盟，而这些对英国是不利的。

1823 年初外交大臣坎宁试图从法国得到一项保证，即法国不得以割让或征服的方式获得西班牙在美洲的领地，但法国拒绝做出此项保证。（关于法国对西班牙殖民地威胁的性质，美国外交史学者持有不同看法：坦普利（H.W.V Temperley）在《坎宁的外交》（*Foreign Policy of Canning*）（1925）中认为这种威胁很严重，德科斯特·铂金斯（Dexter Perkins）在《门罗宣言》（*Monroe Doctrine*）一书中认为并无真正的危险；韦伯斯特（C.K Webster）在《英国与拉丁美洲》（*Britain and Latin America*）（1983）一书中认为法国人没有制定特别的计划。）

当时坎宁想出一个摆脱困境的办法，即与美联合，发表一项反对神圣同盟的抗议声明，其目的在于借此挫败神圣同盟并保住英国在拉美的市场同时摆报出一副拉美各国保护者的姿态，又可把美国的重量加到英国实力的天平上来；还可以破坏新世界各共和国的团结。真是个如意算盘。

英与美磋商后，美国政府表示，如英承认拉美国家的独立，美即参加英国反对干涉的抗议，但英国政府尚不愿公然与欧洲列强决裂，且英国托利党也无意承认拉美共和主义造反派，因此坎宁要的这一花招也就被戳穿了。

但英国并不甘心，仍想用别的办法阻止法国插手西属拉美地盘。1823 年 10 月初，坎宁与法国驻美大使开始谈判，警告后者，英反对法国对西班牙美洲的干涉。法国大使表示法国放弃任何占有西班牙在美洲的领地的打算，只要求以与英国同样的条件同拉美贸易的权利。法国大使的保证包括在 10 月 12 日签署的备忘录中，消除了欧洲干涉西属拉美的威胁。

这次谈判没有公开，因而当时美国不知道法对英所做的保证，而只是在考虑是否接受坎宁关于英美共同反对神圣同盟干涉的抗议。

美国政府内部对美国建议的反应：一种反应是希望跟着坎宁走，甚至不惜永远放弃古巴和得克萨斯，持这种意见的是以陆军部长卡尔洪为代表的美国元老。杰斐逊（80 岁）和麦迪逊（72 岁）也持有这种见解；另一种是以国务卿约翰·昆西·亚当斯为代表，他认为坎宁的建议中没有一个陷阱。因照会中曾建议提出一项保证，以防止任何一方取得一部分西属美洲领地，这对日后美国侵占拉美国家的行动自然是一种束缚，而且坎宁是不愿否定西班牙重新征服它的前殖民地的权利的。因此，亚当斯在 1823 年 11 月 7 日在华盛顿举行的内阁会议上说："与其充当一只小艇尾随英国战舰混进去，不如向俄法公开申明我们的原则更为坦率，而且更有尊严。"他认为，这里牵涉到的是新旧世界未来关系的一个大问题，因此他力主抓住有利时机，单独发表声明，拒绝英国的建议。亚当斯坚持他的主张，其出发点一是：对坎宁无私心的动机表示怀疑，他要美国领先于英国成为西班牙美洲独立的保护者。二是把英国的建议看成是强使美国做出一项它放弃染指古巴的保证。三是，只要英国在大西洋拥有海上霸权的地位，俄国要求沿太平洋西北部的权利，即就构成比法国可能干涉西属美洲更大的危险。因为他认为，神圣同盟不会出兵镇压西属美洲，门罗总统则在这两种主张中摇摆不定。因此，关于法国镇压了西班牙的君主立宪革命的消息传到美国时，门罗总统害怕神圣同盟下一步就是进攻西属美洲。这样门罗由于害怕神圣同盟的干涉而不想单独干任何事，又想对土耳其开战以援助希腊，亚当斯极力反对这种作为的懦弱态度和介入欧洲事务的做法。在内阁会议上，他用了两天时间，竭力争辩，最后才使大家信服，从而达到他的目的。

但是，怎样表述美国这一立场，仍有不同意见，亚当斯认为应向英、俄两国公开发出照会，声明美国在西半球的政策。门罗则要在他致国会的年度咨文中宣布这一政策，以减少对欧洲列强的直接刺激。结果，采取了后者的做法。他没有把这一步骤看成是对坎宁建议的拒绝，而对欧洲列强是个权宜的警告。

宣言虽是门罗总统的手笔，但却精确地表达了亚当斯的观点，12 月 2 日，门罗向国会提出的年度咨文中，阐述了宣言的三项原则。到底谁是宣言实际原作者的问题，美国历史学家的看法也不同，S.F. 比米斯把这个文件的草拟归诸于亚当斯，而戴克斯特·波金斯则归诸于门罗，托马斯·巴克莱则归诸他们两人的分享。

（二）门罗宣言阐述的几项原则

（1）美洲体系原则：咨文中宣称"同盟各国（指神圣同盟）的政治制度在本质上和美洲不同，这种不同产生于它们各不相同的政体"，欧洲列强"把他们的制度扩展到本半球的任何部分的任何企图，对我们的和平与安全都有危害"。亚当斯于 11 月 21 日致俄国照会中也强调了欧洲"不可把自己的政治制度强加于美洲"。这就是美洲体系原则，它肯定和引申美国早期孤立主义思想，构成门罗宣言的基础。"美洲体系原则"实质上是美国与欧洲列强（主要是英国）划分和争夺拉美的地盘。

（2）互不干涉原则（欧美关系）：建国初期，美国就产生了不卷入欧洲事务的思想，力求使美国不介入欧洲，但是，随着美国扩张野心的发展，这一思想增添了不准欧洲干涉美洲事务的原则，即所谓"不准插手"，其范围也从美国一国扩大到整个美洲大陆。这一发展和增添的目的显然是它们作为美国对抗欧洲列强争夺美洲地盘的一种手段。它要求欧洲不干涉美洲，但美国并未做出不进行扩张的许诺，甚至也未承担保卫拉美免遭干涉的义务。这自然与美国实力有关，但亦与以美国为中心的利己主义有关。

（3）不殖民原则：宣言中说："今后欧洲任何列强不得把美洲大陆业已独立自由的国家当作将来的殖民对象。"其主要矛头是针对英国的。美国提出这项原则乃是为了自己日后在美洲为所欲为，因为这项原则并非指美洲已没有未开拓的土地，而是说只有美洲国家（主要美国）才拥有在美洲拓殖的权利。所以说美国是打着"美洲是美洲人的美洲"的旗帜。实际上是想让美洲摆脱英国等列强的影响，据为己有，逐渐成为不许他人染指的"禁区"。

宣言中未阐明但却在支持的文件中阐明的第四个原则即"不转让原则"在1881年以来它一直是美国的政策。

（三）当时对门罗宣言的反应

a. 美国国内的反应。美国舆论一般是赞成和支持宣言，它鼓舞了当时国家主义精神，因为这个年轻的共和国敢于对专制主义的欧洲提出挑战，敢于宣告：如果欧洲列强对门罗宣言的主张提出挑战，它有能力打退它们的进攻。波士顿一家报纸写到：如果神圣同盟（四强同盟）试图控制南美命运的话，那么，它将发现挡着去路的，不是一只（英国）的狮子，而且还有一只（美国）鹰。有位国会议员说，这个宣言"既英明又高尚"。

美国商业界对保证西属美洲市场不会被关闭，特别表示满意。

也有少数人对它提出批评，有位国会议员说："这个政府声明是匆忙的和草率的。"有的报纸指责说："美国宪法中有什么规定是使我们的政府成为世界自由的保证人，成为秘鲁人、智利人、墨西哥人或哥伦比亚人的自由人的保证人？"当然，这种批评是少数，为一片喝彩声所淹没。

b. 英国的反应。英国舆论对宣言的反应是有利的，因为英国人对门罗在帮助他们从南美大火中取栗非常满意。有影响的《泰晤士报》称赞美国采取的"果断政策"，可是英国人显然没有认识到，非殖民化的条款既适用于俄国，也适用于英国。

坎宁最初也认为门罗宣言主要是他对美国的建议所促成的，把它看成是他自己的外交政策的反映，但仔细阅读文件后，非殖民化条款使他颇为懊恼。他认为消除四强同盟对拉美的干涉威胁的是英国迫使法国大使签署的备忘录，其中法国表示正式放弃侵犯西属美洲的意图，而非门罗宣言阻止了对拉美的干涉，因为备忘录是在宣言公布前将近两个月签署的，而当时美国却不知晓。因此坎宁在门罗宣言发表后不久（1824年3月）就公布了这个文件，其目的在于要世界——特别是拉美国家知道，是英国舰队的力量，而非门罗总统装腔作势故意夸大的语言，曾给予四国同盟的任何的计划以致命的打击

c. 欧洲专制君主国的反应。欧洲大陆各君主国对门罗宣言的反应既烦恼又轻蔑。烦恼的是"美洲是美洲人的"原则使这些想把西半球视为他们狩猎场的国家吃惊，今后难以任意公开掠夺了；轻蔑的是美国这个暴发户并无什么真正的实力。比如，奥国的反动首领梅特涅就指责门罗宣言是个"下流的宣言"，可是他的同行，却为"那个大西洋彼岸的新巨人"的傲慢而震惊。

沙俄政府，虽然对之感到烦恼，但并不吃惊，也不为美国的冲击担忧。在欧洲君主国中，它对西班牙恢复其在拉美殖民地表示最大的同情，是最想进行干涉的。到1824年初，它还抱有干涉的念头，但由于缺乏其他列强的支持和响应，只得作罢。

d. 拉美国家的反应。据已知情况，拉丁美洲对门罗宣言的反应是零碎的。在一些地区，咨文受到欢呼庆祝，在另一些地区，人们漠不关心，也有些地区表示不满，认为它主要是从美国自身利益出发的。整个来说，对其热情是不高的或冷淡的。福斯特在《美洲政治史纲》中描绘得不够确切。西蒙·玻利瓦尔——南美的华盛顿，显然并不认为门罗咨文具有震惊世界的重要性。

在门罗宣言发表不久后，法国备忘录在拉美发表了，这些新独立的共和国很快意识到，它们之所以免于神圣同盟的干涉，不是由于门罗的一纸空文，而是由

于强有力的英国舰队威慑。拉美领袖也看到这个宣言主要是自私的，美国想到的是它自身的安全，它的邻国的安全只是次要的。

三个新成立的拉美共和国请求美国援助，同时哥伦比亚和巴西把门罗宣言解释为组成反对欧洲侵略的同盟邀请书，但美国反应冷淡。亚当斯说，除非存在欧洲干涉，并且除非英国海军站在入侵者一边，美国是不会采取行动的，这使拉美国家深感失望。而且美国认为"每个国家在自己领土上防止欧洲将来建立殖民地"的政策是可取的办法。

门罗宣言是美国政府第一次正式宣布对欧洲和拉美的政策，但它并未包含新的东西，因其基本思想体现了美国开国元勋的一些思想，如两个半球、领土不得转让、不干涉、不卷入等思想，只不过是根据当时形势加以整理和阐述罢了。

（四）对门罗宣言的评价

根据已掌握的史料，神圣同盟当时虽未制定干涉拉美独立国家的具体计划，但不能说他没有干涉拉美的打算和企图。门罗宣言的公布打击了欧洲列强干涉拉美国家的企图，也阻止了英国在拉美建立和扩大殖民地的野心，使拉美共和国能在险恶的国际环境中保持独立，因而它当时还起了阻止欧洲列强企图镇压拉美革命的作用，在客观上具有积极的意义。它所提出的"美洲是美洲人的美洲"口号，曾获得拉美国家一定程度的欢迎。

门罗宣言的公布也反映了美国资产阶级外交独立的要求。约翰·昆西·亚当斯不愿让美国"充当一只小艇尾随英国军舰之后"，就明显地反映了这种要求。它宁愿根据自己的利益，直截了当宣布自己的政策，而不依附于别国。但它当时实力尚不充足，单独行动还不能引起国际间的重视，所以它还是以英国舰队为支柱的，因为它知道英国决不会允许神圣同盟干涉拉美。借助英国舰队的力量，拒绝了英国关于共同声明的建议，而是独立发表声明，终于起了抑制神圣同盟干涉阴谋的作用，这不能不说是美国外交斗争的重大胜利，也标志着美国在外交上开始走上了独立自主的道路。

门罗宣言孕育着美国侵略的种子，因为它主要是从美国本身利益出发的，而绝不是从拉美各国人民利益出发的。美国事先并未与拉美国家协商，就自封为拉美国家的保护者。在实力尚不足的条件下，美国并未认真履行门罗宣言的所有原则：既没有认真反对欧洲列强对拉美的干涉、侵略，也没有给予遭受欧洲列强干涉的拉美国家以任何援助；但到十九世纪中叶后，美国实力日渐增强时，门罗宣言就成了美国侵略、干涉拉美国家，排挤欧洲列强在拉美势力的工具了。

[I] 门罗宣言在国际上的地位问题：

它不是国际法，在国际法上没有地位，只是一项美国单方面发表的外交声明而已。亚当斯甚至把它说成是美国给欧洲列强讲授课程。它对欧洲列强宣布几项原则，但没有使美国政府承担任何明确义务。这是美国外交政策的胜利。

直到 1940 年美国参议院通过《哈瓦纳法案》后（21 个美洲国家代表在一次美洲国际间会议一致通过），门罗宣言才有了国际法的地位。该法规定，美洲共和国为了共同防卫的利益，可以集体地或个别地接管欧洲在新世界受到侵略威胁的殖民地。当时主要是阻止欧洲国家的殖民地转让给纳粹德国。

[II] 对神圣同盟干涉拉美问题的研究

一个半世纪多以来，门罗宣言在对拉美的外交政策中，以及欧美关系中产生了巨大影响，成为美国外交史研究的重要课题之一。多数学者从分析神圣同盟是否构成对拉美的威胁入手来探讨门罗宣言的作用和性质。

早期美国历史学家一致肯定神圣同盟制定了干涉美洲的计划，从而认定门罗宣言是项防卫性声明，起了拯救拉美国家的作用，如哈特的《美国外交政策的根基》（A.B.Hart, *The Foundation of American Foreign Policy*, New York, 1901）.

1914 年美国国际法学会专门讨论了门罗宣言后，出现了一个新的外交史学流派，他们系统研究了欧洲各国的外交档案，证明当时 Holy Alliance 并无武装干涉美洲的计划，从而在一定程度上对门罗宣言做了分析、批判。这一流派在二十世纪对美国外交史学影响很大，包括许多著名学者，他们的著作有：

德克斯特·波金斯：《门罗主义：1823 年—1826 年》Dexter Perkins, *Monroe Doctrine*, 1823—1826（1927）

塞缪尔·比密斯：《美国外交政策与自由的福音》（Samuel F Bemis, *American Foreign Policy and the Blessings of Liberty and Other Essays*, New Haven, 1962）.

《约翰·昆西·亚当斯与美国外交政策的根基》*John Quincy Adams, and the Foundations of American Foreign Policy*, New Yorks, 1949.

但他们未脱离窠臼，仍以神圣同盟这一背景为重点进行研究。以 Perkins 为例，他认为神圣同盟虽对美洲并无实际威胁，但门罗宣言的矛头所向仍是神圣同盟，说什么"如果神圣同盟对新世界的干涉危及美国的和平与安全是个事实，那么，反对这种干涉显然是正当的"。

美国学者研究这一问题，有意强调和夸大神圣同盟的威胁，以掩饰美国对美洲的侵略野心，如 H.C 艾伦：《英国与美国》（H.C Allen，*Great Britain and United States*，London，1954）。

苏联学者也大都围绕神圣同盟的威胁问题进行研究，他们力图否认 Holy 神圣同盟干涉美洲的可能，认为神圣同盟没有干涉计划，从而为沙俄开脱。如 H.H 波尔霍维金诺夫，"论神圣同盟武装干涉拉丁美洲的威胁问题（中译文载《史学译丛》，1958 年第 5 期，还有谢沃斯季杨诺夫等编《美国近代史纲》，三联中译本，1977 年）"。

近年来，美国研究这一问题有两种倾向，一是强调美国的独立外交，阐明门罗在建立美国独立外交中的作用，如哈里·阿蒙：《詹姆斯·门罗：国家认同的探索》（Harry Ammon，*James Monroe：The Queat for Notional Identity*，New York，1971）；二是从美英在美洲的竞争角度研究门罗宣言史，认为美国的"海上实力使它成为（英国）的一个危险对手"，"英国是对美国的外交政策形成过程起关键作用的国家"。如小爱德华·塔图：《美国与欧洲：1815—1823 年》（Edward H.Tatum，Jr.，*The United States and Europe，1815—1823*，New York，1946）

但 Tatum 的研究方法受到了 Perkins 等人的极力反对，未能继续深入下去。

国内研究动态：王玮，从英美关系的角度研究《门罗宣言》。

作业题：

做一个有关门罗宣言的大事记。（从十九世纪初至 1830 年前）

第五讲　杰克逊的民主政治

（一）杰克逊简介

（1767 年—1845 年）生于卡罗来纳边疆地区，出生于爱尔兰移民的贫苦家庭，美国独立战争时期，曾在军中服役，后在田纳西州充任律师，担任过国会众议员和参议员，成为一个富有的种植园主。

杰克逊其人为人好斗，生性暴躁，而不轻易饶人，但有豪侠气概，遇到与妇女有关的事态度非常温和。他为人正直，言行绝不模棱两可或折中妥协，遇事能迅速做出决定，但对待问题的方法过于专横独行，依靠直觉，易于轻信别人的话，选用人员有时错误得很可悲。

他是 1812 年至 1814 年反英战争的民族英雄，受到美国人民的爱戴；他是大老粗，没受过系统的教育，但经过自学，英语写作的修养较好，并能很好地表达自己的思想。他生性好斗，暴躁而不轻易饶人，"模样像是用橡树胡乱砍出来的"，因此有"老核桃树"的绰号。但他为人正直，心地忠实，且有边疆人的淳朴性，这正是他的力量之所在。

杰克逊及其拥护者形成了一个新党，即民主党，同以约翰·昆西·亚当斯为首的民主共和党对抗。1824 年他竞选总统失败，1828 年他这一派卷土重来，再度竞选总统。这次竞选是在美国人民争取国家民主化和开拓西部的形势下展开的。在十九世纪二十年代初，有九个州已实现成年男子的普选权，不少州废除了选民的财产限制，选民数目因而大增。东部的居民和欧洲移民开始大量涌向西部，而开拓西部需要资金和政府的支持。但是代表东北部工商业资产阶级利益的亚当斯政府却侧重加强海军，拨款资助东部各州的"内部改进"，因而激起西部人民的不满，他推行的保护关税也招致南部种植园奴隶主的不满。这种对政府的不满把南部种植园主与西部小农场主结合起来，而杰克逊就是这个阶级联盟的代表。杰克逊在经济上主张实行放任主义，反对国家的过多干预；在经济上反对人为的等级差别，主张让更多人参加政治，争取实现更多的平等；主张保留州权，但联邦宪法必须遵守，奉行国家至上主义。

1828年选举中，杰克逊获胜，当选为总统，连任一届，"坐天下"达8年之久。他的当选，标志西部的逐渐发展成熟，政治中心开始从沿海地区转移到西部。他的继任者马丁·范布伦，也是他的追随者，从范布伦以后，直到内战前，除了两任总统（哈里森（1840）和泰勒）属于辉格党外，其余总统都是杰克逊扶植起来的民主党人，因此历史上又称之为杰克逊时代。

（二）杰克逊政府的主要政绩和政策。

他执政时期处理了三大问题。

A. 取消保护关税的高税率问题。关税税率问题在内战前，一直是南部种植园主与北部资产阶级矛盾的焦点，到十九世纪二十年代，这一矛盾更加尖锐起来。北部资产阶级——特别是新兴的工业资产阶级，主张发展民族工业以高额关税保护国内市场，免受欧洲各国，特别是英国制造品的竞争；而南部种植园主则以种植向英国输出的棉花为主，要求实行低关税税率，以便他们换取廉价的美国商品。福斯特在《美国历史中的黑人》一书中（第78页）指出，"这种在关税税率问题上的公开对立，在半个世纪内贯穿着美国的政治生活。"

1824年，国会曾通过一项关税税则，规定关税征收率为25%~44%，北部企业主仍不满意。1828年，国会又通过了"可憎的税率"，其平均税率为进口的5%。这种高额的课税并非由于实际的需要，而是一种"政客税率"，其目的在于制造一个新的总统：拥护杰克逊的议员提出一项对原料比对制成品征课更高的关税法案，预期新英格兰各州来的议员会运用表决权击败它，使责任落到亚当斯身上，从而使他在竞选中处于不利的地位。这"可憎的税率"引起了南部各州的反感，特别是南卡罗来纳州权派的反感。他们认为保护制实际上成为一个阶级和地区掠夺其他阶级和地区的工具。在他们看来，保护关税的一切好处，都为北部制造商所享有，而南卡罗莱纳的种植园主却背上物价高昂的重担，经济情况日益恶化，人们变得越来越贫穷。当时，棉花的种植面积日益扩大，而价格却跌落到了地力衰竭地区的生产成本以下（1818年每磅棉花卖31美分，而1831年仅值8美分）。因此，保护关税只不过是加重了这一灾难，而造成这种灾难的根本原因却在于那种浪费和毁坏土地的植棉制度。但是当时充满愤懑之情的南卡罗莱纳种植园主很难冷静地认识到这一问题的关键，于是南卡罗来纳州权派极力宣称"保护关税和国内改进乃是为了向南部抽税以利于北部而设想出来的邪恶诡计"。尽管如此，杰克逊却于1832年签署了国会制定的关税法。在上述情况下，南卡罗来纳州权派准备脱离联邦，该州州议会于1828年通过"国会法令废止权"，后来又宣布1828年和1832年的税则在该州"无效"。他们反对关税税制的原因，不仅出于经济上的抗议，而且感到他们在国家事务方面日益无权，进而以"如联邦使用武力，即行脱离联邦"相威胁。这种"国会法令废止权"是以代表南部利益的代总统杰克逊的"南卡罗来纳申论"为依据的，其基本理论是：联邦宪法乃是各州间的一项契约，它不是由美国人民，而是由13个主权州制造的，作为主权者，各州有权在它们的代理方——联邦政府越权时做出判断。体现州主权的州代表会议如果断定是某项特定的国会法案不合宪法，代表会议便可采取措施制止它在本州的实施。《1828年申论》出于卡尔洪的手笔，当时是保密的。他劝告他的州保留"国会法令废止权"暂不使用，指望杰克逊会坚持要去降低关税，但杰克逊对此却漠不关心，国会内坚持保护关税的势力仍较强。南部的国会议员认为，若无西部议员的票，就不可能降低关税，北部的议员也认识到有必要得到西部议员的支持，以便为实现他们各自的主张争得票数。南部将允许西部掠夺公共土地，以换取它赞成降低关税；北部则以出售公共土地的所得收入分配给各州（以供兴办公共工程和教育之用）。借此制衡北部对贸易保护的支持。国会为此进行了两周的激烈争论（涉及公共土地问题以外许多问题：关税税率、国会法令废止问题、奴隶制问题以及宪法的意义作用等问题）。1830年1月，马萨诸塞州的丹尼尔·韦伯斯特与海因第二次争论，形成支撑争论的高潮。韦伯斯特答辩的主旨是联合至上的国家主权思想。这一答辩也打动了杰克逊，他也自命为州权派，但他认为它决不能用来为不服从联邦法律作辩解。因此他主张联邦必须保全的主张。

对南卡罗莱纳这一废止国会法令，杰克逊迅速采取预防措施以维护国家法令。他一方面向南卡罗来纳增派驻军，命令缉私艇在海关官员遭反抗后负责征收关税。同时向南卡罗来纳人民发布一个文告，要求他们忠于联邦；另一方面请求国会削减1832年关税税率，以平息南卡罗来纳一班人的不满情绪。文告中杰克逊驳斥了卡尔洪的州权言论："一个州废止一项合众国法律的那种权利与联邦的存在不能相容，……为宪法精神所不许可。而且对宪法为之而建立的伟大目标是具有破坏性的。""合众国宪法所形成的一个政府，而非一个同盟，……它是一个全体人民均在其中有代表的政府，直接对人民个人，而不是对各州行使职权……每个州既已放弃许多权利，以便于其他各州共同组成一个单一国家，那么，从那时起，它就不能保有任何分离之权，因为这种分离并非破坏一个同盟，而是摧毁一个国家的统一。"

这是麦迪逊和汉密尔顿所保护的理论，也是韦伯斯特和1861年林肯据以行事的理论。

接着，杰克逊采取了恩威并用的措施，于1833年1月，要求国会通过一个《动用军人法案》，授权总统使用陆海军在南卡罗来纳实施关税法令，同时国会也通过了Henry Clay所拟定的妥协关税率（Compromise Tariff，1833），规定逐步降低全部税率，使之到1842年达到按价征20%。于是南卡罗来纳代表大会再度开会，撤销了废止国会法令公告。南卡罗来纳代表大会之所以改变态度，因南部各州立法机构都否定国会法令废止的理论，也由于南卡罗来纳州存在持强有力联邦主义的少数派。他们不仅反对国会法令废止权，而且表示如果州抗拒联邦政府，将以挑起内战相威胁。危机消除后，全国为杰克逊维护国家最高权威而欢欣鼓舞。在这以后三十年间，美国一直保持低额关税率。

B．反对合众国银行的斗争，这一斗争在杰克逊任职期间占有重要地位。

1812年战争后，国会为恢复金融稳定，于1816年特许成立第二个合众国银行（一家私人银行）（第一合众国银行存在于1791年至1811年），共投资3500万美元，主要投资者是东北部金融资本家和外国资本家。第二合众国银行在稳定金融和促进投资方面起到一些积极作用，它控制银币的贮藏与交换，发行有限纸币，兑换硬币，因而促进金融稳定，提高银行的声誉，减少了远距离货物与交易的困难。因此，自1819年以来，该银行一直经营得很好，不论对于委托它经管经费的政府，还是对于它为之服务的商界，以及对于那些股票持有人，都很有利益。但它在南部和西部仍旧不得人心，杰克逊也同样不喜欢它，认为金钱势力是民主最大的敌人。

1828年第二合众国银行曾暗中反对杰克逊当选，后它以低利贷款给土地投机商，拒绝债务人赎回逾期的抵押物，因而它占有大量的土地，这不能不引起西部农民和私人银行的愤懑。

1832年总统竞选中，第二合众国银行成为两党竞选的中心议题。杰克逊和辉格党亨利·克莱采取了完全对立的立场。

这个银行成立特许存在期间是20年，到1836年届满，是否能延长存在期间，需要事先由国会通过法律。反杰克逊派的政客说服银行总裁比德尔（Nicholas Biddle）在1832年竞选前请求国会发给一个新的执照，他们的想法是：如果国会同意延长它的执照期限，而杰克逊予以否决的话，那将激起舆论反对杰克逊，这样便可把银行的特许状延长与否问题，变为总统竞选中的争议之一，以使杰克逊处于不利的地位。

结果是国会同意了，但杰克逊于1832年3月对延长该银行特许期限的法案予以否决，在否决的咨文中，他宣称这法案不仅违反宪法侵犯州权，而且是政府资助特权的例证，因为银行是为外国投资者与美国特权阶层利益服务的机构，它使"富者愈富，有势力的愈有势力"，而这是以牺牲人民的利益为代价的。杰克逊的这些言论是符合实际的，因而颇为一般群众所赞许和支持。

杰克逊再度当选后，进一步采取极端手段，从该银行提出政府的全部存款（约1.9亿美元），把它们存入各州银行，以加速该银行的垮台。对此，比德尔亦不示弱，采取缩小信贷的手段，制造一个财政上的危机，人为地引起1833—1834年国家经济困难，以使全国人民反对杰克逊。由于信贷紧缩、收回各州银行的欠款、提高汇兑率等奸计，许多企业关门了，工人失业了，地方银行的债券市价跌落。但是比德尔做得太过火了，他的紧缩信贷所引起的经济混乱状态，不仅激起舆论的反感，而且也证明这个"怪物"（当时民主党人称这个银行为"怪物"）的权力太大了，必须加以纠正。结果，在规定设立该银行的法律期限届满前一天（1836年3月），该银行只得转证为宾夕法尼亚州立银行。

杰克逊对合众国银行这一仗是打赢了，但他却输掉了整个战争，因为他只是谴责这个"怪物"，说它不应拥有那么大不受管束的权力，但却忽视了合众国银行在经济上所起的作用，而且后来在相当长的时间内，都未找到合众国银行的替代者，直到1913年才建立了联邦储备制度。

在这场经济斗争中，穷苦农民、工匠和边疆农民一无所获，受惠者只是南部种植园主和纽约市的金融资本家，因为杰克逊推行经济上自由放任政策，就使联邦政府不愿干涉南部奴隶制，而是任其发展；纽约市的银行家，对比德尔的一败涂地也是幸灾乐祸的，华尔街逐渐取代了费城的金融地位，逐渐策划建立一个新的金钱势力，而且大大超过了比德尔历来的梦想。

C. 驱赶印第安人西移的残暴措施

杰克逊任内，把大批印第安人驱赶西移，这主要是满足奴隶主对新土地的要求，在 1829—1837 年间，杰克逊政府与印第安人签订了 94 项条约，夺取了原属印第安人几百万亩（一说 2000 万英亩）的土地，这些条约都是用欺骗、贿赂酋长或强迫的方式把印第安人各个部落驱赶到密西西比河以西去。印第安人稍有反抗，便遭洗劫、杀戮和灭绝。尽管他们与联邦政府签订有许多条约，其中都规定对他们的土地予以保障，但有的州（如佐治亚州）可以不顾这些条约，擅自制定法律，宣布佐治亚西部定居的切诺基部落所拥有的土地为公有（因该地于 1828 年发现金矿，招引来了一大批强暴的白人）。这个部族虽向最高法院申诉，法院也做出判决，认定该州法律无效，但也不能制止得到杰克逊支持的种植园主。

后来，有一部分切诺基人被收买，同意将他们整个部族的那些土地，换取印第安人领地（内布拉斯加）内一个区域和 500 万美元。剩下来的人坚持了几年。但到 1838 年，他们也遭到驱逐，当时美国军队把他们包围起来，赶往西部，约有 14000 名印第安人沿途遭到种种折磨和苦难，死亡者达 4000 人，对于印第安人被迫西迁，史称"眼泪的道路"。对此，美国大文学家拉尔夫·爱默森曾提出了严重的抗议，他写到："自从大地初开，从未听说过在和平时期，一个民族对待自己的同盟者和被监护人时，竟然如此背信丧德，如此蔑弃正义，并对于乞求怜悯的悲鸣如此置若罔闻。"

到 1842 年时，除几个部落外，全部印第安人都被驱赶到密西西比河以西去了，北起苏必利尔湖，穿越威斯康星和艾奥瓦领地，直到密苏里州和阿肯色西部边界，并且沿线建立了一连串军事据点，防止印第安人返回。

杰克逊任内其他政治措施还有：把总统候选人的提名改由政党代表大会提出；把文官职员作为获胜政党分赃的胜利品；联邦政府拒绝资助各州的"内部改善"等。

（三）对杰克逊政治的评价（动态）

长期以来，美国史学界对杰克逊杰克逊政治的评价是有变化的。

首先应提到的是十九世纪美国历史学家詹姆斯·帕顿（James Parton）的《安

德鲁·杰克逊的生活》"life of Andrew jackson"（3 vols.1860, New York）他是辉格党人，对杰克逊怀有党派偏见。他认为杰克逊主义是政府的堕落，杰克逊本人充其量不过是一个无知的边疆童子，卑鄙而愚昧的群众的代理人。这种看法受到同时代历史学家的责难，认为他的结论既不客观，研究方法也是主观片面的。但帕顿的上述观点在十九世纪末一直支配美国史坛。

十九世纪末二十世纪初，一些进步史学家采用经济解释重评这段历史。首先提出与帕顿的观点针锋相对的见解是 F.J. 特纳，他特别强调边疆对杰克逊主义发展的影响。认为杰克逊政治是个地域的而非一般阶级的运动，这一运动的支持者是西部和西南部的拓荒者，他们是西部产生的民主主义、个人主义和民族主义的社会基础。因此，特纳把来自西部拓荒者的田纳西"乡巴佬总统"杰克逊和他所领导的民主运动视为典范，倍加赞赏。他宣称，杰克逊是边疆"人权"和"民主政治"的理论化身。这种观点支配美国历史写作长达二十几年之久。

到 1945 年，特纳的"历史教科书"观点失去了影响。小施莱辛格出版了他的名作《杰克逊时代》。他一反特纳的地区观点，有力地证明了：杰克逊民主"不是一个地区问题而是一个阶级问题"。他认为杰克逊派相信，在"生产"与"非生产"阶级之间，即农工为一方，以商业团体为另一方，两者之间存在着根深蒂固的社会冲突；在这种冲突中，后者借助于他们的资本和权力，独占优势，剥夺工人阶级的劳动果实。

按照小施莱辛格的解释，东部的工人构成杰克逊联盟的主要部分，而杰克逊则同情他们的困境，其政治对手，则是东部资本家们，其政治工具是国民共和党，继之则是辉格党。它们被应用来反对工人阶级和无财产的政党——杰克逊的民主党。所以，在小施莱辛格看来，杰克逊运动，是代表人民利益，反对既得利益的运动，杰克逊本人一直被描绘为杰斐逊的继承人和富兰克林·罗斯福的先驱，因此，他是工人、老百姓和债务人的朋友。这种研究杰克逊的观点在美国迄今仍有很大的影响。

近年来，对小施莱辛格关于杰克逊代表劳工利益的论断，遭到了挑战和批评，有的根本否认杰克逊政治是个工人阶级的运动，认为杰克逊的支持者根本不是普通人民而是刚刚兴起的企业家，也有的认为杰克逊派都是些"更新的，更富于进取心的制造商，他们同陈旧的批发商阶级势不两立"，还有认为"杰克逊政治没有把权力给予美国普通人，而是给予那些雄心勃勃的富有政客"。

二三十年代出现的老左派，如福斯特和丰纳等人对于"杰克逊民主"都是持肯定和赞扬的态度，他们认为：杰克逊胜利领导了农业势力及其同盟者，向银行进行了斗争，终于把对人民进攻的银行打垮；杰克逊得到南部、西部农业势力和北部工人有力的支持，在他的阵营里，还有许多商人和小企业家，他们赞誉杰克逊为资本主义上升时期"杰出的资产阶级民主战士"。

随着研究的深入，美国史学界已对上述历史判断做了重大的更有说服力的修正。

1. 支持杰克逊的力量在很大程度上来自企业家、大种植园主和小农场主，来自工人方面的少得多，他本人既不了解新的企业工人所面临的特殊问题，也没有与工人一致的感情。

2. 他对第二合众国银行的斗争，无疑是个机智的政治行动，但很难说是为了受盘剥的小农场主的利益；对他这种行动的主要支持力量，除了南部种植园主外，主要是来自新的企业集团和从事竞争的银行家，对第二合众国银行的摧毁，常被视为对金融的垄断势力的致命一击，但从其后果来看却引起了争论，它虽结束了联邦对银行信贷的管理，但却使这个国家的金融中心从费城转移到纽约的去了。杰克逊行使否决权次数最多，总统像国会一样是直接代表人民的。

3. 杰克逊最永久性的影响是他对总统职责概念和行政权威的扩大。

参考书目

1. John Spencer Bassett, ed .*Correspondence of Andrew Jackson*, 7vols Washington, 1925—26.

2. J. Franklin Jameson, ed *Correspondence of John C. Calhoun*, *A.H.A. Annual Report*, 1899（Washington.1990, II.）

3. Edward Channiny, A History of the United States, 6vols, New York, 1912—1928.

4. Arther A. Schlessinger jr, *the Age of Jackson*,（1945）.

5. Glyndon G. Van Deusen, *the Jacksonian Era*.（1959）

6. R. Remini, *Andrew Jackson and the Bank War*,（1967）

第六讲　美国工业革命与十九世纪上半期工人运动

（一）十九世纪上半期美国经济的发展

美国革命使美国获得了政治独立，但它取得经济独立则较晚，直到内战结束后（1866年），美国在经济上仍然是欧洲的殖民地（马克思语）。在十八世纪革命战争结束后，美国大部分可用资本都投在航运业、内地商业、土地与奴隶买卖中，当时工业以手工业为基础，规模很小，也很脆弱。在建国初期，不少开国领袖，包括杰斐逊在内，公开反对美国变成一个像英国那样的工业国家，主张美国应从事农业。这种空想虽不能阻止资本家的投资活动，但却影响了美国制造业的发展，所以，在建国之初四五十年，美国大多数制造品仍然依赖英国，英国也把美国看成是重要原料产地和一个有利可图的投资地区。但是，随着美国制造业的逐渐成长，日益减少了对英国商品的依赖，到十九世纪中期，美国开始走上了一条现代化工业国家的道路。

到1840年左右，由于人口的增加，市场的日益扩大，用于生产方面的科技进步，美国经济取得了较显著的发展。

国民收入是衡量经济增长的最好尺度。根据1939年出版的罗伯特·马丁，《1799年—1938年美国的国民收入》一书的统计，1799年—1859年，美国生产总收入稳步上升，但按人口平均收入是在1829年以后才增长起来，到1859年大大超过了1799年[按1879年价格计算，按人口平均（商品）产量，从1839年的64美元上升到1859年的85美元；每一工人产量，从1839年的244美元上升到1859年的330美元]。十九世纪三十年代后期美国经济发展加快了。经济发展加快的原因是：①在市场扩大的基础上建立起较大企业；②经济组织分工更加细密和专业化；③外国资本的大量流入，先后投资于于运河和铁路；④向西扩张，既增加了粮食出口，又在加利福尼亚找到了黄金。

1840年以前，美国经济增长的速度比较缓慢，其原因是农业乃是最大的一个单独经济部门，生产总值的增长略快于人口的增多。内战前，农业是美国生产收入的最大项目。1799 年，农业收入占国民总收入的 39.5%，交通运输业和建筑业分别占 24% 和 7.7%，而制造业和贸易在 1799 年国民生产收入中只占 4.8% 和 5.2%。到内战前的 1860 年，农业的收入相对下降，仍占 31%，而制造业和贸易的比重则大幅度增长，各占 12.1%。

农业的发展固然为工业的增长准备了条件，但只要农业在经济活动中占统治地位，国民收入的增长和人民生活水平的提高只能是缓慢的，只有工业的发展才能使收入和生活水平提高得最快。

经济增长与不景气。美国经济（1790 年至内战前）虽取得了重大进展，但其增长是不稳定的。这是由于这个时期出现了好几次经济危机和不景气，较突出的有 1819 年、1837 年和 1857 年的经济危机，因而引起了经济衰退。

1812 年内战后，美国经济情况尚好，只有美国制造业因英国商品倾销而受到损失。国家银行发行大量钞票，并且采用低利息的信用政策，引起了一股购买土地进行投机的浪潮，加上大量的贸易逆差，就造成了 1819 年经济不景气，这次不景气延续了两三年，直到十九世纪二十年代中期以后。经济情况才有所好转。

1837 年发生的经济危机危害尤甚，而且一直拖延到 1842 年。这次危机是由于国内原因和欧洲方面发生危机造成的。1837 年 5 月间，纽约各银行停止兑付，造成了金融的混乱状态。银行的瘫痪以及随之而来的通货收缩，引起了东部各工商业部门的危机，到 1837 年 9 月，新英格兰全部企业有百分之九十都已关闭，而且逐渐扩展到农业地区。到 1843 年，经济危机达到了最严重程度，各种农产品价格暴跌：

1836年（每磅价格）	1837年	1842年	1848年
棉花（约35升）	15.03美元	0.06美元	0.05—0.09美元
小麦（每蒲式耳）	1.63美元	0.80美元	
奴隶（每个）	1200—1500美元	200—500美元	

南部各州，土地和奴隶价格都下降到灾难性的水平，以致经常出现地方法官拍卖财产的事情，北部城市工人则普遍失业，以致有些人力图西移，以求得生存之道。

1857 年经济危机是由于疯狂的土地投机和铁路股票投机所引起的，但更重要的是英、法两国经济情况的影响。具体地说是克里米亚战争的停止而对美国经济的打击。1815 年至 1857 年，英国由于国内硬币不足，英国投资者不愿再向美国证券投资，因在国内投资可以获得更大的利息。当时疯狂的股票投机活动主要依靠英国的投资，一旦这种资金不复存在，美国的证券价格就下跌了，形成全面的恐慌。在 1857 年至 1859 年，遭到破产的商号其资金总额达 3.5 亿美元。北部受打击最严重，南部受害较浅。尽管有这几次经济危机，总的经济趋势仍是上升的。

（二）美国工业革命

A. 美国工业革命是从什么时候开始的，有几个不同的说法：①十八世纪下半期，英国工业革命开始不久后便开始了；②开始于十八世纪九十年代；③ 1812 年战争以后；④从十九世纪五六十年代开始。这牵涉到对工业革命的开端的标志和解释。

美国资本主义的一般解释：这个时期乃是机器设备代替了人的技艺，非生物的动力代替了生物的动力，以及随之而来的运输的变化，原材料的运用等；有些学者认为工业革命指运用蒸汽动力的铁、钢机器的开始发展，有的认为它是指工业发展的整个过程。所以，一般认为工业革命限定在经济以煤、蒸汽和铁为基础的时期（即 1812 年战争以后开始的时期，到 1900 年达到它的高峰，后来即为第二次工业革命所取代，那时运用了更多的石油、电和机械的动力）。

第二种意见较符合实际，因工业革命是资本主义生产方式从工场手工业阶段向机器大生产阶段过渡的转折点，即在生产过程中，简单工具开始被机器所代替。任何一种机器都包括动力、传动装置和工作机三个部分。工业革命究竟从哪一个部分开始的？动力革命是不是工业革命的开端？根据马克思的说法，工业革命开始的标志是工作机的发明。马克思在《资本论》中明确指出，工具及其十八世纪工业革命中的应用就是工业革命的起点。恩格斯也把珍妮纺纱机的发明作为英国工业革命的开端的重要标志。美国没有发明新的纺纱机，而是由斯莱特（Samuel Slater）从英国引进新的纺纱机，时间正是 1790 年。所以把 1790 年代作为美国工业革命的开端是有根据的。C.D. 莱特在十九世纪末出版的《美国工业革命》（*Industrial Evolution of United States*，New York，1895）一书中，就把斯莱特按照英国人的设计在美国造成纺纱机这个日子作为美国工厂制的起点。

美国工业革命是什么时候完成的？其完成的标准又是什么？根据马克思主义看法，用机器制造机器，即机器制造工业的机械化是工业革命完成的主要标志，就整个美国来说，工业革命大致是在十九世纪八十年代，南部重建以后完成的。就地区来说，北部到十九世纪五十年代已开始用机器制造机器，工业革命基本完成，而南部当时仍是个落后的农业地区，在经济上依附于美国，是美国棉纺工业的原料市场。所以，到 1860 年，美国工业总产值虽已跃居世界第四位，但仍未摆脱对英国的依附状态。所以马克思说："目前（1866 年）的美国，仍然应当看作欧洲的殖民地"。

美国工业革命，像英国一样，也是从棉纺织业开始的。殖民地时期，棉纺织业一直是北美殖民地的家庭手工业，但都是使用旧式纺轮和织布机。后来，英国禁止输出新发明的纺织机器，禁止技工外流，以确保英国棉纺织业的领先地位，这使得美国的棉纺织业不能分享先进技术，一直处于落后状态。

1790 年，美国工业发展史上出现了一个重大的转折，即被称为"美国制造业之父"的斯莱特（1768—1835）成功地引进了英国的先进技术，在美国制造出新型纺纱机并在罗得岛的波特基特（Pawtucket）建立了仿造英国管理体制的纺纱厂。斯莱特原是英国德比郡的纺纱工，1789 年化装成农家子弟悄然离英去美，与美国商人合作，仿制新式纺纱机成功，使美国棉纺织进入了一个新的发展阶段。接着马萨诸塞州一个著名的发明家艾利·怀特尼（1765—1825）于 1973 年发明了轧棉机，使脱棉工序的效率比人工提高了 50 倍（美国奴隶使用轧棉机每天可以轧 50 磅棉花，从而能够充分满足日益增长的纺纱环节对棉花的需要。到 1815 年，根据国会报告，全美共有 170 家纱厂，134214 纱锭，其中最大的工厂是斯莱特最初创办的纱厂）。

接着，美国的炼铁工厂和采煤业也发展起来了。1816 年，在远兹堡附近建立了炼铁厂。不久后，铁工厂雨后春笋般发展起来，其范围和生产过程都扩大了。到 1850 年，铁的年产量达到 60 万吨，1860 年达百万吨。随着铁工业的发展，宾夕法尼亚州的采煤业也有了进一步发展，1820 年煤的产量是 5 万吨，1860 年则达到 1400 多万吨。其中 2/3 是无烟煤。十九世纪三十年代，炼铁工业开始用无烟煤代替木炭，接着用无烟煤提炼的焦炭代替了木炭。（1769 年瓦特发明蒸汽机。）

美国早期工业，其动力在很长一段时间依赖水力，因水力成本便宜，而蒸汽动力成本则高得多。甚至在煤炭比较充足的宾夕法尼亚也是如此。据估计，1839年蒸汽动力比水力约贵四倍，且早期的蒸汽机笨重不方便，效率不高。但在有些地方水力不够用，而燃料却很便宜，如新英格兰某些城市，便开始用蒸汽机。到五十年代，水力和蒸汽动力究竟哪个好的问题，仍在激烈争论，但到内战爆发时，在迅速发展的美国工业中，蒸汽动力已占有压倒性优势了。

交通运输的发展：美国地大物博，资源丰富，国内也有广大的销售市场。这对发展经济极为有利，但如果没有发达的、便利的水陆交通运输网，这些有利因素也就不能真正发挥作用。

革命后，改善内地运输成了紧迫问题，那时的"道路"并不比印第安人的羊肠小道好些。柯克兰（Kirkland）在《美国经济史》中说："在1812年战争时期，一车货物可以沿陆路从缅因的奥古斯塔（Augusta）运到佐治亚（Georgia）的萨凡纳（Savannah）城，但需115天，运费每车14美元。"为了改变这种落后状态，在十八世纪末就开始了一个大规模的筑路运动：①从费城到宾夕法尼亚州的兰加斯特的大道；②昆布兰大道：从波托马克河上游的坎伯兰到俄亥俄河的惠灵，后又在十九世纪初延伸到了伊利诺伊州的范达利亚。这条大道越过阿巴拉契亚山脉，打开西部的大门。

运输事业的另一改进是发展运河系统，水路运费比陆路运费大大降低了。伊利运河是首先建筑的大运河（1817年开始修建，1825年完成）从阿尔巴尼到布法罗，全长约360英里，它的建成使纽约成为一个吞吐货物的大港。接着，又建筑了其他运河，把河流和湖泊联系起来。在俄亥俄河以北，西至伊利诺伊州建立了整个内河航运港。因运费大大降低，水运货物大量出现。

河流运输也发展得很快，1807年，富尔顿发明的汽船（快速解决逆水航行问题）在哈德森河下水，从纽约到阿尔巴尼全航程150英里，木帆船最快需走两天，而用汽船只需8—10小时，同样的旅程用马车需走15—20小时，花费7.8美元，而用汽船只需5美元左右。总之，汽船在当时比任何其他运输工具既快，又便宜舒适。因此，各条河流上都出现了大批汽船。到1851年，内地各河上约有600艘汽船在航行，马克·吐温在他的《密西西比河上的生活》一书中描绘了早期汽船航行的情景。

交通运输最大的变革是铁路的修建和火车的发明。美国第一次使用蒸汽火车机车是美国制造的。美国修筑第一条铁路是 1828 年至 1829 年修造的巴尔的摩至俄亥俄的铁路，火车行驶于巴尔的摩与首都华盛顿之间，以后很快又修造其他铁路，到 1850 年全国共有铁路 9021 英里，长度超过英国而跃居世界第一位，到内战时，全国铁路已长达 3 万英里，电报业也配合铁路而有相当的发展。

但是，铁路的修建，也像其他新生事物，并非一帆风顺，而是遭到各方面的反对和嘲笑。首先是运河和公路公司的反对，因为铁路修建触动了他们的利益，他们反对颁发修建铁路的特许状。有些人嘲笑火车，认为它不安全可靠，鼓动骑车同火车赛跑；还有的医生说，火车的高速运行会引起脑震荡，会七窍出血。尽管如此，铁路仍以飞快的速度发展，很快地击败大路驿车、运河、内河汽船的竞争，成为客货运的主要工具。庞大的铁路系统不仅促进了美国各州工业的发展，加快了工业革命的步伐，而且把移民源源不断地输送到西部和边疆，使西部同工业发达的地区联结起来，对美国整个的经济发展产生了极其重要的影响。

技术革新和修建铁路所需要的资本，往往是一个发展中国家所难以筹措的，十九世纪初期，美国经济发展的资本有以下几种来源：①一部分资金从商业和航运业转到制造业，用来发展工业；②商人们利用他们获得的利润再投资，以增加厂房和机器；③政府对促进铁路的资助，联邦政府降低进口路轨的关税，把沿线土地拨给铁路公司等；④更重要是外国资本——特别是英国资本流入美国，到 1853 年英国资本握有铁路债券总额的 6%。

北部工业革命的完成。美国是个幅员广大的国家，南、北、西三个地区经济发展的差别很大，因而它们工业革命的发展是大不相同的。其中南、北之间差别最大，从经济发展的角度来看，南部远远落后于北部。到 1850 年，北部工业产值为 8.45 亿美元，而南部工业产值只有 1.28 亿美元，只占北部的 1/6 左右。

到十九世纪五十年代，从北部的经济和技术发展状况来看，工业革命已接近完成，其重要标志是：①当时在各个工业部门中处于领先地位的纺织工业得到了迅速发展，并且基本上实现了机械化。纺织业，特别是棉纺织业的一切变革和变化对于美国经济制度都有重大的影响。②十九世纪五十年代，美国已开始使用机器制造机器，初步奠定了机器制造业的基础。

美国机器制造业发展虽然晚，但它一开始就和先进的标准化生产方法密切联系在一起，创造了机器制造业中的"美国体制"，用标准化方法生产机器部件，规格一致，可以互相替换安装，因而无论在装配或修理机器时，都很容易找到所需要的部件和零件，这样既可节省时间，提高工效，又可为大规模生产开辟广阔的前景。

十九世纪上半叶，可说是美国工业迅速增长的时期。这个时期最重大的事件是：地区的扩大增加了资源的基础，普遍采用动力和机器，建立了工厂制度，出现了企业公司。而这个时期美国经济的成长和发展，主要依靠交通运输的改善，汽车、铁路和电报把大陆联结成一个完整的、富有生命力的经济体。低廉的运输费用既促使制造业产品降低了成本，又促进了地区专业化和市场的扩大和商业的繁荣。这一切都为美国成为工业化的国家奠定了有利基础。

参考书目

1. 列宁：《给美国工人的信》，《列宁全集》，第 28 卷。

2. G.C 菲特：《美国经济史》，辽宁人民出版社，1981 年，（第 9 章—15 章）。

3. 福克纳：《美国经济史》，商务印书馆，1964 年。

4. 张友伦：《美国工业革命》，天津人民出版社，1981 年。

5. Victor S.Clark，（ed）*History Manufactures in the United States* 2vols，1929.

6. E.C. Kirkland，*Industry Comes of Age*，1961.

7. Douglass C.，North，*the Economic Growth of the United States，1790—1860*（1961）.

8. Stuart Bruchey，*The Roots of American Economic Growth 1607—1861*（1965）

（三）十九世纪上半期工人状况与工人运动

a. 工人生活及工作状况

随着工业的发展、工厂制的建立、近代交通运输业的兴起，美国社会阶级关系发生了显著的变化。拥有生产资料的资本家，代替了旧日的手工业（作坊）主，工匠逐渐沦为受雇佣的工人，雇主和雇工的界限分明了。（美国资本主义就是靠无情地剥削工人而发展起来的。）十九世纪二十至三十年代，美国工人工作日平均为十二小时半，男工每天工资约为一美元，比同时期西欧工人工资高 1/3 到

1/2。女子每天工资不及男工的一半，童工收入则更低，根据当时物价，工人工资很难养家糊口，有个较典型的材料：那时在纽贝利波特（马萨诸州北部）有个纺织工人丹尼斯·利尔，全家八口人，有六个孩子，都去做工，但是他们每周所得工资，不过是十五六美元。况且许多工厂很少以现金支付工资，而是发放购物券工资，工人只得用购物券在厂方开设的小商店购买日用生活品，价钱高于市面。

工人住房情况也非常恶劣。在人口众多的大都市里，他们多数并无栖身之地的。有份材料说，五十年代，纽约约有 18000 人住在地下室，用一两分钱就可以买一捆稻草在那里过夜，地下室潮湿，没有光线，经常发生传染病。工人们在这样的环境中过了一夜，白天又得去从事繁重的劳动了。

工厂里卫生条件很差，没有安全设备，生命与健康都毫无保障，工人因欠债而被捕入狱的很普遍；为了反抗剥削和压迫，工人开始组织工会和进行斗争。

b. 工人运动及其特点

十九世纪三十年代，一种明确的工人运动还处在形成阶段，到五十年代，有些行业的工人已经完善地组织起来了。

第一次工会运动的高潮是 1825 年至 1837 年间。美国经济史学家爱德华·柯克兰在《英国经济生活史》一书中写到："1830 年到 1837 年，全国被钳制在历史上少有的放肆剥削与工业扩张，工人组织像雨后春笋一样纷纷成立。"印刷工人、建筑工人、制鞋工人、纺织工人、码头工人组织的工会数目增加了好几倍。

1834 年，美国第一个全国性工会联合会——全国职工联合会宣告成立，许多工会出版了报纸，"世界第一个工会期刊《机器工人自由报》于 1828 年到 1831 年在费城出版，比英国类似的期刊早出两年。"接着劳工政党也出现了，1829 年在纽约成立劳工党，到 1834 年，劳工政党数达 61 个，但劳工政党成立不久后即消失了，往往为杰克逊的民主党所吸收，或成为纽约和费城的民主党的激进派。

这一时期，工人提出的政治、经济要求有：① 10 小时工作制，改善劳动条件；②实现男子普选权；③争取制定财产监督权的法令；④废除穷人因欠债而被判刑坐牢；⑤要求实现初级义务教育，争取工人子女受教育的权利等。工人群众在工会的组织下，不断举行罢工，但他们的斗争经常遭到政府和厂主的镇压，法院常以工人罢工和参加工会为违反整个社会利益的行动，判处其"阴谋罪"或"密谋罪"。

经过工人的不懈斗争，取得一些成果：① 10 小时工作日，有 7 个州于四十至五十年代通过 10 小时工作日法，但有漏洞，如工人订立较长工作日合同，就须将劳动时间延长，非技术工人劳动时间更长些；②实现男子普选权；③雇主破产时，工人工资得到补偿；④因负债而被判坐牢废除了；⑤北部实行普及义务教育，工人子女可进公立学校接受教育；⑥工会合作组织的活动，不再被认定是密谋，工人有罢工的权利。

这个时期工人运动的特点：

a. 它是在大批移民进入美国的条件下发展起来的，因而工人流动性大，民族成分复杂，语言不大通；因而统治阶级常采取分化政策，转移本地工人的视线，造成民族间的隔阂。

b. 工人群众的斗争很少带有政治色彩，即使提出工人应享有平等的政治权利，也属于资产阶级民主的范畴，且以杰斐逊等人的民主制为其指导思想，因此，工人运动是在民主党影响下进行的。独立的政治行动尚未真正开始。

c. 由于美国的具体条件，如"自由土地"的存在，移民众多等，工人和团体领袖指出了不少改善工人生活、劳动的方案。但多属于空想社会主义的方案，如 1825 年欧文曾创立了许多团体，其中著名的有印第安纳的新和谐移殖区。傅立叶的追随者在美国旁建立 40 个法伦斯泰尔即农业—手工业协作社，系生产、消费和居住于一体，约有 1500 至 2000 人参加，公共收入按劳动、资本和才能分配。福斯特对空想社会主义者在美国建立的协作社及其失败的评语："这些小岛般的移殖区是工人制造出来的，他们在资本主义的汪洋大海中是无法维持生存的，他们不可避免地要被这个大海吞没掉。"（《美共党史》，中译本，第 13 页）果然不久，这些协作社都瓦解了。空想社会主义的意义：不愿接受资本主义雇佣劳动制，想独立地创办自己的事业。

d. 工会兴衰的周期：工会组织在经济繁荣时期发展很快，但到经济危机时期（1827 年至 1842 年，1857 年以后）又都解体了。危机期间，企业倒闭，工会因而自行解体，到工业复苏时，工会才又恢复，活跃起来。

参考书目

1. 丰纳 .《美国工人运动史》(中译本)，1956 年，第一卷，第 7 章至第 12 章。

2. E.C.Kirkland， *A History of American Economic life.*

3. 威廉·福斯特，《美国共产党史》，世界知识出版社，1957 年。

4. J. R.Commons，History of Labor in the United States，New York，1921.

5. J.R.Commons，et al.des.Documentary History of American Industrial Society， 10 volums 1910—1911.

第七讲　十九世纪上半期美国西进运动

西进运动是美国的一种特殊历史现象，它从十八世纪末开始，直到十九世纪末为止，历时一个多世纪之久。西进运动是美国由东向西不断扩张领土的运动，是一个群众性的移民运动，无论就其规模或就其影响来说，在整个世界近代历史上，它都是绝无仅有的。

（一）西进运动与美国领土扩张

一平方公里 =0.38 平方英里

一平方英里 =2.59 平方公里

美国现在的版图面积 3615000 平方英里

美国领土扩展表

13个殖民地原有面积	30多万平方英里
独立后，美国西部边疆延伸到密西西比河时面积	50多万平方英里
1803年购入路易斯安那领地的面积	80多万平方英里
1810和1819年夺得东西佛罗里达领地	近6万平方英里
1845年得克萨斯	近40万平方英里
1846年据有俄勒冈	近30万平方英里
1848年侵占新墨西哥和加利福尼亚	50万平方英里
1867年购入阿拉斯加	57万平方英里

这样，到1867年，美国领土已猛增到约340万平方英里，几乎与当前美国的版图差不多了。

A. 美国领土扩张的不同性质

从表面上看，西进运动具有强烈的扩张性，在不到一个世纪里，领土扩张了10倍多。美国扩张领土的方式有：①强占印第安人土地；②购买；③侵占主权国家的领土；④夺取殖民国家的殖民地。由于美国领土扩张的对象不同，其性质亦不同：①强占印第安人世代生息的土地和残酷屠杀印第安人是灭绝种族暴行，应予谴责；②购买路易斯安那是与殖民国家的一笔交易；③夺取佛罗里达和俄勒冈等地区是与西、英等殖民国家较量，属于殖民地争夺性质，结合当时历史发展的具体情况；④使美国的政治经济制度代替了英、法、西、俄的殖民地制度，乃是资产阶级民主制对封建君主制的历史性胜利，从当地居民来看，则是摆脱殖民压迫，逐渐加入美国成为其组成部分的过程。用门罗宣言的话来说，也是美洲非殖民地化的过程；⑤侵占主权国家如墨西哥的领土自然具有侵略的性质。

另外，还应指出，美国领土扩张在一定时期内具有反对殖民地压迫、争取和巩固民族独立的意义。

B.西进运动（领土扩张）的障碍

第一个障碍是 1763 年巴黎和会所规定的分界线，即沿阿巴拉契亚山脉的山顶所形成的分界线，禁止殖民地人民越过这一分界线向西移殖。美国独立后，根据 1783 年和约，废除了这条分界线，把阿巴拉契亚山脉以西直到密西西比河这一大片印第安人游牧的土地，给予美国，使其领土增加一倍以上。

路易斯安那这个主要地区为外国所占有，是美国向西扩展的第二大障碍，这个广大地区东起密西西比河流域，西起落基山脉。南北长 1000 多英里，美国人把欧洲人在 Mississippi River 流域的权益看成是对美国独立和发展的威胁，因此必须尽一切可能排除这个障碍。1803 年美国以 1500 万美元从拿破仑手中购买了路易斯安那这片广大地区，其面积约 80 万平方英里，约为现在美国版图（阿拉斯加除外）的 1/4，每英亩只付 4 美分，这一地区土地肥沃、资源富庶。因此，这是一次代价很小，而意义很大的而购买，其意义一是使美国获得了作为一个大国的重新发展的机会；二是使密西西比河成为美国的内河，许多过去与法、西等国的矛盾都迎刃而解，难怪特纳说，"路易斯安那的购入，使密西西比河流域获得了政治上的完整，其后果是意味深长的恶"；三是这块领地在历史上数易其主，边界难以确定，这给美国"随意解释"其边界提供了方便，从而使它得以不断做进一步扩张。

C.美国早期的领土扩张，对其社会经济的重要影响

①西部土地的开发，使美国保持了一个人数不多的小农阶层，为美国资本主

义提供了坚实的社会支柱；②拥有待开发的辽阔领土和资源是促进美国经济发展的重要有利因素，涌向西部的众多移民不仅为开发西部提供了劳动力，而且又为发展美国经济提供了广阔市场；③西进运动与西部开发，对美利坚民族国家的形成和巩固具有重大影响。列宁在1917年写到："由于美国资本主义的发展具有特别有利的条件，并且特别迅速，这个国家的巨大的民族差别就比世界上任何一个国家都更加迅速更加彻底地消失，成为一个统一的'美国'民族"（《列宁全集》，23卷，第283页）。

D. 对美国领土扩张的评价

它一方面给这一地区的原有居民（印第安人）造成了痛苦和灾难，对印第安人的驱逐和屠杀是人类历史上罕见的血腥暴行，是美国历史上洗刷不掉的污点。我们应该从道义上对印第安人的遭遇寄予同情，对殖民者的暴行给予揭露，对印第安人的抗争加以歌颂。但从历史发展的方向来看，西进运动的产生和发展是顺应历史潮流的，是任何人都难以阻挡的，在这股历史潮流冲击下，印第安人原始社会逐渐解体，为新的资本主义社会制度所取代。

正因如此，马克思从来不仅仅从道德标准去评判"西进运动"所发生的一切，他既谴责美国对印第安人的屠杀，又指出西进运动的巨大意义；他明确反对美国对墨西哥的"侵略"，又指出这一事件在墨西哥所起的进步作用。这种评论体现了历史辩证法的思想（《马克思全集》，26卷，第326页）

（二）西进运动与移民

A. 美国向西部边疆移民是群众性运动。

在西去移民中，从阶级成分来看，有南部的奴隶主，力图把奴隶种植园制推广到广大的西部；有北部土地投机商，他们想夺取广大新的农田，投机倒卖，大发横财；但人数众多的，而且是开发主力的是较贫困的老百姓，其中既有东部的贫民，也有来自西欧的移民。东部人口较多，又缺少土地，因而他们难以谋生，想去西部广大荒野开垦农田。出于这些欲望和追求，就产生了一种锐不可当的西进运动。

去西部移民大体可分为两个集团：①利用自然的集团，由皮货商、牧羊人和猎人、探险人员组成，他们去边疆主要为了猎取野兽，与印第安人进行皮货贸易，这个集团人数不多；②征服（开发）自然的集团，这是由一批又一批拓荒者构成，其中既有牧民，又有采矿者、投机商、建立城镇者和从事耕种的农民。后者都以西部作为归宿而定居下来，从而形成西部早期移民的主体。他们的任务不是单纯的适应，而是征服：除杂草、砍树木、驱逐和杀戮印第安人，修道路，出售已经营的农田，又往西移，想获得更多更好的土地，建立小村庄，后来发展为城镇。

一般来说，利用者走在征服者之前，但这种划分在荒野条件下经常发生变化。

从十九世纪开始，特别是二十年代以后，由于土地改革的放宽，西进运动逐渐演变为真正的群众运动，一部分涌向老西南部（不久密苏里和亚拉巴马正式成为州，加入联邦），一部分涌向老西北部（创立了印第安纳和伊利诺伊），到1840年出现了往西的高潮。在1820年至1850年期间有400万人移往西部，其中既有西部来的，也有来自欧洲的德意志人、爱尔兰人和斯堪的那维亚人，到19世纪中叶，便汇集成股股巨流，涌往西部边疆。

在通往西部的道路上，移民的马车队络绎不绝，这种车队少则几辆，多则几十辆。为了互相照顾和防备印第安人的袭击，他们往往同时出发，同时留宿，犹如组织严密的"军队"，形成世界移民史上的奇观。这种群众性移民引起了美国人口的大迁移：据统计，密西西比河流域的人口在1790年以后50年内，由原来占全国人口1/4上升到1/3。到1850年代，每十个美国人中就有一个从一州移往另一州，而东北部一些老州人口移出比例达1/3。这说明"西进运动"牵动了整个美国社会。

B. 西进运动与土地问题

西进运动发展成为群众性运动需要有两个前提条件：①进一步清除西部的欧洲殖民势力，为移民西去扫清前进的道路。1812年至1814年美英战争的胜利，把英国势力赶到五大湖以北去了，从而完成了扫除障碍的任务。②需要为移民群众提供必要的物质保证，使移到西部的人有安身立命之地。首先需要一笔经费，供他们跋山涉水地迁徙和购置基本生活资料之用，而一般穷苦移民却很难筹措这笔经费。更重要的问题还是如何为移民提供廉价土地，因为这才是移民所渴求的主要目标，也是他们创业的基本条件，不解决移民的土地问题，就根本不会有"群众性移民运动"，更谈不上开发大西部。

1784年至1787年，美国政府先后制定了三个土地法令（1784年、1785年、

1787 年），试图解决移民们早就渴望解决的土地问题。这三个法令为美国西部土地政策奠定了一些基本原则，在西进运动中起到巨大作用。这三个法令的基本精神有以下几点：①以法律形式宣布西部土地为国有，然后分块出售给移民的政策，因而为西部确立自由农民土地所有制准备了条件；②制定了一个西部市政建设的基本方案，规定了一个由"领地"到州必须遵循的大致程序，因而为西部发展勾画了一个初步蓝图；③它们载明不允许实行奴隶制的条款，从而有利于把西部变成"自由劳动"广大地区。但是它规定土地出售最小单位为 640 英亩，每英亩两美元，贫苦农民很少能买得起，因而大部分土地被投机商买去，后来因西进运动的兴起与移民的需求压力，美国西部土地政策也在不断改变：a.降低出售土地单位，把开始规定的 640 英亩，降为 320 英亩，最后到 40 英亩；b.降低出售土地的价格，最后把出售政策改为免费分配政策。这些政策从 1801 年杰斐逊执政开始，到 1862 年林肯颁布《宅地法》时完成。这样广大移民渴望获得廉价土地的要求基本实现了，这就最终在西部普遍建立了自由农民土地私有制，开拓了农业上的美国式道路，从而为美国在西部统治和开发打下了一个稳固的社会经济基础。这是美国在西部殖民取得成功的奥秘。

C. 西部的"美国化"进程

随着西进运动的进展，西部也经历了一个逐步"美国化"的过程，这个过程大致可以分为三个步骤：①移民自由占领土地的"占地运动"；②设置"领地"；③正式建州。这些步骤是由 1787 年制定的"西北条例"所规定的。实际上，美国 50 个州中，除阿拉斯加和夏威夷外，有 29 个西部州，都是先建领地，而后才正式建州的。在未正式建州前，各领地须由国会指派一个总督和三个法官管理，但未享有与各州一样的平等权利，它出席国会的代表不具有代表权，但它有个民选的立法机构，实行一种有限的自治，当领地拥有 6 万居民时，便可以"平等地位"加入联邦。这与欧洲国家以往的殖民制度不同，因而有些美国历史学家否定美国有殖民地。实际上，西部就是美国的殖民地，而且马克思认为是"真正的殖民地"，即"自由移民所开拓的处女地"。但是，美国"西部"与欧洲列强的殖民地有一些不同之处：①领土临近论。美国西部与欧洲国家的海外殖民地并不完全一样，它与美国最初的 13 个州是连在一起的；②欧洲列强的许多殖民地实际上从未被真正征服过，它们的统治经常遭到文明民族的长期反抗，而美国西部则最终纳入版图，成为美国的组成部分。

西部领地正式加入联邦成为州后，西部的殖民地性质仍未完全消失，它在经济上仍是美国的殖民地。

（三）西进运动与西部开发

美国原来一直处于原始的荒野状态，但西进运动开始后，经过二代、三代乃至几代人的努力，这块一望无际的荒原逐渐变成资本主义文明的"宝地"。但这是拓荒者披荆斩棘劳动的结果，他们的生活也是非常艰苦的。在森林茂密和一望无际的草原上，没有道路，只有印第安人踏出的羊肠小道，到达拓荒地，先得搭起小木屋，清除杂草，开垦耕地，及时下种，起初种玉米，后改为小麦。随着移民的增多和开发的扩大，农业和畜牧业齐头并进，工矿业和商业互相促进，交通运输和贸易日益发展，成为现代美国极为重要的地区。

十九世纪上半期拓殖西部的主要进程

由于开发的艰苦生活，移民无论年纪大小，也无论男女，都得靠双手付出劳动，以改变自然环境，使之适于人们定居，因此那里儿童启蒙教育第一课不是亚当，而是斧子。

首先开发的西部地区是十九世纪二十至三十年代的俄亥俄河流域。在十九世纪初，那里百分之九十是森林，经过拓荒者年复一年的艰苦劳动，到1840年左右，这里已成为生产小麦的地区，每年收获量达1600万—1700万蒲式耳（1蒲式耳=3.6市斗）。随着移民潮流向西推进和垦荒区逐渐扩大，小麦生产地区逐渐伸展到印第安纳和伊利诺伊，六十年代更伸展到威斯康星和明尼苏达，小麦产量因而激增，使整个中西部成为小麦王国，成了美国的面包篮。小麦和玉米主要运往东部和向欧洲出口。欧洲因克里米亚战争而增加了对美国粮食的需求。

当俄亥俄河和密苏里河以北地区发展成为小麦王国时，密西西比河下游地区逐渐成为棉花王国，这个地区包括密西西比州，亚拉巴马州和路易斯安那等州。南部的棉花生产是十九世纪二十年代才开始的，但生产量增长迅速，1801年美国产棉只有21万包（每包400磅），1859年增至540万包，其价值为美国全部出口总值的一半以上，这个棉花王国是建立在大种植园奴隶制的基础上的，1850年在美国，将近60%奴隶被用于种植棉花。这个棉花王国实际上也是先由自耕农和小生产者开拓出来的，后来奴隶主见到有利可图，才大力经营棉花种植园，即便在奴隶制全盛时期，小农在该地区仍占多数，他们后来被迫移往山区，成为南部的贫穷白人。

在小麦王国和棉花王国以西的大草原上，还兴起了第三个王国，即"畜牧王国"。辽阔的西部大草原，水草丰富、气候温和、阳光充足，是世界上最好的天然牧场之一。这个王国包括堪萨斯，内布拉斯加，科罗拉多和怀俄明，犹他州和达科他等，但它的最大中心却在德克萨斯，那里简直成了牧牛人的天下，1860年全州畜养的牛达500万头，那里牧场大得惊人，5万至10万英亩的牧场是中等的，有的大牧场拥有土地100万英亩以上，拥有牛群10万头，还有养羊的牧场。

这个畜牧王国是怎样发展起来的？ R.H. 布朗在《美国历史地理》（中译本）一书中有一段形象的描述：由于移民所经过的"大道附近牧草逐渐减少，尤其在每一移民季节的最后几个星期牧草更少。有创业精神的人们看到了这种情况，便在道路沿途各个地方居住下来，为过往的车队供应当地出产的干草或经过人工照料的牧场。这种早年的路旁牧场相当于现代的加油站，这种牧场经营者也用其他方式经营，例如买卖牲畜和修理车辆等。这是大草原的畜牧业的开端。在历史上，一般称早期畜养的牛为'移民牛'，因为他是移民从东部带来西部的"。

这三大王国的产生预示了美国农业帝国的兴起。

参考书目

1. F.J.Turner，The Significance of frontier in American History，New York，1921;The Significance of Section in American History，New York，1932. 中译文参见《美国历史学家特纳及其学派》，1984。

2. G.C Fite 等:《美国经济史》，辽宁人民出版社，1981。

3. R.H. 布朗:《美国历史地理》（中译本），商务印书馆，1990

4. R.A.Billington，*Westward Expansion*：*A History of the American Frontier*（4ed），New York，1976

5. Frederick Merk，*History of the Westward Movement*，New York，1980

第八讲　奴隶制与南北矛盾的日益加剧

美国有些学者称美国南北战争是"不可制止（控制不住）的冲突"，有的学者还以此作为著作标题。如阿瑟·施莱辛格著《不可制止的冲突：1850 年—1865年》（纽约 1934 年），事实确实如此，南北两种社会制度之间的矛盾"，随着时间的推移，越来越剧烈，终于爆发内战。

马克思曾指出过："黑奴制——纯粹的工业奴隶制——无论如何将随着资产阶级社会的发展而消失，而不能与之并存；黑奴制度是以这种发展为前提的……"但是奴隶主寡头是不会自动退出历史舞台的。

（一）美国的两种制度——奴隶制和雇佣劳动制——的不同发展

A. 北部资本主义的迅速发展。在 1850 年至 1860 年间，北部在自由雇佣劳动力的基础上，工业产值有较迅速的发展：工厂数目增加，工人队伍扩大，工业总产值增加一倍（由 1850 年 10 亿美元增至 1860 年 20 亿美元），工业资本主义的发展以东北部各州为中心。北部工业产量占全国总产量的 75%。在 1850 年至 1860年期间，美国人口由于欧洲的大量移民而迅速增加，1850 年为 2300 万人，1860年增至 3100 万人。人口增加有以下三个特点：①工业人口的增加更大些，特别是东北部各州工业人口的增加更大些；②城市人口增加迅速。1810 年还没有一个城市超过 10 万人，这反映了美国资本主义工业化的进程，也加剧了城乡对立；③西部人口增加特别快，10 年内增加了一倍，使西部成为一个新兴的工农业生产的地区，它与北部之间的联系日益加强。

随着工业的发展，联系东西部的铁路、运河等运输线的修建，国内市场日益扩大，这为北部基础工业的发展提供了有利条件。内战前，美国修建的铁路长达30000 英里，但主要是在东北部各州（有 22000 英里长的铁路）和西部，南部所占比重较少。铁路运河的兴建也刺激了对钢铁、木材、水泥和煤炭的大量需求，而冶金工业和军火工业几乎全部集中于北部，全国银行资本的 4/5 集中在北部。

B.南部种植园经济日益没落

南部种植园经济是以剥削奴隶劳动为基础的，进行粗放耕作的农业经济。当时经营的主要产品是棉花，自从惠特尼的轧棉机广泛应用后，弹原棉的功效大大提高。据统计以前一个奴隶几乎要用一天弹一磅原棉，使用轧棉机后，每个奴隶每天平均约弹 150 磅棉花，后来使用蒸汽机后，每天人均弹 1,000 磅棉花。这样棉花生产迅速地扩大了，生产棉花迅速向西推广到亚拉巴马，密苏里，路易斯安那，阿肯色，田纳西和得克萨斯，奴隶的劳役制也因而迅速扩展。1850 年至 1860 年，南部棉花生产由年产 10 亿磅增至 23 亿磅（540 万包），其中 3/4 输往英国，占美国出口总值一半以上。无怪乎种植园主热衷于植棉事业，力争扩大"棉花王国"的领域。这却导致他们与西部农民的冲突。

随着棉花生产激增，奴隶数目也剧增，在 1840 年至 1860 年期间，奴隶由 220 万增至 400 万人，占有 100 奴以上的大奴隶主只是少数（1850 年只有 1700 多户大奴隶主），他们就是奴隶主的寡头。同时，南部还有许多小奴隶主和"白种穷人"。四个白种人只有一个是与奴隶制直接有关的，但是大奴隶主的政治势力很大，奴隶制决定了南部整个社会生活方式。奴隶主害怕奴隶起义，因此南部都为半军事化的统治，在这种军事统治下，奴隶被剥夺一切权利，他们生命和可怜的财产都为奴隶主们所支配。奴隶的工作时间每天从早 4 点持续到晚 9 点，并受到奴隶主监工的严密监视。尽管禁止奴隶输入美国，但因生产棉花有利可图，内战前非法的奴隶贸易仍在进行。每年非法运入的奴隶达 25000 人之多，从原各蓄奴州运往墨西哥湾沿岸一带的奴隶，有 100000 人之多。奴隶是以拍卖方式出售的，家庭常被拆散，父母子女被惨无人道地拆散，各去一方。1860 年一个奴隶的价格已涨到 1800 美元，但养活一个奴隶每年平均花费只有 20 美元左右。这表明黑奴在种植园内所受的残酷剥削和压迫。在忍无可忍的情况下，黑奴也会密谋起义，但都遭到残酷的镇压，所以他们对奴隶制最有效的抗议方式，不是正面的斗争，而是逃亡，即在废奴主义者帮助下，通过他们建立起来的"地下通道"逃往北部或自由州去。从 1830 年至 1860 年通过"地下通道"获得自由的黑人不少于 60,000 人。

在种植业日益发展的情况下，奴隶主所获利润大增，但也带来了两方面的问题：①当时南部种植园农业生产仍停留于粗放耕作阶段，农业技术很落后，主要靠监工的皮鞭来强制奴隶劳动。奴隶在过度劳动、饮食质量低劣的情况下，大约干七年就要丧命，同时，由于怕奴隶造反，奴隶主禁止黑奴学文化和提高技术。因此南部经济，特别是工业非常落后。1861 年南部各蓄奴州工业生产量只占全国总产量的 8%。②由于奴隶生产棉花等农作物的方式，消耗土地肥力很快，而种植园主又不施肥、改良土壤，所以他们只有不断扩大新领地，开辟新的种植园，使用大批奴隶来经营才有利可图。因而奴隶主及其政治代表就企图用不断扩张势力范围的办法来挽救自身危机。对此，马克思曾指出："不断扩张领土，不断扩展奴隶制到旧有的界限之外，却是联邦各蓄奴州的生存规律。"（《马克思全集》15 卷 327 页）所以在扩展奴隶制的企图不能实现时，他们就凭借其政治上的优势，甚至不惜使用武力，以扩大他们的地盘，据有全美的领土。

（二）两种社会制度矛盾斗争的关键问题

A. 对广大西部"自由土地"的争夺，是把西部广大地区变为蓄奴区，还是成为自由雇佣劳动力的地区。第一次重大冲突表现于 1803 年购买路易斯安那事件上，种植园主认为这件事是他们的胜利，因为他们企图把这一大片领土作为蓄奴州。这样做一可获得广泛的基地，二可在华盛顿增加他们的政治力量。但是在北部，特别是东北部，资产阶级对这次购买表示异议，甚至要退出联邦。经过长期的斗争，这个问题在亨利·克莱的调解下，双方暂时达成了妥协，即 1820 年密苏里妥协案，为平衡自由州与蓄奴州（1819 年双方的州数是相同的）在参议院的力量，密苏里以蓄奴州加入联邦，而从马萨诸塞州划出的缅因州则以自由州加入联邦，并将自由州与蓄奴州的界线定在这次路易斯安那购买范围内的北纬 36 度 30 分线。线北禁止实行奴隶制，是将建立自由州的范围，线南是蓄奴州的范围，这条线实际上比 1790 年划定的梅森—迪克逊线线向南移动了 3 度 13 分，它标志着北部对南部的让步。（原划的边界线是 39 度 42 分 23.6 秒，系宾夕法尼亚和马里兰划定的界线、南北界线。）

另一重大冲突起因于德克萨斯州之加入联邦与 1846 年至 1848 年对墨西哥战争中兼并其他广大土地的事件。这次吞并墨西哥领土的事件使种植园主大受鼓舞，他们力图占据一大片土地来实行奴隶制，新英格兰工商业阶级则发出抗议的呼声，并以退出联邦相威胁，经过剧烈的斗争，行将就木的亨利·克莱等老一辈政治家又提出了折中方案，即 1850 年妥协案。根据这一妥协案，加州作为自由州加入联邦，而新墨西哥和犹他加入联邦时，有关奴隶制问题，由两地居民自行决定。这样就使奴隶制超越了 1820 年妥协案所规定的地区，还规定联邦政府对逃亡的奴隶加以追捕并送还南部奴隶主。这自然是南部奴隶主的胜利。

1850 年妥协案公布后，国内有关奴隶制的斗争，有个短暂的间歇，但接着，由于南部奴隶主对北部工业资产阶级的大举进攻，这一斗争又进入剧烈阶段。

C. 控制政权的斗争

随着上述争夺地盘而来的是争夺控制全国政权的问题，哪一方面控制全国政权，它便可凭着政治优势实现其目的。

从杰克逊当选总统算起（1828 年），到 1860 年止，奴隶主的政党——民主党牢固地掌握着国家政权：在这 32 年中，除了辉格党的两位总统（哈里森和泰勒）外，民主党人有 24 年把总统职位和国会掌控在自己手里，掌握最高法院有 26 年，而掌握银行议院则有 22 年（《美国文明的兴起》第 2 卷第 20 页）。民主党之所以能掌握全国政权，主要是因为南部种植园主与西部农业势力结成同盟。但是，随着资本主义在西部和北部的发展，这种联盟日益不稳固，终于使西部倒向北部。

民主党过去认为杰斐逊和杰克逊的政党，在劳动群众中享有很高的威信，也受到在经济上与南部有联系的商业集团的拥护。过去它代表一般农业利益集团以对抗日益壮大的北部资本家集团，因而工农群众一直支持该党。自杰克逊总统任期告满后，民主党已逐渐变为奴隶制的政党，但西、北部人民群众还没有认识到这一事实。

1852 年总统选举中，民主党击败了辉格党候选人，获得了胜利，由富兰克林·皮尔斯任总统。1856 年民主党再度获胜，由詹姆斯·布坎南任总统。皮尔斯和布坎南都是北部人，但却听命于南部种植园主，持有南部人对奴隶制的观点，力图保存这个"特殊制度"。同时，他们还拥有许多拥护奴隶制的北部金融资本家作为他们的后台。因此，奴隶主在这两位总统任期内发动了对北部的攻击（并取得巨大成就）。其目的就是要在他们控制下，以奴隶制为基础改组美国，也就是把全美国置于自己支配之下。

1854 年，国会取消了 1820 年密苏里妥协案，并通过了《堪萨斯—内布拉斯加法案》，因而重新提出密西西比以西的广大地区是否实行奴隶制的问题。而这一地区一直被认为是自由区。《堪萨斯—内布拉斯加法案》实际上废除了 1820 年密苏里和 1850 年妥协案的原则，对奴隶制不加任何地区限制；新地区是否允许奴隶制，由当地多数居民（即"平民主权"论）来决定。这一法案导致堪萨斯发生内战（由南部去堪萨斯的奴隶主及帮手在那里与来自西北部各自由州实力较强的移民开始了武装搏斗）。马克思认为堪萨斯的武装斗争乃内战的开端。

1857 年，国会削减了工业资本家所珍视的关税，把关税税率降到很低的程度，实际上已实现自由贸易税则。1859 年，国会又取消了大西洋上的航运津贴，这是对东部航运资本家的打击。

1857 年最高法院做出臭名昭著的德雷德·司科特判例，这实质上等于宣布国会无权通过任何限制或禁止奴隶制的法律。

司科特原系密苏里州的黑奴，被主人带到自由州伊利诺伊居住，其后司科特一家又被带回蓄奴州密苏里。主人死后，他被卖到纽约。司科特向密苏里州巡回法庭请求批准他的自由公民身份，被驳回后，上诉至最高法院。后者做出判决，认为黑人本身是奴隶主财产，而非美国公民，因此没有上诉法院之权。

这一判决，实质上等于宣布《密苏里妥协法》无效，因国会和地方议会都无权宣布在美国任何地区禁绝奴隶制度，而这种权利乃属于最高法院。

奴隶主控制的国会加强了追缉逃亡奴隶的法令。1860 年，参议院通过一项决议，宣布奴隶制在美国全境均属合法。北部再也不能退让了。

这些措施引起了全国反对奴隶制的社会势力的反抗，1859 年约翰·布朗（积极的废奴主义者，曾参加过"地下铁道工作"，被奴隶主缺席判处绞刑，后又参加了堪萨斯的武装斗争，曾杀死一些奴隶制的拥护者）发动的武装起义（哈珀斯渡口，在西弗吉尼亚），计划夺取那里联邦军火库，把奴隶武装起来）把黑人争取解放的斗争推向高潮。他指出，只有武装斗争，才能消灭奴隶制，但未得到黑人奴隶的支持，终于被镇压下去了。这时民主党内也出现了明显的阶级分化，西部、北部小农和工人群众开始脱离该党的影响。他们反对奴隶制，反对奴隶主将其势力扩大到全国。这一切都为林肯于 1860 年当选总统打下了基础。

——1860 年总统竞选是全国政治斗争另一尖锐的表现。民主党提出的竞选纲领宣称：①如果解放奴隶，则他们便可能移往北部去，因而导致白种工人工资大为降低；②南部如被迫脱离联邦，北部工业将失去棉花的供应，失掉南部的市场，成千上万的工人将因而失业。民主党以此来恫吓工人群众。

共和党诞生于 1854 年，代表北部工商业资产阶级集团的利益，反对新的领地实行奴隶制，限制它的扩展；热衷于把资本主义生产关系扩展到"自由土地"去，以扩大市场取得工业所需的劳动力和原料。它提出较进步的纲领：保护关税、实行宅地法，反对把奴隶制扩展到新领地去，还提出言论自由、土地自由、劳动自由和人身自由等口号，因而得到人民群众和废奴主义者的支持和拥护。

1860 年林肯当选为总统，标志着共和党的胜利，表明北部工商资产阶级集团对奴隶主攻势所做的退让已停止，并决心在全国范围内取得统治权。

1860 年 12 月 20 日，由南卡罗来纳开始，宣布脱离联邦，接着亚拉巴马、佐治亚、佛罗里达、密西西比、路易斯安那、德克萨斯在 1861 年 2 月 1 日前相继脱离联邦。这些南部脱离州于 2 月 4 日在蒙哥马利集会，宣布成立南部同盟，选举杰斐逊·戴维斯为总统，开始以军事行动与联邦政府抗衡。4 月，林肯正式宣布镇压叛乱，内战开始，其后弗吉尼亚、北卡罗来纳、阿肯色、田纳西四州相继脱离联邦。至此，共有 11 个州参加南部同盟。

参考书目

1. 马克思、恩格斯：《论美国内战》，人民出版社中译本，1955 年。

2. 刘祚昌：《美国内战史》，人民出版社，1978，（第一、二章）。

3. David M.Potter, The Impending Crisis, 1848—1861, 1796. 对内战这一时期探讨较详尽，其中有关内战起因的第 19 章阐述得较全面。

4. Harriet Beecher Stowe, *Uncle Tom's Cabin*, 1946.

5. Eric Foner, *Free Soil*, *Free Labor*, *Free Men*; *The Ideology of Republican Party Before the Civil War*, 1970.

6. Stephen B.Oates, *To Purge this Land with Blood*: *A Biography of John Brown*, 1970.（对 Brown 作较同情的评价）。

7. Allan Nevins, *The Emergence of Lincoln*（2 volums），1950.

8. Avery O.Craven, *The Coming of the Civil War*, 1942.

第九讲　美国内战（1861年—1865年）

（一）战争的爆发与第一阶段（1861年4月—1862年底）为恢复联邦的统一而战。

A. 有关宪法解释之争与北部对南部脱离的反应。1861年2月8日，南部宣布脱离六州于蒙哥马利市宣布成立"美利坚诸州同盟"，简称"南部同盟"后，推举杰斐逊·戴维斯为临时总统，通过一个"临时"宪法顽固坚持奴隶制，开始以军事行动与联邦政府相抗衡。4月，林肯正式宣布镇压叛乱，内战遂告开始。

南部奴隶主阶级为了替自己分裂联邦的叛逆行为辩护，声称"分裂……是符合宪法的"，强调各州不仅有权不服从违宪的法律，而且享有对国会法令的"废止权"。因为"联邦是各州契约的产物，因此签订契约的各州是对侵犯它的权利的合法裁判人"。他们甚至说，因为"分离权"是属于州权范畴的，而州权是得到宪法承认的，因此分离权便无可置疑是符合宪法的。

南部奴隶主阶级的这些理论自然是一种诡辩，但1787年宪法是州权派与中央集权派间相互妥协的产物，对联邦州权的问题上，留下一些含糊的措辞，这就给南部奴隶主阶级为自己的叛逆行为找借口钻了空子。

但联邦宪法是美国的根本大法，是国家主权的体现。联邦宪法虽承认各州均有某些权利，而且联邦政府是没有权力干涉这些权利的。但这些州的权利仍非主权性的。南部奴隶主把州权扩大为州的主权加以行使，认为州享有对联邦法令事实上的否决权，一旦州与联邦发生冲突，州便有权"以主权和独立的资格"采取行动。这显然是违背联邦宪法的根本宗旨的。联邦宪法明文规定："本宪法所授予的各项立法权，均属由参众两院组成的合众国国会"，而"未经国会同意，任何州不得……与他州或外国缔结协定或契约，亦不得进行战争"。因此，南部奴隶主分裂联邦另建南部同盟，亦私立宪法，实际上已把自己置于与联邦宪法完全对立的地位，因而完全是非法的叛乱行为。

对于南部叛乱，北部各阶级的反应是不同的。共和党中的激进派和工人、农民中反对奴隶制者以及自由黑人都坚决要求对南部奴隶主的叛乱行为进行严厉镇压，共和党激进派代表工业阶级的利益，其领袖之一撒迪厄斯、史蒂文斯曾在国会中提出，南部诸州脱离联邦属于叛国行动，对此必须严惩不贷；在匹兹堡和费城大城市中，工人们举行大规模的集会和游行示威，愤怒声讨南部奴隶制的叛国行径。北部已到了必须用剑、步枪、火药……去坚决粉碎奴隶主叛乱的时候了，不如此就不能保全联邦。但是反对奴隶制最坚决的是自由黑人、部分工人和西部农民，他们是（反对奴隶制的）主力军。

但北部民主党人却同情叛乱更胜于同情政府，其右翼"铜为蛇"则散布失败主义，煽动反战情绪，甚至策动搞垮林肯的政府。各蓄奴州虽未参加叛乱，但也没有积极支持林肯政府，而是采取观望态度。共和党中的保守派即大资产阶级在经济上与南部奴隶主有着千丝万缕的联系，后者拖欠北部资本家的债务有2亿多美元之巨，他们只关心他们自身的利益，而对奴隶制的废存并不那么关心，因此力主同南部奴隶主妥协，要求国会为实现南北之间的妥协而努力。

共和党人中的中间派代表的是资产阶级大多数的利益，他们反对奴隶制扩张，但又担心革命力量的兴起会影响到他们的利益和地位，因而愿与南部谈判谋求和平。林肯就属于这一派。他在1861年3月4日的就职演说中，一方面强调维护联邦统一，任何州都无权退出联邦，任何为此而通过的决议和法令在法律上均属无效，另一方面又重申共和党"无意干涉蓄奴州的奴隶制度"的保证，只要南部各州不发动内战，联邦是不会打第一枪的。

林肯在奴隶制问题上，其思想和推行政策是有个发展脉络的。①起初只反对奴隶制扩张到西部领土去，并不要求消灭奴隶制；②逐步释放奴隶，并对奴隶主作经济上的补偿（特别是对边界蓄奴州）；③后来逐渐看清，只有解放奴隶，才能战胜西部实现联邦统一。

B. 双方的战争目标和能力对比

同盟诸州奴隶主挑起内战的目的表面上是为保护州权，实际上是为了维护和扩展奴隶制，不惜分裂联邦，企图凭借军事征服，建立一个"大奴隶制共和国"，因此，它们进行的战争是非正义的。

北部资产阶级则宣布战争的最高目标是恢复联邦统一，北部资产阶级掌握政权后，希望国家有个统一、稳定的局面，在限制奴隶制进一步扩展的条件下，加速发展资本主义。林肯也明确提出"这场斗争的最高目标是拯救联邦，而不是拯救或摧毁奴隶制"，北部资产阶级从维护国家的统一与社会的进步出发，是符合历史潮流的，因而他们所进行的战争具有正义性。

双方实力对比，可说是相差悬殊，北部无论在地盘、人力、财力和物力上都占有压倒优势。

①北部拥有当时全美 34 个州中的 23 个州，面积占全国领土的 3/4；而南部有 11 个州，人口将近 900 万，其中 352 万人是奴隶。

②北部交通便利，拥有多条铁路干线，总长度为 22000 英里；而南部只有9000 英里铁路线，而主要干线仅大西洋铁路一条。

③北部拥有全美国几乎所有铜、铁、军火等工业和绝大部分的纺织、皮革工业。南部棉花生产总值只相当于北部生产铁和皮革制品价值的总值。光纽约州一州的工业产值就四倍于南部同盟的生产总值。

④北部资本较雄厚，并可凭联邦政权的力量来解决战时财政问题；而南部本来就是个缺乏流动资本的负债地区，战争的拖累更使它的财政陷于窘境。

尽管北部在实力对比上远优于南部，但在战争初期屡屡失败，南部反而获胜。

C. 战争初期南部获胜与北部军事失利的原因

①南部奴隶主有强大的社会政治势力，联邦政府中许多官员出身于奴隶主家庭，南部同盟成立后，这些人纷纷离职南下，加强了南部同盟的政治力量。

②南部叛乱蓄谋已久，奴隶主在军事上有较充分的准备，组织了大批武装力量。各州很早就训练了大量的民兵突击队、强大的骑兵，实行严格的征兵法，强迫黑人从事生产劳动，动员白人尽量参加前线战争。同时他们本来就拥有很多资历较长、经验丰富的军事人才，布坎南总统利用交权前最后时机，调遣大批军队南下，并把武器运往南部，后来联邦正规军中有 1/3 以上的恶军官投入南部同盟，进一步加强南部军事力量。

③南部奴隶制专制统治的政治形式较之北部民主政治，更易于迅速集结力量和采取统一力量。

④初期战争是在南部土地上进行，因此南部就占了地利之便，由于这些因素的作用，南部尽管在总的实力对比上劣于北部，但某些具体力量对比却优于北部，因而能在战争初期保持优势，而且它力图采取速战速决的战略，冲劲较大。

战争第一阶段的军事局势：a.东部战场是北卡罗来纳州疆以上，阿巴拉契亚山脉以东的战场，以弗吉尼亚为主要战场；b.西部战场是指阿巴拉契亚山脉以西密西西比河流域的地区。

这一阶段，北军在东战场军事上连连失利[1861年7月首战布尔河战役的失败，麦克道尔按兵不动，采取拖延战术；1862年"七日战役"（6.26—7.2）进攻里士满的失败；1862年，安蒂塔姆之战，未追击，致李军逃脱]，节节败退；在西战场，格兰特一军沿密西西比河向下游推进，进展较为顺利，巴特勒在海军支援下，于1862年4月攻占新奥尔良，这样他与格兰特军会合，逐渐将叛方割裂，失去联系，联邦海军则对南部一些重要港口进行封锁取得显著的效果。

北部在战争初期失利的原因

政治上，北部当局对于战争方针举棋不定，事先认为南部不会到发动战争的程度，南部叛乱后，政府中妥协气氛很浓。林肯政府亦摇摆不定，原因有三：a.资产阶级集团害怕对南部同盟的战事会发展成为不仅反对奴隶主阶级，也反对资产阶级的革命；b.南北边界四州（马里兰、特拉华、肯塔基和密苏里）立场不稳，北部害怕采取激进行动会使它们倒向南部；c.那些在南部投资并与奴隶主有密切联系的北部工商业集团，特别是纺织业主和纽约银行家们力求妥协，对林肯政府施加压力。

军事上，最初北部军队不多，并且实行志愿兵制，服役期仅三个月，说明对战争持久性没有认识。作战准备很不充分，士兵缺乏训练，加以高级将领（东战场）指挥无能，又轻敌，好大喜功，麦克累伦的"大蛇计划"的破产就是个例证。更严重的是不让黑人参加这一斗争，不能展开人民的革命战争。最初联邦政府坚决拒绝征集组织黑人军团，也就是不敢触动"敌人最怕受攻击的地方，罪恶的根源——奴隶制本身"（马克思语，全集15卷，365页）。

北部民主政治机构复杂，各党派政治不统一，很难形成统一意志，也不易采取迅速行动。

弗里蒙特与奴隶制问题。1861年，弗里蒙特将军的联邦军队在密苏里州与同盟军队展开了一场激战。为了更有效地打击敌人，弗里蒙特在激进派影响下，于8月30日发表一则公告，宣布在密苏里全境戒严，"凡在密苏里拿起武器反对合众国者，其动产和不动产一律没收充公，拥有奴隶者，特此宣布其奴隶为自由人。"他的这一措施首次以解放奴隶来威胁奴隶主，具有革命意义。它得到激进派的热烈支持与赞扬，因为他们看到，这些原则提出了消灭奴隶制的方法，但却遭到保守派的极力反对，并以此举会使边界蓄奴州转向南部同盟相威胁，要求林肯立即撤销这一命令。林肯也怕边界蓄奴州转向南部，在9月初致函弗里蒙特，要求他修改解放奴隶的命令，但弗里蒙特拒绝修改命令，林肯在蓄奴州的奴隶主的压力下，终于撤销了弗里蒙特的职务（西部战区司令的职务）。这是林肯在内战初期犯的一个重大错误，它挫伤了北部人民反对奴隶制的热情。

南北双方的外交斗争

南部奴隶主阶级敢于发动内战，除了受其反动性驱使外，还因为把棉花看作是吸引欧洲列强干涉美国内战的一张王牌，只要得到欧洲列强的支持和干涉，它就能战胜北部，他们认为南部生产的棉花是英法等国纺织业所急需的原料，只要他们停止棉花供应，欧洲工业的轮子便无法转动，这样，欧洲列强为了自身利益也必将全力支持他们。因此有的南部政治领袖说："世界上还没有任何一个大国敢对棉花开战，棉花就是王。"他们把宝押在棉花上，不断派遣代表去欧洲游说，争取他们在政治、财政上的支持，甚至策动他们出兵干涉美国内战，但是他们的想法落空了：①北部的正义事业得到欧洲舆论的支持，便得欧洲列强不敢贸然行事；②英国这时已从埃及和印度进口棉花，棉花在市场上供过于求，因而棉花作用就更小了；③十九世纪六十年代初欧洲各国因粮食欠收，反而仰赖美国北部小麦和谷物的供应。这几年英国进口美国粮食有了大幅度的增长，所以无怪有人说，当时"称王的不是棉花，而是小麦"。

美国内战爆发后，欧洲各国工人群众支持北部，但欧洲列强的统治集团却公开同情南部同盟，他们的出发点是：①联邦政府若胜利，势必助长他们本国的民主运动，从而危及他们在本国的统治；②担心北部资本主义的迅速发展会加剧在国际市场上同他们竞争，他们愿意看到美国分裂，以削弱北部工商业资产阶级的力量。甚至更希望南部能战胜北部，以便使美国在经济上重新成为他们的殖民地。总之，他们在政治上都站在南部同盟一边，希望美国北部资本主义制度和民主制被消灭掉。英国在经济上、军事上尽力援助南部，甚至承认南部同盟为两个独立国家之间交战的一方。

林肯政府强调北部进行的战争只是为了维护国家统一，派出使团去欧洲进行广泛活动，一方面奉劝他们采取中立立场，另一方面谋求欧洲各国人民的支持，这样，欧洲列强不敢贸然行动。

但 1861 年 11 月发生了"特伦特号"事件，使英国几乎找到了干涉美国内战的借口。英国游轮"特伦特号"载有两名南部同盟代表，驶离哈瓦纳，前往英国购买武器、战舰，但为联邦战舰所拦截，并抓走南部两名代表。为此，英国要求联邦政府立即交出两名代表，并为此进行道歉和赔偿，否则即发动战争。对此，林肯表现得十分沉着冷静，深知联邦此时无力同时打两个战争，只好释放两名代表，以免与英国打仗。林肯承认：这是一颗难以吞咽的苦药丸，但形势所迫不得不这样做，以后等战争结束再同英国算账。

（二）内战的第二阶段（1862年—1865年）以革命方式进行的战争

1862 年，联邦军队虽在西部和南部取得了胜利，但在东战场上仍不断失败，直到安蒂塔姆之战，才给南部军队以重创，但联邦统帅未进行追击，致使罗伯特·李率领的南部军队安然逃脱。

A.1862 年的革命立法

随着内战的深入和形势的进一步发展，联邦国会于 1862 年通过了一系列的革命立法，沉重打击了南部的奴隶制度。

a.2 月，国会通过禁止使用军队捕捉及引渡逃亡奴隶的法案，违反这一规定的任何军官均予免职处分。结果更多的奴隶投奔到北部来，给人力不足的南部以沉重打击。

b.4 月，国会通过了结束和禁止哥伦比亚特区黑人奴隶制的法案。这是局部解放黑奴的措施，由国家以每个奴隶 300 美元的价格，把所有奴隶购买下来，予以释放，被解放的奴隶由政府提供旅费移居利比里亚或海地，这反映了政府对黑人的种族偏见，尽管如此，这一废奴措施是在首都实施的，仍有积极影响。

c.5 月，林肯签署了国会通过的《宅地法》，规定年满 21 岁的美国公民，从 1863 年 1 月起，只要缴纳 10 美元的登记费，就可以获得土地 160 英亩，而且在这块土地上耕种五年之后，这块土地便成为他个人的财产。这个法案是北部措施之一，对战争的进程起了重要的作用。①它将过去出售土地的政策改为无偿分配，这无疑是具有重要意义的。在资本主义国家是空前的，连资产阶级革命比较彻底的法国也没有做到这一点。它便是广大劳动人民渴望已久，通过半个多世纪斗争的结果。它为美国农业资本提供了条件。②它使北部在战胜叛乱方面得到西部农民的支持，他们不仅为联邦军队输送了占半数以上的士兵（据估计，在北军1000个士兵中，有421个是工人，487个是农民），而且在后方努力生产，给联邦军队提供了充足的粮食。因此马克思称之为"西部巨人"。③它沉重地打击了南部奴隶制，堵死了奴隶制向西扩张的道路，从而加速了奴隶制的消亡。④7月国会通过了《没收法案》；凡被宣布犯有叛国罪的叛乱者，应处死刑，其所有财产均予以没收，其奴隶则解放为自由人。该法案还授权总统可使用奴隶去镇压叛乱。这就意味着一向不允许黑人从军的旧规将被打破。

1862年的这些革命立法，大多数是出于军事需要而采取的局部解放奴隶的措施，且有些立法在实际中并没有得到认真执行，但它们仍有其积极意义，因为"所有这些法律都在起着打击、削弱、蚕食奴隶制的作用，把奴隶制的法律屏障炸开了一道道缺口"，逐渐破坏着奴隶制生存的支柱和堡垒。

B.《解放宣言》

林肯作为个人一直是反对奴隶制的，但作为总统，在制定具体政策时，他却非常谨慎。"我从未认为总统职位赋予我的权利是无限的，是可以按照自己的判断和感情采取官方行动的。"但他也明确表示"当解放奴隶制的时机到来时，我确实一定会尽我的职责，哪怕付出我的生命也在所不惜"。

到1862年6月，林肯明确表示，解决奴隶制问题的时刻已到来，说奴隶制必须死亡，以便国家能够生存，9月联邦军队获得安蒂塔姆战役的重大胜利，这使他终于获得了发布《解放宣言》的机会，9月24日，在内阁会议讨论后，将这个宣言公诸于世。其中宣布，在未参加叛乱的四个边界州中，将逐步有偿地解放奴隶，接着宣布，自1863年1月1日起，凡在叛乱州或地区中，所有的奴隶"应在那时及以后永远获得自由"。宣言发表在美国人民中引起了巨大反响，受到了废奴主义者和黑人的热烈欢迎和支持。1863年1月1日，林肯发表了《最后解放宣言》，不仅北部人民和自由黑人受到极大的鼓舞，武装黑人问题也随之迎刃而解了，南部黑奴大批逃往北部，广大黑人踊跃参军，战斗情绪十分高涨，黑人战斗队伍在各地很快建立起来，到 1863 年 10 月，已建立了 58 个黑人团队，拥有黑人士兵 37000 多人。他们怀着对奴隶制的无比仇恨，战斗非常顽强，成为联邦军队在战场上一支勇不可挡的力量，南部奴隶主则斥之为美国史上的政治罪行，最愚蠢的政治错误。

从革命意义来看，"解放宣言"是美国史上最重要的文件。但它亦有缺陷与不足：①不是一个全面解放奴隶的政策，只对叛乱州有效，对边界蓄奴州不起作用；②只宣布黑人奴隶恢复人身自由，但没答应分配他们土地，也未给予他们平等的政治权利和公民权利。

C. 东战场转入反攻与谢尔曼"向海洋进军"

葛底斯堡大会战，1863 年 7 月，南北两方军队在葛底斯堡遭遇，导致一场大战。罗伯特·李考虑到南军后勤供应不足，采取主动进攻的战术接连发动猛烈进攻，但均未成功，最后亲率 15000 人三个师的兵力进行一次冲击。但为联军所打败，结果遭到惨败，尸横遍野。联邦军队也伤亡两万多人。对北部来说，葛底斯堡大捷是具有决定意义的，它成为内战的转折点，从此南部不得不放弃它的战略进攻，而转入战略防御了。为了告慰这次战役中英勇献身的将士们的英灵，林肯于 11 月 19 日来到葛底斯堡战场，发表了他著名的"葛底斯堡演说"，其中他高度赞扬了联邦将士为联邦正义事业英勇献身的精神，并勉励人们为完成阵亡将士未竟的事业继续顽强战斗下去，以便"使这个民有、民治、民享的政府永世长存"。

正当南军在葛底斯堡遭到惨败时，在西战场上也遭到了重大的失败，即维克斯堡这一南部同盟在密西西比河上的主要据点被格兰特将军攻克。从此，北军控制了整条密西西比河。南部同盟的脊椎因此被拦腰截为两段，致使南部再也不能从西部地区获得它所需要的武器弹药。南部同盟从此陷入了绝境。

1863 年秋季，战争的重心已转移到西部战区。格兰特在田纳西州指挥了查塔努加战役，不久便攻占了该城，为联邦军队进军佐治亚州创造了条件。1864 年初，格兰特被任命为陆军总司令，他指示谢尔曼率军打到敌人内线去，以彻底摧毁南部同盟的经济力量；尽一切可能消灭敌人有生力量，并摧毁南部的作战资源。

1864 年 5 月，谢尔曼率军从查塔努加出发，采取轻装机动的行军，遇到敌军阻击时，他一改往日猛冲猛打的作风，采取迂回战术，绕敌前进，迫使南军不得不撤出阵地，且战且退。

在同盟军连续败退的情况下，谢尔曼于 1864 年 9 月初占领了亚特兰大，它是南部内地的铁路枢纽和南部最大的军事工业城市。

经过两个多月休整，谢尔曼挑选 62000 名精兵，不带给养，由亚特兰大市向大西洋海岸城市萨凡纳进军，开始了三百英里的"向海洋进军"，沿途所经之处实行大肆破坏和烧光政策，毁尽南部同盟的一切物资和人力。

谢尔曼这次向海洋进军受到当地黑人的热烈欢迎，把大军看成是解放大军，而奴隶主则闻风丧胆，纷纷逃离。因此，这次进军没有遇到什么阻力，到 12 月 22 日，他的大军已占领了萨凡纳，胜利完成了"向海洋进军"。这次进军无论在经济上或精神上都对南部同盟产生了毁灭性打击：①南部重要交通线路陷于瘫痪；②作为南部主要工业基地的佐治亚州遭到了毁灭性的破坏，南部军队再也得不到佐治亚州的粮食供应；③南部民心动荡，所有这一切都加速了南部同盟的崩溃。

D. 对林肯的评价

林肯是美国伟大的资产阶级革命家之一，在十九世纪五六十年代正当美国处于前进与倒退、统一与分裂斗争的重要历史时刻，他领导联邦政府进行了一场同南部种植园奴隶主的殊死斗争，取得了废除奴隶制的胜利，维护了国家的统一，在美国历史发展中起了进步作用，在美国人民当中享有崇高的威信。

对于这样一个历史人物，无论是在美国，还是在世界上，无论是资产阶级史学，还是马克思主义史学基本上都是予以肯定的。当然，美国有不少有影响的历史著作把林肯捧得过高，竭力加以美化和推崇，如桑德堡的《林肯传》，但也有些著作对他的历史作用持否定的态度，怀有南部偏见的历史学家当然攻击林肯，说他进行的内战是错误的，但也有些北部历史学家认为内战是不必要的，不一定是不可避免的，甚至认为大多数美国人（包括南部）很可能宁愿选择一种不同的解决办法，因此把林肯所进行的内战看成是美国历史"最悲剧性事件"，比如特纳就持有这种看法。

马克思主义史学对林肯的历史作用是肯定的，但评价时却有高低之分。苏联历史学界对林肯的评价基本予以肯定，但提出其妥协性、动摇性和局限性较多。我国史学界在打倒"江青反革命集团"之前基本上是沿袭了这个调子，评价较低。打倒"江青反革命集团"后，我国美国史工作者在解放思想的基础上，写出了一些评论文章，纠正了过去评价较低的现象，但也产生了些分歧，如林肯是否是个废奴主义者，林肯关于奴隶制的思想认识是否有个发展过程等，都需要进一步研究。

①林肯坚持奉行一切人生而平等的原则，但倡导"民有、民治、民享"政府。正是从这种资产阶级民主思想出发，林肯坚定不移地反对奴隶制。当然林肯反对奴隶制也有其思想发展过程，在废除奴隶制的过程中，他的立场、观点和行动是不断坚定的和明确的，《解放宣言》的发布标志着他在奴隶制问题上的转折点，而且无论从内战形式来看，或从他的思想发展过程来看，都是合乎逻辑的发展，也是顺应历史潮流的发展，因此《解放宣言》这一废除奴隶制的历史性事件，已永远同林肯的名字联系在一起。

林肯具有敏锐的洞察力和伟大的政治家的品质，他不仅善于审时度势，随着形势的变化及时调整自己的政策，而且能够倾听人民的意见，因此他能在内战中较好地调动各方面的积极性，变不利因素为有利因素，逐步引导斗争走向胜利。有人曾劝他早些时候发布解放奴隶宣言，他的回答是："一个人在前面走得太快而使全国跟不上是没有好处的。""你们知道一句古老的拉丁格言吗？那就是'慢慢加快'。"意即欲速则不达。一旦时机到来，他就紧紧抓住，即使有人反对，他也决不后退。马克思对林肯发布《解放宣言》评论说："林肯以连续坚定的表现，告诉世界，知道他是一个迟缓但是坚定的人，这个人前进时过分谨慎但不回头。"

②在道德品质方面，林肯是个具有独特精神力量和伟大人格的总统，他的坚韧不拔、勤奋好学、谦虚诚实、廉洁奉公、胸怀宽阔、平易近人等优秀品质，都博得了人民的普遍爱戴和崇敬。

林肯作为资产阶级政治的代表人物，也不可避免地有其自身的局限性。比如：他反对奴隶制度，对奴隶主却怀有宽容之心；他同情黑人，然而却要他们移居国外；他宣布黑奴为自由人，却没有帮助他们解决土地问题等。但是，我们不能过高地苛求于林肯，他虽有诸多不足之处，他仍然是美国历史上一位建树甚丰的伟大人物，他以其杰出的历史贡献，与杰克逊和罗斯福并列，代表了美国的优良传统。

③林肯作为美国第二次资产阶级革命的真正领袖，其伟大之处就是在关键时刻倾听人民群众的意见，能够按照人民的要求调整和改变自己的政策。1862年夏，

他在奴隶制问题上所做的重大决策——决定发表《解放宣言》就是他接受人民意见的重要表现，从而使他能够顺应历史潮流的发展。如林肯原本对黑人怀有很大的种族偏见，认为黑人不如白人，不能生活在一个社会里，企图把他们移往国外去，但经过内战的洗礼，他对于黑人的种族偏见有了很大的纠正，他在1862年12月的咨文不但表示他赞成黑人和白人共同生活在一个国度里，而且要求大家放弃反对黑人的种族偏见。

④最后，我们可引用马克思的话，作为对林肯的评价。他写到：林肯是一个不会被困难所吓倒，不会为成功所迷惑的人；他不屈不挠迈向自己的伟大目标，而从不轻举妄动，他稳步向前，而从不倒退；他既不因人民的热烈拥护而冲昏头脑，也不因人民的情绪低落而灰心丧气；他用仁慈心灵的光辉缓和严峻的行动，用幽默的微笑照亮为热情所蒙蔽的事态；他谦虚地、质朴地进行自己宏伟的工作，绝不像那些天生的统治者们那样做一点点小事就大吹大擂。总之，他是一位达到了伟大境界而仍然保持自己优良品质的罕有的人物。这位出类拔萃和道德高尚的人竟是那样谦虚，以致只有在他成为殉难者倒下去之后，全世界才发现他是一位英雄。(《马克思全集》，第16卷，108—109页）

参考书目

1. 马克思：《论美国内战》（中译本），人民出版社，1955年。

2. 刘祚昌：《美国内战史》，人民出版社，1977年，第二编各章（3—8章）。

3. Carl Sandbury, *Abraham Lincoln：The War Years*, 4vols, New York, 1936.

4. Smith Page, *Trial By Fire*, Vol5.*A People's history of Civil War and Reconstruction*, New York. 1982.

5. 《世界历史》杂志关于林肯的讨论，1980—1981。

第十讲 南部的重建

（一）内战结束后重建所面临的主要问题

（1）医治战争的创伤（物质的重建）。南部的问题是紧迫和复杂的，南部同盟的 11 个州由于战争而完全陷于贫困状态，它们战前的经济实际上已遭破坏，财产破坏也是巨大的，城市被焚毁，铁路被拔掉，桥梁被破坏，整个南部的土地荒芜了，种植园也破败不堪，南部同盟的债券和货币现在一钱不值，投资与债券于货币的资本完全付诸东流。随着奴隶的解放，南部白人（奴隶主）被剥夺的财产，估计约为 20 亿美元。

战争结束后的几个月，南部成千上万的士兵和伤员不得不返回家乡，但生活极其艰难困苦，300 多万被解放的黑奴更是衣食无着，穷困交加。

从今天的眼光来看，物质重建的责任当然落在联邦政府的肩上，但在 1865 年自由放任哲学盛行之时，一般认为这种责任应完全由个别州和私人企业负担，也就是南部应自行恢复、医治创伤。

（2）政治重建问题：原南部同盟各州的政治地位成了问题。

对南部各州如何处理和改造的问题，资产阶级和共和党各派的看法是不同的。①共和党的保守派认为南部州发动和参加了叛乱，但他们并未脱离联邦。只要南部各州结束叛乱，废除奴隶制度，服从宪法并承认联邦的统一，便可立即恢复它们在联邦中的平等地位和正常关系。②共和党激进派则认为南部各州由于发动叛乱而自绝于联邦，丧失了"州"的地位，因而主张把他们作为被征服的省份加以管制，甚至把它们作为殖民地长期进行统治。国会将委派总督、制定法律。把它们当作其领地，进行治理，并且有权决定每个"领地"何时才能成为州，重返联邦。

（3）对南部叛乱领袖的惩处问题。怎样处理杰斐逊·戴维、亚历山大·斯蒂芬斯、罗伯特·李以及其他同盟领袖的问题使北部感到困惑。宪法规定对叛国者应处死刑，因而有些人认为应按此规定执行。有些北部人则主张对南部叛乱领袖实行终身监禁，也有些人认为可以释放他们，但今后不得参加政治生活，另一些人认为他们应该被赦免。

（4）解放奴隶的问题，内战的结果，南部 300 万奴隶获得了解放，北部面临如何安置这些黑人的问题。大多数原先的奴隶都是非技术的农业劳动者和文盲。国会是否任由这些人被南部人虐待，还是教育和训练他们成为公民，还不大清楚，第十三条修正案宣布奴隶制为非法，它在 1865 年 12 月获得批准，但国会尚未决定采取措施来保证黑人享有与白人同等的政治、社会权利。

其他还有军事复原和经济复原以及工业发展等问题。

（二）南部重建问题与约翰逊总统的重建纲领

（1）自由民局的成立及其作用。内战结束后，解放了的黑人的地位尚不明确，其未来尚未可知，在内战期间，获解放的黑人是由宗教团体和其他私人组织予以照顾。1865 年 3 月国会通过成立自由民局的法案，接管了大部分对黑人的工作。当时自由民局仍处于联邦军队的管辖，其职责是解除黑人的经济困苦，为许多以前的奴隶提供衣食以免饿死，并试图把他们安置在放弃或没收的土地上；帮助黑人建立与他们以前主人的关系，主要是规范工资的事务。自由民局做了很多帮助黑人的事，但国会拨款不足受到限制。它还经常在黑人事件中引起许多错误的希望和引起南部白人的反感。

（2）林肯的重建计划。关于南部的重建，在共和党中有两派不同的想法：

a. 最初为林肯所领导后为约翰逊领导的共和党保守派赞成温和、宽大、和解的重建计划，其目的在于尽可能快并且容易地使南部各州重返联邦；史蒂文斯和萨姆那所领导的共和党激进派则决定把一个苛刻的重建计划强加于南部，推迟南部各州重返联邦，惩罚南部同盟的领袖。

林肯于 1863 年 12 月公开发表了他的《重建与大赦宣言》，后在 1865 年就职演说中，又进一步阐述了他关于南部重建的思想、立场，这一重建计划包括以下几点①除了少数南部同盟官员外，所有官员将一律获得赦免；②原同盟各州进行效忠宣誓的人数，只要不少于 1860 年选民的 10%，即可选举产生制宪代表大会、州议会和州长，并选派参加国会的参、众议员；③新建的州政府，只要恪守誓言，撤销分离决议，承认联邦统一，废除奴隶制，便可恢复其在联邦内的平等地位和正常关系。林肯重建计划的特点：原南部同盟大多数叛乱者和奴隶主都获得赦免，从而获得选举权和参政权；但却没有给解放的黑人选举权和其他民主权利。

b.林肯的重建计划遭到激进派和废奴派的坚决反对，他们认为：①只有大多数白人公民进行效忠宣誓后，方可举行制宪代表大会和议会的选举，和组建州政府；新州宪获得多数选民同意后，南部各州才能重返联邦；②原同盟政府官员应被剥脱选举权和充任州长、州议员的资格。这当然比林肯的重建州计划严格和苛刻。因此，总统与国会展开了斗争，但由于当时内战尚未结束，重建工作尚未全面开展，也由于共和党又面临1864年的大选，激进派害怕民主党候选人当选，所以这一斗争还没有达到尖锐的程度。

（3）约翰逊的南部重建纲领及其影响。内战结束，林肯尚未来得及全面推行其重建计划便遇刺身亡。1865年4月15日，林肯逝世，副总统接任总统职务。

约翰逊其人，生于北卡罗来纳一个贫苦文盲白人家庭，幼年曾做裁缝的学徒工。不久移居田纳西州，在那开了个裁缝店。他未上过学，由任教员的妻子教他读和写，逐渐爬上政治的阶梯。他和南部贫苦白人一样，痛恨奴隶主寡头政治，主张建立以小农为基础的白人政权，他以杰克逊民主党人进入政界，代表南部独立小农的利益。最后担任田纳西州长和国会议员。内战时，他站在反对叛乱和维护联邦统一的立场，成为南部唯一忠于联邦的参议员，1864年，在林肯支持下，当选为副总统，1864年，在谈到战后南部重建时，约翰逊宣称必须坚决反对叛乱，惩处和剥夺叛乱者，没收、分售他们的大种植园土地。他的这一立场得到共和党和资产阶级的赞许，那些不满林肯重建计划的激进派曾把希望寄托在约翰逊身上。但约翰逊强烈反对奴隶主寡头政治和南部叛乱，其出发点不是反对奴隶制度和实现种族平等，而是为维护南方普通白人和小农场主的利益。他无视时代的发展，幻想在美国建立根深蒂固的种族主义思想，认为南部黑人政治、经济地位的提高，乃是对白人农民的一种威胁。由于这种担心的恐惧，他在战后工业资产阶级日趋强大并左右国家政治的形势下，不惜与战败的南部种植园主谋和解。因此，他就任总统6周后，便改变了对叛乱者的态度，大大发展了林肯重建计划的妥协倾向。他利用国会休会到1865年12月这一情况，积极推行他的重建方案。

约翰逊的重建纲领。1865年5月29日，约翰逊公布了《大赦宣言》和重建纲领。《大赦宣言》宣布，除了某些人外，一切曾直接或间接参加叛乱的人，只要进行忠诚宣誓，就可以恢复他们的一切权利，以及在内战中被没收的财产（对奴隶的所有权除外），不在赦免之列的人员除重申林肯重建计划所规定的范围外，还包括一切年收入在两万美元以上的叛乱者等。总统拥有特赦的大权。凡属不在赦免之列的任何人，只要直接向总统提出特别申请，约翰逊便有权予以特赦。

在《大赦宣言》发表后，在15000名申请人中，有13500人得到了总统的赦免，而且在获得赦免者中有一半属于每年收入在20000美元以上的人。《大赦宣言》与林肯重建计划有很多相似之处，两者间存在着连续性和继承性，其不同之处在于约翰逊拥有特赦权，因而推行比林肯更为宽大的政策。

这个《大赦宣言》是约翰逊重建纲领的一个重要组成部分，在5—7月间陆续为每个州颁布了重建宣言，这些宣言内容由总统委派临时州长（大多数来自曾支持联邦的南部小农场主的队伍），规定要召开州的立宪大会，以便为该州制定宪法，这个立宪大会的代表应由该州的"忠诚选民"选出，"忠诚选民"即按照《大赦宣言》规定进行忠诚宣誓的人。各州立宪大会要宣布分裂法令无效，废除奴隶制，否定州的战绩，批准第十三条修正案。立宪大会工作完成后，忠诚选民接着要选举产生一个立法机构和一位州长，还有出席国会的代表。

但是，他的重建纲领却没有为自由民——即300多万获得解放的奴隶——做出任何规定，也不想给予他们民权和政治权利，只是说他们希望南部各州给予有文化的拥有财产的黑人（在1865年这只占南部黑人中极少的一部分）以选举权，并把这件事完全交由各州办理。

约翰逊南部重建纲领实施的后果。它实施后，造成了南部政治的反动，其主要事例如下：密西西比州拒绝批准第十三条修正案，表明它没有忠实地接受内战的结果，也不愿与重建合作。

没有一个南部州临时政府制定的州宪法给予黑人选举权，也根本无视约翰逊关于给予有教养的黑人以公民权的建议。

南部各州政府根据战前《奴隶法典》的蓝本制定《黑人法典》，来支配黑人与白人的关系，限制黑人的自由与民主权利。

《黑人法典》的主要内容：首先，在政治方面，黑人无选举权、参政权、陪审权，也无权出庭提供不利于白人的证词。其次，在经济方面，黑人不得拥有土地（无论在城市或农村），无权自由选择职业和从事独立的经济活动，只能根据合同继续在种植园主的土地上从事强制性劳动，他们在合同期满前不得擅自离开雇主的土地，否则将因"流浪罪"而遭拘捕，并被迫为替他支付罚款的种植园主提供无偿劳动。第三，在人身自由和基本权利方面，黑人无权自由迁移和选择居住地点，在有些州还规定了黑人居住区，实行种族隔离政策，并采用特别通行证制度；严禁黑人与白人通婚，违者将被判处"重罪"；禁止黑人携带武器。

南部各州制定的《黑人法典》不是暂时性的或过渡性的，因为它们没为自由的黑人提供受教育的机会，这表明它们的目的是黑人永久处于文盲和从属的状态。

在南部各州临时政府统治下，原南部同盟领袖被选出担任各州公职和出席国会的代表。因此激进派控诉说，叛国者正在重任公职，另一次"南部阴谋（叛乱）"又将出现。

在1865年至1866年，在孟菲斯、新奥尔良和其他南部城市都爆发了流血的种族骚动，这主要是由于南部黑人继续受残酷迫害的结果。南部各州在制定《黑人法典》的同时还纵容白人种族主义者建立各种恐怖组织，如"三K党""大十字架""白茶花骑士团"等。其中最主要的是三K党（Ku Klux Klan），1866年在田纳西州建立，不久便在各州发展扩大，成为美国历史上规模最大、活动最广泛、手段最残酷的恐怖组织。上述几次流血的种族骚动就是由于这些恐怖组织的迫害、杀戮所引起的。这种恐怖活动激起了南部广大黑人和共和党激进派的愤慨，他们不断向约翰逊和联邦政府告急，要去惩罚恐怖组织、保护黑人的生命财产安全，但约翰逊却置之不理、无动于衷，约翰逊和联邦政府这种为虎作伥的态度，大大助长了南部种植园主和三K党分子的反动气焰。

（三）广大黑人反对约翰逊总统重建纲领的斗争

广大黑人争取土地和民主的斗争：约翰逊重建纲领在南部实施激起广大黑人的强烈反对。从1865年秋季开始，各地黑人普遍拒绝与种植园主签订劳动合同，他们要求每个成年人分得40英亩土地和一头驴，各地都不断发生争地事件和小规模武装斗争。

南卡罗来纳州艾狄斯托岛上黑人保卫土地的斗争是这个时期规模大、坚持时间长、成效显著的一次斗争。内战将结束时，根据谢尔曼将军于1865年1月中发布第十五号战地命令，南卡罗来纳和佐治亚沿海岛屿规定为黑人自由民居住区，每户黑人分得被没收或被弃置的可耕地 40 英亩。最后约 4 万名黑人成为那里的定居者。约翰逊颁布重建纲领后，逃亡者纷纷返回家园，要求黑人退还土地，黑人则武装起来保卫已分得的土地，要求联邦政府承认对土地的所有权。约翰逊不但不支持黑人的正当要求，反而袒护种植园主，派官员陪同他们向黑人讨还土地。在黑人严词拒绝后，又派一支军队去该岛控制局势，但武装起来的黑人亦不示弱，誓死不肯放弃已占有的土地；鉴于这种一触即发的严峻形势，国会于 1866 年 7 月不顾约翰逊的否决，通过了延长自由民局存在期限的法案，提出了解决海岛上土地纠纷的妥协方案，其中规定：①在这个海岛及其附近沿岸地区为联邦政府确认了黑人对已占有土地的所有权；②以低价向被剥夺土地所有权的黑人出售公有土地；③黑人自由民可先租用少量公有土地，而后以低价购得；④在黑人自由民收割之前，种植园主不得收回土地。这是重建时期资产阶级解决土地问题的最民主方案，也是广大黑人为土地坚决斗争的结果。

南部黑人反对种族压迫政策与三 K 党的恐怖活动展开了广泛斗争，以争取民主权利。他们向约翰逊总统递交请愿书，控诉三 K 党迫害黑人的残酷罪行，对维护黑人民主权利提出了要求。

1865 年 11 月，南卡罗来纳州黑人代表会议向国会提交的备忘录具有重大的典型意义。它要求给黑人以同白人一样的平等选举权，保证黑人就学、办报、参加陪审的民主权利，有权出卖自己劳动力即从事农业、商业等各种经济活动的权利，但这些要求却遭到了约翰逊的拒绝。

1866 年，弗吉尼亚的里士满黑人进行了一次卓有成效的斗争，约翰逊《大赦宣言》实施后，同盟时期里士满市长和警方人员立即官复原职而对黑人实行特别通行证制，并下令关闭黑人学校，里士满黑人选举集会，抗议市政当局的反动政策，并派代表去首都，要求约翰逊废止该地当局的反动政策。由于黑人的顽强斗争，该市市长被赶下了台，一些压迫黑人的法律取消了，这是当时黑人争取民主权利斗争的一大胜利。

（四）激进派的重建纲领及其实施

（1）激进派反对约翰逊重建纲领的斗争。当 1865 年 12 月国会召开时，激进派首领、众议员萨多斯·斯蒂文斯和参议员查尔斯·萨姆纳阻止新选出的南部参议员出席国会，其办法就是在唱名时，删去了他们的名字和他们的州名。当时国会是由压倒多数的共和党人组成，两院只有少数民主党人。共和党人分为三派：即①激进派居于少数，代表北部工业资产阶级利益，强烈反对约翰逊的重建政策，决定制定他们自己的重建计划；②保守派准备支持约翰逊的重建纲领。他们是与南部种植园主有经济联系并在南部有经济利益的商业、金融资产阶级的代表；③温和派是上述两派之间的一个不稳定的集团，在国会中占有最多的席位，是个中立的力量，尚未决定支持上述两派中哪一派，往往采取折衷的态度。他们宁愿与总统合作，而不愿看到国会与总统之间关系的破裂。

约翰逊的一意孤行，和南部各州"重建政府"所采取的一些明目张胆的反动措施迅速改变了国会中实力的对比，多数的温和派转向了激进派的阵营，激进派因而取得了两院的多数，Stevens 和 Sumner 分别为众、参两院的实际首脑。于是激进派建议成立国会两院联合委员会（由 15 人组成，9 名众议员 6 名参议员），研究南部情况，制定一个重建计划。

他们采取这一行动完全无视已付诸实施的约翰逊重建纲领。约翰逊多次使用否决权，否决得到大多数共和党人支持的民主法案。1866 年 1 月温和派提出延长自由民局存在期限和民权法案，这两项旨在否认《黑人法典》和维护黑人民权的法案得到大多数共和党人和社会舆论的支持，但却先后遭到约翰逊的否决。甚至在 1866 年 6 月，宪法第十四条修正案获得通过后，送交各州批准时，约翰逊竟对抗民意，公开煽动南部各州拒绝批准修正案，约翰逊对激进派领袖的人身攻击，也引起多数共和党议员的反感。1866 年 2 月，他在一次演讲中，竟把激进派领袖斯蒂文斯和萨姆纳等人同南部同盟头子戴维斯·斯蒂芬斯相提并论，诬蔑他们同样是反对联邦的叛徒。在约翰逊空前孤立的形势下，激进派在 1866 年国会选举中获得了决定性胜利，稳固地控制国会两院中 2/3 的多数。

（2）第十四条修正案是历来对宪法的一条最重要的修正案，其目的在于保障黑人公民权利，以对付各州不利于黑人的立法。它实际上是把民权法案的规定写入宪法。这条修正案实际上是对南部政治重建的全面规定：①合众国所有合法居住者都是美国公民；②各州都不得制定或施行剥夺合众国公民的特权与特免的法律，也不得未经正当的法律手续，即行剥夺公民生命、自由和财产；③依照否定黑人选举权的比例核减国会代表名额，这实际上是制止南部各州削减黑人选举权的措施；④剥夺部分叛乱者的参政权；⑤宣布南部同盟和各州的债务无效，不得因丧失奴隶而给奴隶主任何补偿。

这个修正案不仅对重建是重要的，而且对以后美国政治和经济生活都起了直接作用和一些潜在作用。有两点需要指出的是：首先，修正案对于剥夺黑人的选举权仍留有余地。因为修正案第二款就有下述含义，即南部各州甘愿减少其在国会中的代表名额，就可以合法夺取黑人的选举权。同时，第一款规定各州未经正当法律程序都不得剥夺任何人的生命、自由和财产。换言之只要经过"正当的法律程序"便可剥夺黑人的公民权利。这就给南部各州剥夺黑人的选举权和其他公民权利留下了一条"合法的"后路。其次，修正案在提到它所保护对象时，所使用的措辞不是"任何公民"，而是"任何人"，"任何人"则可以被解释为既包括"自然人"，也包括"法人"，因而这项条款后来被司法机构用来作为保护资本集团和联合股份公司利益的法律依据。后来，这一修正案的起草人共和党人约翰·宾厄姆就直言不讳地说，他这样措辞的目的，在于照顾他的主顾——铁路公司的利益。所以这一条款表面上是为了保护南部黑人的生命、财产的安全，实际上却被宾厄姆之流利用它来保护大企业公司的利益。

（3）激进派的重建纲领。经过1866年国会选举，激进派稳固地控制了国会两院中的2/3的多数，在这种有利形势下，激进派于1867年1月提出第一个激进派重建法案，并于3月2日获得通过，法案完全否认了约翰逊的重建纲领以及根据这一纲领在南部重建起来各州政府的合法性。

这一纲领的主要内容大致有以下几个方面：①否认除田纳西州外南部各州政府的合法性；②在建立起共和制的合法政府之前，联邦将南部十个州分为五个军区实行军管，由军区司令执行行政与司法权；③剥夺一切叛乱分子的选举权和行政权；④由以前因种族、肤色和社会地位而受到限制的选民选举产生制宪大会，然后以合众国宪法为依据制定或修改州宪法；⑤各州根据州宪法产生议会和州政府，在州议会批准第十四条修正案，州宪法获得国会承认后，即可选派代表出席国会的参、众两院，军管遂告解除。

这一纲领，一方面对南部叛乱者的选举权和参政权做了较为严格的限制；另一方面无条件地承认了黑人的选举权和参政权。这表明北部工业资产阶级的政治经济利益和进步倾向，从而得到了广大人民、特别是广大黑人的热烈拥护。它虽遭到约翰逊的否决，但国会以 2/3 的多数驳回约翰逊的否决，成为合众国的正式法律。

（4）激进派试图弹劾约翰逊

激进派并不满足于驳回约翰逊的否决，还决定剥夺总统的权力，甚至撤他的职。为此，他们采取了一些措施。

1867 年 3 月，国会通过了《官职法》。这个法规定，不经参议院同意，总统无权罢免参议院赞同且业已任命的文职官员，也不得擅自任命官员，如总统违反这一规定，即被认为犯了"严重罪行"，其目的在于防止总统运用官职任免权来破坏激进派的重建，特别是防止总统罢免陆军部长埃德温·斯坦顿在内阁中的职务，因为斯坦顿是唯一支持激进派重建的内阁官员。

约翰逊于 1867 年 8 月要求斯坦顿辞职，给激进派造成了弹劾他的时机，斯坦顿拒绝辞职，约翰逊令斯坦顿停职并指定格兰特将暂代陆军部长。当国会于 1867 年重开时，参议院拒绝约翰逊关于这一停职的请求。正在此时，格兰特违反与约翰逊达成的协议，把这一职务交还给斯坦顿，因而无法提交法院审理，而约翰逊想让最高法院审理，因为他认为《官职法》是违宪的。后来约翰逊再次试图罢免斯坦顿，但斯坦顿拒不离职，约翰逊罢免斯坦顿的计划宣告失败。这时激进派决定弹劾约翰逊，企图把他拉下总统宝座，众议院于 3 月初正式通过了弹劾约翰逊的文件，弹劾条款列举了对他的指控有 11 条，但主要问题只有一个，即关于罢免斯坦顿职务违反了《官职法》，因而犯有严重罪行，从 3 月 5 日开始，参议院在最高法院首席官蔡斯主持下审理弹劾案。在两个多月审理过程中，司法部长亨利·斯坦伯利和其他律师为约翰逊进行有力的辩护，推翻了对约翰逊犯有严重罪行的控诉，尽管公众（北部）赞成定罪。最后投票表决是 35 对 19 票，比所需要的 2/3 多数少一票，约翰逊被宣判无罪。

（5）南部民主政治的建立及其改革

1867 年 3 月，在南部实施激进派重建纲领，把南部分为五个军区进行治理，军区司令负责选民登记、资格审查、选举和组建新政府工作。

①激进共和党人推行重建纲领依靠的有三种类型人，靠他们的支持来实现重建。A. 自备毡囊者（Carpetbaggers），指来自北部的共和党人，他们大多数是激

进派，缺少政治经验；B. "屡崽子"（Scalawags）① 是与自备毡囊者合作或接受他们领导的南部贫穷白人和独立小农，大多数是内战期曾反对分离、接受阿波马托克斯裁决、战后赞成返联邦的那些人。"屡崽子"是南部叛乱者对他们的蔑称。C. 南部黑人，他们是激进派重建的社会支柱和依靠力量，但大多数都是未受教育的文盲，对突然参政缺乏准备。

②南部各州的民主改革及其成就

激进派在南部的重建从开头便遭到种植园主、南部民主党和约翰逊重建政府的抵制与反对。他们采取种种欺骗与恐吓手法来破坏黑人与共和党人的联盟，阻止黑人参加选举，破坏激进派的重建工作。

广大黑人并未因此而退缩，他们举行群众大会，发表《告人民书》支持激进派的重建纲领，有的还拿起武器，去履行投票职责。为保证黑人的选举权和重建工作顺利进行，各军管当局免除了六名州长和一批官员的职务，镇压恐怖活动，对于涉及黑人参加选举者进行惩处和判刑。到 1868 年 5 月，除得克萨斯州外，其他各州都完成了立宪工作。接着，在 1869 年末各州根据新宪法，选举产生了州议会、州政府以及参加国会的两院议员。到 1870 年 3 月，南部各州选出的代表都被正式接纳进入国会。各州重返联邦的基本程序遂告完成。

南部各州民主政治建立后，推行经济和社会生活方面的民主改革：

a. 确认黑人的平等权利，实行民主政治，先后批准宪法第十四条、十五条修正案，废除了《黑人法典》，颁布《民权法》，在不同程度上承认了黑人在政治经济社会生活方面的平等权利。

b. 土地与税制改革。在黑人代表要求下，有些州实行有限的土地改革，比如在安妮卡罗来纳议会建立了土地委员会，用公款购买土地，然后分成大小块以低价卖给黑人和贫穷白人，该州因而建立起两千个小农场。

为给各项民主改革事业筹措资金，各州进行税制改革，改变了那种工商业者承担沉重赋税，而对种植园征收土地税极其轻微的不合理现象（当时一个中等工商业者的税负约等于一个种植园主的五六倍之多）。

c. 奖励工商业，扶助铁路公司，以促进南部资本主义工商业的发展，除减免工商业的税负外，还颁发大量特许状给工商业者，拨款资助铁路的修建等。

---

① Scalawag 一字的原意是最卑鄙最下贱的人。

d.改革教育制度，开办免费公立学校。有些州是首次拨出经费办教育，为黑人和贫穷白人提供受教育的权利和机会，重建在这方面取得很大的成就。

e.医治战争创伤，举办慈善事业，各州政府拨出款项重建城市、道路，架设桥梁，兴办各种公用事业，开办医院、孤儿院和救济机构，为黑人和穷苦白人服务。

这些改革是资产阶级民主改革，尽管进展是不平衡的，有些改革措施也未认真执行，但不能因此而否认其进步性和革命性。它至少在法律上承认了种族平等，并在一定程度上促进了南部资本主义经济的发展。

（6）对激进派重建中出现的贪污舞弊现象的分析

南部各州民主政府为筹措社会改革所需资金，主要采取了增加税收和发行公债两种形式，因此各州的赋税和公债都有了大幅度的增加。1870年，南部11个州征收的赋税总额，约等于1860年的四倍。这一时期，大量增加开支是不可避免的，因为需要兴办许多公用事业，为获得解放的黑人服务。但也出现了一些贪污舞弊的现象，如不少政客大肆挥霍公款、贪污受贿、中饱私囊等。这就给南部民主党和保守势力提供了反对民主政权、攻击"黑人统治"的口实。南部在这一时期出现的贪污舞弊现象，确是事实，但把南部各州财政开支的急剧增加，不加分析地都说成是挥霍浪费、贪污舞弊造成的，这显然是不符合历史实际的，更不应把这种现象简单归咎于激进派的民主政权和"黑人统治"。事实上，早在这之前，南部政府就有挥霍浪费现象，在这之后，南部民主党执政时期，其贪污舞弊现象更有过之。在重建时期，普遍出现挥霍浪费和贪污舞弊现象，并非南部所独有，也并非偶然，而是有其复杂原因的。①这时南部处于大变动时期，旧结构已崩溃，新结构未健全，尤其是政府机构从旧的寡头政治一下子转变到民主政权，加上十年的军事管制，造成了许多混乱的可乘之机；②由北部进入南部的许多政客和经济投机分子，鱼目混珠，泥沙俱下，他们利用南部经济混乱之机大肆活动，致使舞弊成为极有利可图之事；③这个时期，整个美国正处于向垄断资本主义过渡时期，经济上的疯狂竞争导致不择手段地拉拢勾结政治代理人，这是当时贪污腐化之风的主要根源，而南部的腐化现象也只是镀金时代美国的一个缩影，因此决不能把南部贪污腐化现象单纯归咎于民主重建和黑人参政。

（五）南部民主政治的失败和重建在美国历史上的地位和作用

到十九世纪七十年代初，由内战开始的美国第二次资产阶级革命任务已基本完成。北部资产阶级不仅牢固掌握了全国政权，重新实现了联邦的统一，而且摧毁了南部奴隶制经济，实行了一系列有利于工业资产阶级的政策，如保护关税、建立稳定的货币制度等。在这种形势下，共和党内妥协思潮大为增长。他们中许多人对南部重建和黑人命运已不那么关心，宁愿牺牲黑人利益以求得与南部和解，以尽快结束这场斗争。

同时，联邦政府和南部各州政府日益推行支持各大资本集团与铁路公司的政策，引起了原来支持激进派的南部贫穷白人和黑人的不满，他们逐渐离开了共和党，转向民主党。南部民主党人和保守势力也乘机大肆活动，一方面孤立激进派共和党人和破坏民主政权的声誉，另一方面大力怂恿"三K党"的恐怖活动，残酷迫害黑人。而联邦政府既未对南部各州政府提供支持，也未对"三K党"的暴力活动采取有力对策。联邦政府的软弱退让大大助长了南部民主党和保守势力的反动气焰。从1870年开始，他们先后以各种手段推翻民主政权，夺取了州政权，正在这时，1876年总统大选来临，两党出现了势均力敌的局面，共和党领袖以牺牲黑人利益、撤出南部的军队为条件，换取了海斯登上总统宝座，这就是历史上所说"海斯—蒂尔顿的妥协"。民主党重新掌握了南部各州政权，重建也告结束。

南部重建的历史地位和作用

（1）南部社会阶级结构发生了变化，奴隶获得解放在法律上成为自由人，种植园主（奴隶主）资产阶级化。

（2）南部的经济结构发生了变化，主要是分成制的出现及其三种形式（货币、实物和劳役）；另一方面是北部资本的渗入，工业和铁路修建在南方的发展。

（3）南部政治力量的变化：南部民主党虽仍控制各州政权，但它又与北部民主党有密切的联系，即使在南部，也不会完全由土地利益集团控制，高利贷、金融、工业等集团的影响日益加强。

（4）南部黑人地位的变化，民主重建时期，其政治地位虽有上升，但民主党人接管政权后，他们的政治、社会地位都日趋恶化。

重建的结束并非奴隶主在南部的复辟，而是北部资本主义的经济、政治、社会结构在南部奴隶制度废墟上的嫁接，从此南部走上了缓慢而痛苦的普鲁士式的资本主义发展道路。这种发展模式使南部在以后近 80 年期间一直是美国最落后的地区，直到二战后，才有所改变。

如何认识这种成败即重建出现这种结局的原因？

南部重建之所以出现这样历史性的结局，是由于多种因素造成的。

①内战打垮了南部的寡头政治，摧毁了奴隶制，但这并非南部本身政治、经济、社会发展到成熟阶段的结果，而是北部资本主义作为一种强大的外力中断了南部的发展进程。因此，南部本身没有条件充分发展其新的生产方式，当然也没有可能建立与此相适应的政治制度。所以重建后，在南部建成完全的资本主义经济和政治制度仍不具备客观条件。

②重建时期，南部的阶级力量对比中，旧种植园主（尽管资产阶级化了）仍占优势，因而北部南下的工业、银行资本家必须同种植园主结合，形成南部特有高利贷地主阶层，这一阶层是重建后南部政治经济的主体。另一方面，种植园主极其缺乏资金，又失去了土地上原有的劳动力；而黑人获得了自由，却没有自己的生产资料，因此谷物分成制应运而生，使南部农业的资本、土地和劳动力三者得以结合。这种结合又同种族压迫融合在一起，构成了南部特有的剥削方式。为保持和扩大这种剥削方式，南部的政治制度必然带有很大的残酷性。这是重建后发展起来的南部的内在因素，它导致南部在相当长时期处于落后和经济停滞的状态。

③内战后，北部资本控制了联邦政权，并在西部找到了远比南部更有发展的市场和原料产地，因而对西部大量投资，大力发展，使东北部资金与人力大量西流，结果使西部的发展迅速超过南部。在这种形势下，南部相对地成为一个半封闭系统，这就更加延缓了它的发展进程，使它远远落后于北部和西部经济的发展。

美国移民史专题

绪　论

（一）美利坚民族的重要特征

1. 它是由多种族、多民族组成的。世界三大人种——欧罗巴人种、蒙古人种、尼格罗人种——这里都有；按肤色特征分类，白黄（棕）黑的各种族这里也都有。除土著印第安（他们也是在 3 万年前从亚洲大陆经白令海峡迁徙到美洲大陆的移民）外，五大洲各民族、种族都有迁徙来美国的人。过去 300 年期间，有些国家（如加拿大、澳大利亚、巴西、阿根廷等国）同样是在近现代外来移民推动下发展起来的，但没有哪一个国家像美国那样接受了文化背景十分庞杂、人数众多的外来移民。来美国的移民洪流，其持续时间之长，规模之巨大，在世界近现代史都是空前的，到 20 世纪 80 年代，美国人口中大大小小的民族群体已达 1500 多个。

2. 它的人口不断迁徙和流动（mobility），美国学者乔治·皮尔逊称之为 M 要素，说他们是形成美国这个国家的集中基本力量之一，研究 M 要素对了解美国共和国的成长和发展是非常必要的。

在美国历史发展过程中，曾不断出现人群的迁徙和流动现象：比如 a. 西进运动，持续一个多世纪，把东部居民和移民逐渐推向太平洋沿岸。b. 随着美国工业化和城市化的发展，大量农村人口和外来移民涌入城市，使城市人口逐渐超过农村人口 ①。c. 半个多世纪以来，又出现大批城市人口陆续向郊区转移，以及众多居民从冻土带向阳光带转移等。在过去将近 4 个世纪里，进入美国（包括英属北美

---

① 到 1920 年时，美国城市人口超过农村人口，占全国人口总数的 51%；到 1960 年，70% 人口居住在城市。

殖民地时期）的移来总数约为 6000 万人，他们在美国繁衍的后代就更多了。所以人们常说，美国"是个由外来移民及其后裔组成的国家"。

（二）外来移民来美国的高潮及其形成的原因

外来移民涌入美国有三次高潮（以 10 年为单位计算），头两次高潮为二十世纪初，第三次是最近。第一次高潮是 1901 年至 1910 年，约有 870 多万人；第二次高潮是 1911 年至 1920 年，约有 570 多万人；第三次高潮是 1981 年至 1990 年，约有 900 多万人。另据美国移民局预测，1991 年至 2000 年，将有 1200 万至 1300 万外来移民入境。

头两次高潮形成的原因：a. 美国经济的迅速发展，迫切需要大量劳动力；b. 这两次高潮主要是以来自东欧、东南欧各国移民为主；这一地区国家人口激增，而本国却无容纳这些人口的社会经济条件（养不活或活不好），只得大量外流。

十九世纪后期二十世纪初期，美国来自东欧、东南欧各国移民被美国人称为"新移民"，他们分属意大利人，斯拉夫人和犹太人三个民族集团，主要来自三个国家：奥匈帝国、意大利和俄国。十九世纪八十年代以前的四五十年间，美国的移民大部分来自英格兰、苏格兰、爱尔兰、德意志和斯堪的那维亚半岛的西欧、北欧国家，他们在美国历史上被称为"老移民"，八十年代以后，来美的这些"老移民"大为减少。

"新移民"与"老移民"之所以离乡背井，来到美国，有其政治、经济和宗教等方面原因，以后有专题讲授，这里不多赘述。这里只提一点，即"新移民"之所以离乡背井，宗教信仰是他们外流的主要原因，如在沙皇占领下的波兰，犹太人宗教受到歧视，曾发生几次对犹太人的大屠杀。

"推"和"拉"的作用问题。在十九世纪后期，涌入美国的移民数量是曲线上升的，但有较大的起伏，这种起伏与美国和移民出境国双方的社会经济的发展是什么关系？是美国经济繁荣吸引移民的"拉"，还是欧洲各国经济衰退导致移民外流的"推"起主导作用？这是美国学术界曾经探讨的问题，也是值得研究的问题。

（三）美国移民史的分期与美国移民政策的演变

美国接纳外来移民的历程分为两大时期：（一）自由移民时期，即从建国起到1882年《排华法案》的实施；（二）限制和选择移民时期，即从1882年排华法案的实施到现在。[①]

在第一个时期，美国建国初期也制定过针对外来移民的严苛法律，但由于社会经济的发展迫切需要大量劳动力，美国政府一直鼓励接纳外来移民，奉行来者不拒的政策。这一时期有一千多万人移居美国，其中绝大部分来自西北欧各国；来自亚洲的移民很少，且多属外出打工的劳工；也有来自非洲的黑人，而他们多属非自愿的移民。

《排华法案》的实施预示了美国限制和选择移民的开始。1882年《排华法案》规定禁止华工入境10年，华侨不得入籍。1892年又延长10年，以后就无限期延长了。《排华法案》是美国第一个以种族和国籍为理由禁止外来移民入境的联邦法案，标志了自由移民时期的结束，限制和选择移民时期的开始。顾名思义，限制就意味着限制移民入境，减少移民入境的数量；选择就是挑选美国所需要的移民，拒绝它所不需要的人。以后，联邦政府还制定了不少限制和排斥外来移民的法律和措施。它们大体有以下几种类型：1.针对某个特定国家和地区，比如1907年美日达成"君子协定"，禁止日本劳工进入美国；1917年国会通过对移民进行"文化测验"的立法，以限制东欧、东南欧各国移民入境。2.针对外国劳工的，如1885年国会通过的《福伦法案》就是禁止以合同方式输入劳工。3.不断扩大禁止入境者的范围，除已禁止精神病患者、白痴、妓女和可能成为社会负担的人入境外，后把增加了无政府主义者和以暴力推翻美国政府者。

为加强限制和选择移民的措施，并把他们纳入制度化轨道，美国国会在二十世纪二十年代先后通过了三个移民法，从而确立了移民限额制（Quota System，并可以译为配额制），即旨在限制移民入境人数、选择移民的民族来源的体制。这种限额制最突出的一个特征就是种族主义，首先表现于排斥亚洲移民，其次表

[①] 分期的标准：美国政府的移民政策，从自由移民到限制选择移民。美国学者（如维克多·格林）对美国移民史的分期标准有三：1.美国社会舆论对移民态度的变化；2.历史学家的见解；3.美国政府的移民政策。Greene根据这一标准，将美国移民史分为两期，即1700年至二十世纪六十年代为熔炉思想兴起与发展时期；自六十年代至今是熔炉思想再审视时期，文化多元论兴起。

现于限制东欧、东南欧各国移民入境，只有西欧和北欧各国移民才是美国欢迎的理想移民。此后，美国接纳外来移民的人数明显下降了，1921 年至 1929 年期间，每年入境的欧洲移民从 80 万人下降到 15 万人。到了三十年代，入境的欧洲移民就更少了，低于限额法所规定的入境限额。

美国参加二战后，逐渐开始了移民政策有限松动的阶段，这表现于以下几个方面：1.1943 年美国废除了长达半个世纪之久的《排华法案》，允许中国人合法移民美国并成为美国公民。这是二战中，中美两国人民共同抗击日本侵略者这一历史发展的必然结果。2.相应改变对亚洲其他国家移民的政策，废除了排斥印度和菲律宾移民的法律，分别给予印、菲两国移民一定的限额。3.战后初期，美国政府陆续颁布一系列特别法令和临时紧急措施，允许限额以外移民入境，如 1946 年《战时新娘法》，1948 年《流亡人员安置法》以及 1953 年《难民救济法》等，这些措施，除《战时新娘法》外，多是从当时国际斗争的需要出发，为其冷战政策服务的。

就在美国移民政策稍有松动的形势下，1952 年国会竟制定了排斥外来移民的《移民和归化法》，其中反共的调子很突出：禁止共产党员或参加共产党组织的任何外籍人士入境，已入境者将被立即驱逐出境。因此，这个法令实施后，美国政府在五十年代以此为借口驱逐合法入境的外国移民达 13 万人之多。

到六十年代民权运动兴起时，这个移民法和 1924 年《移民限额法》都遭到了猛烈的抨击。社会舆论认为，移民限额法中的民族来源制不仅歧视某些民族集团，而且违背了美国传统的理想——即美国是"被压迫者的庇护所"的理想。在社会舆论的要求下，国会于 1965 年通过了《移民和国籍法》，其中取消了民族来源制，改按国籍（不按民族和种族）定出份额，每年限额 29 万人，东半球 17 万人，西半球 12 万人。1965 年移民法是美国移民政策史上的重要转折，它不仅打破了以民族来源制为基础的移民模式，而且把西半球移民纳入全球限额制，从而结束了西半球奉行的自由移民政策。在移民政策史上，这些改变不能不说是一种进步，但"种族主义"幽灵仍然存在。

（四）熔炉说与文化多元论问题

"熔炉"是一种比喻，所有外来移民集团将被改造、净化和混成一体。著名的美国历史学家佛雷德里克 J. 特纳在一论文中断言，在边疆的熔炉中，外来移民被美国化了，从而获得自由并熔化成一个混合的种族。熔炉这一词因英籍犹太人作家伊斯雷尔·赞格威尔的剧作"熔炉"而流行开来。"熔炉"说认为美国像个铸模，把众多民族、种族、移民的传统和特征，倾注于美国环境的铸模，熔化成一种新的独特的金属，即创建一个单一的政体、单一的民族和单一的文化。

外来移民和美国社会接触后，虽有些仍保留了各自语言和风俗习惯，但他们中多数——特别是他们的后代——逐渐削弱了或丧失了各自原有的民族传统和特征，不断为美国这个"熔炉"所熔化，逐渐实现了"美国化"。在实现"美国化"过程中，起重要作用的因素是语言、学校教育和社会流动等。

实现"美国化"就必须完成以下三个步骤：即弃旧，适应新环境和完全化入了美国社会。十九世纪后期到二十世纪初期，是熔炉思想盛行时期，那时特别强调外来移民"美国化"，从而形成美利坚民族和单一性文化，如果外来移民仍保留其文化和传统、风俗习惯，那就是未实现"美国化"，是不可容忍的。

实际上，美国对移民的同化并非单向进程，而是双向进程，即美国社会不断吸收各民族、种族的优良传统和文化，并使它们逐渐成为美利坚民族共享的遗产。

各民族集团在移居美国后都已发生了变化，而美国社会在接纳它们后也在许多方面发生了变化。这就是文化多元论的社会基础，它把美国看成是个"多民族的民主制"，每个民族都有它自己与众不同的语言和文化，但所有民族都共同分担对联邦共和国的政治效忠，这种文化多元论的主要代表是犹太裔移民。霍雷斯·卡伦他用交响乐队来做比喻，说乐队中使用的不同乐器象征着各种族裔集团，协调地演奏了"文明的交响乐"。

参考书目

1. 梁茂信《美国移民政策研究》，序、绪论。

2. 托马斯·索威尔《美国种族简史》，沈宗美译（南京大学出版社，1992 年）第一章、第十一章。

3. Leonard Dinnerstein, Ethnic Americans : A History of Immigration, 1988,

Preface and Chapter 9. Whiltes Ethnic America? Assimilation into American life

4. Chronology of Immigration and Immigration Policy 1798—1984（pp. vii-x）

5. Provision of the Major United States Immigration Laws and program Dinnerstein, Ethnic Americans pp.218—219 Table A.4

（二）移民洪流与"老移民"和"新移民"来美国后的情况

美国是"一个由移民组成的国家"，美利坚民族也是"一个由许多民族组合成的民族"（除印第安人外，所有美国人不是外来移民，便是外来移民的后代。因此，美国整个历史进程都受着连续不断的移民洪流极大的影响）。

与其他由移民及其后裔组成的国家（如加拿大、阿根廷和澳大利亚）相比，美国具有两个特点。第一，它是世界上接受移民最多、民族成分最为复杂的国家，自从美国独立以来，世界各国和地区约有 5000 万人移往美国。美国的这些移民主要来自欧洲，但也有来自非洲、亚洲和拉丁美洲等地。从人种来看，大多数移民是白种人，但也有黑人（多属非自愿移民）、黄种人和混种人。就宗教信仰而言，这些移民主要是欧洲宗教改革后各种新教徒，但也有天主教、犹太教和东正教徒。第二，美国移民来源相当分散、庞杂，他们移民美国，可称得上"天下合聚，五方杂处"，这种现象在当今美国许多大城市仍是很明显的。从殖民地时期到十八世纪末，大批白人陆续从欧洲移往北美大陆。十七世纪从英格兰来到北美定居的，称为新英格兰人，同时还有来自荷兰和斯堪的纳维亚半岛的西、北欧人。这些早期移民即被称为 WASP[①] 的主体，他们及其后裔一直是美国文化的中坚力量，掌握美国政治经济的大权。在十七至十八世纪交替之际，苏格兰和德意志的移民大量涌入，他们也是美国主流社会的组成部分，还有大批黑人奴隶被从非洲贩运来北美大陆，充当南部种植园的劳动力。到十九世纪上半期，又有数以百万计的爱尔兰人和德意志人移居美国，其中大多数信仰天主教。前者大多数散居于沿海和内陆城市，从事修筑运河、铁路的劳动；后者多数前往密西西比河流域北部各州务农，也有不少移居密尔沃基和圣保罗等中西部城市。接着是五十年代加利福尼亚兴起的淘金热，招来了欧洲、亚洲和拉丁美洲大批移民，其中有不少华

---

① WASP 是英文白人—盎格—撒克逊新教徒的首写字母组合，被称为是美国人口和文化的主体，故常被使用——编者

侨，后来他们在修建联合太平洋的铁路西段（即中央太平洋铁路）以及开发加州农业方面都做出了巨大贡献。然而他们都遇到不公正的待遇，即 1882 年美国国会制定的禁止华工入境的排华法案。

内战前后，随着美国工业化和城市化的发展，涌入美国的移民数目出现了新的高潮，他们大部分来自西欧和北欧各国，被称为"老移民"，多数留在他们登陆的港口城市及其周围，充当企业工人或从事商业活动，也有去中西部各州从事农业劳动。

但在 1880 年以后，"老移民"的数目大为减少，而来自东欧和东南欧各国的"新移民"却日益增加，到二十世纪头十年间更增加到来美移民总数的 72%。他们大都不能讲英语，信奉天主教和东正教，教育文化程度也较低，因而抵美后，多数去美国一些大城市本民族聚居区谋生，自成一个社区（如纽约的小意大利区、犹太人区等），与土生本国人和其他移民聚居区不大交往。后来，他们中一些人和第二代逐渐走出聚居区，投身一些基础工业，充当非熟练工人。大批"新移民"的入境引起了美国排外主义情绪的增长，美国反对移民入境的呼声也甚嚣尘上，结果是国会不顾三届总统的否决，终于在 1917 年通过了"文化测验"法案，这主要是针对"新移民"的，为减少外来移民入境并使吸收移民工作制度化和规范化，国会又于二十世纪二十年代，通过了移民"限额法"，其目的在于通过立法来减少入境的移民。"限额法"实施后，来自欧洲的移民总数减少了，来自亚洲的移民（除菲律宾外）完全被禁止了，来自加拿大和拉美的移民达到空前的规模，因西半球移民不包括在"限额法"之内。

二战后，美国从当时国际斗争的需要出发，一定程度上放宽了对移民的限制，因而又出现了向美国移民的新高潮。美国政府采取了一些《战时新娘法》和为"冷战"服务的《被迫流亡者法》和《难民救济法》等措施来放宽对外来移民的限制，接纳了"限额法"以外的大量移民。1946 年至 1947 年，约有 18 万多外籍新娘及子女根据非限额法入境。在 1945 年至 1965 年期间，根据被迫流亡法和难民救济法入境的人数超过百万人，占这个时期全部移民 1/5。1965 年，美国国会通过了一个新移民法，即《移民与国籍法》。它废除了"限额制"中带有种族歧视的民族来源制，改为以国籍来决定全球移民的限额，但仍保持了对移民的选择性。新移民法的实施，拉美地区移民被纳入全球限额制，亚洲取代了欧洲成为移民的主要来源，来自第三世界的移民显著增加了。

现在集中分析几个重点问题：

（一）"老移民"来美的情况以及日趋减少的原因。在十九世纪八十年代以前四五十年期间，美国的大部分移民来自西欧、北欧国家（英、德、爱和斯堪的那维亚国家和地区），这些移民在美国历史被称为"老移民"。他们之所以离乡背井，移居美国，主要原因是他们在本国生活无着落以及难以忍受的政治和宗教迫害，也由于当时"美国热"在欧洲盛极一时。那时，美国铁路公司和大企业为出售铁路沿线的大量土地和招募工厂所迫切需要的劳动力，纷纷在欧洲各国设立代理机构，一方面大肆渲染移民易于获得便宜的土地、经营田园的美妙景象，另一方面广泛宣扬美国的就业机会多、工资高的优越条件，以广招徕。有些公司老板为招募迫切需要的劳动力，甚至先垫付来美移民的旅费，日后由他们工资中扣还。同时，先去美国的"老移民"，也纷纷写信回国，夸耀美国的富庶，甚至把它描绘成"天国乐土"或"希望之乡"，这对他们故国的同胞和亲友自然产生了极大的吸引力。这些"老移民"来美的数量在1881年至1890年达到了高峰，约有350多万，以后就大为减少，1891年至1900年只有150多万。这些国家赴美移民大为减少的主要原因有二：一是他们本国工业日益发展，因而对劳动力的需要激增；二是西欧国家，特别是英、德等国开始占领广大的海外殖民地，因而他们国内过剩人口也可向那些地方转移。

（二）"新移民"的来源及其特点。从十九世纪八十年代开始，来自东欧、东南欧各国移民日益增加，到十九世纪九十年代（1891—1900），他们汇成一股巨流，人数达到170多万，超过了这十年移入美国人数的一半，到1901—1910年期间，他们来美人数猛增到570多万人，占这十年间来美移民总数的72%，这些被称为"新移民"的人分属意大利、斯拉夫人和犹太人三个民族集团，主要来自欧洲三个国家：奥匈帝国、意大利和俄罗斯（包括波罗的海国家）。

"新移民"具有不同于"老移民"的一些特点：1. 在宗教信仰上，他们不是新教徒，而主要是罗马天主教和希腊东正教徒；2. 他们操本国或本民族语言，不能讲英语；3. 他们来自比"老移民"（爱尔兰人除外）贫穷得多的国家，原本生活都较贫困，教育文化程度也较低，文盲比率很大，但男性和青年所占的比率都超过"老移民"；4. 他们来美后，大都在城市的本民族聚居区定居谋生。

"新移民"之所以离乡背井，移民美国，基本上同"老移民"一样，出于政治经济和宗教等方面的原因。但由于时代背景和地区情况的不同，他们离乡背井的原因也有某些特点：首先，宗教迫害仍是东欧各国人口外流的主因之一。到十九世纪后期，西欧各国对不同教派的宽容日增，因此宗教信仰问题已非他们移民出境的主因。但东欧几个国家却非如此，他们仍然歧视犹太人宗教，特别是在沙俄占领下的波兰，在十九世纪八十年代初就因宗教信仰问题发生过对犹太人有组织的迫害，后来还发生了几次对犹太人的大屠杀。结果造成犹太人大量离境。据统计在十九世纪末二十世纪初，从东欧来美的犹太人移民在200万以上，其中大部分来自俄国，也有一部分来自奥匈帝国。其次，由于受到政治迫害而大量出境的是波兰人，他们在波兰被瓜分后受到异族的残酷统治，对俄、德占领当局提倡俄罗斯化和日耳曼化的奴役政策深恶痛绝，因而纷纷外迁。第三，由于原有农业秩序的破坏和严重歉收，东南欧各国农民和手工业者纷纷背井离乡，特别是意大利农民因生活困苦，走投无路而大批迁往美国。比如，在奥匈帝国，许多农民因丧失土地无以为生，而新建的工厂又很少，无法吸纳大量无地的农民和失业者，从而导致大量的马扎耳人和斯拉夫人离境外迁。

（三）"推和拉"作用的分析。美国大陆地广人稀，有待开发的广阔土地对外来移民具有极大的吸引力；内战后，随着美国工业化的普遍、迅速发展，美国工人工资比较高，超过了当时欧洲各国工人工资水平，这也对外国移民具有较大的吸引力。当然，当时在欧洲盛极一时的"美国热"也起了吸引欧洲移民的作用。因此，在十九世纪后半期涌入美国的移民数量是曲线上升的，但也有较大的起伏，如书中《镀金时代》图表所示。这种起伏与美国和移民处境的国家双方经济发展有什么关系？是美国经济繁荣吸引移民的"拉"，还是欧洲各国经济衰退导致移民外流的"推"起主要作用？对于这一问题，美国经济学界早先在二十年代的一种说法是：美国外来移民的高潮与低潮同美国商业周期有密切关系，而同移民离去的国家经济情况的关系较小，即美国外来移民的高潮与低潮是随美国经济繁荣或衰退为转移的。换言之，在移民涌入美国这个运动中，美国方面"拉"的力量起了主要作用，而欧洲各国方面的"推"的作用较小。

到五十年代，英国经济学家布林利·托马斯提出了一个较为复杂的设想。他认为当时存在一个互相依存的国家构成的"大西洋经济体"，而移民周期的变化是与欧美经济发展的节奏联系在一起的。他是从双方长期的经济发展与资本构成的变化来考察美国外来移民的起伏。他指出，当投资额在英国明显增长时，美国经济发展的速度就缓慢了，以人力和资本为主体的西进运动也减弱了，可是资本一旦大量流入美国，那里经济活动就扩展了，移民洪流也很快随之而来。根据资本流向和资本构成变化的情况，他认为，1870年前，美国工业生产的高潮（以修铁路和外国投资增长为标志）是紧随着一次移民高潮而出现的，所以那是欧洲萧条的"推"比美国繁荣的"拉"对移民去美有更大影响，但在1870年以后，当美国经济发生结构变化时，即美国经济首次出现工业产值超过农业产值时，外来移民的高潮是随着美国经济高潮而来的，这表明美国的"拉"居于主导地位。

这种分析虽以"大西洋经济体"为名考察外来移民数量的起伏，但实际上是以研究英、美两国经济相互作用为依据的，所以有很大的局限性，因而难以说明欧洲其他国家移民去美的原因及演变情况。

在美国经济对移民具有同样吸引力的条件下，各国移民外迁数量和速度是不一样的，是因不同国家和不同时间而异的，这种差异和悬殊主要是由移民各自国家的社会经济情况决定的。因此，这种大量人口的迁徙不单纯是由美国资本主义的发展决定的，而且也取决于移民离去国家社会经济情况的变化，后者比前者更能确切地说明该国移民外迁和数量的演变。所以应研究那时欧洲各国的历史。

参考书目

1. 托马斯·索维尔，《美国种族简史》，沈宗美译，南京大学出版社，1993年版第二部分 来自欧洲的美国人，第18—172页。

2. 丁则民，《美国内战与镀金时代》，人民出版社，1990 第5章 第1节（pp.146-158）。

3. L. Dinnerstein, D. Reimers *Ethnic Americans：A History of Immigration* 1988 Chapter 2. 3（pp.15-16）.

作业题：

查阅资料：查阅劳工招募广告

近年来国内有关美国移民史的论著（论文著作），10篇论文（作者，论文题，

刊物，年代期数）5本著作（著者，书名，出版社，出版年代，出版地点）

论文：二十世纪九十年代以前5篇，九十年代以后5篇（选择期刊，《世界历史》《美国研究》，大学学报（南开）。

（四）美国社会对外来移民的反应，美国的民族理论及其发展演变

1. 美国社会对外来移民的反应（态度）

自从美国建国以来，美国人一般是赞成广泛吸收外来移民的。这是因为：1. 美国幅员广大、资源丰富，但缺乏劳动力和技术，因此，开拓土地、开发资源和发展经济都有赖于连续不断的大量外来移民；2. 美国人相信他们有力量同化外来移民，认为美国本身就是个各种不同民族和种族的"熔炉"，经过这座"熔炉"冶炼融合，"由形形色色的众多民族、种族组成的美利坚民族将日益发展壮大"。

美国开国元勋们把外来移民看成是一种资产，所以主张把他们"作为国家财富新增的有价值的资产加以欢迎"。有些开国元勋还宣扬美国是世界被压迫者的庇护所，并以此而感到自豪。多数企业主及其代言人都拥护自由移民政策，反对限制移民入境，并且断言如果对外来移民加以限制，那美国将发生严重劳动力短缺，从而不利于美国经济的发展。

但是，随着外来移民洪流的不断到来，土生的美国人和早来的移民也产生了不同程度的恐惧和担忧。他们害怕外来移民中具有不同宗教信仰者和欧洲思想激进分子会在美国制造分歧和扇动"骚乱"，从而破坏美国原有的"社会团结"，威胁美国"共和政体和民主制度"。担忧的是大量的外来移民不仅会加剧劳动市场的竞争和降低美国人民的生活水平，而且带来贫困、疾病和犯罪等严重的社会问题，以致"结束了美国对欧洲社会弊病的免疫性"。这种恐惧和担忧情绪由于报刊连篇累牍有关移民荒诞不经的报道而加剧。在政党政客和种族主义者煽动下，排外主义情绪日益增长和蔓延。

在这种情况下，有些美国人开始要求在接受外来移民时，实行限制和选择。这种要求是由以下三类人提出的。

首先是由一些工会组织提出的，他们认为外来移民虽为企业主提供了廉价劳动力，但却加剧了劳动力市场的竞争，导致工人失业和工资下降，同时也把移民视为工会活动的"绊脚石"，在"劳资纠纷"时期移民更构成了严重威胁，因为

他们往往被企业主雇用来接替罢工工人，致使罢工——工会的主要斗争武器失去了效用。举个较突出的事例，1892年赫姆斯特德炼钢工人大罢工是一次影响较大的罢工。工人为要求增加工资、改善工作条件而举行罢工，厂主不仅拒绝了工人的要求，而且请来8000多名国民警卫队镇压罢工。与此同时，厂方在当地雇用了2000多名移民顶缺上班，不久又从东部港口城市雇用了大批移民。在罢工被镇压后，原有4000多名工人中，有3000多人被解雇，继续留用的只有800多人。在那些被解雇的失业工人心目中，外来移民是罢工失败的"罪魁祸首"，外来移民抢去了他们工作。其实，这是美国资产阶级的惯用手法，恩格斯曾一针见血地指出，没有哪个国家的资产阶级像美国那样"更善于挑拨一个民族去反对另一个民族——挑拨犹太人、意大利人、捷克人去反对德国人和爱尔兰人，挑拨每个民族的人去反对所有其他民族的人"。而工人在资产阶级的鼓惑下，没有认识到他们的苦难是美国社会制造成的，却把他们的一切苦难归咎于外来移民，将满腔怒火发泄到外来移民身上。

其次是新教教会和新教徒。土生的美国人和"老移民"主要是信仰宗教改革后的新教，新教徒居大多数。但是1880年代涌入美国的"新移民"中，大多信仰天主教和希腊东正教。天主教徒数量的激增和天主教区学校的不断扩展引起了新教徒的反感和忧虑，因而美国反对天主教会的活动更加剧烈了。1887年创立的美国保护协会，其宗旨就是限制移民入境，限制天主教徒担任公职，支持国家义务教育法，防止天主教会对学校影响的扩大。这个协会还公开宣称"虽然美国人口中只有1/8是天主教徒，但却有一半公职人员是天主教徒……文官考试中天主教徒受到偏惠……所有公务人员都不得不为天主教慈善事业做出贡献。"这种反天主教的歇斯底里到1893年达到高峰，那一年它还利用关于罗马教皇写信命令入境的天主教徒消灭美国一切异教徒的谣传，大肆煽动公众反对天主教的情绪，以至于有位市长甚至要求国民警卫队来制止即将发生的"屠杀"。实际上，这是由于莫须有的捏造而引起的恐慌（"一无所知党"便是在五十年代反对天主教和外来移民运动中出现的）。同时，犹太人社会经济地位的不断提高也招致了反犹太主义运动的增长。从十九世纪八十年代开始，犹太人越来越成为恶毒的种族诽谤的靶子，在住房、教育和就业等社会生活方面犹太人都受到种族歧视。这种排外主义情绪也表现在对"有色人种"移民的歧视，特别是对日益增多的中国移民的歧视。这种日益增长的排华运动在 1882 年美国国会制定《排华法案》时达到高峰。到二十世纪初期，这种排外情绪又转移到日本移民（1907 年日本缔结的《君子协定》），后更扩展到限制东欧、南欧各国移民入境，到 1917 年不顾总统的否决，国会以 2/3 的多数通过了"文化测验"法案。

第三，来自一些美国人所宣称的所谓同化问题。许多美国人认为，"老移民"与土生的美国人既属于同一血缘的种族，即盎格鲁·萨克逊种族，又具有同样的文化背景和历史传统，因此他们入境后很快即与当地美国人融合起来，同化于美国社会，即"美国化"从来不成为问题。但是"新移民"却属于多数美国人所不熟悉的种族、民族，即南欧的意大利人和东欧、东南欧的斯拉夫人和犹太人。他们被认为远不及盎格鲁·萨克逊种族那样优秀，文化背景和历史传统也不相同。[①]因此，二十世纪初期，在几百万"新移民"身穿各族的"奇装异服"，操着"陌生"的语言，一下子涌进美国许多城市的移民聚居区后，美国人自然会产生不安和困惑，认为他们是"令人厌恶的，难以同化并且敌视或漠视美国社会准则的一帮人"。同时还把当时美国盛行的贿赂、暴力和犯罪等社会现象都归咎于他们。对亚洲各国移民更是如此，认为他们，特别是华人都是难以同化的人们。加州地方政客和种族主义者更是肆意诋毁华人移民，污蔑他们是"智力低下，虚伪成性，道德堕落，生活卑贱"，是世界上"最低劣的民族"，既不能为美国教育所同化，又不能完成任何公民义务。"如果允许他们待在美国，那不仅美国人的物质生活水平要大大降低，而且精神道德方面也要受到毒害。"（排斥的主要对象是有色人种中的华人、日本人等亚洲人，白人中的南欧、东南欧各国人，犹太人）

2. 美国种族排外主义"理论"极其影响

种族偏见与歧视是美国人排斥外来移民的主要因素之一。美国种族主义者认为，盎格鲁·萨克逊人是上帝的宠儿，肩负着传播文明的使命，而亚洲和东南欧洲移民在肤色血统、宗教信仰和文化传统都与盎格鲁·萨克逊人完全不同，属于劣等种族、民族。他们涌入美国无疑会威胁到盎格鲁·萨克逊人血统的纯洁性及其在美国社会中的主导地位。

---

① 认为"新移民"难以同化于美国社会的理由:(一) 他们集中于城市里本民族聚居区,自成一个社团,坚持本民族的文化传统和生活习惯;(二) 在聚居区操本民族语言,不讲英语, 也不大同本地美国人交往。

十九世纪末，达尔文的物种进化论传入美国后，美国政客和御用学者把动物界的弱肉强食、适者生存的进化论融入美国排外主义，企图用社会达尔文主义来阐明不同种族的繁衍与进化和整个人类文明的进程。在这方面主要代表者有美国历史学家约翰·菲斯克，他把阶级、民族和国家之间的压迫与被压迫关系，看成是物竞天择的结果和人类文明发展的表现。他指出，"经过自然选择，美国已成为优胜国家，已表明适于生存的美国人自然合乎逻辑的应统治弱者，即不适于生存的人。"美国社会达尔文主义者不仅强调"种族优越论"，而且带有强烈的"天定命运"的宗教色彩。在这方面，主要代表人物是乔赛亚·斯特朗，他是美国福音派教会联盟总干事，他指出，美国人是上帝的选民，负担着向落后民族传播文化的使命。但是，他又宣称，美利坚民族正面临着一场空前的种族危机，美国人的宗教信仰、社会制度都受到了来自大批东南欧移民的严重威胁和挑战，因为他们都是天主教徒或东正教徒，来自贫穷的阶层，是破坏美国社会安定的因素。因此，美国若要避免这场危机，就需要限制外来移民。

有些种族主义者也不遗余力地推波助澜，要求限制外来移民。他们宣称，盎格鲁·萨克逊种族"提携和同化"外来移民的能力是有限的，它不可能无限制地吸收外来民族，否则，就会面临致命的危险。他们认为，外来民族和本地民族杂居后，"低劣民族就会同化优秀民族，而不是优秀民族优化劣等民族"。如果美国继续奉行自由移民政策，这不仅"意味着盎格鲁·萨克逊这个民族自身的灭绝，而且也意味着人类文明的消亡"（亨利·洛奇：《限制外来移民》，载《美国年鉴》第 12 卷，1970 年版，第 91 页）。尽管这种荒诞的种族主义缺乏"科学论据"，但在煽动种族排外主义方面起了重要作用。

美国种族主义者不仅污蔑有色人种为低劣民族、种族[①]，而且将白种人也分为三六九等，比如有的美国人类学家和社会学家就对欧洲各种族起源、类型和进化进行了分析，把欧洲各民族分为三大类型：一是西北欧条顿种族；二是阿尔卑斯高山族；三是地中海族。经过所谓"研究"，结论是认为阿尔卑斯高山族都是粗野无知、自私自利的农民；地中海族在文化艺术上略高一筹；只有西北欧条顿族是世界上最优秀的民族，还有着造就勇敢斗士和统治者的历史，"美利坚民族是这

---

① 种族之间的生理差异和基因构成是人类繁衍进化过程中的不同历史条件和自然环境所造成的，并不能说明种族之间的优劣等级。

个民族发展的结晶，代表着人类文明发展的未来和希望"。在十九世纪末二十世纪初，由于海运交通的改善，大批地中海和巴尔干地区的最低劣的种族涌入美国，使盎格鲁·萨克逊人的血统和基因的纯洁性受到了前所未有的威胁。美国人同这些东南欧移民杂居通婚后，必然会产生新的劣等民族。甚至大肆宣扬"白人与印第安人的后代是印第安人，白人与黑鬼的后代是黑鬼，白人与犹太人的后代是犹太人"。这样的融合必然会导致盎格鲁·萨克逊人的血统的蜕化和衰竭，因而必须限制或禁止外来移民。

在这些种族主义者和"科学家"的支持下，出现了一些公开反对外来移民的组织，如，1894 年成立的"外来移民限制联盟"，以及 1915 年复活的三 k 党都展开了反对外来移民与有色人种的猖狂活动，从而对美国制定的移民政策产生了相当大的影响。

参考书目

1. John Higham，*Strangers in The Land*：*Pattern of American Nativism 1860—1925*（1995）。

2. Roger Daniels，*Coming to America*：*A History of Immigration and Ethnicity in American Life*（1991 年版）。

3. 梁茂信，《美国移民政策研究》，（1996 年版）　第 5 章第 178—227 页。

4. 丁则民"美国的'新移民'与文化测验——兼评本世纪初期美国学术界限制'新移民'入境的论点"，《社会科学战线》1986 年第 2 期，第 192—199 页。

关于移民年表作业中存在的一些问题：

1. 年表标题——美国外来移民与移民政策年表 1798 年—1984 年，应写"年系"；有的同学译为"移民年鉴与移民政策"。

2. （1798）数字后均应加上年字。

3. 1812 年一条中 Complete halt "完全中止"不能译为终止 或停息下来，停止。

4. 1818 年 begins regular Liverpool-New York servie. 汉语翻译为："开通了从 L 至 N.Y. 的定期航运"。Sailing Packet 为班轮之意。

5. 1845 年，注意两件事：排外主义者的先锋、排斥外来移民的"无所知党"的发展达到了顶峰。

6. 1846 年—1847 年 emigration to the U.S 译为移往美国的移民；all classes of Irish Population，汉语意思是"爱尔兰所有阶层的人口"移往美国。

7. 1846 年，Tens of thousands 几万名，有的译为成千上万，不明确。

8. immigration depot 外来移民接待站。to process mass immigration，意为"开始办理大批移民入境事宜"。

9. 1882 年，likely to become public charges 不能译为"公众指控的人"，而应译为"有可能成为社会负担的人"。

10. 1893 年经济萧条使反天主教"美国保护协会"增添了巨大力量。翻译成"1893 年经济萧条极大地增强了反天主教的《美国保护协会》的力量"，而应该是"经济萧条使……势力大增"。

11. 1907—1908 undertakes to deny，译为"不再为那些从日本直接去美国的劳工发放护照"。

12. 1914 年—1918 年 mass migration，大规模移民群迁往美国的时期结束。

13. 1921 年，heavily weighted in favor of，应译为"大大有利于或偏重有利于……"。

14. 1929 年，Stock Marker Crash，"股市突然崩溃"。

15. 1950 年，lnereasas grounds alleged，"加强了对被捕的外籍嫌疑分子的排斥和驱逐"。

16. 1952 年，codifying existing legislation，"经编纂成为现行法规"。

17. 1953 年，over 250000 refugees，"25 万以上的难民"。

18. 1953 年，preference system for visas favors，译法："享有特惠待遇的优先权制度：有美国公民的近亲，永久居住的侨民，以及从事重要的职业技术人员和农民。"

19. 1976 年，extend 20000 per country limit，"把 2 万限额扩大到每个国家"。

20. 1983 年—1984 年，"国家和新闻界讨论辛普森—马犹利议案（法案）"

21. 告诉高嵩有一本关于日裔美国人集中营的著作。

1. 招募华工开发西部与华侨遭受的剥削与迫害

鸦片战争前，中国人前往美洲移民的，可说为数极微。1848 年美国发动了墨西哥战争，夺取了加利福尼亚一带广大地区后，美国资本家开始前往该地区投资开发。但当时加利福尼亚一带地广人稀，缺乏劳动力，这是资本家开发该地区所遇到的主要困难。同时，因交通不便，横贯大陆的铁路尚未修建，由东部运送移民和物资极为困难。资本家认为，反不如利用海上运输，去南中国海一带招募华工，用他们的廉价劳动力进行开发。1848 年，在加利福尼亚的萨克拉门托山谷发现金矿，于是美国资本家和船商合作，前往香港和南中国海一带大肆宣扬掘金致富的机会，结果招募了大批华工前往加利福尼亚充当掘金苦力。美国商船也应客运激增，获得巨额利润。据 M. 库里奇的《中国移民》一书称：1850 年，由香港载运华工开往加利福尼亚的美国船只共 44 艘，每艘载 500 人左右。因此到 1851 年，已运往加利福尼亚的华工有 25000 人之多，1852 年，往来香港与旧金山之间的美国船商共获利 150 多万美元。

当时，中国南海一带的大批华工之所以被招募去美也因当地谋生艰难。当时正值太平天国起义，南方各省许多忍饥挨饿的农民不得不背井离乡，去海外谋生。

在涌入加州掘金致富过程中，也有许多外籍人在加利福尼亚开发金矿，其中以墨西哥人和智利人最多，他们在武装保护下，争夺优良矿床，因此经常与美国资本家和来自东部的移民发生冲突。为此联邦政府驻加利福尼亚的军事代表决定将这批非美籍的越境掘金者驱逐出境，美国掘金者也喊出了"加州是美国人的加州"。墨西哥人和南美各国掘金者终于在 1852 年被驱逐出境，留下来的非美籍的"有色人种"，以华工最多。因此各矿区排外对象逐渐转移到华工身上来，排华气氛被煽动起来，华工既非美籍公民，没有选举权，又以异教关系也无向法院控诉之权。加州政客和排外主义者认清这一点，所以敢于肆无忌惮地欺辱华工，华工遭受欺凌及迫害的事件就经常发生了。(参看《镀金时代》和《美国排华史》)

2. 蒲安臣条约（Burlingame Treaty）及其意义

华工在加州备受歧视和迫害，但美国政府仍鼓励华工来美，这是因为内战期间，有 400 万青壮年被征入伍，工农业生产都遭遇劳动力严重不足。内战结束后，北部资产阶级开始大量投资开发西部，修建第一条横贯大陆的铁路，即联合太平洋，开发和筑路都需要大批劳工，而美国工人多以工资太低，翻山越岭的劳动太艰苦、危险，不敢前往筑路。在这种情况下，招募华工又很迫切，因而排华论调也暂时收敛。1868年，美国国务卿Seward乘卸任的美国驻华公使蒲安臣代表清朝政府出使欧美各国抵达华盛顿时机，与之签订了《中美续增条约》即美国称之为《蒲安臣条约》，该条约涉及互派领事、商业贸易以及人员互相往来，共有8条，其中最主要的是第五条，规定是："中美两国切念民人，前往各国或常驻入籍，或随时往来，总听自便，不得禁阻。"

从表面上看，这个条约似乎是平等条约，过去有些中外学者也都是这样看的。这种看法可能是为条约的表面词句所迷惑，而没有透过当时美国政府真正意图，观察它的实质（当时美国国务卿威廉·亨利·西沃德就力主把保证中国不受限制地向美国移民这一条写进这个条约）。其实，这一条约不过使美国人享有来华传教的自由，并使其在中国招募华工活动合法化而已。由于条约载明来往自由，华工去美国的障碍就被去除了，因而被招募去美华工人数激增，从1868年至1870年期间共有33000多人。

美国政府既已达到招募华工的目的，就对清政府代表所提关于美国虐待华人的软弱抗议，也做了纸面上的让步，即第四款所说"嗣后中国人在美国，亦不得异教，稍有屈抑苛待，以昭公允"。当时志刚在日记中，说明提出这项条款的原因："中国人之在金山者，现有被抑勒之事，如华民与本地人争诉，即华民被屈，若本地人做证，官不准理，不准华民做证，其意以为华民异教，不奉耶稣，其言不足信也。又华民在金山做工，每人每年（应为每月）出丁税银两元。从前各国之人俱纳，现已均免，唯不免华民之税，其意亦因其人为异教之人也。"

条约上虽规定了美国对华侨"不得……稍有屈抑苛待"，然而事实上华人在与本地人争诉中，即使受屈，仍无诉讼权，政府也未因签订这个条约而有所干预，华侨仍继续过着倍受欺凌的屈辱生活。

3. 排华成为全国性问题

到十九世纪七十年代后期，加州掀起的排华运动这一局部性问题已成为全国性政治焦点之一。这是因为：（一）当时美国两大政党——民主党和共和党的实力已互相接近，处于势均力敌的状态（民主党控制着南部和西部的14个州，共和党则在北部16个州占优势，两大党普选票总数相差无几），从而使太平洋沿岸各州在总统选举中占有举足轻重的地位。双方在争夺总统宝座的竞争中，都把排斥华工列入政纲，以争取西海岸各州的选票。（二）中国移民问题虽没有直接影响到东部各州，但东部各州对外来移民的态度也有显著变化：即移民的激增给东部各大城市带来了严重的社会问题，因而要求限制移民入境的呼声日益增强；加以东部少数企业主为破坏罢工而雇用华工的事例，引起东部工人群众对华工的反感。

在这种政治形势下，排华问题被提上了美国政府的议事日程。海斯总统迫于国内舆论的压力，于 1880 年派遣了一个政府代表团，前往中国，迫使清政府为限制华工入境修订条约。在美国政府的压力下，清政府终于与美国签订了新约，即《中美续修条约》，规定"如有时大美国查华工前往美国，或在各处居住，实于美国之益有所妨碍（或与美国内及美国一处地方之平安有所妨碍），大清国准大美国可以或为整理，或定人数年数之限，并非禁止前往"。从此，美国取得限制华工入境之权，但该约第四条规定美国如依约制定限制华工的新立法，必须与清政府取得协议后，方能实施。

4. 1882 年《排华法案》及美国全面排华的措施

1880 年《中美续修条约》签订后，被招募去美的华工不但未减少，反而大大增加，1881 年去美华人人数为 11890，1882 年增至 38579 人。这是美国资本家再次招募华工的结果。当时，北太平洋和加拿大太平洋两条横贯北美大陆的铁路都开始动工，需要大批劳动力。美国船商以"苦力"贸易获利丰厚，遂调动船只从事贩运。加州政客看到这种形势，一方面指责投机船商逐利行为不当，另一方面抱怨限制华工入境的《中美续修条约》之无效，要求国会采取果断措施，加州政客的这种要求得到西部、南部各州议员的支持。

1882 年，美国国会在未与清政府协商的情况下，单方面通过了《关于实施与中国人有关的某些条约规定的法令》，即臭名昭著的《排华法案》，这显然是违反《中美续修条约》的规定。该法案共 15 条，其中主要规定：10 年内禁止华工来美。所谓"华工"指熟练和不熟练的工人，矿工也包括在内；华侨不得入美国籍，以前与本法案抵触的法令一概作废；凡有意把华工经水路或陆路带入美国者，均属犯罪行为；其他华侨如无适当证件，应一律予以驱逐出境。

此后，美国国会还陆续通过了一些排华法案。1884 年，补充法案中对"商人"一词做了荒谬的解释，称"商人"乃专指经营商业公司的经理，其他工作人员，如襄理、协理、会计人员等均非"商人"。他们通通被列入华工范畴，以便驱除和排斥。

1888年，国会又通过《斯科特法案》，其中规定（一）出境华工一律不能重新入境；（二）过去美政府所发的华工身份证自即日起通通作废。这就意味着两万多回国探亲、持证返回美国的华工遭到蛮横无理的闭门羹，有些尚有家属、财产在美国的华工，更遭受妻离子散的痛苦。对此，中国驻美公使伍廷芳提出抗议，但美国国务卿布莱恩的答复是：国会制定和废除法案，只有总统能否决法案。作为国务卿，我无能为力。

1892年，国会又制定了更为苛刻的排斥华人的《吉瑞法案》（Geary Act），其中规定：除清政府外交人员外，禁止一切华人入境。所有在美华侨必须注册，领取居宿证。这些排华法案的实施，不仅断绝了华人前往美国的途径，就连其他前往美国的华人，无论是官员、商人、学生、教师，还是过境旅客，也都受到极其苛刻的盘查，形同囚犯。由于美国加紧排华而采取的蛮横残暴的措施，入境华人急剧减少。1892年，美国国会通过议案，把1882年《排华法案》又延长10年，到1902年更决定无限期延长了。直到1943年，美国国会才予以废除。

5. 有关这一问题的文献和著述

《筹办夷务始末》，同治朝。

志刚《初使泰西记》（走向世界丛书）。

Mary R. Coolidge，Chinese Immigration（1909）。

陈依范《美国华人史》世界译本，1987年。

刘伯骥《美国华侨史》台湾1975年。

宋李瑞芳《美国华人的历史与现状》，商务，1984年。

丁则民《美国排华史》，中华1952年。

（五）美国对外来移民政策的演变

1. 对亚洲移民的政策

根据美国建国以来移民政策的演变，它接纳外来移民的过程可以划分为两个时期：（一）自由移民时期，即建国起到1882年《排华法案》的实施；（二）限制和选择移民时期，即从1882年《排华法案》的实施到现在。

在建国初期，有些开国元勋对外来移民顾虑重重，也制定过针对外来移民的严峻法律，比如美国第二任总统约翰·亚当斯执政时，就签署了一系列排斥性的移民归化法，延长了外来移民归化前的居住年限（由 2 年延长至 5 年，1798 年又延长至 14 年），设立总统驱逐外侨的条款。但后来，由于社会经济的发展迫切需要劳动力，美国政府一直鼓励接纳外来移民，奉行来者不拒的政策。这一时期，有 1000 万人移居美国，其中绝大部分来自欧洲。这些外来移民对美国早期发展起了重要作用。

管理外来移民的权利虽然名义上属于美国国会，但联邦政府在这一时期尚未设立专门管理移民事务的机构，而是由各州和地方根据自身需要来处理移民事务。这一时期，外来移民主要是从纽约和旧金山等港口城市进入美国的，所以管理移民事务的任务是由这些城市和他们分别所属的纽约州和加州等州承担的。直到 1875 年，联邦政府才开始承担管理移民工作，宣布只有国会才有权处理移民问题。那一年，国会对外来移民实行第一次控制，宣布禁止妓女和罪犯入境，以后又通过一个联邦管理外来移民的法案，把排斥的类别扩大到精神病患者、白痴和可能成为社会负担的人。

但是，这些法案仍由各州负责执行。同时，西海岸各州的排华问题也被提上了联邦政府的议事日程。在加州议员的鼓动下，国会于 1882 年通过《排华法案》，禁止华工入境十年，华侨不得入籍。这是个以种族和国籍为理由禁止移民入境的联邦法案。它标志了自由移民时期的终结，也预示美国限制和选择移民时期的开始。

所谓限制和选择，就意味着限制移民入境，减少入境移民的数量；选择就是挑选美国所需要的移民，拒绝它所不需要的人。但是美国从二战和战后国际斗争的需要出发，多少放宽了对移民的限制，因此，与以前阶段相比，战后可称为移民政策的有限松动的阶段。1882 年后，移民限制和选择移民政策又可分为两个阶段。

在战前阶段，美国继《排华法案》之后，又制定和采取了一些限制和排斥外来移民的法律和措施。这种法律和措施大体上分为以下三种类型：1. 针对某个特定国家或地区的，比如 1907 年至 1908 年，美国与日本达成《君子协定》，禁止日本劳工进入美国；^①1917 年国会通过对移民进行"文化测验"的法案，以限制东、南欧各国移民入境；2. 针对外国劳工的，如 1885 年国会通过的《福伦法》（Foran Act），禁止输入合同劳工；3. 不断扩大禁止入境者的范围，把已有排斥类别扩大到无政府主义者和以暴力推翻美国政府者等。

为把限制和选择移民的措施纳入制度化的轨道，美国国会在二十世纪二十年代先后通过 3 个移民法，其中最主要的是 1924 年移民法，从而确立了移民限额制度，即旨在限制移民入境人数，选择移民民族来源的体制。这种移民限额制最突出的一个特征就是种族主义。首先表现就是排斥亚洲移民，其次表现为限制东、南欧移民入境。根据 1924 年移民法，任何具有亚洲族裔血统的移民，不管他们的出生地是何地、何国，均不得移民美国，也不得入籍。只有菲律宾移民是个例外，因为菲律宾是美国海外殖民地，其居民享有自由出入美国的权利。但到 1935 年，菲律宾这种权利也被废止，改为每年给予菲律宾 50 名的移民限额，成为二战前亚洲唯一享有移民限额的国家。因此，移民限额制的实施表明了美国开始了加强限制和选择移民的阶段，也就是"限制欧洲移民，排斥亚洲移民"的阶段。此后美国接纳外来移民的人数明显下降了，在 1921 年至 1929 年期间，每年入境的欧洲移民从 80 万下降到 15 万人。到三十年代，入境的移民更少了，低于限额法所规定的入境限额。

美国参加二战后，逐渐开始了美国移民政策有限松动的阶段。这首先表现在 1943 年美国废除了长达半个世纪之久的排华法，允许中国可以合法移民美国并成为美国公民。这就改正了富兰克林·罗斯福总统所明确指出的这一"历史性错误"，从而加强了美国与中国共同抗击日本侵略者的同盟关系。二战结束后，美国也放宽了对少数亚洲国家的移民限制，决定分别给予菲律宾和印度每年各 100 名的移民限额。其次表现在战后初期美国政府陆续颁布了一系列特别法令和临时紧急措施，1946 年的《战时新娘法》，1948 年的《流亡人员安置法》和 1953 年的《难民救济法》。当时，美国移民政策出现有限松动的原因有二：一是二战后，美国公众对移民问题的态度有了变化。随着宗教派别问题争论的减少和宗族偏见

---

① 美国为禁止华人、日本人入境所运用的策略和手段是不同的，它是依据移民离去国的强弱而不同行事的，对于弱国，无须协商就单方面制定移民政策，迫使对方服从遵照；对于强国则强调协商谈判，尊重对方的自我约束，以防止双方关系恶化而导致冲突。

的减轻，容忍精神有所增强。教育的普及促进了美国各民族间互相了解，因而要求放宽移民政策的呼声日益增强。二是，美国政府主要从当时国际斗争的需要出发，多少放宽了对移民的限制，采取一些措施来接纳"限额法"以外的移民（难民）入境，但这种放宽的措施，除个别立法如"战时新娘法"等属于家庭团聚的性质外，主要是为美国敌视社会主义国家的冷战政策服务的。

就在美国移民政策稍有松动的形势下，国会不顾社会舆论的反对，竟于1952年通过了《移民和国籍法》，其主旨仍是限制和阻碍外来移民入境。这个法的特征表现在两个方面：其一，麦卡锡式反共调子很突出，因为1950年美国国会制定的反共的《国内安全法》（又称《颠覆活动管制法》）被纳入该移民法，而《国内安全法》规定，"禁止那些过去是或现在仍是共产党员或参加共产党组织的任何外籍人入境，已入境者将立即被驱逐出境"，因此，这个移民和归化法"是以国家安全为理由对所有外侨和外来移民进行空前规模的政治性甄别和惩罚"。据统计，这个移民法实施后，美国政府在五十年代驱逐合法入境的外侨达13万人之多。其二，它坚持美国移民政策中种族主义因素，但对亚洲移民却具有两重性。它一方面设立了"亚洲—太平洋三角区"，给予整个地区各国有限的移民限额，取消了亚洲移民和亚裔人不得入籍的禁令，这当时不能不说是个改进。另一方面却坚持了限额法中对亚洲移民的歧视。根据该法，欧洲移民的限额指标将计入其出生国的限额，而欧洲的亚裔移民入境时使用的限额指标则记入其祖籍所属的亚洲国家和地区的限额。同样，美国对西半球国家和地区仍实施非限额移民，而这却不适用于居住西半球各国和地区的亚裔人。显然，美国对移民实施这种双重标准的目的在于限制亚洲移民。

美国之所以限制亚洲移民固然与美国长期以来形成的种族偏见有关，但其法律根据则源于1924年移民法所确立的民族来源体制。对这一体制，既未予修改，也根本没有触动。这自然引起社会舆论的愤慨和谴责。到六十年代民权运动兴起时遭到了更猛烈的抨击。一些自由派人士认为这种移民来源制不仅歧视某些民族集团，而且违背了美国的传统和理想，特别是长期以来美国开国元勋自诩美国为"世界被压迫者的庇护者"的理想。就连当时美国总统肯尼迪也力促国会取消移民限额法中的民族来源制，认为"在一个各民族互相依存的时代，这个制度是个时代的错误，因为，它对要求进入美国的人根据出生的偶然性而加以歧视"。

在社会舆论广泛要求改革的形势下，国会以压倒性的多数通过了《外来移民与国籍法修正案》。这个法案规定：（1）取消移民限额法中的民族来源制，改为按国籍（不按民族和种族）定出份额；（2）每年限额 29 万人，其中东半球 17 万人，西半球 12 万人；（3）美国公民的直系亲属（包括父母、配偶和子女）获准入境者不计算在上述数目之内；（4）对移民采取"先来先处理"的优先制，优先制强调优先考虑家庭团聚、专业人员（从事美国所需要的职业者）和难民。

1965 年移民法是美国移民政策史上的一个重要转折，即以民族来源制为基础的移民限额制，转变为以国籍为基础的全球限额制。[①] 这种转变不仅打破了以民族来源为基础的移民模式，而且把西半球移民纳入全球限额制，从而结束对西半球长期奉行的自由移民政策。这种变革不能不说是一种进步，至少是在表面上同等对待来自各国的移民。但是，有些美国学者却对 1965 年移民法做出了过高的评价，认为它"赶走了美国移民立法中种族主义的幽灵"，对各国移民采取"一视同仁"的政策，重新为来自"不同海岸的移民打开了金门"。实际上，种族主义在美国社会中是根深蒂固的，它的幽灵绝不会一下子被赶走的，说美国今后对各国移民采取"一视同仁"的政策更是远离现实了。仅从这个移民法有关家庭团聚优先权的决策考虑中，便可看出美国决策人偏爱西、北欧移民和限制亚洲移民的招数（计谋）了。他们透露说，西北欧移民一直是美国移民的主体，所以，家庭团聚条款的真正受益者仍然是西北欧移民；而自排斥亚洲移民的限额制实施以来，"亚洲人在美国很少有亲戚，所以，来自这些国家移民不会太多"。这表明 1965 年移民法的决策人为限制亚洲移民而设计的条款真是用心良苦了。

但是，移民不同来源的增减趋势不是以美国决策人的意志为转移的。这个移民法实施后，入境的亚洲移民的人数猛增，再与西半球移民一起，构成了美国外来移民的主要来源。根据美国的统计：

---

① 该法规定，各国移民不分种族、宗教和国籍都可以申请移民美国，所有移民一律按出生国使用限额，这就从法律上取消了十九世纪后期以来美国对亚洲移民的各种歧视措施。这种转变对亚洲移民产生了很大影响，带来了亚洲移民新高潮。

年份	亚裔美国人总数	占美国人口总数的%
1940	49万人	0.4%
1960	87万人	0.5%
1980	346万人	1.5%
2000（估计）	约1200万人	4%

这表明 60 年间，亚裔美国人增加将近 20 倍之多。

在亚裔美国人不断增加的同时，欧洲移民却在锐减。这是因为二战后，西欧各国重建经济到六十年代已进入高速发展时期，迫切需要大量劳动力，这就从根本上遏制了移民外迁的势头。而亚洲移民与亚裔美国人却呈现急剧增加的趋势，这种趋势是由美国资本主义发展的需要和亚洲国家和地区社会经济的变化两方面因素所促成的，而不是以美国移民政策决策人的意志和愿望为转移的。一方面，亚洲国家在二战后纷纷取得独立，但多数仍处于工业化初期阶段，它们的人口增长速度往往超过了经济发展速度，人民生活水平仍较低，因此许多人为改善自己的处境和生活，纷纷外迁，有不少利用 1965 年移民法中"家庭团聚"和技术类移民的条款移民美国；另一方面，在八十年代前，亚洲是世界上地区性冲突较频繁、战争连绵不断的主要地区，每次战争的结果都造成了大批难民逃离家园，流落他乡。这些难民往往成为迁往美国的亚洲移民的主要组成部分。

与此同时，还有两个促成亚洲移民有增无减趋势的因素也值得注意。一是 1959 年夏威夷加入美国联邦，取得州的地位，有些亚裔美国人被选为国会的参、众议员，作为亚裔美国人的代言人，他们自会对美国亚洲移民政策施加政治影响，消除一些不利于亚洲移民和亚裔群体的措施。二是亚裔移民所受的教育程度较高，遵纪守法与敬业精神较强，与美国其他少数民族相比，对社会做出的贡献较显著，在事业上取得了较突出的成就，所以被誉为"模范少数民族"。

这些都有助于消除美国社会对亚洲移民和亚裔群体的偏见，增强了接纳他们的意愿。

七十年代中期以后，美国移民政策面临两个突出问题，即难民问题和非法移民问题。前者是指东南亚难民潮。为了应付这一问题，国会于 1980 年通过了"难民法"，其中对难民的定义、接纳限额及安置事宜都做了明确的规定。在制定"难民法"过程中，美政府标榜"人道主义"精神，宣扬它对流离失所的难民伸出援助之手，但其主要出发点仍是为美国的远东外交战略服务。

更为棘手的问题是非法移民问题，大量非法移民——特别是拉美各国非法移民入境，引起了许多社会问题。1.增加联邦和地方政府的开支；2.在就业和工资方面与美国人竞争；3.非法移民的文化适应问题，加州一带双语教育的问题。为了应付非法移民问题，国会于1986年通过了《移民改革和控制法》，决定采取严厉措施制裁雇佣非法移民的雇主，同时"赦免"一批非法移民，准许他们中符合美国所要求的部分之取得临时以及永久居留权。但这个法令的实施也未取得预期的效果。

近年来，有两个较突出的现象引起了美国移民政策决策者的重视：1.欧洲移民在全球移民限额中的比例持续下降；2.专业技术和学有专长的移民的比例也呈下降趋势。因此1990年国会又通过了一个新移民法，规定在没有改变家庭团聚原则的前提下，尽量增加有职业移民的限额，还增加了多样化移民的限额，其目的就是力求吸收对美国有用的专业技术人员和照顾西欧的移民。

参考书目

1. 罗杰·丹尼尔斯，《来到美国：外来移民史和美国生活中的族裔关系》。

2. 1924年限制移民法（节录）载《1917年—1939年的美国》，译自《美国历史文献》第192—194页。

3. Leonard Dinnerstein, Ethnic Americans: A History of Immigration, 1988, Chapters 4.5 pp.63-106.

4. 沈宗美译《美国种族简史》第一章，第十一章（1993）

5. 梁茂信，《美国移民政策研究》序、绪论（1996）第4章、第6章、第7章

6. Ronald Takaki（罗纳德·高木），A Different Mirror, A History of Multicultural America（1993），《一面不同的镜子：美国多元文化史》。

7. 陈依范著，《美国华人史》，世界知识出版社，中译文，（1987）

8. 陈书成（音译）《亚裔加州人》（1991）

10. 丁则民，"百年来美国移民政策的演变"《东北师大学报》1986年，第3期

11. "美国亚洲移民政策的演变"《河北师院学报》，1997年第2期

（六）外来移民在美国历史发展中的作用

在广袤的美国土地上，来自四面八方的移民，经过长期的繁衍与融合，逐渐形成一个以欧洲白种人为主体的多民族国家。这些移民无论来自哪个国家或地区，也无论来自哪个社会阶层，都对美国历史的发展做出了巨大的贡献。概括起来有以下四个方面：

1. 外来移民是现代美国的奠基者和美国崛起的建设者。外来移民都是为谋求自由和幸福而来，但在客观上却为美国做出了无法估量的贡献。如果说殖民地时代的外来移民是美国的奠基者，那么十九世纪和二十世纪初期外来移民则是现代美国崛起的推动者和建设者。十九世纪末，马克思和恩格斯在《共产党宣言》中曾就欧洲移民对美国历史发展的作用写到：

"正是欧洲移民，使北美能够进行大规模的农业生产，这种农业生产的竞争震撼着欧洲大小土地所有制的根基。此外，这种移民还使美国能够以巨大的力量和规模开发其丰富的工业资源，以至于很快就会摧毁西欧特别是英国迄今为止的工业垄断地位。"（《马恩选集》，第1卷 人民，1972年第230页）。确实如此，无论是在十九世纪还是二十世纪，外来移民在美国全国范围内都用自己的双手开拓荒野，开发西部，采掘矿产，修建铁路，兴办产业，建造高楼大厦，修建城市基础设施，每种活动和业绩都渗透外来移民的血汗；在高科技领域的发展中——如美国第一颗原子弹和氢弹、第一颗地球卫星，以及阿波罗登月计划等，没有不是在外来人才的主持或参与下完成的。在当今美国学术界、政界、商界和艺术界等各个领域的出类拔萃者中都有外来移民的身影。历史如实地记载了这一切。

2. 增加了美国的人口，增强了美国人的活力。1840年，即外来移民涌入美国的第一次浪潮前，美国人口总数为1700万人，到1980年美国人口总数增加到2.34亿人。在这种人口急剧增长中，外来移民究竟起了多大的作用？据统计，在这140年期间，约有5000万外来移民进入美国，其中有1/3又回到他们故国（故土）去，但大多数留下来成家立业，经过不断繁衍与融合，他们逐渐被纳入美国社会。

移民中男子多属年富力强者。据统计，"新移民"中有85%是14岁至44岁之间的青壮年，他们的到来无疑给美国社会注入了富有朝气的活力和强大的动力。关于外来移民身体素质和智力素质优劣的问题。美国学术界一直是有争议的，但有一点大家取得了共识：即美国人的遗传特征一直是由外来移民的进程决定的，遗传基因库的转移和遗传混合成的结果终归是人类迁徙最有意义的现象。[鲁道夫·维考利《一个世纪美国的外来移民，1884—1894》，（1985）第3页]

3. 外来移民不仅给美国社会注入了富有朝气的活力，而且带来和发展了先进的科学技术，这就形成一种自然的科学引进，推动了美国生产技术的革新和生产力的提高。在十九世纪美国各种工业中，外来移民中的工程师和技术工人都带来了先进的生产方式。为加速资本主义工业化的进程，联邦政府鼓励采用许多新技术的发明，而其中不少发明家就是外来移民及其后裔，如电话之父亚历山大·贝尔就是1871年来到美国的苏格兰移民；电报之父塞缪尔·莫斯是英格兰移民的后裔；举世闻名的发明家托马斯·爱迪生也是移民的后裔。[①]这些发明的应用和推广，大大发展了电力、电讯工业，对于加速美国工业和交通的发展起了重要的作用。在二十世纪中，外来移民在美国高科技领域的成就同样引人注目。三十年代以来美国诺贝尔奖获得者中，有许多人是外国出生的。据1984年美国参议院报告统计，"在美国仍然健在的诺贝尔获奖者中间有30%以上是外来移民"。此外，还有众多的外来移民，在各自行业或领域也取得了惊人的成就，像前面所说：美国原子弹和氢弹以及第一颗地球卫星等无不有外来（移民）人才的主持或参与。

4. 外来移民扩大了美国市场，体现了对美国经济发展的人力投资。在1850年到1930年期间，每10年就平均有200万外来移民进入美国。他们是一种对美国经济的催化剂。因为他们当中大部分是青壮年人，这些人不仅是财富的生产者，而且是消费者。他们普遍需要住房、衣着和食品等生活必需的消费品，这就增加了对工农业生产品和各种消费品的需求，从而促进了工农业的生产，扩大了国内市场，推动了城市的兴起和交通运输事业的发展。

在青壮年时期进入美国的外来移民体现了一种来自旧世界资本的"赠品"。这种"赠品"就是移民的劳动力价值。据十九世纪末美国钢铁大王安德鲁·卡内基估算，一个劳动力价值平均为1500美元，那么在美国工业发展最关键的

---

① 汽车之父——兰松·奥尔德兹 英格兰裔；原子弹之父——J.罗伯特·奥本海默 德裔；氢弹之父——爱德华·特勒 匈裔；美国电影界加州 华纳兄弟、米高扬公司的创始人都是犹太人。《纽约时报》《华盛顿邮报》的创办人也是犹太人。加州产的花旗蜜桔，是一位华裔人吕金光到旧金山定居后培植出的，他在1911年获得美国果树学会颁发的第一枚荣誉奖章。

1870 年至 1930 年间入境移民达 3000 万，其劳动力价值至少在数百亿（450 亿）美元以上。如果将历史上全部外来移民劳动力价值以及他们的抚养费和教育费都加以统计，那就必须用天文数字来表示了。因此，移民迁往美国不只是一般意义上的人口大迁徙，而是人类财富的大转移。这种"财富"与一般意义上的财富有所不同，它作为一种可变资本不仅可以进行扩大再生产并创造出无法估量的剩余价值，而且有助于美国人口的繁殖与增加，从而为美国的社会发展提供丰富的劳动力资源。

5. 外来移民在不同程度上保持各自群体的传统和文化，从而丰富了美国文化，使它更加丰富多彩。美利坚民族的形成和发展是一种不断接受和同化外来移民的过程。在美国同化外来移民的过程中，出现了两个迥然不同的主要观点，即"熔炉"说和"文化多元论"。"熔炉"说认为美国一直是一个民族大熔炉，所有民族和种族在文化方面和生物等方面都在熔炉中实现一种崭新的融合。实际上，就是把其他民族和种族融于白人新教文化主流中，融合成一种新人和新的共同文化。

"文化多元论"是一种弘扬少数民族文化和捍卫少数民族权利的观点，认为美国的每一民族（或种族）集团在一个民主社会里都有权保持自身独特的文化特征和民族性。由于后者的观点较符合美国社会的实际，因而在二战后，特别是六十年代以来，它逐渐取代了前者的观点，成为多数美国学者研究民族和移民问题的共识。

因此，美国对外来移民的同化、融合不是单向进程，而是双向的进程。一方面是移民学习掌握英语，接受美国社会的价值观念，成为美国的公民；另一方面美国也不断吸收各民族、种族优秀的传统和文化，并使他们逐渐成为美利坚民族共享的遗产。有位著名的美国学者托马斯·索威尔就这样写到："当今美国社会的许多方言、食物、音乐和文化特征都曾一度具有种族的特色，而今却成为（美利坚民族）共同遗产的一部分了。"（《美国族裔史》，1981，第 14 页）。这表明，各民族、种族集团移居美国后都已发生了变化，而且美国社会在接纳他们之后也在许多方面发生了变化。换言之，经过同样融合的过程，他们和美国这个国家都不是原有的老样子了。

"熔炉"说之所以站不住脚，就是因为经过不断同化、融合的过程，美国并没有，将来也不可能成为一个单一种族、单一文化的社会，而是形成一个种族杂居、文化多元的社会。正是由于移民集团保持各自的历史传统和优秀文化，也由于美国社会采取兼容并蓄的方针，美国的文化才展现出丰富多彩的景象。

参考书目

1. 丁则民，《外来移民在美国历史发展中的作用》《东北师大学报》，1993 年第 5 期。
2. 托马斯·索威尔，《美国种族（族裔）史》第一章。

（七）二战后美国族裔史学及其发展

美国是"一个由移民组成的国家"，这些来自四面八方的移民，在美国广袤的土地上，经过长期的繁衍与融合，逐渐形成一个以欧洲白人为主体的多民族国家。这些外来移民都对美国历史的发展做出了重要贡献。

但是，二战前，美国历史教科书写的主要是白种信仰新教的美国人的历史，忽视或贬低了少数民族如黑人和印第安人在美国历史中的作用。如果说那时黑人、印第安人在某些历史教科书中还有一席之地的话，那么亚裔和拉美裔美国人就更看不到了。

族裔史学是二战后在美国引起日益广泛注意的新领域，有关族裔群体和移民史的论著日益增多。现将美国族裔史学的发展情况以及出现的分歧和争论做一简要介绍。

涌入美国的外来移民分属不同种族和民族 [1]，在美国定居后，分别形成不同的族裔群体（Ethnic Group），族裔群体就是由具有共同的文化特征和高度的互相作用而形成的一个文化统一体的许多人。至于什么是族裔关系（Ethnicity）却是难以明晰的概念，不太容易下个确切的定义。美国著名的移民史学家鲁道夫·维考利将族裔关系解释为"以共同历史的观念为基础的一个群体的自我意识"。

族裔群体主要是美国环境的产物。多数外来移民初到美国时，只有一种群体身份的原始概念：即限于出生地的村庄或地点。到美国定居后，他们才意识到自己是爱尔兰人、波兰人或意大利人等等。这既是别人加诸移民的身份，也是受到

---

① 结合西方社会学的定义，"种族"涉及到不同人类群体由于遗传造成的身体特征；"民族"涉及到的则是由于文化造成的差异。这种差异表现于语言、宗教、民族起源以及其他独特的文化特征等。

移民社区日益增强的族裔意识的影响和结果。

在两次世界大战之间，美国的外来移民史逐渐成为学术研究的真正领域，许多族裔学者发表了内容充实、立论鲜明的有关挪威、德国和瑞典移民的学术论著。对大西洋迁徙提出较全面的解释的是马库斯·汉森，他把外来移民史与美国西进运动、清教主义和政治民主制等主题结合起来考虑，强调外来移民易于接受美国的价值准则（汉森：《美国历史中的外来移民》1941 年）。一些具有进步学派传统的历史学家也认为种族、宗教和民族的差别是暂时失常的现象，将为"美国化"的发展进程所消除。当时，美国社会是个"熔炉"的论点正在盛行，鼓吹美国所有种族和民族在生物学方面和文化方面都将在这个熔炉中融合成为一个崭新的民族和一种崭新的文化。正像剧作家赞格威尔创作的（后来在百老汇上演的）流行戏剧"熔炉"所宣称的信念：

"美国是上帝的熔炉，是一个大熔锅，欧洲的各个种族都在这里被熔化和重新组成！……（移民）来到这块土地上有上帝点燃的火 …… 德国人和法国人，爱尔兰人和英国人，犹太人和俄国人——都……一起进了熔锅！上帝在制造美国人。"

换句话说，那就是美国一些族裔群体得放弃他们独特的文化特征，将自身熔化于 WASP 的主流文化中，融合成一种新文化并通过异族通婚消除群体之间在身体上的差异，从而实现种族同化。"熔炉论"不仅在二十世纪初期盛行一时，而且一直持续到战后五十年代。

族裔史学是美国史学的一个领域，也是它的一个组成部分。在二战后歇斯底里的反共浪潮中，美国社会的保守势力日益占据上风，影响所及，美国史学思想也日趋保守，出现了在美国史学界占支配地位的"利益一致论"。在"利益一致论者"看来，美国人的基本价值观念大体上是一致的，阶级和族裔的差别一直不是基本冲突的根源。在这种思潮日趋泛滥的形势下，"熔炉论"在五十年代又趋风行。美国学者威尔·赫伯格提出了"三个熔炉"的模式，即新教、天主教和犹太教三个熔炉，但三者有一点是共同的，即不管宗教信仰是什么，都怀有接受美国生活方式的信念。在"熔炉论"日趋哀落的形势下，美国著名的历史学家汉德林于 1951 年出版了《拔根者：构成美利坚民族的巨大移民群的史话事迹》，用拔根者这一生动而形象的词汇来表达作者的移民史观，在许多方面为美国族裔关系定下了基调。书中盛赞了美国社会环境巨大的感化力量，它使外来移民抛弃他们固有的文化，把他们改造成"新人"，从而形成崭新的美利坚民族和单一性文化。这是一部开创美国移民史研究新局面的权威著作，备受当时史学界的推崇与赞扬，但不久便受到一部分学者的挑战。

从六十年代起，美国社会受到国内外政治形势剧变的冲击，陷入了一场大变动。自越南战争的失利与肯尼迪"新边疆"等施政纲领的失灵，这一切使广泛宣传的"美国世纪"成为泡影。同时，国内学生运动、反战运动与妇女运动相继展开，汇成一股声势浩大的民权运动。它既削弱了美国政府的统治，也冲击了学术界盛行的各种"利益一致论"。在这种形势下，"熔炉论"也遇到了严肃的批判。内森、格拉策等著的《在熔炉以外》一书对纽约市各族裔群体做了比较研究，指出"熔炉论"所宣扬之事纯属子虚乌有，而在事实上，这些族裔群体都有其延续性，族裔关系仍旧是大都市生活的主要力量。1964 年，意大利裔美国史学家维考利在题为"芝加哥的康塔迪尼"（Contadini）（意大利文农民的意思），评《拔根者》一书"，对汉德林的论点提出了严正的批评，认为汉德林对外来移民的观点是不符合美国历史实际的，因为他说外来移民（其中当然包括"拔根者"的农夫）有破坏性经历，而且在美国熔炉的融合过程中，丧失了与他们过去有意义的联系。经过对芝加哥意大利裔农民的研究考察，维考利指出，旧世界文化在移民跨越大西洋后仍然保留下来，而且在他们对美国适应方面产生了意义深远的影响。

汉德林的"拔根者"与维考利的"康培迪尼"体现了两种完全不同的移民观，前者断言移民到美国后割断了与故国（土）的文化联系，后者则强调移民在文化上的连续性。后来，多数历史学家都倾向于后者的论点，而非断绝关系。但也有一些历史学家如博德纳（著有《移植者·美国城市移民史》1985 年）对这一争论采取中间立场，认为移民并没有割断或抛弃故国（土）原有的文化传统，但也不是完全无变化地保留下来。他认为移民在适应美国的过程中，某些社会形式和社会价值被抛弃了，可是其他有用的传统和文化却被保留下来了。

从六十年代中期以来，重新评价外来移民与族裔群体在美国历史中的作用的论著日益增多，出现了一些促进这方面研究的有利因素，研究成果也日益显著，但还没有一部阐述族裔关系的适用教科书。

促进美国移民史和族裔关系的有利因素有：1. 年轻的历史学家，特别是"新移民"的第二代或第三代历史学家受到民权运动的鼓舞，开始用自己的价值观来撰写那些"口齿不清""出身低微"和在美国社会处于从属地位的外来移民的历史，从而从某个侧面反映出历史真相。2. 有关的研究机构相继成立，研究人员也日益增多。1965 年创立的"外来移民史学会"到八十年代已有 700 多会员，它创办的《美国族裔历史杂志》（季刊）已成为美国移民史与族裔研究的主要论坛。"明尼苏达大学外来移民史研究中心"在搜集、编纂东欧和东南欧移民的资料方面取得了显著的成就。3. 在外来移民及其后代中，族裔自我意识明显增强了。主要表现有族裔传统节日的恢复以及学习族裔历史、文化、语言兴趣的增长等。美国黑人作家亚历克斯·哈里的《根》一书的出版及其拍成电视节目都给美国人追"根"、探索家谱的冲动以巨大的推动。同时，族裔研究之风在学校里也有了进展。1972 年，美国国会制定了"族裔遗传研究方案"，其目的就是为在校学生提供机会，了解他们各自文化遗产的情况，并研究国内其他族裔群体在文化遗产方面的贡献。尽管国会为这一方案的拨款是有限的，而且在里根执政时期完全终止了，但其意义不可低估，因为它使联邦政府首次明确认识到美国是个多族裔的社会，每一族裔群体对国家遗产所做的不同和独特的贡献。这自然有利于从文化多元论的观点对学生进行美国历史和社会的教育。

六十年代以来，美国对移民史和族裔群体的研究取得了显著的成果，在这方面的研究，无论是质或量都有了飞跃。它已成为一个生气勃勃和具有吸引力的领域。仅举一例来说明：七十年代以来研究这一领域的博士论文数比以前 80 多年的总和还多（据霍格伦德统计，美国大学关于移民的博士论文，有 3354 篇是 1885 年至 1982 年写的，其中一半以上是 1970 年以来撰写的）。这些年来，这个领域的重要成果已总结收录于两部综合性著作中，一部是西恩斯特罗姆主编的《哈佛美国族裔群体百科全书》（1980 年），另一部是琼·霍姆奎斯特编辑的《他们选择了明尼苏达：对该州群体的考察》（1981 年）。

尽管取得这些成就，族裔史学还是受到了一些严苛的批评。有些评论家把族裔类别的学术研究与族裔类别的社会运动混淆起来，认为后者是前者制造出来的。这种批评来自两个方面：一方面是激进主义者，他们指责强调族裔身份是一种掩护种族主义和其他反动政治的烟幕，且掩盖了社会阶级的现实；另一方面是国家主义者，他们指责多元论者煽动民族之间的不和，而且否定了共同的美国民族的存在。因此，从七十年代起，一些评论家异口同声地向多元论族裔史学家提出了质疑，有些还是族裔研究领域的先驱，比如阿瑟·曼不满于族裔关系的"无节制行动"，因而论证说，"美国人的共同文化比他们中的族裔差别更重要得多"。新族裔史创始人海厄姆对族裔关系造成的不和趋势越来越感到不安。1982年，他宣布："族裔复兴是过去了，族裔研究的时代已告终结。"他还要求美国历史学家应"超越多元论"，致力于在美国造就一个民族的"大课题"。但是这些对新族裔史的批评出于对族裔差别造成的政治后果的焦虑，而非反对用文化多元论来解释美国历史的构想。

尽管族裔社区也有一些明显的缺点（如过分自我中心的现象，不愿为共同利益而与其他社区协作等），族裔运动在美国有了日益增长的发展，族裔关系仍在美国起着强有力的作用。

长期以来，"熔炉论"虽在美国被大肆宣扬，在民族融合方面起了重要作用，但其终极目标是不可能实现的；文化多元论虽然不是美国官方的政策，但它却是美国生活的现实，是处理美国族裔关系合情合理的方式。

参考书目

1. Oscar Handlin（汉德林），The Uprooted（1951）《拔根者：构成美利坚民族的巨大移民群的史话事迹》

2. John Bodnar（博德纳），The Transplanted，A History of Immigration in Urban America（1985）《移植者，美国城市移民史》

3. 鲁道夫·维考利，《芝加哥的康培迪尼：评《拔根者》一书》，载《美国历史杂志》，1964年12月第31期

4. Stephan Thernstrom，Harvard Encyclopedia of American Ethnic Groups（1980）.

5. 丁则民，第二次世界大战后美国族裔史学及其发展，载《东师史学》，1994年第1期 pp.372-383

6. Marcus Hansen，The Immigrant in American History，Cambridge，1941

7. Nathan Glager and Daniel P. Moynihan，"Beyond the Melting Pot"，Massachusetts，MIT.Press 1979

8.　John Higham，"Strangers in The Land：The Pattern of American Naturism 1860-1925" New York，Athenum Press，1981

（八）美国民族理论及其发展变化

在二十世纪以前，美国就有了两种基本对立的民族理论，一种是具有浓厚的种族主义色彩的"归同盎格鲁论"，另一种是与前者对立的民族理论，即具有理想主义色彩的"熔炉理论"。

前一种理论强调在美国社会中占主导地位的盎格鲁·萨克逊种族集团的重要性，认为一切外来移民的民族集团，都应在各方面向它看齐，为它所同化。

这一民族理论的倡导者有亨利·普拉特·费尔柴尔德盎格鲁·萨克逊（著有《熔炉错误》，1926 年）和埃尔伍德·丘伯莱（著有《变化中的教育观点》1929年）。谈到外来移民，丘伯莱这位二十世纪初期的美国知名教育家评论说：无论在哪里，这些人都倾向于结伙和聚居，喜欢建立他们的民族风格、习惯和礼仪。我们的任务就是拆散这些移民集团或定居区，把这些人同化和混合为我们美国民族的一部分，尽一切可能向其子女灌输盎格鲁人有关正义、法律与秩序，和民选政府的概念，唤起他们对我们民主制度的尊重和对我们民族所坚持的具有持久价值的东西的尊敬。①

熔炉理论倡导者则认为，美国自产生之日起就一直是一个民族大熔炉，在这里，不但来自所有国家的个人融合成一种新人种，"一种混血的种族"，而且，美国各个民族集团的文化也将在美国这个民族大熔炉中熔铸出一种新的共同文化。

熔炉理论的另一位阐述者是特纳（边疆学派创始人），他认为，美国社会和美国民主制度的形成过程，是一条不断移动和不断变化的边疆所创造的过程。边疆，而非欧洲遗产，对美国人民统一民族性的形成贡献巨大。"边疆促进了美国人民的一种混合民族性的形成……在边疆熔炉中，移民都美国化了，获得自由，熔合成为一个混杂的种族，这个种族既没有美国的民族性，也没有美国的特点。"

---

①　熔炉思想就是各民族同化为一体。归化与同化是两个概念。前者只是个法律概念，指的是入美国籍，成为美国公民，但不等于他们已同化于美利坚民族。同化不仅是法律概念，更主要的是心理、文化、习俗、传统、语言和价值观等方面的认同和化入。威尔逊总统于 1915 年总结过："认为自己还是属于种族集团的人，不能称为完全的美国人。"换言之，他要外来移民忘记自己的过去，切断自己的"根"，把自己完全纳入美国社会主流中去。

到二十世纪四十年代，美国一些研究社会和宗教问题和发展的知名学者，如威尔·赫伯格开始修正熔炉理论，倡导多个熔炉说，认为美国主要宗教集团——新教、天主教、犹太教都可以成为一个熔炉。不过这个时期，研究移民史的学者（如马库斯·汉森比林顿和奥斯卡·汉德林）在撰写的著作中基本上是采用传统的熔炉模式。

二战后，尤其是五十至六十年代以来，"归同盎格鲁论"和熔炉理论已不再是支配美国学者研究民族问题的主要理论了，取而代之的是多元文化论和"文化生成论"等。

文化多元论是一种弘扬少数民族文化地位和捍卫少数民族权利的民族理论。这一理论认为，美国的每一个移民集团都始终保持着——而且在一个民主社会里有权保持——自身独特的文化特征和民族性。美国文化只是一种多元文化的组合。这一理论首创者是美国犹太移民卡伦，他是哲学和心理学教授，长期执教于哈佛大学。他不满于美国二十世纪初期对外来移民强制性美国化运动，同时受万·詹姆斯倡导多元论实用主义哲学的影响，于1915年在《民族》杂志上以"民主诉熔炉"为题，不断发表文章，力倡文化多元论。卡伦认为，美国的每一种民族文化，作为一元，都向美国社会做出独自具有的建设性和富有价值的贡献。一切民族的民族特点都是不可消灭的。尽管一个人有可能随心所欲地选择社会关系和自己的职业（他们可以程度不同地改换他们的衣服、政见、宗教信仰、他们的妻子），但都不能改换自己的祖先，因而一个人要忘记他是德国人、意大利人、华人、日本人等等是不可能的。他说，人类生活中所不可剥夺的是其内在的实质：即其心理—生理学方面的遗传特征。那种不可剥夺的个性（遗传特征）以及争取实现他们所需要的"不可剥夺"的自由，在祖传中就决定了，也是一种祖传的天赋。

文化多元论起源于二十世纪初期，但它在美国学术界产生重大影响的时期却在五十年代后期到七十年代初期。六十年代美国社会的声势浩大的民权运动为这种少数民族争取权利和地方的民族理论扩大了影响，显现出它的风格和威力。因而他对美国历史著作的写作产生了重大的影响。在二战前，美国历史基本还是一部美国白种人新教徒的历史，根本忽视和丑化少数民族的历史定位和作用。文化多元论的广泛传播为美国移民史和民族史的写作指出了新的方向。学术界对黑人社会、印第安人及其他少数民族集团的文化的研究日趋增多，并且引起人们越来越大的研究兴趣，种族主义的著作越来越不时兴，受到了各方面的批评。

"文化生成论"是美国近二三十年间才出现的民主理论。根据文化生成论，美国各民族集团的同化不是一个单方面的过程，而是一个双向的过程，即每一个民族集团在美国都发生了变化，而美国社会本身在与他们接触结合后也在许多方面发生了变化。

这方面倡导者主要有内森·格莱泽、丹尼尔·莫伊尼汉和迈克尔·诺瓦克等著名学者，[①] 这些学者都认识到现代美国文化中族裔集团民族性的作用及其持久意义，认识到"直线同化"的观点不能完全理解美国文化。

参考书目

1. John Higham，*Strangers in the Land*：*Patterns of American Nativism*，*1860—1925*（1955）

2. Ray allen Billington ，The Protestant Crusade，1800—1860（1938）《新教徒的征伐》

3. Roger Daniel，*Coming to America*：*A History of American Life*，（1991），Chap.10 *The Triumph of Nativism*（pp.265—286）

4. 梁茂信《美国移民政策研究》（1996），第 5 章，第 178—227 页

5. 丁则民，"美国的'新移民'与文化测验法——兼评本世纪初期美国学术界限制'新移民'入境的论点"《社会科学战线》，1986 年第 2 期 pp.192-199.

作业

把复印的英文版《熔炉》译成中文。

（九）美国移民史问题第二次作业中存在的问题

1. 论文题目应加 "……"，以区别于书名号《》。刊号和杂志都属于书类，所以要用《东北师大学报》……。

2. 引用论文题目应写全，不要漏掉副标题和标点符号。如"美国的'新移民'与文化测验"一文有副标题：兼论本世纪初期美国学术界限制'新移民'入

---

① 内森·格莱泽和莫伊尼汉：《熔炉之外》1970 年；诺瓦克《不可熔化的民族性的兴起》1972 年

境的论点，应纳入这一标题，题目用双引号，其中'新移民'用单引号。又如，邓蜀生的论文"论美利坚民族同化方式——"大熔炉""马赛克"把两个引号都漏掉了。有的论文出处是世界史，有这个杂志吗？

3. 论文出处，可以写"选自中国人大复印报刊资料·世界史，"但应写出发表该论文的刊物（原始），因并非各处都有人大复印报刊资料。最好能写明原始出处。

4. 标点符号问题，题目和书名后应有"，"作者和著者后应有"，"。

5.《美国寻梦》原文是什么？译题是否合适？

The Melting-Pot戏剧的独白译文

熔炉

那是上帝已点燃的烈火在他的熔炉四周燃烧。

伟大的熔炉，就在那儿——你听！难道你听不到炉内翻滚和沸腾声吗？她正张开巨口——港口，来自世界各地的成千巨轮向她倾泻着人流。啊！多么令人激动和热闹啊！凯尔特人和拉丁人，斯拉夫人和条顿人，希腊人和叙利亚人，黑种人和黄种人。

犹太人和非犹太人。

是啊，东和西，南和北，棕榈和松树，极地和赤道，伊斯兰教和基督教——多么伟大的炼丹术士用纯净的火焰将它们熔合，在这里他们联合起来，共建一个人类共和国和上帝的王国。啊！薇拉，所有的种族和民族来到一起，共同劳动并放眼未来，这是美国的光荣，与之相比，罗马和耶路撒冷的光荣算得了什么？各民族和种族只不过在那里做礼拜和回首往事罢了。

安宁，千百万注定要生活在这块巨大的大陆的未来人，祝你们安宁——我们子孙后代的上帝赐予你们安宁。

关于"熔炉"剧的一些情况

作者是英国籍犹太人伊斯雷尔·赞格威尔，该剧于1908年在纽约和华盛顿等地上演，轰动全国，取得巨大成功，评论家称之为"人民之剧"，说"它以烈火燎原之势燃遍美国和其他许多国家，缓和了人们日益加剧的忧虑和不安情绪"（《交流》，1983 年第 4 期第 6 页）。

《熔炉》是一出构思简单的话剧，描写一个俄国犹太青年如何移民美国，如何与一位美丽、优雅的非犹太裔姑娘友好相处，最后结为连理，实现了美国梦的动人故事。

《熔炉》的主人公是犹太小提琴手戴维·奎克萨诺。他的父母在俄国一次迫害犹太人屠杀中丧生。移居纽约后，奎克萨诺便着手写一曲赞颂美国精神的交响乐。后来他移居乡村，在那里他爱上薇拉这位前俄国军官的女儿。薇拉在逃往美国之前已成为一个革命者。当他们二人在美国开始新生活时，奎克萨诺发现薇拉的父亲就是杀害他母亲的凶残刽子手。最后，奎克萨诺的美国梦终于成为现实，那首已完成的交响乐，首场演出获得极大的成功。这加强了他对大熔炉的信念。

作者通过这个剧，明确告诉人们，即使移民的欧洲父辈，像杀人者和受害者一样，势不两立，不共戴天，他们在美国的后代也完全可以握手言欢，建立最亲密的关系。这段话就是作者借用主人公的独白，热情洋溢地赞颂美国。

（十）美国黑人的历史与现状

在美国所有的外来移民中，只有非洲黑人是带着锁链来的。美国历史学家称之为"非自愿移民"，但在这个"非自愿"的定语下，有着诉说不尽的血泪史。

他们是作为奴隶被运到美国来的，奴隶身份的特征就是失去了人身的自由，不知自己的血缘关系。当他被作为奴隶买卖时，就失去了一切家族和家乡的关系。在美国，来自世界各地的移民都有自己的母国或故土，有根可循，只有非洲移民、黑人奴隶，说不清自己来自非洲的哪一国家，哪个地方，即说不清自己——尤其是他们的后裔——的根在哪里，只能说是非洲裔美国人。正是由于这种情况，美国黑人作家哈雷用了 12 年"寻根"，才找到自己的根，并通过他的优秀文学作品"根"向全世界宣布找到了自己的"根"。

奴隶制是美国南部种植园经济发展的前提条件。没有黑人奴隶制就没有美国历史上的种植园经济。他们在十七世纪后期开始被大量运送到北美来，随着南部种植园经济的扩大，越来越多的黑人奴隶被运到美国来。因为白人契约奴忍受不了种植园的恶劣劳动和生活条件。

种植园最初是种烟草和水稻，后来种植靛青染料植物和棉花。这些作物，都需要在潮湿的沼泽地种植，劳动非常艰苦，需要有坚强的耐力和体力，而且还需要有充足的人力来源。黑人身体健壮，世代生活在丛林中，能吃苦耐劳，而且非洲有充足的人力来源。这就是黑人奴隶贸易发展起来的原因。南部大种植园主就是靠购进大批黑人奴隶建立起"烟草王国"和"棉花王国"的。

根据美国宪法，美国于 1808 年初开始，禁止国际奴隶贸易。但是南部棉花种植业迅猛发展，奴隶贸易不是一纸禁令所能遏制的，不过是从公开买卖变成大规模走私，而且奴隶的价格猛涨，原先每名奴隶 500 美元，到 1860 年涨至 1500 美元。奴隶的外部来源受阻后，奴隶主便把注意力放在奴隶自身的增殖上，奴隶生育后代是奴隶，女奴隶被迫与奴隶主生育的孩子，也是奴隶。美国独立战争时，约有 50 万奴隶，占全国人口的 20%，内战发生时（1861 年）美国有 400 万黑人奴隶，占南部人口 1/3。

内战前后的奴隶制

美国独立宣言虽然宣布"一切人生而平等"，但不包括美国的黑人。在独立后 11 年，即 1787 年美国宪法中，黑人不是完全的人，只能算作一个人的 3/5；但是黑人是人，是完整的人，是应享有同白人平等权利的人。

美国的黑人奴隶是被暴力胁迫来美国的。他们在非洲时是自由人，但被卖到北美后，丧失了做人的地位和权利。他们家庭破碎，骨肉分离，无依无靠，得不到法律保障，也无可以自卫的武器。他们的命运就是劳动力被榨干后死去。他们也曾试图进行反抗——如怠工，破坏工具，烧毁经他们手收获但不属于他们的产物和棉花或者逃亡，有的进行武力反抗，掀起暴动，但都被残酷镇压下去了。因此奴隶们普遍采取的有效反抗方式是逃亡到北部去。1800 年到 1850 年的 50 年期间，南部奴隶们通过"地下铁道"（协助奴隶逃亡的联络站）逃亡到北部的平均每年有 2000 人，50 年内有 10 万黑奴逃亡。

但是，逃亡到北部的黑人奴隶并没有得到联邦政府的保护，而是听任奴隶主亲自或雇人到北部缉拿逃奴。在奴隶主强大的政治活动下，国会于 1850 年通过一个妥协案，规定了缉拿逃亡奴隶的法律，凡协助奴隶逃亡的人将被判处六个月监禁和 2000 美元的罚款，联邦执法官若拒绝协助缉拿和逮捕逃奴，会被罚款

1000 美元。被抓获的逃奴不能出庭做证，根本没为自己申辩的可能。这一赤裸裸维护奴隶制的法律，激起了奴隶主以外各阶层的强烈反对。1850 年代末，北部废奴运动出现了高潮，1859 年 10 月，59 岁的白人布朗在弗吉尼亚州的哈泼斯渡口发动了震惊全国的反奴隶制武装起义，追随布朗参加起义的有 21 人，包括布朗的三个儿子和十个黑人。他虽迅速占领了联邦军械库，但未得到黑奴的响应。在寡不敌众的情况下，布朗起义被镇压下去了。约翰布朗视死如归，终于 12 月 2 日被绞死。布朗的英雄气概，鼓舞反对奴隶制的人们，而且他是为黑奴解放事业而被送上绞刑架的第一个白人。起义失败不久，美国便爆发了反对奴隶制的内战。

1861 年开始的内战，是决定美国历史发展方向和现代化建设的大决战。

这场内战是不可避免的，因为它是北部与南部两种社会制度——即自由雇佣劳动制度与奴隶制度之间矛盾斗争不可调和的必然结果。北部资产阶级认为，不消灭奴隶制，以雇佣劳动为基础的资本主义经济和资产阶级专政的国家就难以巩固和发展。在内战前，美国实际上存在着分裂成两国和多国的危险。如果不打这场内战，美国就不能像它后来发展得那么快；如果内战不是以北部的胜利而告终，美国也将是另一种面貌。内战消除了这一隐患，核心人物就是林肯。

内战以后黑人的新灾难

1865 年 1 月 31 日，美国国会通过废除奴隶制度的第十三条宪法修正案，从法律上保证，黑人及其后代不再沦为奴隶。奴隶制种植园经济虽然解体了，但南部获得解放的黑人，并没有分得土地，而是不得不以雇农和佃农的形式，置身于新的分成租赁制种植园经济中。比起奴隶制种植园经济来，分成租赁制种植园经济是历史的进步，但是黑人在经济上远未得到解放。

在法律上虽然承认黑人的自由民地位，但南部各州却对黑人的政治权利和经济地位做出种种严格限制，如黑人没有选举权和被选举权、在法庭上不得做证反对白人、黑人没有自由发表言论的权利等歧视性、侮辱性的规定，这些规定都是前奴隶主集团通过操纵前蓄奴州的立法机构制定的州法，来对抗联邦法律，这些州法被称为《黑人法典》，作为控制黑人的工具。《黑人法典》当然受到南部黑人的反对，也受到国会共和党议员（代表工商业资产阶级利益的）的反对。但作为南部民主党人的安德鲁·约翰逊总统都明显地袒护南部前联邦各州，以维护州权为借口，顽固地与国会展开了尖锐斗争，出现了总统与国会之间否决与反否决的斗争。这一斗争反映了新兴阶级与前奴隶主势力之间的较量。前者要求在全国范围内为资本主义的迅速发展开拓广阔道路，而后者企图在南部实行没有奴隶制名义的奴隶制。经过多次较量，国会于1868年通过了黑人享有公民权的第十四条修正案。

黑人从奴隶成为公民，是一大进步，但宪法规定了的，并不等于实际存在的，也就是说黑人能否真正享有公民权则是另一回事。为争取实现宪法所赋予的公民权利，黑人又进行了将近100年的斗争。

《黑人法典》虽然成为历史的陈迹，后来却为《吉姆·克劳法》所取代，它是一系列种族歧视法律的统称。吉姆·克劳是美国种族主义者对黑人的蔑称（来源自托马斯·莱斯在十九世纪中叶演出的一个黑人歌剧中的一首歌）。1877年南部重建结束后，南部各州相继通过了《吉姆·克劳法》，恢复种族隔离，剥夺黑人在内战后获得的公民权利。在实行种族隔离的情况下，供黑人专用的设施都冠以吉姆·克劳字样，如吉姆·克劳公共汽车、吉姆·克劳教堂等。这种隔离现象并不限于南部，北部和西部（城市中）都在不同程度上受到影响。1896年最高法院在一次判决中，支持路易斯安那州的一条法律："一切铁路对白人和有色人种提供平等但隔离的设施。"这是影响十分深远的一条种族隔离法，直到1954年，这个"平等但隔离"的原则才被最高法院的一次判决所推翻。

1870年国会通过了不得因种族肤色而剥夺合众国公民的选举权，但南部在十九世纪九十年代出现了否定黑人选举权的逆流。始作俑者是南卡罗来纳州1895年制定的"祖父条款"，其表面上看是公正的，既无财产限制，也不需要文化和教育程度的资格，而是规定在1867年1月1日以前享有选举权的黑人及其后裔才可享有选举权。可是，在1867年1月1日前，绝大部分黑人都是奴隶，他们哪有什么选举权。因此，"祖父条款"实际上就是剥夺了黑人的选举权，其用心和手段都是非常阴险恶毒的。南部各州相继效尤，直到1915年，这个"祖父条款"由于黑人的斗争才被最高法院以违背宪法第十五条修正案而取消，但对整个吉姆·克劳法的斗争，一直持续到二十世纪六十年代。

黑人民权运动的发展

二十世纪初以来，黑人的地位随着黑人在北部工业中人数的增加和有组织力量的增强而有所提高。黑人的思想觉悟由于参加两次大战——特别是二战的经历而显著增强。

第二次世界大战给了黑人以显示力量的机会，他们不仅有众多人参军打仗，而且有些人表现得非常英勇出色，成为战争英雄。1944年底，约有100万黑人参军。（如1941年日本偷袭珍珠港，夏威夷军区，美国军队被打得晕头转向不知所措的时候，美国战舰亚利康纳号上黑人水兵多里·密勒奋勇迎击，用一挺高射机枪打下4架日本飞机，成为一位传奇性的英雄。）

经过二战的炮火洗礼，美国黑人不但展示了不亚于白人的能力，也加深了他们的美国化意识：黑人要在美国争取自己的公正平等的地位，而不是走二十世纪初曾风靡一时的"黑人回到非洲去"的道路，因为他们认识到自己是缔造美国的主人，而不是过客。

二战后，在黑人民权问题上，出现了完全不同于一战后的局面。一战期间和战后初期，"三K党"横行无忌，黑人士兵和退伍军人成了"三K党"徒攻击目标：1915年至1918年，约有199名黑人遭到私刑，1919年至1922年又有329名黑人死于私刑暴徒手中。二战后，美国黑人复员回国后，也遇到住房就业等种种困难，但大环境不同了。二战以反法西斯斗争的胜利而载入史册。德国法西斯政权的主要罪行之一，是从种族主义立场出发屠杀了几百万犹太人。在希特勒的种族主义受到清算后，美国牌的种族主义表现（如私刑）是要受到谴责的。加以黑人力量的增长和觉悟的提高，所以在二战后，美国各届政府都不能对黑人民权问题掉以轻心了。杜鲁门是第一个到纽约黑人居住区哈莱姆从事竞选活动的总统，1948年他还下令禁止在美国武装部队中实行种族隔离，但遇到较大的阻力，到1954年艾森豪威尔任内才得到执行。

从五十年代到其实年代，美国采取的一系列关于民权的法律措施，使种族歧视处于非法地位，黑人的公民权利得到了法律保障。但是，法律上的平等，并不等于实际生活中的平等。联邦最高法院做出的裁决，也并不等于得到社会上的普遍接受。举几个事例便足以说明这种情况。1954年5月17日，最高法院做出关于公立学校种族隔离违宪的裁决，这是个有重大意义的判例，推翻了持续半个世纪之久"平等但隔离"的原则。但是南部一些州，从州长到一般白人，对这一判决都百般抵制或持消极态度。1960年，北卡罗来纳31.9万名黑人学生中只有50名进入了兼收黑、白人学生的公立学校，还有些南部州，如佐治亚、亚拉巴马、路易斯安那等州没有一个学区打算尊重这一法律。问题的严重性还不止是对联邦法律和裁决的消极抵制。如震惊世界的1957年"小石城事件"，阿肯色州州长福布斯居然调动国民警卫队阻止执行联邦法律，不准黑人学生进入白人学生就读的学校。结果是艾森豪威尔被迫采取内战后第一次军管措施来解决这一州长与联邦政府对抗的严重事件。这个种族主义州长竟成了该州白人眼中的英雄，白人选民还一再选他为州长，类似这种州与联邦对抗的事件还有六十年代的密西西比州长巴尼特为阻止黑人退伍军人进入密西西比大学而打伤联邦法警的事件和亚拉巴马州长华莱士阻挡两名黑人学生进入亚拉巴马大学而与联邦大员公然对抗的事件。

上面这些突出事例反映了许多州（多为南部州）坚持种族隔离所表现的嚣张气焰，同时也说明，黑人民权运动日趋高涨，联邦政府不得不采取有利于黑人公民权利的措施来执行最高法院的判决。

六十年代是战后美国黑人民权运动的高涨期。除以马丁·路德·金牧师为代表的非暴力抗议运动（如"入座"形式的抗议，"自由乘客"运动，"争取就业和平等权利"的和平进军等等）以外，还有以青年黑人中的激进分子为代表的要求与白人暴力对抗的激进派，他们的主要口号是争取"黑人权利"。六十年代出现过多次暴力行动，就具有种族对抗性质。据统计，在1963年至1968年的五年中，爆发种族骚乱的城市（人口在2.5万以上者）有265个，骚乱次数达314次，被捕人数有53000多人，死亡人数200多人，伤8000多人。1968年发表的美国总统治安委员会的报告承认："白人种族主义是造成黑人社会贫困和失望的爆炸性混合剂的罪魁祸首，这种爆炸性混合剂最后爆发为暴力行动。"（合众国际社，纽约1988年3月2日电）

六十年代美国黑人民权运动的产生，其最根本的前提条件是：1.世界大战，特别是二战促进了黑人的觉醒，逐渐认识到他们是缔造建设美国、保卫美国的参与者，是美国的主人，而不是过客，因此日益坚定地认为他们应该在美国争取自己的公正平等地位。2.美国黑人两次大迁徙及其影响。第一次大迁徙起于1916

年到 1929 年，共有 150 万黑人从南部农村迁往东北部和中西部城市，在这些城市中出现第一批黑人聚居区。第二次大迁徙始于二战期间四十年代，一直持续 30年。在这 30 年中，有近 450 万的黑人离开了南部的农村地带，迁往北部和西部以及南部的大中城市定居。

"这次大迁徙是发生在美国历史中继解放之后最重要的事件。"卡罗·马克斯，《再见——我们走了：黑人大迁徙》（1989 年第 1 页）也是美国黑人生活历程中的分水岭，因为大批黑人人口离开了南部农村，开始在北部西部城市工业领域就业，即黑人由农村中的佃农、分成农、自耕农转变为城市中的工人阶级。同时在黑人工人阶级队伍不断壮大的过程中，黑人的民族意识不断增强，成为六十年代黑人民权运动中无可争辩的中坚力量。黑人的城市化、黑人选民的增加和民权运动的兴起，使美国政府再不能无视黑人的政治力量，从杜鲁门到约翰逊政府都不得不致力于民权立法，最终从法律上消除了美国种族主义的这一障碍。

美国黑人的现状

自六十年代美国黑人的民权运动以来，黑人的社会地位有所提高，政治权利方面也取得了一些进展，但总的来说，进展还是较缓慢的。

在政治生活中的变化更显著些，主要是黑人在争取公民权利的斗争中，赢得了黑人运动前辈如布克·T. 华盛顿等所不能想象的成果。首先引人注目的是黑人民权运动领袖杰西·杰克逊牧师在 1984 年和 1988 年两次参加总统竞选，而且在竞争民主党总统候选人提名中，取得了出色的成绩，尤其是 1988 年的预选和竞选中，杰克逊在 10 个州战胜了其他民主党竞争对手，在整个预选中获得 700 万选民的支持。杰克逊竞选总统，得不到民主党元老的支持，有时甚至遭到破坏，但是杰克逊的勇气应予肯定。他宣告黑人有问鼎白宫的勇气，黑人也有能力"创造历史"。他是以投身于一场明知不可能获胜的政治斗争来证明美国黑人的价值和勇气。因此杰克逊的行动对提高黑人的自尊心和自信心的价值是不可估量的。

黑人在竞选中获胜而担任公职或被任命为部长大使、白宫高级官员职位的人数也显著增加。在 1978 年至 1987 年 10 年间，增加了 5 倍，总数在 6000 人以上，黑人担任人口 5 万以上的城市市长的在 1987 年有 300 多人，而在 1908 年还不到 50 人。全国许多大城市，如华盛顿、芝加哥、洛杉矶以及费城等都是黑人担任市长。

在经济方面，近 20 多年来，黑人家庭的收入有显著的增加。1960 年至 1980 年，收入低于贫困线的家庭由占黑人家庭的 48% 减少到 30%。同时，黑人中产阶级正在形成和增强自己的力量。当时，美国中产阶级的标准是按四口之家收入在 2.5 万美元至 5 万美元之间划分，美国黑人家庭有 1/3 达到这一标准。黑人中产阶级扩大最快的地方是洛杉矶、纽约、亚拉巴马、芝加哥，而以华盛顿最为显著。华盛顿的 65 万黑人，有 30 万可以列入中产阶级，占黑人家庭总数的 46%。黑人中产阶级的兴起，让白人发现他们举止适度、知识谈吐与白人的白领阶层并无二致，因此北部城市和郊区人口黑白混居的情况正在增加。

在教育文化方面，黑人的情况也发生了显然变化，自六十年代以来，黑人受教育的水平是美国历史上各人口集团上升最快者之一。1960 年黑人受过高中教育的只占 38%，1970 年增加到 55%，1980 年增加到 75%，1986 年更上升到 81%。另据美国新闻署 1987 年公布的官方材料指出，高等学校中黑人学生在 1964 年为 7%，到 1980 年增加到 19%。1987 年黑人在校的大学生有 110 万人。教育程度历来是与经济状况密切相关并互相促进的，教育程度的提高有利于扩大黑人就业机会，从而为黑人中产阶级的扩大提供了条件。在美国企业领导层中，据统计，黑人所占比例从 1958 年的 2.4% 增加到 1986 年的 6%，这表明黑人已不是命定只能当仆役小工或低级职员，在他们中也出现少数大企业的领导人。随着黑人中产阶级兴起，黑人妇女地位也发生了变化，二十世纪初期大部分黑人妇女的工作只是充当女仆，只有很少数人大学毕业后，成为教师、护士或社会工作者，到八十年代，有 200 多万黑人妇女是白领职员，其中有一半担任较高级的职务工作。她们进入了过去几乎没有几个黑人涉足的美国经济和社会主流，这当然有助于扩大黑人妇女在国家中的作用。

从以上情况看，黑人在近 20 多年来取得的成就确实不小，但存在的问题仍然不少。

首先从政治方面来看，黑人的政治地位虽有提高，但仍然与他们应得到的极不相称。种族因素仍然是一大障碍。在法律方面，种族平等了，但在政治竞争中，在社会活动中，甚至日常生活中，种族偏见和种族歧视仍是很强烈的。

美国国会的黑人代表状况是令广大黑人感到沮丧和不满的。参议院有一百名参议员，代表 50 个州，至今没有一名黑人参议员。在历史上（从重建到二十世纪七十年代初）一共只有过 3 名黑人参议员。国会（1987 年至 1989 年）中共有 500 多名众议员，其中只有 22 位黑人众议员，这与黑人占美国总人口的 12% 这个比例太不相称了。

黑人任州长职务直到 1990 才出现，美国历史上第一个由选举产生的黑人州长道格拉斯·维德是 1990 年 1 月在弗吉尼亚就职。

黑人经济和社会地位虽有了提高，但大多数人仍处于贫困境地。据美国国情普查局 1986 年 7 月发表的一项统计材料，典型的美国家庭拥有财产净值为 32000 多美元，而黑人家庭有 30.5% 没有财产，34% 的黑人家庭财产不到 5000 美元，这两类家庭加起来占黑人家庭 64% 以上。从年收入来看，1988 年，年收入低于 12000 美元的四口之家就是贫穷之家，这一年低于此水平的黑人家庭达 30.6%，白人家庭占 10.1%。

黑人即使经济中达到了中产阶级水平，但基本上仍受种族歧视之害。尽管制定了公平住房法规，黑人中产阶级也有足够的收入迁入新居，但“大城市中对黑人实行种族隔离现象几乎没有多大改变”。

在教育方面，近 20 年来黑人受教育的水平是在不断提高，但绝不等于同白人学生享有平等的受教育权，黑人为主的学校中教学水平和教学设施，都大大低于以白人为主的学校。更严重的是黑人中的文盲比例高达 30%，比白人文盲率高出两倍。在科学技术领域，黑人几乎没有涉足的机会，而科学技术教育是在现代生活中取得成功的最基本因素，也是黑人能否上升为中产阶级的决定因素之一。芝加哥大学副校长，美国著名的物理学家沃尔特·马西曾指出：“在我们这个时代里，世界上一些最令人激动的重大事件发生在自然科学界，而黑人几乎与这个领域无缘。”

今天美国黑人的地位和处境虽比二三十年前有了某些改善，美国政府也采取一些法律措施及缓和种族关系的象征性行动。但是，在种族歧视观念仍然根深蒂固的美国社会里，实现种族平等仍很遥远。要实现这种种族平等、社会和谐的局面，美国必须从根本上清除种族主义，黑人也必须进行本民族的自我完善，提高本民族的素质，才能在多元社会中取得与白人平等的地位。

第四次作业（反对和赞成"文化测验法"的论点）问题

1. 有些翻译的问题

a. unrestricted immigration 无限制的移民 而不能翻译为非限制的移民

b. come most quickly upon public or private charity for support
非常快地依赖公私赈济予以支持，译为"寻求公共或私人救济的移民"

c. have been denied "已被剥夺的"，原译"没有获得"

d. without regard to their character，their purpose，or their natural capacity 而不考虑他们的品德、目的和资质

e. Henry Calot Lodge 洛奇（不应翻译为"劳吉"）

2.. 汉字写错：乞丐，奇

参考书目

1. 约翰·霍普·富兰克林：《美国黑人史》，商务 1988 年

2. W.E.B·杜波伊斯：《黑人的灵魂》，人民文学出版社，1959 年

3. 威廉·福斯特，《美国历史中的黑人》，三联，1960 年

4. 托马斯·索威尔，《美国种族主义简史》，南京大学出版社，1992 年

5. Harvard Encyclopedia of Americans Ethnic Groups ed. By Stephen Thernstrom

6. Ronald Takaki，*A Different Mirror*：*A History of Multicultural America* Boston，1993

（十一）关于《国土上的陌生人》评价

Strangers in the Land：*patterns of All Nativism 1860—1925*

By John Higham

New Brunswick，N.J. Rutgers University Press，1955 pp. XIV 431. $6.00

它是我们现有的对 1860 年至 1925 年间的美国排外精神所做的最详细的研究。这本书分析了美国排外精神的各种各样的模式，排外精神的消长和依据可以估量的成果。

美国排外主义中总是存在三个主要因素：反对天主教，对外来激进分子的恐

惧和盎格鲁·萨克逊种族优越的思想。但是，这些因素在美国历史的不同阶段，由于各种各样的原因，表现为各种各样的方式。内战前的排外运动，随着内战后到来的自信、繁荣和扩张时代的到来而消失，当时外来移民被认为是国家的幸事，西部和南部也急于吸引更多的定居者。十九世纪八十年代，更确切地说是 1885 年到 1897 年，美国人对于他们同化外来移民力量的乐观主义，由于灾祸、不满、城市贫民窟和政治腐败而受到猛烈的粗暴挑战，并且当动荡时代来临时，外来移民很容易受到指责。

现代排外主义始于十九世纪八十年代劳工动乱，天主教对于教区学校的坚持和新的国家主义的兴起。小小的红色校舍成了爱国主义的象征。有组织的劳工，在犹豫了相当长一段时间后，1897 年勉强支持了"文化测验法"，在"老移民"和"新移民"之间划出了显著的差别：反对天主教会而建立的"美国保护协会"在西部和南部严格信奉《圣经》的地带有了最猖狂的表现。这一协会把工业萧条归咎于罗马教皇的颠覆，并且散布伪造的罗马教皇利奥八世教会的道逾。正当此时，亨利·C. 洛奇和其他新英格兰的文人雅士举起了"盎格鲁·萨克逊种族优越论"旗帜，鼓吹"文化测验法"来限制和精选外来移民。在那些曾一度把爱尔兰人作为这个共和国最大的威胁的排外主义者心目中，南欧人和"国际犹太人"是新的第五纵队。

在 1890 年代后期，自信、繁荣和自满情绪又恢复了，美国人发泄了 1898 年战争的沙文主义和帝国主义的情绪。到这时，外来移民也充分组织起来，在选举投票时予以回击。排外主义论点慢慢地转移到一种新的种族主义，它为达尔文主义、优生学和"种族自杀"的理论所支持，白种人也被分为雅利安人与非雅利安人。在一战前，排外主义又再增长，杰克·伦敦支持种族优越论；汤姆·沃特森和《威胁》猛烈攻击教皇，阶级冲突恢复了排外主义反激进的方面。一战和红色恐怖完成了这一过程，"美国军团"使它成为国家正统观念的保卫者。二十世纪二十年代惊人的数量的暴力和否定"正当的法律"程序增多。这种特征由于"三K党"而达到了高峰。北欧日耳曼族裔的美国人强烈反对种族之间的"混血"。美国人丧失了他们同化力量的自信，美国的大门最后是由于限额法而关闭了。

这本书中有许多让读者赞同的观点，他在处理这样一个易于感情用事的问题上，一直是非凡的公平和客观。令人困扰的是在美国人血统中发现一种持续的病毒，很难脱离希特勒对种族的观点，与我们公开宣称的民主制和兄弟情谊的原则相悖。

作者将他的故事中复杂的、政治的、社会的和文化的方面融合。67 页脚注和 12 页目录证明了他的努力是彻底而客观的，书的风格清晰，并因作者用词上的考究而不凡。

交流与举贤编

jiao liu yu ju xian bian

交流与举贤编收录了丁则民的工作心得、个人回忆、与学界的交流以及写给友人的书信，等等。个人回忆中包括：研究生培养的心得、个人治学道路以及西南联大的回忆等等。与学界的交流中则包含着对东北师范大学美国史研究队伍的设想、学术方法和人才推举，等等，文书数量凡 50 多件。虽然这些文书并不能全面反映丁则民教书育人、道德文章的全部内涵，但是，它们基本上能够体现丁先生高尚的为人师表的情操、对人才的珍爱、对学科建设的牵挂和对自己的严格要求与检讨。在整理这些文书的过程中，由于材料采集相对较晚，准备不足，许多材料没有找到，而且，不少文书都是草稿，不是终稿。我们在对自己反应迟缓、决心不力而感到自责的同时，也对丁则民先生认真敬业的态度表示高度的钦佩。在整理丁则民先生自己的文书的时候发现，几乎找到的所有信件，或是发言稿，或是填写表格，等等，他总是要先打草稿，反复修改，然后誊抄，这些过程同时也是他在思考和完善的过程。更重要的是，丁则民所有书写的书信材料，都是极具观赏力的小楷。一笔一画，横竖撇捺，结构合理，刚劲有力，运笔到位，笔笔传神，与他做人的风格丝毫不差。

此外，从我们采集到的丁则民先生与自己的学生，或者是外界友人的书信中，或者是向学校有关部门的报告中，几乎都涉及推荐某一个人去申请进修，或者是为某人的深造而寻求机会，推荐单位既有国内的，也有国外的，这从一个侧面反映了丁则民先生对学生认真负责和关爱的程度。

关于在北师大讲授美国史课程致黄安年

安年同志：

　　你好。来信收到，关于 1951 年在北京师大历史系开设美国史课程事，大致回忆如下：

　　该课程系 1950 年—1951 年第二学期为历史系四（？）年级开设的必修课，每周授课 3 小时，一学期共上 50 多学时，似乎是按三个学分计算。当时没有教材或课本，主要是由教师讲授，学生记笔记，记得上课有 30 多人。该课属美国通史性质，由英国殖民北美开始，一直讲授到第一次世界大战结束为止。该课没有再开，因第二年碰上全国院系调整，我被调来东北师大任教。那时，没有别的教师开过美国史，解放前是否开过这门课，就更不知道了。

　　在北师大任教期间，曾在光明日报《史学》版或《历史教学》双周刊发表过《美国史纲要》一文（可能是 1950 年，月、日记不清了），后来又在《史学》双周刊与黄绍湘同志就《美国史纲要》展开争论，同一期（年，月，日记不清了）刊载了她和我的争论文章。

　　1952 年撰写了《美国排华史》一书，中华书局出版。1951 年撰写了《美帝国主义迫害华工史辑》一文，在《历史教学》月刊发表。

　　事隔多年，有些情况记忆不起来了，上面所写的也不够准确，仅供参考。

　　此致

　　敬礼

丁则民上

1981.7.10

关于研究生阶段的专业与英语学习致任东来

东来同志：

你好！两封信都已收到。从来信中知道你的学习、生活近况，至为快慰。本应早复信，只是近来工作特忙，除给研究生上专业英语课外，还要审编大百科，有关美国史的部分词条，准备编写《美国通史》第三卷，加上一些社会活动和家务活，总是一天忙到晚，确有力不从心之感。

社会科学院研究生院的学生，生活条件虽不够理想，但你能在京学习亦有其优越之处。一是见多识广，不像地方上那样闭塞，像去北大听美国专家的讲课，地方上的同志就都没有这样的机会；二是结识同行的机会亦较多，便于了解情况和互相学习；三是书刊、资料比较丰富，查找与借阅都较方便，出售旧书的书店亦较多，看来价钱也很便宜。加上你有杨先生这样学识丰富、热心指导的导师，我想只要从实际出发，尽量利用北京所具有的优势，勤奋学习，定会有很大收获的，你也会逐渐适应新的环境的。

当前学习的主要任务，我想还是下些苦功夫，突破英语这一关，首先是多读多写，以提高阅读和翻译专业英语书刊的能力，这是今后搞研究的基本条件之一；其次，利用各种条件（如听广播、录音、听课），培养训练英语听说能力，力求达到听懂、有交流能力的程度，与美国人接触时，要细心听，敢于说，不要怕听错，不要难为情，只要有细心耐心和敢的精神，持之以恒，达到上述水平，也不是很困难的，何况你还年轻，这是学外语的优越条件，你说对不对？

我教的专业英语班，现在已进入侧重笔译的阶段，这学期选用《The American Past，Conflicting Of the Great Issues》一书作为教材，除领着研究生在课堂上静读一章外，要求每人翻译一章（每章约有 30—40 页不等），现在班上除黄仁伟等四人外，还有马世力、陈广忠、王宏慈、王群和于锡珍等九人，然后互相校阅，提出问题和修改意见，再由教师加以辅导指点，如果译文质量不错的话，明年学报准备出一本美国史译文集丛刊，四个美国史研究生，因已学过一学期的专业英语，所以，他们进步较显著，只是专业基础较弱，翻译论文还是有些吃力，不过他（她）们都很勤奋，只要坚持下去，慢慢地会苦尽甜来的。

再去逛书店时，请代我购买《一千天》《肯尼迪》《美苏冷战史话》，和《潘恩选集》各一部，书款请你先垫付，接到书后我即汇上璧还。

你的来信，我已给仁伟他们看了，他们要你带买什么书，会给你去信的。他们都向你问好，祝你学习进步。

再谈　祝

近好

丁则民

1982.10.22

以后来信可寄宿舍，（东北师大一教 43 栋 4 门 3-2 号），能接到快一些。

关于研究生工作和美国史研究致任东来

东来同志：

你好！九月中旬来信，早已收到，因工作特忙，迟迟未复，乞谅。马世力和程广忠同志，途经北京回来，谈到你在京学习和生活状况，知道你很好，至为快慰。这学期，我的任务很重，除主持研究生讨论班外，还给本科开美国近代史课程，每周三学时。同时，还要给《中国大百科全书》有关部分审稿，看稿，加上一些社会活动，真是忙得不可开交，大有力不从心之感。

给你们所长李慎之同志一封信，介绍游恒同志的学习工作和思想情况，请你代为转致。她的情况，你可能知道一些，她很想毕业后回北京，特别想进你所参加工作，不知有无可能。作为导师，我是有责任代为联系、推荐的。她现在没有对象，也没有相好的男朋友，所以她进京工作没有什么牵挂，而且家在北京也是个有利条件。希望你面陈那封信时，也在慎之面前代为推荐。有什么消息时请来信告知，事情未成之前，请暂勿告诉别人为要。

世力等参加郑州会颇有收获，准备明日召开研究室会议，由他俩做简要介绍，然后大家进行讨论。

最近北京学术界情况怎样？清除精神污染，是否你所也在开展？你学习情况怎样？盼多注意劳逸结合，特别是营养问题，急需加强，"身体是革命的本钱"，这话是有道理的，值得你时刻注意！

寒假期间，我们准备召开一次小型会，讨论《美国通史》第三卷的编写工作，特别是编写内容的问题。你若回长，到时也希望你能来参加。

再谈　祝

健康

丁则民上

1983.11.9

关于东北师范大学美国史师资队伍建设与美国史研究的交流致任东来

东来：

　　你好！成都分手以来，已一个月了。你暑假过得很好吧！是否八月初将返回北京？从你父亲那里得知你现在通信处，才能给你写这封信。

　　再有一年，你就毕业了，据说你们这一届研究生都已开始填写毕业分配志愿表，不知你怎样考虑？是否毕业后愿意从事研究工作，还是从政？对自己的发展方向究竟怎样考虑？你们所是否有可能留你在所工作？你是否愿意？

　　我们这里的情况你是很了解的，研究室工作虽有起色，对美国的联系也在加强，但力量较薄弱。即将毕业的四名研究生中只能留下两人，游恒和黄仁伟都要分配出去，最近王旭和小卞，都去参加吉大外语系主办的 E.P.T.（教育部英语水平考试）培训班，学习期限一个多月，年底他们将参加 E.P.T. 考试。日后将根据考试成绩和德、智、体的全面衡量，选派一人去美国南伊利诺伊州立大学研究生院攻读博士学位，这样明年留在研究室工作的只有一个人了。

　　今年九月廿日左右，我将参加学校代表团访美，此行的主要目的是与美国某些大学 [如加州岭北辰州立大学，米（密）尔沃基的威斯康星州立大学，以及印第安纳州诺特丹大学等校] 建立校际联系，签署一些交换学者和进修人员的合同。因此，通过校际关系，日后派遣去美进修、深造的机会增多。四月间，加州北岭州立大学的海锐思教授（Prof. Sheldon Harris），来系讲学时，曾对我表示，一旦双方签署校际交流合同，将优先考虑美国史研究生去美深造。

　　你如果毕业后愿从事研究工作，日后争取有个去美深造机会的话，那么我个人的意见是希望你能回母校工作，一则美国史研究室需要充实队伍，加强研究工作；二则，你的家在长春，回来也可照顾父母；三则由于我校与美国大学校际联系的建立，去美进修深造的机会会增多，你若回校工作，估计日后去美深造的可能性是很大的。当然，也必须提高英语水平，增强听、说和写的能力。这一切都事关你今后发展的前途，希望你能慎重考虑，并将考虑的结果告诉我。如果你愿毕业后回校工作，那么就要填好毕业分配志愿表。因为根据我对研究生（如游恒等人）毕业分配工作的了解，组织是尊重研究生个人所填的志愿的，特别是第一志愿，只要志愿合情合理，又能发挥所学的专长，一般是尽量予以考虑、照顾的。总之，关于分配问题，希望你能慎重而细致地考虑，也可以同家长商量研究，这样可能考虑会更周全些。

以上纯系我个人的意见，希望你不要外传，我想你会保证做到的。游恒同志来信，说她已返回北京，这次访学收获很多。八月初你回京后是否就不再回长春了？

盼来信，祝

身体健康

丁则民草

1984.7.21

关于赴北京研究生答辩和赴美交流看法致任东来

东来同志：

你好！两封来信，均已收到。最近因研究生论文答辩提前于12月上旬举行，他们都在赶写论文，我也得抓紧时间给他们看，搞得很紧张。没能及时给你回信，请原谅。

谢谢你寄来的书目，如有可能，请代购①、⑦和⑧各一本，书款不知能否先代垫付，等你寒假回来时将书带回，书款当在偿还。

12月初，我将去北师大，参加那里美国史研究生的论文答辩。可能在京停留三天（3—5日），然后与黄德禄先生于6日一同返回长春，因这里的研究生论文答辩请黄先生主持。

这次访美，虽然走了八九个城市，访问了六所大学，也签订了一些校际联系的协议，但日程排得很紧，所到之处纯系走马看花，了解情况不深不透。身体方面，也感到很累，幸好尚未生病。35年来，美国也确有很大变化，旧地重游，总是喜欢做些对比。以后有机会，再和你面谈。

　　祝

　　近好

丁则民书

1984.11.16

关于《镀金时代》撰写讨论致黄安年

安年同志:

祝好!顷接研究室转来的信,知道您将按时来长春参加试写稿讨论会,大家都非常高兴,我们也能再次会晤了。试写稿第一、二、三章都已寄上,不知收到否?由于时间仓促,写的都较粗糙,至盼仔细审阅,尽量提出宝贵意见,以便做进一步的修改。

这里食住条件都较差,生活上会感到不便,好在彼此熟识,定会予以包涵。春节已过三周,但这里仍是春寒料峭,请来时多穿些衣服,室内要到四月中旬才停烧暖气。

回程日期和车次当遵嘱尽力预订车票。买到来长春车票后,请来电告知,以便派人接站。余容面叙,此祝

教安

附语问候您的全家人

丁则民书

1985.3.12

试写稿讨论与会者除我室成员和撰写人外,还邀请了冯承柏同志,他已答应来长参加。寄来的美国史教材,已收到,至谢。

访问美国五所大学的见闻

　　去年九月至十月中旬，我作为东北师范大学代表团的成员，随团访问了美国南伊利诺斯州立大学、诺特丹大学（Notre Dame university）、威斯康星州立大学（在米尔沃基市）、加州北岭州立大学和斯坦福大学（Stanford university）等五校，参观了它们的校园和文理科各院系的设施，并同其中三所建立了校际合作关系，签订了交换学者、进修教师（或研究生）的协议。此外，我还专门访问了几所大学的历史系，同系主任和教授们进行了交谈，参观了图书馆的历史方面藏书，因而了解一些历史系的情况。但由于时间短促，接触有限，了解是不深不透的。不过有些情况，印象较深，特介绍如下，供同志们参考。

　　这几所大学的历史系都是小系，教师和学生人数从全校范围来看都是比较少的。系内全体教师（英语 Faculty 之意，包括助理教授以上的副教授和教授）人数不多，但开课门数很多，涉及的面也很广。比如，南伊利诺斯州立大学历史系只有十七位教师，却为本科和研究生开了将近七十门课程，其中不仅有关于美国和欧洲各国的通史和断代史，而且也开了一些拉丁美洲和亚洲各国（主要是中国、日本和中东各国）历史的课程，还有一些诸如"历史计量研究""历史研究与写作"和"历史博物馆的问题"等专门课程。又如诺特丹大学历史系也只有十七位教师，他们仅为本科生就开了四十七门课程，其中有关美国和欧洲宗教史、文化史的课程较多。据说，每位教师每周授课六至十二学时，每人开二至四门课程，平均三门左右。开学后，除了定期休假者（一般是工作四至五年休假一年）外，没有教师不上课的。因此，该校教师与学生的比例数要比国内大学师生的比例数高得多。

　　教师一般开课任务都较繁重，有些每周授课高达十二学时。他们既要备课，又要上课，是否尚有时间搞科学研究？对于这个问题的回答是因人而异的。一般说来，初开课者，特别是开三四门课者，感到教学工作很紧张，有时甚至疲于奔命，因而没有时间进行科学研究；教龄长、教学经验丰富者，除上课外，平时也能兼做些科学研究。美国大学都实行每周五日工作制，周末休息两天，因此有些教师常利用这两天，持续地做些科学研究。多数教师都利用暑期（每年从五月中旬开始到八月廿日左右，共三个多月）集中力量进行科学研究，撰写著作和论文，有的教授还组织研究生参加他们的研究工作。据了解，教师进行科学研究、撰写著作、论文的自觉性是很强的，因为不搞科学研究，没有成果，便难于提升学衔，而学衔是与教师的学术地位和工资待遇密切联系在一起的。

教师进行科学研究，一般是结合自己专业撰写论文和著作，也有的接受某些基金会的资助，集合一些学者共同搞专题研究项目，以发挥自己的优势。比如，南伊利诺斯州立大学有位教授是研究美国内战与重建史的，他根据美国史学界的需要和自己多年搜集、整理的资料，在基金会资助下，与一些学者合编了一部格兰特（Ulysses S. Grant，美国第十八任总统）文献集（附有注释），填补了这方面空白，在美国史学界享有很高的声誉。这部格兰特文献集已出版了十二卷，现在每年出版两卷，全部出齐时约有二十四卷。

美国大学对教师实行聘任制，在学年结束时发出聘书，一般是聘任二至三年。获有博士学位的青年学者，一般被大学聘为讲师，也有少数被聘为助理教授，但他们的职务是不稳定的。如果教学和科学研究都取得较好成绩，到期就被学校续聘；否则即不再续聘，自己得另谋出路。经过一两次或两三次续聘，升为副教授后，即进入永聘教授（在美国高等院校称为 Tenure）行列，从此无特殊理由就不得解聘，这样教师的工作就比较稳定了，可以专心致志地进行教学和科研工作了。为了进入永聘教授的行列，青年教师必须在教学实践和科学研究方面都取得优良成绩，经过教授评议会审定合格，才能升为副教授。美国大学实行的这种聘任制充分体现了筛选精神：经过一段时间教学实践和科研工作的检验，凡是教学成绩良好而又有志于做学问的就被长期聘用，而那些教学实践不合格或滥竽充数者就刷了下去。

系主任由系内教授、副教授轮流担任，每届二至三年，但须由校长任命。在校长之下，美国大学一般都设有学院一级的机构——如文学院、理学院、工学院和农学院等，学院由性质相近的几个系组成，设有院长一人，负责领导学院内各系的业务工作。历史系一般是个小系，只设有系主任和秘书各一人，秘书往往是由精明强干、办事认真的妇女担任，其职责是协助系主任办理日常行政工作。有的历史系由于研究生人数较多，往往还设有负责管理研究生的系主任一人，指导研究生选修课程、确定导师和攻读学位等工作。在系主任之下，没有其他教学组织。根据教学和科研工作的需要，系主任可直接向教师分配任务。系内没有专职助教，一般均由攻读学位的研究生兼任，他们的职责是协助有关教授做些教学辅助工作，如主持本科生的讨论课以及批改作业和考卷等。

在我们访问的五所大学中，有三所大学历史系有权授予硕士和博士两级学位，其他两所大学历史系只能授予硕士学位。我们因时间关系，没有专门访问斯坦福大学历史系，因此这里主要结合南伊利诺斯州立大学和诺特丹大学两校情况，介绍它们培养研究生的工作。

攻读硕士学位的研究生分为两种：一种是作毕业论文的硕士生；另一种是只读学分课程、不作毕业论文的硕士生。无论哪一种硕士生，都必须做到以下三点：（1）修满三十学分（即十门课，每门课一般三学分），其中大部分课程须从系专为研究生开设的讲授课、学术报告讨论会（Colloguium）和研究讨论班（seminar）中选修，也可从本科高年级课程中选修九个学分，即三门课程。作论文者，论文可算六个学分，再修二十四学分的课程，即可符合要求。不作论文者，须结合所选修两门领域课程（Field Course）①的讨论班撰写两篇报告。（2）掌握一门外国语（英语以外的语言），具有阅读专业书刊的能力；必须通过考试，成绩合格者才能申请硕士学立。（3）作论文的硕士生须通过论文答辩；不作论文者须通过一次综合笔试，笔试科目即硕士生所选修的两门领域课程。以上三方面均符合要求后，才能授予硕士学位。

对攻读博士的研究生要求大致如下：（1）学分与年限：诺特丹大学对已获硕士学位继续攻读博士学位者要求至少修满四十八个学分，由学士学位直接攻读博士学位者至少得修满七十二个学分；南伊利诺斯州立大学对前面两种情况攻读博士学位者分别要求他们至少修满一年和二年的研究生课程。这些课程包括为研究

---

① 领域课程是专门为研究生开设的史学课程，凡探讨一门历史专业中某一断代或某一国别的史学问题和文献目录学的课程均被称为领域课程。如南伊利诺斯州立大学历史系即为硕士研究生开设了四门历史专业和十一个领域的课程。它们是：（1）美国史专业分为殖民地时期至1877年和1865年到现在两个领域；（2）欧洲史专业分为古代、中世纪、1600年以来的英国、1450年—1789年的欧洲和1789年到现在的欧洲五个领域；（3）拉丁美洲史专业分为殖民地时期、十九世纪和二十世纪拉美史三个领域；（4）亚洲史专业暂不分领域。

生开设的讲授课、学术报告讨论会和研究讨论班等。（2）博士生须具有两种外国语（英语以外）阅读的能力，经过考试合格者，才能申请博士学位。南伊利诺斯州立大学也要求博士生掌握两种外国语，但经系主任同意，掌握统计学或为计算和编制程序者可以免试一种外语。（3）参加博士候补资格考试。考试科目包括博士生所修的四门领域课程。考试方式分笔试和口试两种，笔试举行四次，每次三小时；口试范围是博士生所修的四门领域课，时间为二小时，博士候补资格考试如果不及格，只能再有一次补考机会。

因此，攻读博士的研究生须修满所要求的学分课程，两种外国语考试以及博士候补资格考试都合格后，才能选定导师并在他指导下撰写博士论文。博士论文写作一般要用一年时间，最后须经论文答辩合格后，才能授予博士学位。

从上面情况看来，美国这几所大学培养研究生有以下几个特点：（1）对攻读硕士或博士学位的研究生，无论在选修学分、课程种类、外语水平以及候补资格考试方面，都有明确的规格要求，合格者才能申请确定导师，撰写学位论文。不合格者就必须补修和补考，否则只有自动退学。因此，有的教授说，美国攻读学位的研究生"入学容易、毕业难"，因为他们入学后，要不断经过各种方式的筛选，只有合格者，才有可能取得硕士或博士学位。（2）攻读学位的研究生学习的领域比较广泛，学习美国史的博士生必须选修欧洲史、拉丁美洲史和亚洲史等专业的领域课程，不能一入学就单打一，专攻一门专业的领域课程。这样做的好处在于它既可以扩大研究生的知识面，了解和掌握其他专业内的主要问题、文献资料和研究动态，也可以触类旁通，打下有利于深入钻研本专业问题的牢固基础。（3）研究生往往兼做助教，一般由已获得硕士学位者中选拔。对有培养前途的博士生往往设法在经济上给予特殊资助。这样，既可使研究生接触教学实践，培养他们的独立工作能力，也可使研究生得到必要的资助，免除他们攻读期间在经济上的沉重负担。

怎样培养出合乎规格的高质量的研究生是我国当前高等教育改革的重要一环。美国大学培养研究生工作的某些特点，如对研究生的规格要求和筛选精神等，都是值得我们研究、借鉴的。

（选自《中国美国史研究会通报》1985 年 3 月第 27 期）

读《设想》后致刘绪贻同志的信

绪贻同志：

　　祝好！研究会 1986 年学术活动计划和今后几年科研工作的设想，已看过，基本同意。现结合我室"七·五"期间科研规划，特对"设想"提出以下几点意见，请斟酌、考虑。

　　研究会是否可在了解各校美国研究室（组）"七·五"期间专题研究的基础上，予以报道，并在可能的条件下，支持交流、协作。比如，我室在"七·五"期间准备集体研究美国西进运动，先编出一本美国西进运动资料选辑，撰写若干篇专题论文，然后写出一本专著等。在研究过程中，我们准备召开一两次小型讨论会，邀请有关同志参加。对于各单位这类专题研究项目，研究会似应起桥梁和支持的作用。

　　研究会是否可考虑编辑出版国内各单位美国史藏书目录（如已编出的武大、南开和我校美国史藏书目录，可以考虑分册出），最后在分册目录的基础上编出全国美国史藏书总目录，供会员借阅或复制参考。对藏书较多的其他单位，如世界史所、北大、复旦、中山和川大等，最好请这些单位的我会会员将这项工作纳入"七·五"期间工作规划，以便陆续或汇总印出。

　　可否考虑以研究会名义与美国历史协会和美国历史学家组织建立正式联系，交流出版物和信息，以增进互相了解。如有可能，还可互相邀请有关会员学者出席对方的学术讨论会等。

　　以上意见，不知是否合适，请考虑。

　　再谈，祝

　　新春快乐 全家幸福

丁则民书

1986.2.23

丁则民同志在第五届年会上的发言

本届年会是在我国政治稳定、经济兴旺和学术日益繁荣的一派大好形势下召开的，参加这届年会人数之多和论文内容的广泛都是空前的。有关美国现代史和美国当代问题的论文显著增加，有些论文还填补了一些空白，如城市体制改革、美国宪法评述以及美国妇女运动和青年运动等。为纪念美国重大历史事件——如"五一"罢工运动一百周年和美国宪法制定二百周年——撰写了一些专题性论文，对这些重大历史事件的意义和作用进行较全面、深入的评述。除了学术研究的论文外，还有一篇关于美国史教学经验的总结，其中既有关于本科美国史选修课的开设和教学经验，也有侧重于培养研究生的工作，探讨如何实现"教书育人"的目的。青年史学工作者（包括研究生）提交的论文大大增加，他们研究的问题既广泛，也注意联系我国当前政治体制改革的实际，这是本届年会的一个可喜的现象。这一切都标志我们的美国史教学工作日益广泛开展，我们的学术研究也是欣欣向荣的。

为了开好这届年会和进一步开展我国的美国史研究，特提出以下几点不成熟的意见，供大家参考。

年会是我们会员两三年一次难得的聚会，其目的在于交流研究成果和教学经验，因此会议期间希望大家按照理事会的布置和要求，认真阅读有关论文，保证交流时间，充分展开讨论，力求从中取得较大的收获。

学术交流要认真贯彻"双百"方针，提倡互相尊重、互相学习、平等待人、自由讨论，以达到切磋琢磨、共同提高的目的。在学术研究讨论中出现一些分歧和争论是正常现象，有分歧、有争论才能激励人们去探索追求。在学术范围内进行争鸣，难免有时会面红耳赤，各不相让，但在政治上我们却是志同道合的伙伴，在同志关系上应当是愈争鸣愈增强了解、加深友谊。因此，在争论过程中，既要沉着冷静，虚心倾听不同的意见；又要尽力做到摆事实、讲道理，以理服人。实践表明，不同意见的交锋不仅会加深问题的探讨，而且也为问题的解决提供了有利条件。因此，我们恳切希望在讨论争鸣过程中，发扬学术民主，做到平等相待，为创造宽松、和谐的学术探讨气氛树立良好的榜样。

加强马克思主义的理论研究，不断丰富马克思主义的理论，马克思主义经典作家对于美国历史的发展以及重大历史事件和历史人物都做过不少精辟的论述和评价，为我们研究美国历史提供了典范。今天，为开创美国史研究的新局面，我们既要学习、坚持马克思主义的基本原理，但也不能拘泥于经典作家的个别语句和具体论断，历史是不断前进、发展的，现代美国同马克思主义产生的时代相比，无论在政治、经济方面，还是在社会和文化、思想方面都发生了巨大的变化。而这些变化是马克思主义经典作家生前未见到或未完全见到的，因此不能也不应要求他们对出现的新情况和新问题做出解释和回答。这就要求我们依据马克思主义基本原理，对当代人类创造的许多新理论、新成果进行研究，并且通过实践的检验，把一切真正科学的、先进的东西学习过来，不断丰富马克思主义的理论。但是，毋庸讳言，在吸收西方新理论、新成果方面仍存在一些思想问题，那就是引进外国科学技术和企业管理方面的先进经验似乎没什么问题，而对吸收外国新文化、新思想和新观念却仍然顾虑很多，怕弄不好会带来对我国社会主义文化的"污染"。要克服这种顾虑和畏惧心理，既需要党和学术界从理论上、实践上做大量的思想工作，也需要我们不断提高自己的思想认识。

首先要有牢固相信群众的观点：既要相信本国人民群众，也要相信外国人民群众。几十亿外国人民群众创造出的新文化、新思想中必定有许多可供我们吸收的好东西。在当今世界上，任何一个民族或国家，要生存、要发展，就要靠人们的劳动和创造。只要是先进的，经过我们吸收、消化，便可为我们所用。事实上，马克思主义本身就吸收了不少资产阶级学者的先进思想。马克思批判吸收了黑格尔辩证法中"合理的内核"，抛弃其唯心主义外壳，就创立了唯物辩证法。列宁在撰写《帝国主义是资本主义的最高阶段》这一经典著作的过程中，也批判吸收了约翰·霍布森关于帝国主义基本特点和寄生性的论述。

其次，吸收外国新文化、新思想当然要筛选，要鉴别，要消化，切忌生搬硬套，更不应盲目崇拜。在吸收过程中，也难免有不健康的甚至歪门邪道的东西混杂进来，但这也没什么可怕，既然认清这些东西是糟粕，就设法把它们扬弃好了。

当然，在思想、文化领域中，鉴别、分清精华与糟粕也需要有个分析研究的过程，不是一下子就能做出判断。同时，我们也要相信中华民族的消化力，即使一时吃下一些坏东西，也会将它们适时排出。伟大中华民族的历史证明了这一点。

作为美国史工作者，我们就要根据上述精神，结合现代美国，特别是第二次世界大战后美国出现的新情况、新材料，认真研究现代美国许多错综复杂的历史现象，进行理论性的探索，写出有水平、有质量的论著，为丰富马克思主义理论做出应有的贡献，这是摆在我国美国史工作者面前的一个重大而艰巨的任务。因此，希望本届年会能就现代美国的新情况、新问题展开一些认真的探讨，对现代美国问题的研究起促进作用。

历史研究要联系实际，为现实服务。古今中外，不少历史学家都很注意这一问题。司马光写《资治通鉴》的目的就在于为封建统治者服务，使他们从历代治乱兴亡中取得鉴戒。美国著名历史学家弗雷德里克·特纳在"历史的意义"一文中写到："每个时代都要根据其时代最主要的情况重新撰写过去的历史。"他本人就是这样做的。他还主张，治史的目的不只是为了了解过去所发生的事情，了解过去正是为了从现在预察未来；写历史是为了用历史。尽管时代不同了，服务现实的目的也有本质上的区别，但是他们为现实服务这种历史传统是值得我们借鉴的。

当前我国改革的汹涌浪潮中，美国史研究也要联系实际，为社会主义现代化建设服务，这也是确定无疑的。但是，从前一个时期来看，我们的研究工作在联系实际、为现实服务方面是较薄弱的，还存在一些问题：在选题上，侧重史实阐述的多，有理论分析的少；重复已有结论的多，新观点、新突破少。在内容上，偏重历史研究的学术价值，而不大重视其社会效益。在研究方法上，就史论史，局限于运用传统的治史方法，综合性分析研究不够，缺乏与其他学科的横向联系。这种状况若不改变，美国史研究就难以适应我国"四化"建设的需要，特别是改革和开放的需要。

美国是个资本主义发达的国家，它的历史，特别是十九世纪后期以来的历史，既经历了经济迅速发展的阶段，也包括了社会不断变革的丰富内容。许多历史问题的研究都可以作为我国当前改革的参考和借鉴，比如探讨美国城市管理体制的演变、垄断企业的经营管理以及美国西部的开发等方面的经验教训，都会给我们当前改革所需要解决的问题以启迪。研究课题的学术价值与社会效益固然不是一回事，但两者在本质上又是相互联系的。当然，不同的选题，不同的成果可以有所侧重。一般来说，我们的任务就是应力求在研究课题中使两者统一起来，即用具有较高学术价值的研究成果，达到为我国现实更好服务的目的。历史学是一门知识密集、包罗万象的学科，它与政治学、经济学、社会学、人口学、统计学、地理学和某些自然学科都有着密切的内在联系。随着不同学科间互相渗透和跨学科研究的兴起，我们搞历史研究的也应注意吸收其他学科的研究成果，借助其他学科的思维方式和研究方法，对社会历史问题做综合性考察和多层次的探索，写出一些适合我国社会需要的专著，如美国政党史、政治制度史、外交史、文化史、美利坚民族性格研究、美国城市史、美国西进运动史、美国垄断资本主义形成和发展史以及美国工人运动、黑人运动和妇女运动的历史等。为提高我国世界史研究水平，从而为建设我国社会主义高度精神文明做出贡献。

积极编制《全国英文美国史总书目》的工作。占有充足的书刊资料，是研究工作的必要条件。缺少必要的书刊资料，就无法进行专题研究，这是不言而喻的。当然，所谓"充足"，也只能是相对的。但是，从国内收藏有关美国史的英文书刊资料现状来看，除了北京图书馆、世界史研究所和几所重点老大学在这方面的藏书较多外，地方院校的藏书一般是比较少的，边远地区院校就更缺乏了。那里的同志要研究美国史的一些问题，就得长途跋涉，到千里以外甚至更远的地方去查找有关书刊，复制资料，有时因对过去的单位或院校藏书情况不大了解，往往要扑个空，找不到所需要的书刊资料。这种困难情况，大家是不难想象的。而当前我国财政又不大富裕，不可能拨出大量的外汇，进口更多我们所需要的英文书刊资料。因此，不少单位或院校缺乏书刊资料的问题是难以在短期内解决的。为了帮助大家减少这种困难，我们倡议编制一部《全国英文美国史总书目》，先由这方面藏书较多的院校或单位分别编印自己的藏书目录，然后汇总编成全国有关美国史的英文总书目，供大家查阅、参考之用，这项工作业已开始。截至目前，南开、武大和东北师大三校都已编印出各自英文美国史的藏书目录，分发给有关院校和单位，为大家查阅、复制工作提供了方便。现在我们恳切希望这方面藏书较多的院校或单位陆续编印出自己的藏书目录，并由新一届理事会出面组织适当的力量协助北京图书馆编印 1979 年以来进馆的英文美国史的图书目录，最后由研究会秘书处汇总编成《全国英文美国史总书目》。这是一项发挥国内现有美国史书刊资料作用的重要工作，也是对开创美国史教学和研究新局面有着重大意义的工作，希望大家尽力予以支持，群策群力，为早日完成这一工作而努力。

1986 年 8 月 15 日

（原载《美国史研究通讯》1986 年）

培养研究生工作的初步体会

内容提要：根据作者几年来的工作实践，本文介绍了美国史研究生的培养方案、课程设置、选编教材和教学方法。着重总结了注重基本训练、培养独立工作能力。发扬学术民主和加强思想政治教育等方面的做法，以实现"教书育人"的目的。

基本情况

从 1982 年起，东北师大历史系招收了两届美国史研究生。第一届四名研究生于 1982 年春季入学，经过三年学习，到 1984 年底毕业并获得硕士学位。第二届三名研究生于 1985 年秋季入学，到今年七月即将完成第一学年的学习任务，我们为第一届研究生开设的课程，除了政治理论课和共同英语课外，还有历史专业英语、美国近代史专题课、美国现代史专题课和选修课等。研究生根据学习爱好与需要，选修一门本科高年级选修课（如英国近代史和俄国近代史等）或补修本科世界近代史课程。第三学年，研究生除听了美国专家有关美国史专题的讲学外，主要是在导师指导下撰写硕士学位论文。第二届研究生教学方案基本上与第一届相同，只是在第一学年增开"美国史入门"一课（目的在于使研究生了解美国史基本内容、国内外美国史研究状况和有关工具书使用法等），第二学年增开第二外语（俄语）。

为了培养研究生的独立工作能力。我们指导他（她）们进行教学实习和结合撰写论文，外出查找图书资料和独立访学等社会实践。还吸收他（她）们适当参加研究室的工作：如校阅稿件、订购外文图书以及参加《美国通史》（第三卷）的讨论和编写工作等。这几年，我们在已有的藏书基础上，积极致力于英文图书资料建设，运用下拨的外汇购置了一些必要的史料和专著，还接受了美国学术机构和大学（其中有"美国历史协会"、加州北岭州立大学、亚书社以及哈佛大学等）捐赠的大量图书资料和刊物，从而为研究生学习和研究提供了有利条件。

至于研究生的思想政治工作，系内设有兼职辅导员。指导他（她）们的思想和生活事宜；导师因与专业研究生接触频繁，也经常配合系党总支和系行政部门对他（她）们进行思想政治教育，以实现"教书育人"的目的。

培养方式的几点体会

根据个人在这段工作实践中的体验，对怎样培养研究生，特别是美国史研究生的问题谈几点初步体会。

在研究生入学前，导师在校系领导下做好各项准备工作，因为它们关系到研究生的培养质量和规格要求。准备工作包括制定培养方案、课程设置、选编教材（或确定主要参考书）和教学方式等几个方面。美国史研究生的培养目标是具有开设美国史和独立进行科研工作的能力，胜任高等学校教师或研究机构的研究人员。根据培养目标的要求，结合专业（即带有"外"字号的专业）的特点，我们对课程设置做了仔细的考虑，决定在政治理论课、共同英语和专业课外，在第一学年开设专业英语课（每周四至五学时），以提高研究生阅读和理解英语专业书刊的能力。同时，选定了武汉大学翻印的美国大学通用的美国史教科书作为专业英语教材。在研究生入学时发给每人一套。为了调动研究生的学习积极性，改变单纯"老师讲、学生听"的呆板方式，专业课和专业英语课都准备有步骤地采取讨论班的教学方式。由于事先做了较周密的考虑和准备，培养工作就有了计划性和主动性，从而使导师明确每学年的工作重点及其要求，做到心中有数。当然，培养方案中有不符合研究生实际的安排也要在实践中不断加以修改和完善。

开设专业英语课是提高研究生阅读英语专业书刊能力的有效方式，也为他（她）们运用英文资料钻研专业问题奠定了有利基础。入学之前，研究生都学过几年英语。但除个别人外，多数都没有学过专业英语，也未阅读过英文美国史原著。因此，提高他（她）们阅读专业英语书籍的能力，便成了当务之急。目前国内有关美国史的中文著作很少，翻译过来的书也不多。所以，学习、研究美国史就必须有直接阅读专业英语书刊的能力。否则既不可能及时了解国外美国史研究的发展动态，也无法运用英语文献和书籍进行较深入的钻研。鉴于这种情况，我们在第一学年没有给研究生开设美国史专业课（给第二届研究生只开了"美国史入门"课），而是开了专业英语课，并且要求他（她）们集中精力把它学好。选用的教材是由浅入深的：先读美国大学通用的（英文）美国历史教科书和简要的史料文献。然后在第二学期选读和翻译美国史专题论文和专著摘录，目的在于使研究生了解不同类型的文体和表述方式。教学方式主要采取研究生讲解与教师辅导结合的方式，互相质疑和补充，然后再由教师针对具体问题或疑难进行辅导或讲解。这种方式既有利于调动研究生的学习积极性，也便于教师了解他（她）们的理解程度，并针对普遍感到的疑难进行讲解。配合教学进度，有计划地安排一些作业，以锻炼他（她）们的笔译能力。另一种课外作业：第一学期要求翻译上述教材的某些段落或简短的历史文献；第二学期侧重翻译篇幅较长的学术论文。到学期末每人译出两篇论文，约三四万字。结合课外作业，教师进行定期辅导，也是个重要环节。因为帮助他（她）们进行研究、解决笔译中遇到的问题，也有助于提高理解力和表述水平。

经过一年的实践，这样的教学方式对提高研究生的阅读和理解能力有明显的效果。据反映，起初他（她）们对课前预习、课堂上轮流解惑感到压力较大。如果课前未认真预习，堂上就讲解不好，也难以对别人的讲解提出意见和质疑。坐在课堂里，光出个耳朵，听别人讲，也感到不是滋味。但是，经过一段时间学习逐渐习惯后，他（她）们就感到通过这种教学方式学得实在，印象深刻，提高也快。有的研究生说，入学前读专业英文原版书困难较大：一是生词多，老查字典，感到索然寡味；二是坐不下来，不能持久。学了一年专业英语后，不仅能较顺利读懂专业英文书，而且感到有兴趣，所以坐下来读一整天也就习以为常了。

当然，这门课只是为他（她）们阅读专业英文书刊打下了初步基础，继续提高阅读速度和理解能力还有赖于他（她）们在第二、三学年坚持自学。综合美国史专题学习和论文撰写不断涉猎和钻研有关的英文书刊，养成精读和泛读的习惯，以达到顺利阅读和精准理解的程度。

注重基本训练，培养独立工作能力。研究生入学后，除上课外，大部分时间用于读书和写作。因此，我也着重抓了读和写的基本训练。首先，要学会查找书籍和区分精读和泛读。每讲一个美国史专题，我都介绍一些有关的英文参考书，其中分为主要的参考书、一般参考书和历史文献等，为他（她）们进一步学习钻研提供线索。为了提高他们查找书刊的能力，在辅导中介绍运用英文工具书（如《大美百科全书》《美国历史辞典》和英文历史期刊以及专著的索引等）的方法。经过他们自己反复实践，逐渐学会了根据课题查找书刊资料的方法，每一课题的有关书刊资料是很多的，不可能也不必要一一仔细阅读。而要选择其中主要论文和专著的有关部分精读：掌握其中的论点和论据。一般参考书只能泛读：翻翻目录、看看序言和书中个别论述。至于怎么划分某一课题的主要和一般参考书，这就需要借助于前人的评论。而美国刊载这种评论的书刊是很多的，如《美国历史杂志》和《美国历史评论》每期都刊载许多新书评介。许多专著也都附有一份专题的目录学介绍。总之，只要学会利用各种英文工具书，查找某一课题的有关书刊资料是不困难的。而且交叉翻阅，还会收到左右逢源、互相印证的效果。当然有些书刊是国内还没有的，这就需要订购或请美国友人代为复制。

其次，我经常对研究生讲，做作业、写论文主要是让别人看的。因此无论是汉字还是英文字母，都必须写得清楚、工整，使人看了一目了然。切忌字迹潦草，令人难以辨认。在这种要求下，研究生一般在书写方面都较工整，但也有书写潦草，难以辨认的。我便把作业退了回去，要求重抄。再就是要他（她）们注意不要写错字或拼错英语单词。凡是发现这类错字，我都予以改正，并在写错的地方划个双杠，要他（她）们以后注意。论文中的引文，一定要注明出处（著者、书名、版本、卷和页数）。如系译文，就要求附上原文卡片，以便核对。若是引用材料的来源不明，就在上面打个大问号，要求重新核实。在这样不断要求下，他（她）们都逐渐体会到写作业和论文都必须字斟句酌，做到确切、严谨，贯彻一丝不苟的精神。

在练习笔译过程中，也看到有的研究生中文表达能力较弱，甚至词不达意。这就要求他（她）们加强语文学习和写作锻炼，注意在笔译实践中多练多写，以提高汉语的表达能力。根据专业工作的特点，第一届研究生都学会了英文打字，并协助研究室打了许多英文图书的订购单。这也是根据工作需要进行的一种基本训练。

培养研究生是为国家造就专门人才，这种人才除应具有专业知识外，还应具有独立工作能力。所以导师的职责不仅限于传授知识，更重要的是引导他（她）

们通过亲自实践（包括教学实践、科研实践和工作实践）培养独立工作能力。换句话说，就是导师对研究生不仅要"授之以鱼"，还应"授之以渔"。为此，我采取以下三项主要措施：

结合美国近代史专题的学习进程，采取了讨论班方式。先由事先有准备的研究生做专题报告，接着大家就报告展开讨论。最后，由教师针对讨论中的分歧和疑难问题进行重点讲解，解决不了的问题就暂时放下，留待研究后再作探讨。这种讨论班的学习方式，既可以锻炼研究生组织材料和分析问题的能力，也可以根据他（她）对质疑的回答，检验他（她）的思维能力和主要问题的理解能力。据有的研究生反映，参加讨论班收益颇大，"可谓一举三得"。一是通过对报告人论点的检验提高自己的理解；二是不同观点的交流，有利于取长补短，丰富知识和扩大视野；三是通过质疑和讨论，锻炼了口才和表达能力，教师也可通过这种教学活动进一步了解研究生的自学能力和实际水平。这就便于教师因材施教，对不同程度的研究生提出了不同的要求，以提高他（她）们各自的独立工作能力。运用讨论班这种方式，需要具备一定条件：参加人数不能太少，也不能太多，以四至十人为宜。教师既要掌握每一专题的概貌和主要问题，也要了解疑难之点及新的科研成果。对当堂解决不了的问题，教师应采取实事求是的科学态度。

结合研究生学习研究的专题，要求每人对黄绍湘著的《美国通史简编》某一部分写出一篇书评，说明自己的学习心得，并对某些主要问题进行评论，提出自己的见解。这样做既可以锻炼他（她）们写作、表达能力，也可以推动他（她）们多读一些有关的专著和论文，增强思维和判断能力。

吸收研究生参加研究室的某些工作（比如校对稿件、选购英文美国史图书和适当分担科研项目工作等）也是必要的，有助于提高他（她）们的独立工作能力。现以适当分担科研项目工作为例说明这一问题。根据中国社会科学院"六五"期间重点项目科研规划，我室承担了六卷册《美国通史》第三卷的任务。从草拟和讨论编写大纲起，便吸收他（她）们承担一定的编写任务。实践表明，研究生参加这项科研项目既能使他（她）们体验编写工作的艰辛过程，也有利于他（她）们在集体讨论中进一步思考和钻研问题，从而不断提高独立工作能力。

既要严格要求，又要发扬学术民主。几年来，在教学与研究工作中我和研究生来往较多、接触频繁。因而同他（她）们建立了较密切的师生关系。他（她）

们看到我们老两口在生活上有不少困难，便主动伸手，帮助我们干了不少家务。我们也从学习、生活和思想等方面关怀他（她）们的成长。但是，我并没有因为这种关系而放松对他（她）们的严格要求。凡是按计划布置的工作和学习要求，一定要按时完成，没有商量的余地。外出访学和参加学术会议都要简要地写出收获和心得，有时还要向研究室的全体同志做口头汇报，以便大家分享他（她）们的收获和心得。我经常对他（她）们讲，业务上要有进展，就得有点压力，压力加努力，就会取得成就。为了使他（她）们在学习和研究方面取得成就，我常运用一种方法，即"不断地施加友善的压力"。"不断地"就意味着不要一次压得太重，而要根据他（她）们的承受力陆续加码。"友善的"意思就是与人为善，使他（她）们感受到施加的压力完全是为他（她）们好。在压力较重的时候，有的研究生虽然也会发些牢骚，说什么连假期都没有歇气时间，但是事后他（她）们体会到压力确实有利于自己的提高，因而后来也就乐于承受了。

对研究生固然要严格要求，但在探讨问题方面却要发扬学术民主，做到师生平等相待。在讨论班和撰写论文过程中，他（她）们都常提出各种不同的意见，包括一些与我迥然不同的看法。只要言之成理而又不离经叛道，我都予以鼓励，即使是错误的看法，也不要立即予以否定。而是在讨论过程（或个别交谈）中启发他（她）们自己思考和纠正。总之，在学术争论过程中，都要尽力做到摆事实，讲道理，以理服人。事实表明，不同意见的交锋不仅会加深问题的探讨，而且也为问题的解决提供有利条件。一般说来，他（她）们思想活跃，学习勤奋，因而能提出各种各样的问题，使我也受到有益的启发，收到了教学相长的效果。

加强对研究生的思想政治教育，尽力做到"教书育人"。研究生是我国高等教育和科研机构的未来骨干，肩负着建设我国物质文明和精神文明的重任。因此，他（她）们的思想品德修养不单纯是个人的事，更是关系到国家发展前途的重大问题。首先我曾配合党总支和系行政部门，对研究生进行一些思想教育，其中对毕业分配、生活问题以及做人处世的品德等都进行了不少次个别交谈，提出了一些规劝和忠告。比较突出的事例是，有个研究生入学后，放松自己的思想改造，接受了西方不健康的、腐朽的思想影响，因而在生活问题上犯了严重错误。在党政领导多次教育后，他主动交代了自己的问题，对所犯错误做了全面的检查。我也配合党政领导对他多次进行耐心的开导和严肃的告诫，要他珍视难得的学习机会，不要辜负党和国家对他的教育和期望。后来，他逐渐对自己的严重错误有了一定认识，行动上也有所改正，学习上取得了明显的进展。这一事例表明，在当前我国对外开放的形势下，有必要以我们个人亲身感受的经历对青年研究生进行两种社会纵横对比的教育。以启发他（她）们明辨是非，树立民族自豪感，增强分析批判形形色色的西方资产阶级思想的能力。其次，有的研究生作风比较散漫，有时任意缺课，未经请假擅自离校以及借故拖延返校日期，以致耽误学业等。针对这种现象，我也与组织配合进行纪律教育，要求他（她）们遵守校规，严格要求自己，加强组织纪律观念，说明学好专业、实现培养目标的要求。研究生不仅要有坚强的意志，而且需要有严格的组织纪律来加以保证。再次，根据专业的特点，对他（她）们不断进行治学的思想教育。他（她）们既要学习、研究美国历史，那自然就要阅读大量美国出版的美国史著作和论文。也要涉猎这些著作和论文所阐述的历史理论和学术思想，这是不言而喻的。在这些论著中，既有治学严谨、论据充实的著述，也不乏标新立异、粗制滥造的作品。它们的作者解释历史的资产阶级观点也是形形色色的，试图用马克思主义原理阐述历史的著作只占极少数。因此，我经常告诉他（她）们在阅读上述历史著作时，必须以马克思列宁主义为指导，去鉴别、分辨它们。吸收其中有益的论述和有用的资料，剔除糟粕。当然，有些新的立论也值得我们了解、研究，甚至采用其中合理的部分，作为我们研究美国历史的借鉴，但是切忌全盘照搬，奉为解释历史的"新见解"。

以上几点体会很不成熟，仅供参考。同时，我们在培养研究生工作中也存在不少问题，比如开设研究生选修的课程较少。第一届研究生没有开设第二外语以及英语口语的锻炼机会较少等，都有待进一步改进。

（1986 年 9 月关于研究生培养心得的发言）

关于建议放弃在美国攻读博士学位致王旭

王旭同志：

你好！许久未给你写信，很是想念，于力有时来舍，所以也知道你的近况。关于今后学习和工作安排的问题，你是否也有些想法？我想还应以工作的需要为重，学习提高也是为了更好地工作。从研究室最近几年的工作部署来看，非常希望你明年暑期回来，因为1988年要招三名硕士生，一至两名博士生，加上西进运动史课题研究（国家教委已定它为七五期间的重点科研项目）也要开展，任务是够繁重的，而室内力量较薄弱，小卞也有可能出去深造，实在感到缺少助手，许多任务都得自己承担，确有力不从心之感，所以迫切需要你能回来协助我。如你想继续深造，回来后也可一边工作，一边攻读在职博士学位，估计你在南伊大读的课程和取得的学分，国内也会承认和考虑的。只要结合西进运动史课程搞个较深入的专题研究，也可以发展成为博士论文的，现在国家确定，培养高级人才（指硕士、博士）应立足于国内，你回来继续攻读符合这一方针的。我不赞同你在美国读博士学位，正像出国前同你说的那样：一则时间太长，需要补修的课程很多，而室内又这样缺人力，你再逗留较长时间，势将影响研究室工作的开展。二则博士论文的选题也较麻烦，既要得到美国导师的同意和支持，又要符合国内的需要，对建设祖国精神文明有意义和作用。满足这两方面的要求是较难的，社会科学的选题更是如此。不知你以为如何，盼抽暇来信告我。

最近国家教委通知，要在全国文、理、工、医、农等科的博士点选择1/3实力较强，出人才，出成果较多的点，作为国家重点学科，在经费和设备方面予以重点支持，以利于实现立足国情培养高级人才的规划。根据教委的要求，我们世界近现代史博士点已组织大家填写一系列表格，即将报上去，不知能否被选中。

前几天，美国驻沈阳总领事馆负责人来信告诉我，说美国新闻总署（U.S Information Agency）有可能派遣一位美国西进运动史学者来我校讲学并同我们搞些科学研究，学校除提供食宿条件和国内交通费用外，其他一切费用均由美国政府负担。我征得校方领导同意后，已函复该负责人，表示欢迎、接受，并希望该学者能在学校逗留一年或至少半年。

根据我校与南伊大合作举办的"当代世界与国际关系讲座"的计划，南利诺伊大学政法系特刊教授（Professor Turley）将于 10 月下旬来校讲学两三周，校方也将派遣唐承运（现任历史系主任）和于群同志等三人去南伊大访问和学术交流，他们可能于 11 月份前往，逗留一个月左右。你需要什么东西，希望来信告知，以便托他们带去。

仁伟已来校入学，这学期除修政治、英语、俄语和美国史专业课外，还要帮我修订第三卷书稿，所以也很忙碌。

××已去南京大学与约翰·霍普金斯大学合办的"中美文化研究中心"学习，期限一年，在那里学习犹如不出国的留学，因为课程都是美方教授开的。再叙。祝身体健康。

丁则民

1987.9.24

关于帮助学生联系赴美进修致任东来

东来、吴耘同志：

你们好！从来信中，知道你们已分到房子，宣布结婚，我们都非常高兴，特向你们祝贺，祝你们永远幸福！估计你们今年春节将回来探亲，到时希望你们能来舍一叙，当再表示祝贺。

你申请奖学金的那个机构——美中学术交流委员会，不知有无介绍它的简章，若有，请寄一分（份）来，如没有请将该会的宗旨和具体规定等告我，并将其地址和联系人姓名写明。该会的美文缩写（C.S.C.）的全称为何？希望你较详细告诉我有关该会的情况，以便为黄仁伟同志设法申请留学资助。

我们已上课两个月，既要上课，又要指导论文，工作是够忙的。教师节前，我被国家教委评为"全国优秀教师"，这是对我执教 40 年工作的鼓励。你们也是会为我高兴的。

又注，我系（卢文忠老师指导的）毕业研究生王学良同志现在你们中心学习进修，他曾去美国访学一年，不知你认识他否？盼与他联系，并转告他所订购的《战后美国史》一书已寄到我处，他寒假来长春时可来我家取走。

余再叙，此祝

双好

丁则民书
1989.11.3

关于黄仁伟与王旭答辩及《镀金时代》撰写问题致邓蜀生

蜀生同志：

祝好！承您答应评议黄、王二位同志的学位论文摘要，至为感谢。

现由快递寄上他两人学位论文摘要各一份，评议书表格两份和评议参改意见一份，请你审阅后，将意见写在评议书表格中，在四月份内挂号寄回，地址是（130024）长春市东北师大历史系美国史研究室。

××同学是我校 1985 年入学的美国史研究生，因只读两年，没写论文，是以研究生班的资格毕业的。他曾参加撰写《美国内战与镀金时代》书中的第十一章，即十九世纪后期美国社会思潮、文艺和教育。这一章经过反复修改后才采用的，主要是介绍思想意识方面的内容，文字也比较通顺、流畅，它是经过主编反复修改后采用的。

1990 年

关于王旭与黄仁伟博士毕业答辩致黄绍湘

绍湘同志：

祝好！久未通信，思念殊深。您和中杰同志都好吧！

现有一事，希望得到你的支持和帮助，即请您对我校即将毕业的两位美国史博士生的学位论文摘要（约有五六千字）进行评议，并将填写的评议书于四月份寄回，供论文答辩委员会参考。不知您能否抽出时间审阅？如蒙俯允，当将两份学位论文摘要和评议表格寄上，至盼赐复。我校两名美国史博士生黄仁伟和王旭同志。黄的论文题目是"美国西部农业资本主义土地关系的演变、兼论'美国式的道路'及其意义"，王的论文题目是"1860年—1900年美国西部城市与西部开发"。每篇论文约有5万字，目前他们都在赶写论文，只能将已写出的论文摘要寄上，请同行专家评议。对您的支持和帮助，在此先行感谢。

听说美国史年会将于今年10月下旬在河南召开，您和中杰同志能前往参加吗？我争取参加，希望能在那里同你们会晤。余容再叙，敬候复音，此祝——

丁则民谨书

1990.3.14

关于博士论文审阅致杨生茂

生茂同志：

祝好！

承您答应评议黄、王二君的学位论文摘要，至为感谢。

现由快递寄上他两人学位论文摘要各一份，两份评议书表格和一份评议参改意见，请您审阅后，将意见填写在评议书表格中，在四月份内挂号寄回，地址是（130024）长春市东北师大历史系美国史研究室。

他两人的论文全文每份都有五六万字，写作的负担较重，阅读起来也要费些劲。现在他们都在赶写论文，估计要到四月底才能脱稿。寄给评阅人后，能用于阅读的时间已不多了。这项工作一环套一环，时间紧、任务重、令人感到紧张，您定有实感。

具体时间不详，约为 1990 年 3—4 月份

关于研究生的招生与培养致任东来

东来同志：

来信早已收到，得知你们近况，非常高兴。学良同志从中心打来长途，说他请假回长春参加博士生入学考试未获批准，至感遗憾。我已向校方做了汇报，并请求给予他延期补考的机会，领导经过研究，特别是考虑到他是本校硕士毕业生，同意给他延期补考的机会，但要求他在 6 月 10 日中心结业后，立即回长春补考，以便赶上校方研究博士生录取工作的会议，否则过了这个时机，也就不可能补考了。

我也是考虑到他求学心切，才为他向校方提出补考的请求，现校方既已破例同意所请，当然希望他抓紧时间，按期回长春参加补考，不知他的真正想法怎样？是否尚有其他考虑？请你帮助做些了解，及早回我一信。估计他有可能被中心推荐去美进修，但是否能实现还很难说，根据你在中心的经验，若最后未被美方录取，可向他做些工作，不要错过补考机会，以免两头落空，万一有去美进修机会，即使入学，我们也会支持他去的。

最近忙于审阅黄仁伟和王旭两人撰写的博士论文，每篇都有七八万字，看起来确实很累。黄的题目是"美国西部农业资本主义土地关系的演进，兼论'美国式道路'的意义"；王的题目是"美国西部城镇与西部开发：1860—1910"，都是有关美国西进运动的课题。将于 6 月 8 日举行两人的论文答辩，已请了刘绪贻、张友伦和刘传炎（吉林大学经济学院教授）等先生参加答辩会。刘绪贻先生将于5 月底提前来校，为研究生讲有关罗斯福"新政"的专题。

黄仁伟同志因需要照顾年迈的双亲，拟于毕业后回沪工作，接收单位也已初步联系好，还需要进一步落实。前几天，接到"美中学术交流委员会"的电传通知书，说他已被选中为该委员会 1990 年至 1991 年度中国奖学金项目的人选；仁伟也与该委员会驻京的负责人葛立人（Robert B.Geyer）通过长途电话进行了联系。

但因他毕业后将去沪工作，去美进修事宜就需要征得接收单位的同意，所以还会遇到一些麻烦。

你去美进修事宜进展如何？年内能否成行？希来信告知，此祝

健康

附语问候吴耘同志。

丁则民书

1990.5.10

我的治学道路

我祖籍福建省闽侯县，1919年7月生于北平市。1937年秋季，入北平燕京大学法学院就读，1938年去昆明西南联合大学读历史系，1942年毕业获文学学士学位。1947年去美国华盛顿州立大学研究生院攻读美国史，1949年获硕士学位。新中国成立时回国，在北京师范大学历史系任讲师、副教授，从事世界史和美国史教学和研究工作。1952年全国院系调整时被分配到东北师范大学工作，曾任历史系副系主任，现任东北师范大学历史系教授、美国史研究室主任、中国世界现代史研究会副理事长（1980年—1985年）、中国大百科全书世界历史卷美国史部分副主编、吉林省史学会副理事长、吉林省社联理事会理事、长春市政协委员、民盟长春市委员会委员。

由于家庭的影响，我从少年时期起，便喜欢读历史和地理书籍，经常读些外国历史人物传记（如《凯末尔传》和《马萨里克传》等）和世界各国游记（如梁启超的《新大陆游记》）等，因而接触外国人名、地名较多，并且不大费劲便把它们牢记住。后来，学了英语，就把这些外国人名、地名的英语拼法也记了下来。记得有一次中学地理科考试前，同学们都感到中美洲小国的名字（危地马拉、萨尔瓦多、洪都拉斯、尼加拉瓜、哥斯达黎加和巴拿马）很绕嘴，不大好记，我却能顺口说出，并背诵它们的英语拼法。这说明爱好与学习、记忆的关系：凡是爱好的东西，接触后便很容易记下来。由于爱好的缘故，我进了西南联大历史系。在旧中国，历史系毕业生的出路比较窄，不易找到工作。当时西南联大历史系主任刘崇鋐教授在新生入学时就对我说，读历史系，将来可不好找事，要慎重考虑啊！我因兴趣所在，学习历史的信念比较坚定，又没有社会阅历，所以当时也就没有做更多的考虑。大学毕业后，找工作确实不大容易，但我这一辈子基本上没有离开历史专业：新中国成立前出国留学学的是美国史，回国后一直在大学里教世界近代、现代史，最近六七年来又集中精力从事美国史教学和研究工作。

在昆明西南联大学习时，正值抗日战争时期，那时大学生学习和生活都是非常艰苦的，住的宿舍是极其简陋和非常拥挤的茅草房，没有地方学习，只得结伙去学校附近的茶馆，夜间凭借暗淡的油捻灯读书。当时日本飞机经常出动轰炸昆明，每次轰炸都造成巨大的破坏，无法正常上课，自学时间也越来越少。到1940年，日本飞机改用"疲劳轰炸法"，即分批、轮番不断地轰炸，师生们被迫一早起便出城逃警报，直到黄昏才能回来，弄得精疲力竭，简直无法上课、学习。多数西南联大生都来自沦陷区，由于邮、汇都已中断，得不到家中任何接济，而国民党政府发给的贷金仅勉强够伙食费，买衣服、鞋袜和日常零用都得自己想办法。因此，我和不少同学一样，只得靠半工半读来维持生活。这段时间，我既做过家庭教师，也去中学兼过课，但这类兼差既不稳定，也不好找。实在找不到，只好写些稿子或翻译些西方时论文章投给报刊，以赚些稿费弥补零用。当时，物价不断飞涨，生活必需品的早晚市价都不一样，好容易赚点零用钱也因货币不断贬值难以购置必需的衣着、用品，更谈不上买书了。

尽管生活条件非常艰苦，我还是坚持学习。由于想读外国史，除侧重选修一些西洋史课程外，还致力学习外语，先后选修了大学二年级英语、德语和法语。那时已认识到，攻读西洋史，就必须能阅读原著，而提高外语水平是阅读原著的必要条件。所以，尽管学业负担较重，我还是挤出时间，用于学习外语，并通过自学和练习翻译，提高了英语阅读和笔译的能力。德语经过两年学习，也能借助字典，勉强阅读有关专业的书籍。这为我日后学习、研究世界史、美国史准备了有利条件。那时，我之所以向往走治学的道路，是与西南联大学术环境的熏陶和老师的教诲分不开的。抗战时期，许多国内知名的学者教授云集西南联大，从事教学和研究工作。校内学术思想非常活跃，争取民主的气氛也很浓厚，使联大成为抗战时期西南的民主堡垒。

1947年秋，我去美国华盛顿州立大学研究生院学习。当时决定攻读美国史，主要出于两个方面考虑：第一，美国是个年轻的国家，从独立时算起，只有170多年的历史，但它却是个科学发达、繁荣昌盛的国家，并在国际上占有举足轻重的地位。为什么它会发展得这样快，成为这样富强的国家？想从它的历史发展中进行探索研究。第二，到了美国，学习美国历史就具有许多有利条件：有造诣的学者教授多，书籍资料丰富，接触和了解美国社会实际的机会也多；只要努力学习，就会取得比学习其他世界史专业更大的收获。在攻读硕士学位期间，我经受了查找资料、参加讨论班、定期与导师交谈以及撰写读书报告和毕业论文等基本训练。在两年多这种科班训练的过程中，逐渐掌握了治学的基本途径和方法，独立进行科学研究的能力也有了较明显的提高。

1949 年底，为响应党对海外知识分子的号召，我中断了在美国的学习，决定立即回国为建设祖国的大业贡献力量，以实现"振兴中华"的夙愿。回国后，先是在北京师范大学历史系从事世界史和美国史教学和研究工作，后来在 1952 年全国院系调整时，被分配到东北师范大学历史系从事世界现代史教学工作。根据高等师范教学的需要，我于 1956 年受教育部的委托主编了《世界现代史教学大纲》，由各高等师范院校历史系试用。1957 年—1958 年我与人合编出版了《世界现代史》（上册），1961 年—1962 年又合编出版了一部《世界现代史》（上、下册）。前者叙述了俄国十月社会主义革命到第二次世界大战结束时期的世界历史，后者增加了第二次世界大战后部分，即从大战结束到五十年代后期的世界历史。这两部《世界现代史》教材都是以马克思列宁主义为指导，在学习苏联有关教材的基础上，参考资本主义国家共产党的论述和资产阶级著作编写的。《世界现代史》（上册）是国内出版较早的自编教材之一，流行较广，先后为本校函授教育和一些兄弟院校历史系所采用。尽管这本教材在当时世界现代史教学上起了一定作用，但它的某些主要观点不能不带有时代的痕迹：单纯强调现代世界两个体系——社会主义体系与资本主义体系——的矛盾斗争，而忽视第三世界的历史地位和作用；竭力突出资本主义各国的革命、特别是暴力革命，而根本否定改良主义在历史中的作用等。

为了配合教学重点问题的研究，我撰写了《第二次世界大战的性质》（《光明日报》的《史学》双周刊，1956 年）、《第二次世界大战的起源和性质》（《历史教学》1957 年，第 4 期）和《1936—1939 年西班牙人民反法西斯的民族民主革命》（《历史教学》1959 年，第 6 期）等论文，其中《第二次世界大战的起源和性质》一文，根据马列主义经典作家关于这一问题的论述，指出这次世界大战与第一次世界大战一样，是由于资本主义国家发展的不平衡性及其矛盾日益尖锐化所引起；但在战争性质上却与第一次世界大战根本不同，它"一开始就带有反法西斯战争与解放战争的性质"，1941 年苏联的参战更加强了战争的这种性质，使第二次世界大战成为一次反法西斯的、解放的战争。但是，该文也指出，在苏联参加第二次世界大战前，"却存在着另外一种性质的战争，那就是 1939 年 9 月初开始的英、法政府对德国的帝国主义战争"。把当时英、法对德的战争定性为帝国主义战争是否合适，却需要认真加以探讨。

这个时期，在中美关系史和美国史方面，我撰写了《美国排华史》（中华书局，1952 年）和七八篇论文，并与人合译了美国进步史学家安娜·罗彻斯特的《美国资本主义（1607 年—1800 年）》（三联书店，1956 年）。《美国排华史》是为配合抗美援朝斗争而编写的通俗读物，其主旨在于以具体史实说明半个世纪来美国限制和迫害华侨的经过，从而揭露了美国政府歧视旅美华侨的真面目。有关美国史的论文集中于十九世纪末和二十世纪初期美国对加勒比海地区（主要是古巴）的扩张、侵略，其中主要有《1899 年—1902 年美帝国主义对古巴的第一次军事占领》（《文史哲》1963 年，第 6 期）、《1899 年—1923 年美帝国主义对古巴的侵略政策》（《吉林师大学报》1964 年，第 4 期）和《一百多年来美国对多米尼加的干涉和侵略》（与姜德昌合写，载《吉林师大学报》1965 年，第 1 期）等。《1899 年—1923 年美帝国主义对古巴的侵略政策》一文以大量确凿的史实批驳了似乎美国不是一个殖民主义国家的资产阶级论调，明确指出美西战争结束后，美国没有直接兼并古巴，而是采用列宁所说的"统治而不兼并"方式，发展了一套从政治、经济和军事等方面控制和奴役弱小国家的办法，使形式上独立的古巴实际上成为从属于它的保护国。后来，它逐渐把这种"统治而不兼并"的殖民形式扩大到加勒比海地区和中、南美各国，力图使它们也成为美国的保护国。1959 年，古巴革命者经过武装起义，终于推翻了美国的御用工具巴蒂斯塔的独裁统治，建立了人民政权。为了配合古巴人民的这一斗争，我撰写了《1868—1878 年古巴人民争取民族独立的十年战争》（《历史教学》1964 年，第 7 期）和 "1933—1934 年古巴民族民主革命运动的高涨"（《史学月刊》1964 年，第 7 期），颂扬古巴人民争取独立的革命传统。

在工作之余，我还与人合译了安娜·罗彻斯特著的《美国资本主义（1607 年—1800 年）》（三联书店，1956 年）一书。该书以马克思列宁主义原理为指导，系统阐述了十七、十八世纪美国资本主义的发展以及美国人民争取独立和民主的革命斗争，对我们了解当代美国的历史来源是很有帮助的。

1966 年"文革"开始后，我便失去了人身自由，除了写"交代材料"和接受批斗外，便是做些清扫等体力劳动，与书本可以说是绝缘了。1969 年偕家属去农村插队落户，大部分时间是同社员一起劳动，兼做文化教育的宣传工作，自然无法读书和研究了，并且认为今后也不可能再搞专业工作了。因此，除了日常生活、劳动和农村工作外，也不大愿意再思考什么问题了。1974 年从农村抽调回校后，没有开课，只是偶尔为学生讲些知识性的专题课。在系党组织安排下，我的主要精力用在与同志们合译了两本历史著作：一本是罗杰·威廉斯著的《欧洲简史——拿破仑以后》（吉林人民出版社，1978 年），另一本是亨利·赫坦巴哈等著的《俄罗斯帝国主义——从伊凡大帝到革命前》（三联书店，1978 年）。前者是 1815 年以来欧洲史的教学参考书，其特点是用较大篇幅阐述欧洲文化和科学的发展及其历史作用。后者是关于 15 世纪中叶以来四百年间沙皇俄国对外扩张史的论文集，作者都是美国和西方研究俄国史和东欧史的学者，他们在论文中探讨了俄帝国主义的起源，分析了促成俄帝国主义对外扩张和侵略的各种因素，分别论述了俄帝国主义对其周围各地区的扩张和侵略。尽管作者们都是以西方资产阶级观点论述沙俄扩张的，但这些论文所提供的资料和史实，对于了解沙俄对外扩张和侵略这部火与剑的历史，对于了解在沙皇压迫下各族人民的抗俄斗争，都有一定的参考价值。

"四人帮"被粉碎以后，特别是党的十一届三中全会以后，全国发生了根本性的变化，知识分子梦寐以求的时期来临了。随着科学春天的到来，我也想用过去所学的专业为繁荣祖国学术、文化做出应有的贡献。在学校党组织和行政领导的支持下，我同几位同志于 1979 年建立了美国史研究室，开展了美国史研究和教学工作，共同为祖国培养人才、多出成果而努力。这七八年，我集中力量进行了两方面工作：一方面是为大学本科开设选修课和培养研究生，另一方面是添置和建设英文图书资料，开展科学研究，撰写论文和著作。到目前为止，我们已为本科开设了三门美国史选修课：美国史学流派评介、美国近代史专题和美国现代史专题，我个人招收了两届七名美国史研究生，其中四名已于 1984 年底毕业，获硕士学位。通过校际关系的协议，去年夏季已送一名毕业的研究生去美国深造。在研究生的教学过程中，我采用了讨论班方式。实践表明，这种教学方式比单纯老师讲、学生听的呆板方式强得多，有利于调动研究生的学习积极性，既可以锻炼他们组织材料、分析问题的能力，也能通过讨论启发他们思考问题，提出独立的见解，因而收获较大。今年，经国务院学位委员会学科评审组通过，我校设立美国史博士点，我被确定为博士研究生指导教师，因此准备今后每年招收一两名美国史博士生。

图书资料建设是美国史研究室的重点工作，因为它是开展美国史教学与研究的必要条件。近年来，我通过与美国学者和学术机构的关系，获得美国历史协会、援亚书社、加州北岭州立大学与美国学者赠送的七八批有关美国史的书刊，共有三千多册，其中既有近年美国出版的专著、丛书、工具书和历史文献，也有成套的期刊，如从1922年起到1982年的《美国历史评论》。有些美国学者还寄赠了我们研究课题所急需的图书，并为我们免费复制了一些必要资料。这些图书资料既为我们的科学研究提供了有利条件，也使我们得以为国家节省了大量的外汇。

这几年，在建设研究室和培养研究生的同时，我还致力于编写教科书和研究美国史一些专题。1979年至1980年，根据高等院校历史系教材建设的需要，我参加了王荣堂、姜德昌主编《新编世界近代史》（上、下册）（吉林人民出版社，1980年—1981年）的编写工作，承担了两章关于拉丁美洲民族解放运动的编写任务。经修订改编后，《世界近代史》（上、下册）已被国家教委推荐为高等院校通用的教科书。

近年来，我对美国史的研究主要集中于两个方面：一是美国史学流派，二是十九世纪后期美国史的一些专题。美国是个历史较短的国家，但它的史学发展比较迅速，史学流派（即按照某种理论或观点解释美国历史发展而形成的学派）也较多。有些史学流派在美国学术界影响很大，往往在一个时期主宰美国史坛并支配美国历史写作。但是，我国史学界对这方面的研究比较薄弱，发表的论文也较少。为了弥补这方面的缺欠，我致力于研究两个影响较大的美国史学流派：即以弗雷德里克·J.特纳为首的"中西部学派"和以查尔斯·A.比尔德为首的经济学派，连续撰写了八九篇论文，并受中国美国史研究会的委托，编译了第1期《美国史译丛》（1982年5月出版）。

《美国的"自由土地"与特纳的边疆学说》（《吉林师大学报》，1978年第8期）和《特纳的"地域理论"评介》（《吉林师大学报》，1979年第3期）两篇论文阐述了特纳的边疆学说和地域理论的基本立论及其在美国的历史地位和作用，分析批判了这两种立论所存在的种种问题，比如作为边疆学说的基调的扩张主义思想和地域理论所宣扬的地理决定论等。边疆学说的创立正值美国自由资本主义向垄断资本主义过渡的时期，其中鼓吹的扩张主义正适应美帝国主义向海外扩张的需要，所以特纳的这一学说受到了当时美国扩张主义者布鲁克·亚当斯、亨利·洛奇、西奥多·罗斯福和伍德罗·威尔逊等人的一致赞扬，并且后来被一些著名历史学家不断地加以引申和发展，因而对美国的对外扩张政策产生了深远的影响。《边疆学说与美国对外扩张政策》(《世界历史》1980年，第3、4期连载)一文就着重地阐明了这一问题。《特纳与美国奴隶制问题》(《世界历史》1986年，第1期)一文指出，贬低和忽视奴隶制问题在美国历史中的重要作用这种现象之所以在二十世纪前半期美国史学界盛行起来，是与特纳著述的影响分不开的。在特纳看来，向西部扩张在美国历史中具有独特的决定意义，而"关于奴隶制的斗争"只是美国历史中的"偶然事件"。因此，他在著述中极力贬低作为"美国历史的动力""达半世纪之久"的奴隶制问题的作用，从而把人们的注意力从奴隶制转移到边疆问题上去。

查尔斯·比尔德是美国著名的历史学家，也是美国史学中经济学派创始人之一。他受到马克思主义的影响，在二十世纪初期曾强调经济因素在历史中的决定性作用。1913年出版的《美国宪法的经济观》就是运用经济决定论解释美国历史的典型，也是一部探讨美国宪法制定过程的权威性著作。它对美国学术界有很大的影响，特别是两次世界大战之间它在美国历史研究方面几乎占有支配地位，那时许多美国历史教科书论述美国宪法都以他的这部著作为依据。但是，第二次世界大战后，比尔德关于美国宪法的解释及其论据却不断受到了挑战和质疑。《查尔斯·比尔德与美国宪法》(《东北师大学报》，1982年第2期)一文就是试图对美国史学界对比尔德关于美国宪法的解释和论据所提出的批评和质疑做一简要的评介。1984年，我还为《美国宪法的经济观》这部著作的中译本再版（商务印书馆，1984年）写了一篇序言，阐述了这部权威性著作的历史意义以及著者对美国宪法的解释所遭到的挑战和批评。十八世纪美国革命是世界近代第一次大规模的殖民地争取民族独立的革命，也是一次资产阶级民主革命。这场革命是美国历史中最重要的问题之一，近年来，美国史学界关于这场革命的著作和论文可谓卷帙浩繁，出现了许多不同看法和争论。《关于十八世纪美国革命的史学评介》(《社会科学战线》1981年，第2期）一文就是对这场革命的起因、革命期间社会阶级的矛盾斗争以及1878年宪法与革命的关系三个主要问题做一较系统的评述。我们主持编译的第一期《美国史译丛》是个美国史学专号，刊载了当代美国著名进步历史学家菲利普·方纳的《美国史学家论美国南部黑奴制度》以及埃德蒙·摩根对《美国革命不断变化着的解释的评论》等论文的译文，介绍了美国史研究动态和美国历史学家特纳和比尔德的生平和治学经历等。这几年，我还应邀就美国史学流派及当代美国史学动态的某些问题，在武汉大学、南开大学、吉林大学、北京师范学院、哈尔滨师范大学和牡丹江师范学院等院校做了专题报告或系统讲学，受到师生的欢迎。

其次是关于十九世纪后期美国史的一些专题研究。内战后直到二十世纪初期的四十多年是美国经济迅速发展的时期，也是自由资本主义向垄断过渡的时期。在这个历史时期中，垄断资本主义逐渐居于主导地位，成为美国经济生活的基础，从而使美国发生了深刻的变化。因此，剖析美国从自由竞争向垄断资本主义过渡的历史进程以及美国经济、政治、社会、文化和思想意识形态在这个历史进程中所发生的深刻变化，不仅能够揭示出十九世纪后期美国历史发展的趋势，而且也有助于我们对当代美国的了解。根据中国社会科学院关于"六五"期间科研重点项目的规划，我们被分配承担六卷册《美国通史》第三卷的编写任务，而这一卷所包括的历史时期——从内战到美西战争——基本上与我们所要研究的时期相吻合。因此，编书任务带动了我们对这一时期美国史某些专题的研究，而这些专题研究的成果又有利于提高编书质量。在编书与专题研究相结合的原则指导下，我组织了室内教师和四名研究生参加编写工作，并指导他（她）们结合编写任务进行了一些专题研究。截至目前，已公开发表专题研究论文有十篇之多，其中主要有田锡国同志的《关于美国南部重建时期历史评价问题》（《世界历史》，1982年第5期）、游恒同志的《美国垄断组织形成史的分期及其特点初探》（《外交学院学报》1986年，第1期）、黄仁伟同志的《向垄断过渡时期美国社会阶级结构的变化》（《求实学刊》，1985年第6期）、卞历南同志的《论美国劳联的蜕变及其历史根源》（《东北师大学报》，1985年第6期）、王旭同志的《十九世纪后期美国中西部城市的崛起及其历史作用》（《世界历史》，1986年第6期）和《美国城市史研究概述》（《东北师大学报》，1986年第1期）以及我撰写的《美国的"新移民"

与文化测验——兼评本世纪初期美国学术限制"新移民"入境的论点》(《社会科学战线》,1986 年第 2 期)和《百年来美国移民政策的演变》(《东北师大学报》,1986 年第 3 期)等论文。

结合三十多年教学与研究工作的实践,我在治学方面主要有三点体会。首先是必须坚持马列主义的基本原则,这对研究外国问题的工作者来说,更为重要。比如,研究美国历史就必须阅读大量美国出版的美国史论著和资料,也要涉猎这些论著所阐述的历史理论和史学思想;而这些论著中,既有治学严谨、论据充实的著述,也不乏标新立异、粗制滥造的作品。它们的作者解释历史的资产阶级观点也是形形色色的,试图用马列主义阐述历史的著作只占极少数。因此,我们阅读这些历史论著时,必须以马列主义的基本原则为指导,去鉴别、分析它们,汲取其中有益的论述和有用的资料,剔除其糟粕,切忌囫囵吞枣、全盘照搬,奉为解释历史的"新见解"。其次是论据必须确切。出于立场、观点的不同,对美国历史中同一问题的研究,我们往往会有与美国学者不同的看法,甚至得出与他们迥然不同的结论,这是不足为奇的。但是,我们据以得出的看法或结论的依据,无论是英文的原始材料或是统计数字等,都必须确切。这就需要我们在译文方面下功夫,尽力做到用词得当,准确无误。只有这样,才能使我们的看法或结论站得住,从而具有说服力。再次是要习惯于听取不同的意见,从中吸取有益的因素,以充实研究课题的内容和提高研究的质量。在我们研究室中,每篇专题研究的构思形成后,作者都要在学术讨论会上向研究室成员和研究生讲一讲,然后就其中主要问题或分歧展开讨论,互相切磋琢磨,再由作者做进一步考虑。实践表明,在学术讨论中听取不同的意见,是促进作者思考问题和提高研究质量的一种有效方式。

目前,我在指导三名美国史硕士生的同时,正对《美国通史》第三卷进行最后统校定稿工作。书稿完成后,准备在"七五"期间组织力量研究美国西进运动史,计划撰写一部专著、一些专题论文和编译一本《美国西进运动史料选辑》。这个课题研究,前不久已被国家教委选中,列为"七五"期间国家重点研究项目,并在经费上予以资助。

美国西进运动史是美国历史研究中的重要课题,它的主要内容涉及三个方面:即扩张、移民和开发。过去国内有些论著涉及这一历史问题时,多侧重美国征服西部和土著居民的扩张活动，而对于移民和开发这两个方面则阐述不够。这表明我们对于持续百年的美国西进运动还未进行全面、系统的研究，而这种研究不仅可使我们进一步了解当代美国的历史由来，而且对我国当前的"四化"建设也是不无意义的，特别是对我国当前开发大西北的巨大工作是不无参考借鉴作用的。

（原文载于《治学之路》，吉林文史出版社 1990 年）

关于研究生招生和学生毕业就业致任东来

东来、吴耘：

你们好！来信和琬洁照片都已收到，非常高兴。你们双喜临门，特向你们表示祝贺。南京大学重视提拔年轻人的做法是正确的，因为今后国家学术发展和攀登高峰等工作主要依靠你们这批年轻人。

今年我准备招收 2 ～ 3 名硕士生，1—2 名博士生；硕士生已考过，有 10 多个人报名，下周内开始评卷；今年博士生生源较多，来信联系的，已有五六人，其中有的程度不错，希望能录取一两名质量好的考生。应届毕业的美国史硕士生赵志辉，家在淮南市，寒假回家后曾去南京看望你，适你出差上海，没有见到。今年研究生分配工作也较困难，不知南京有无什么机会，盼代留心，来信告我。他学习成绩还好。

去年出院后，我已在家调养了三个多月，身体逐渐康复，开始做些工作了。王旭已接到青年世界史工作讨论会的通知，但说二十世纪美国与亚洲关系讨论会的名额已满，无法参加。再谈。

祝

新春快乐，全家幸福

丁则民书

1991.3.2

研究生的选材与培养

什么样的学生是有培养前途的？死卡分数线的做法必须彻底改革；导师的面试（复试）是选材的较好机会。导师可以当面对学生的能力和气质做出判断和选择。具体办法是：

（1）入学考试以考察基础知识以及运用知识的能力为主；（2）入学开始应降低"统一"的分数线，取消单科分数线，从而扩大导师复试中自行选拔的可能性；（3）应扩大推荐免试名额，由导师免试取舍。

培养优秀的高层次的专门人才，选材时对学生应注意考察：（1）基础知识的掌握和灵活运用基础知识的能力；（2）从事学术研究的强烈探求欲望和献身精神；（3）掌握语文基础和文字水平，特别是英文水平和汉语的表达能力。（4）招生工作中，应适当给予导师一些主动权，可根据特殊情况，灵活处理，予以录取。

在研究生适当承担国家科研任务的过程中，我们对如何培养研究生，尤其是如何通过实践科研任务培养研究生，积累了一些经验。事实表明，研究生承担科研任务后一般都有较强的责任心，往往能做到一些导师想做而一时做不到的事情，在较短的时期内获得一定的成果。

专业英语，有一学期集中翻译西进运动史料，参加编写《美国通史》工作，校阅和编制附录工作。

论文选题：1982 级选十九世纪后期的美国史题目，1985 级选美国西进运动，选出购买英文图书的书单。

研究生的选材与培养工作中的一个主要方式

培养研究生是为国家造就社会建设所需要的高层次专门人才。当前研究生教育的主要任务就是提高研究生质量，以适应"四化"建设的需要。提高研究生的质量，牵涉到招生、培养、教育以及论文指导等一系列工作。根据几年来的培养研究实践经验，这里仅就招生工作中的选材，与结合导师的科研规划进行培养两项工作谈一些体会。

招生工作选材。招收研究生主要通过入学考试。考试成绩合格后，特别是进行复试后，才能录取。几年来，这种研究生招生制度，取得了明显的成绩，并积累了不少经验，但有一些问题有待改进。这些问题表现在：（1）初试以掌握知识和运用能力为主，对复试不够重视，存在初试一锤定音的现象，以至于不能准确地选材，有些擅长于死记硬背而不善于思考的学生被录取进来；（2）复试存在走过场的现象。由于报考的学生不多，初试合格者亦较少，复试大多是等额复试，其作用也就是导师和初试合格者的见面，最多也就是检验一下初试合格者的思维能力。由于是等额复试，除个别情况外，绝大多数都能被录取；（3）没有发挥导师在复试中自行选材的作用。

为了全面保证入学，强调质量，今年对初试合格者进行了认真严格的复试，以择优录取。

今年报考美国史的研究生共有17人，根据教委研究生录取线的规定（总成绩335分，各科都高于50分），初试合格者4人，免试复试1人。为了全面保证研究生入学面试质量，今年对5名初试合格者进行严格复试，以择优录取。复试的科目是历史专业（含专业英语），复试方式是口试兼笔试。专业英语既考察阅读能力，也检验听力。为了更准确地评定复试和笔译成绩，特邀请我校外语系教授杨振雄教授阅卷，专业复试由丁则民、姜德昌考试组，分别对研究生进行口试和笔试，考试的成绩除一名学生的专业成绩与初始成绩相差极其悬殊（相差约30

分）外，其他四名学生都与他们的初试成绩一致，而且略好一些。

专业英语评分原则：听力部分因大家不大习惯，能力较好的只占 20%，而笔译部分占 80%。每个部分的评分标准是：译文 50 分，汉语表述 20 分，书法 10 分。

评分标准：文科的研究生既要看英语水平，也要看汉语表述能力与书法。

从答卷中可以看出考生是否老实的科学态度。两个学生相比，有一个考生在卷子上写到：实在抱歉，除了个别单词以外，我几乎听不懂什么，只怪我以往不够重视。不过，我有决心补上这一课。另一考生的听力很差，但却写了不少虚构的内容，根本没有老实的态度。学生的翻译是"这些移民中，身份各异，有护士、医生、教士、商人等"。而原文是"These immigrants were Austrians，Hungarians，Bohemians Poles，Serbs，Italians，Russians and Jews from Poland and Russia"．

口语笔试看出基本知识掌握和运用能力，思路是否敏捷，文字表述能力如何。

（1991 年 6 月初）

关于《美国内战与镀金时代》的评价致洪慈同志

洪慈同志：

祝好。6月15日来信和《美国内战与镀金时代》读后一稿均已收到，因学年结尾工作繁忙，未能立复，至歉。

来稿表明，你读得非常仔细认真，有些评论写得深入、中肯，最后提出的批评意见也很好，可供今后修改该书时参考。这里，先对你所做评论和批评意见表示感谢。

但是，看了《读后》也有些想法，不一定合适，仅供参考。一是溢美之词过多，应作删减；二是无需逐章逐节进行评介，可否选择一些重点问题，特别是不同于过去看法的重点问题做些评论；三是尽可能减少引用原书的词句或标题，以留出篇幅由作者介绍和发挥。

该书所阐述的十九世纪后期美国历史有一条主线，即工业（即生产力）发展的客观要求生产关系随之发生变化，而垄断资本组织的产生与发展，正适应了变化了的生产力的需要。所以，自由资本主义向垄断资本主义过渡是资本主义发展的必然规律，它不仅是美国垄断资本主义高度发展的先决条件，而且是垄断组织不断发展、演进的根本动因。垄断组织的产生及其发展，就是在资本主义生产方式的范围内，为适应社会化大生产（生产力）的要求，对生产关系实行的局部调整。因此，在十九世纪后期，垄断资本主义逐渐居于主导地位，成为美国经济生活的基础，从而使美国各个方面都发生了重大变化。因此，剖析美国从自由竞争向垄断资本主义过渡的历史必然进程以及美国政治、经济、社会和思想文化在这个历史必然进程中所发生的深刻变化就是本书的任务。评论这个历史时期的事物和人物，也要以它们或他们是否符合这个历史必然进程为依据。

（按：因系草稿，原件无落款、署名与时间）

关于历史研究与人才成长致卞历南

历南、陈徽：

　　你们好！7月15日接到来信，知道你们已到西雅图安营扎寨，转入华盛顿大学攻读，非常高兴，祝你们一切顺利。最近因有些紧迫的事情缠身，没能立刻回信，请见谅。小卞转入我母校——现在美国名牌州立大学之一攻读，我当然高兴，搞些宏观的比较研究，我也赞成，只是不要丢掉美国史专业，最好还以它（或中国近现代史）为基础做些比较研究。转入的华大的单位是历史系还是远东系？或是太平洋地区研究院？请来信告诉我。历史系主任是杰瑞·巴拉克教授（Prof. Jery Bachrach）（研究中东史的），1989年我还同他通过信，不知现是否仍担任主任，盼代问好。我在华大攻读时，远东系曾有位华裔教授施友忠先生，老师辈，不知还在工作否？请打听一下。西雅图生活费用比卡本代尔高不少，历男得到的资助能够你们的人用吗？陈徽也准备攻读学位吗？最好还是趁年轻时多学一些。王旭已于6月20日左右去美国洛杉矶，参加美国举办的夏季研讨班（Summer Seminar），中国大陆只选中他一人，预计该讨论班在8月16日结束，由于要读许多新出版的专著，他来信说，工作很紧张，压力较大。他的地址如下①，可写信或打长途电话与他联系。他说讨论班结束后，他还要查阅、复制一些有关美国城市史和西进运动史资料，要到8月底才能回国，希望你们能见到他，国内有什么事也可托他代办。他已晋升为副教授，1989年又获得中国社科院资助的科研项目（"美国市政体制改革"），今年又被遴选为培养研究生的导师，想你们听了也会为他高兴的。黄仁伟毕业后，回上海世界经济研究所工作，今夏8月将作为访问学者（经我和美方教授共同推荐，他获美中学术交流委员会的资助，为期一年）去威斯康星大学，在霍斯曼教授指导下，进修、研究。今年毕业的博士生

---

　　① Dr. Wang Xu, Summer Seminar Participant, Department of History, University of California, Irvine California 92717

黄兆群分配到民族委员会（北京）政治研究室工作，其他几位毕业硕士生分配到国家教委和淮南师院等单位工作。今年我又招收了两名博士生（王英文和梁茂信两同志，小卞认得王；梁曾在美国攻读美国史，获硕士学位，现在河北师院执教）和四名硕士生（两男两女），工作负担是够沉重的，好在有王旭能帮助分担些任务。侯文蕙同志来校工作事已不成，她本人很想来校帮助我培养硕士生，搞研究，但大侯却愿意去青岛大学，据说该校设有环太平洋地区研究所，与她的专题相合，所以决定全家去那里，现在进展如何，因未通信，也不大清楚。今年录取的美国史硕士生有一名是兰大历史系毕业的，叫郭立明，陈徽认得他吗？小胡随硕士研究生听课，认真完成各项作业，学习大有进步，这两年在我帮助下，她已撰写、翻译了三四篇论文，其中三篇均已发表，她的研究方向是美国印第安人史和美国女权运动史。

《美国内战与镀金时代》一书收到了吧！看后有何意见、观感？盼告，美国驻沈阳领事馆很注意该书，文化参赞曾来信索取该书，说考虑组织力量将该书译成英文，在美国出版；不知有无可能性？你们读该书后，能否写一书评，在中国留美历史学会的刊物上发表，向在美的中国学者、学生推荐该书，你们能做到吗？

今年春季，我就已基本康复，参加大部分工作，研究生论文的修改和答辩，工作期间，我曾忙了一阵子，但承担下来，未发生什么问题，但人们仍劝我要悠着劲干才是。许姨也还好，她仍承担做饭和家务工作，现在有一位勤工俭学的同学来帮助做些家务事，每周两次，对我们有较大的帮助。附信寄上我两人的合照一张，寄给你们作为纪念！盼来信，祝

你们幸福、快乐

丁则民书

1991.7.31

Institute of American Studies Northeast Normal University

Director: Rueben Zemin Ding

Degrees offered: M.A; Ph.D.

Address: Institute of American Studies, Northeast Normal University (NENU),
Changchun, Jilin 130024 P.R.China

Faculty Members:

DING, Rueben Zemin (Professor; Ph.D. Supervisor; M.A. University of
Washington/Seattle 1949) American historiography, American history in late 19th
Century, American westward movement.

WANG, Xu (Professor; M.A. & Ph.D. NENU 1990, with doctoral course work
finished in Southern Illinois University/Carbondale, IL) Urbanization of America,
recent U.S.U.S.local history.

LIANG, Maoxin (Assistant professor; M.A. Luther Pacific University/Tacoma
1988; Ph.D. NENU, expected in 1994) U.S. diplomatic, U.S. Immigration.

BIAN, Linan (Assistant professor; M.A.Southern Illinois University/Carbondale
IL, PhD. University of Washington/Seattle, expected in 1995) U.S.labor, U.S. and
China relation.

Brief history:

This Institute, originally a research section of History Department, was
established in 1985, with focus on research work and graduate program. It is one of
"top three" among Chinese universities on the study of American history. The faculty

members have done some research work on American historiography and the writings of F.J. Turner and C.A.Beard in Particular, the United States in late 19 century, the reconstruction of American South, U.S. diplomacy during early 20th century, and finished two national research projects. Recent research work, with two national research grants, concentrates on American Immigration and the Urbanization in American West respectively. There are graduate program for M.A. and Ph.D. degrees in this Institute. So far, eighteen graduate students got their M.A. degrees and three got Ph.D. degrees. There are now six graduate students are studying for M.A. degree and four for Ph.D. degrees.

Besides the research work and graduate programs, we have established the academic relations with some American universities since 1982. Firstly, we have exchanged books and materials with Harvard - Yenching Library, Harvard University, Wisconsin University at Milwaukee, California State University at Northridge and Southern Illinois University at Carbondale. Secondly, We have invited some American scholars, such as R.Horsman from WUM, J.Murphy and H.Ammon from SIU, C.McCLESKEY from University of Virginia, S.L.Flader from University of Missouri at Columbia, A.H. Miller from University of Iowa, S.H. Harris from CSU at Northridge, etc., to give lectures in our school. Our Institute is also involved in the Fulbright exchange programs, with three faculty members were sent to the U.S. to conduct some research projects. One American professor, Dr. Daniel M Amos from Pacific University came to our Institute to teach the graduate class.

As a practical way for academic exchange, we have discussed some research topics with American scholars through TPC sponsored by American Consulate General in Shenyang for five times.

Courses:

——Modern American History, from colonial period to late 19th century

——Contemporary American history, from the beginning of 20th century to present

——A series of lectures on the works of some distinguished American scholars.

——English reading in American history.

——A series of lectures on the great issues in American history, from the colonial period to the sixties of this century.

——Some topics on the American Westward Movement during the late 19th century

Publications:

We have written several books and more than sixty articles since 1979, which were published in various academic journals and periodicals of China. Among these articles, more than ten were published in the national first-rate journals .One of the book, *The United States During the Civil War and the Gilded Age* published by People's Press, received some awards.

Research agenda:

We are now working on two research projects. One is on the American nationalities and immigration, the other is on the urbanization of American West. We will try to write some articles and books as the results of these projects. Later, the study on the Afro-Americans curing since the sixties will be added to the research agenda.

Other Facilities:

There is a small library in our Institute, with more than 2000 copies of books and some periodicals in English. Some of them were provided as gifts by the American Historical Association, California State University at Northridge, Wisconsin University at Milwaukee, Books for Asia under the Asian Foundation in San Francisco, American Embassy in Beijing and American Consulate General in Shenyang.

[按：此简介后在美国学界广泛散发，其要旨是向美国学界宣传东北师范大学美国所的研究状况，从而扩大东北师范大学美国史研究所的影响力]

关于争取富布莱特学者讲学致袁霄同志

袁霄同志：

祝好，这次马××同志访美进修和我们争取富布莱特美国史教授来所讲学的事，承您大力支持和热情关照，至为感谢。

令亲郑××同志向美国有关大学申请攻读学位一事，不知道进展怎样，是否收到一些答复，至以为念。她在南开大学学习成绩优异，熟练掌握英语，是一位有培养前途的青年，因此我乐意写介绍信，推荐她去美国大学研究生院攻读并申请资助。估计她被美国大学录取的可能性是很大的。有好消息时，盼来信告知。

我们今年录取了六名美国史的研究生，其中两名博士生和四名硕士生，因此我承担的教学和指导任务是相当繁重的，而美国所内的师资力量较弱，所以急需争取富布莱特美国史教授来所讲学，为研究生开设课程，以扩大他们的知识面和研究领域。我们的博士点虽然笼统地被称为世界近现代史，但研究方向是美国史，博士生导师和研究生都是专攻美国史的，我是唯一的博士生导师，我们承担的国家重点科研项目也是有关美国史方向的，计划派出的进修教师和来华讲学的学者都是美国史的，因此我们希望根据富布莱特计划安排来校讲学的学者也都限于美国史方向，以增强我们的博士点。估计国家教委即将安排 1992 年富布莱特来华学者和派出学者的计划。一旦落实后，请来信赐知，以便与学校洽商，做出必要协调事宜。

余容再叙，此祝工作顺利！

附言问候郑××同志，并附上我校美国史研究室英文简介（Institute of American Studies，Northeast Normal University）①

---

① 因此信件为草稿，无落款时间，估计应该是 1991 年底之前——编者。

关于人才培养致瑞诺德·豪斯曼教授

Institute of American Studies

Northeast Normal University

Changchun，Jilin，

TEL，884027

FAX，884009

October 2，1991

Professor Reginald Horsman，

Department of History

University of Wisconsin-Milwaukee，

Milwaukee，WI 53201

U.S.A.

Dear Professor Horsman，

Greetings from Changchun. I have to apologize to you for the delay in replying your letter. This delay owing to the pressure of work at the beginning of the new school year. Moreover，Mr. Ma has waited for the approval of the State Commission of Education to make an advanced study of history in your university. Now he obtains the approval and will leave China for the United States in the latter half of October probably. He is going to study the main powers，i.e.，America，England and Germany in the modern period under your direction. I would appreciate very much，if you could take good care of him.

I am very glad to know that Mr. Huang Ren Wei has well settled in Milwaukee. I am sure that he will make an intensive study of American history under your guidance. Thank you for your kind help to him, and I feel grateful as personal favor.

American Civil War and the Gilded Age, of which I was the chief editor, was published in Beijing last year. I think Mr. Huang has presented a copy of that book to you, asking your criticism.

As mentioned above, I have been very busy in teaching since the beginning of the new school year, because six graduates, of whom two are doctoral candidates, have been admitted to study the American history in our institute.

Miss Hu of our institute has done well in research work, she has written some articles on the American natives (based on your monograph on the same subject), the Dawes Act of 1887 and the feminism in American history, which have been published by several Chinese academic journals. I think you will be glad to know the research work she has done. She is going to write to you soon.

I have asked Mr. Ma to bring a small gift for you and for Professor David Buck respectively. I hope you will like it.

With best wishes to your family members.

Sincerely Yours,

Ruben Zemin Ding

Professor of History

关于《美国内战与镀金时代》的信息

本教材自1990年由人民出版社出版后，已为不少高等院校和研究生所采用：首都师范大学、河北师院、烟台师院、吉林大学和东北师范大学等校的历史系本科采用它作为选修课美国史的教材；南开大学、武汉大学、北京师大、四川大学和东北师大均采用它作为研究生的美国史教材。第一版印行的两千多本，现均已售光，人民出版社正拟再版，以应各校教材之需。

据了解，兄弟院校历史系同行使用这部教材的主要反映是：（1）立论公允，既阐明美国垄断资本主义适应社会生产化发展的需要，又揭露了资本集团向垄断过渡中加重剥削人民给他们带来的灾难。（2）取材新颖，内容充实，尽量吸收国内外美国史研究新成果。（3）篇章结构全面。除了政治、经济和工农运动外，还增设城市史、移民史和西部开发史等专章，使学生能全面了解近代美国。（4）本教材附有十九世纪后期美国历史大事记。主要英文参考书目和历史名词的英汉对照等，便于学生进一步查找。

（书写时间不详，估计是1992年；梁茂信根据手迹整理）

关于留学推荐致鲍大伟教授

July 7, 1992,

Dear Professor(David)Buck,

This is to introduce to you the learner Mr. Liu Hai Miny, who stands in great need of help, a Ph.D candidate of Education in our University.He has received grant-in-aid from the General Federation of Christmas in Asia. He wants to make studies in the Department of Curriculum and Instruction in your university.

He has applied for admittance of Curriculum and Instruction in your University. as a visiting scholar during the 1991—1992 school year. He hopes to conduct research and attending some lectures there.

I believe you will be kind enough to give guidance and assistance. Thank you for the kind help you are to give him.

With best wishes.

Sincerely Yours

Ruben Ding Ze-min

关于美国史交流与青年教师赴美深造致任东来和吴耘

东来、吴耘同志：

你们好，来信早已收到，只因心脏病住院，后又患眼底出血，右眼看不清楚，看书写字都很困难，所以未能及时回信，请你们原谅。经过住院治疗，心脏病和眼病都有所好转。

琬洁的照片已收到，长得很精神，也很好玩，我们看了都为你们有这样一个好玩女儿而高兴。

东来在江阴的锻炼已结束了吧！是否已按期（7月7日至9日）去首都华盛顿参加中美关系史讨论会，收获不小吧，至念。

今秋将有一位富布莱特学者来校讲学一年，他就是拉瑞·恩格尔曼博士（Dr. Larry Engelmann），曾于1988至1989年在南京中美文化中心执教，有关恩格尔曼的情况，东来定较了解，希望能来信告诉我。

游恒同志上月下旬自美回国，返校讲学一周，受到校系领导接见，给美国史研究生讲当前美国史学研究的动态也很受欢迎。她现在费城天普大学历史系攻读博士学位，把丈夫（小魏）、孩子和母亲都接了出去，因此家庭负担很重，好在小魏也在那里工厂找到了工作。

王旭同志已为美国大使馆选中，作为富布莱特学者[①]今秋去美访问、研究一年（今年获准的中国学者只有13人）。他可能去加州大学洛杉矶校区，研究美国西部城市史。黄仁伟同志已于今春自美回沪，仍在世界经济所工作，但我一直未接到他的来信，不知他近况如何？

今年我又录取了一名美国史博士生（女），加上已有的研究生，共七位，其中三名博士生，四名硕士生。

---

① 富布莱特学者是指参加富布莱特计划的学者。该计划是在中美关系正常化启动后,中美两国政府支持的官方文化交流项目。每年中美双方向对方国家各派遣十名学者,从事交流与研究——编者。

《中美关系史文集》也已收到，谢谢！余再读，此祝

双好　盼复

丁则民书

1992.7.12

关于1990年—1992年东北师大培养美国史研究生的情况致黄安年

安年同志：

祝好！久未通信，思念殊深。前些日子邮上的《东北师大学报》一份，想已收到，请批评指正。现附寄上"1990 年—1992 年东北师大培养美国史研究生的情况表一份（两页）"请查收。王旭同志作为富布莱特学者，已考加州大学洛杉矶校区进修研究，来信请直接寄我处，地址是：长春市东北师大一教 36 栋 211 号。

余容再叙，此祝

全家安好

丁则民书

1992.11.10

附：1990年—1992年东北师大培养美国史研究生的情况表

（一）1990 年—1992 年毕业的美国史博士生

姓名	毕业时间	论文题目	备注
黄仁伟	1990年7月	美国的农业资本主义土地关系兼论"美国人道路"的意义	现任上海经济研究所副研究员
王旭	1990年7月	美国西部城镇与西部开发（1860年—1910年）	现任东北师大历史系副教授
黄兆群	1991年7月	美利坚民族性质的历史考察	现任烟台师院历史系副教授

（二）1990 年—1992 年毕业的美国史硕士生

姓名	毕业时间	论文题目	备注
安玉峰	1991年7月	摩门教徒的西迁及其对大峡谷的开发（1830年—1869年）	
赵志辉	同上	牛镇的兴起与德克萨斯牧牛业的发展	现在淮北煤炭师院历史系任教
纪龙江	同上	美国铁路垄断组织形式的演进及其特点	现在大连市电视台

（三）目前正在培养的美国史博士生、硕士生

姓名	入学时间	博士生或硕士生	准备撰写论文的方向
王英文	1991年9月	博士生	美国移民史
梁茂信	1991年9月	博士生	美国移民史
胡锦山	1992年9月	博士生	美国少数民族史
孙群郎	1991年9月	硕士生	
王玉华	1991年9月	硕士生	
张宏	1991年9月	硕士生	
郭立明	1991年9月	硕士生	

关于提名为奖励优秀生论文的评委会成员致黄安年

安年同志：

祝好！学期结束，工作紧张，会议又多，没能及时回信，请您谅解。近来，眼疾逐渐好转，冠心病也趋稳定，请您放心。

承大家推荐，提名为奖励优秀生论文的评委会成员之一，至为感谢。只是担心身体不好，到时不能参加，反而把事情耽误了。经仔细考虑，我还是接受这一光荣任务，万一到时候因病不能前去，也可委托王旭同志前去代劳，不知是否可以？王旭已于去年 9 月，作为富布莱特学者，前往加州大学洛杉矶校区研究、访问一年，预计今夏可返回。承蒙您和杨、刘二老推荐我为《美国历史杂志》的书评人，我已填表寄给 Dr. Thelen，尚未接到回信，但已寄来《美国历史杂志》和《美国历史学家协会通读》各一份。纪龙江同志在大连电视台工作，没听说他调离工作，等打听后，再告诉您。此祝

新年好

丁则民

1993.1.16

关于推荐梁茂信参加美国历史学家协会年会的报告

根据美国驻沈阳总领事馆通知，美国历史学家学会将于 1993 年 4 月中旬在旧金山（按：洛杉矶阿纳海姆）召开学术年会，邀请外国研究美国历史的学者（其中包括一位中国学者）参加会议，会期约为 3—5 天。为了促进中美两国学者的交流，沈阳总领事馆称，美国新闻总署将对参加年会的中国学者提供往返国际旅费和会议期间的食宿费用。沈阳总领事馆属意于我所的美国史博士生梁茂信同志……。经与外办韩处长（按：韩应昌）商量，认为机会难得，至希望梁茂信同志能前往参加。他熟练掌握英语，美国史业务也有较深的造诣，作为中国唯一的学者参加美国史学界的这次盛会，也是我校的荣誉。据称美国大使馆已经将梁茂信同志的履历上报美方有关部门，现正等待批示。

总领事馆还告，梁茂信同志可在美国逗留五六天，以便扩大与美国学者和其他国家的学者交流，搜集、复制一些急需的美国史资料。逗留期间所需费用则须自理，由所在单位负担。按照每日生活壹佰美元计算，约需要五六百美元，至希望学校领导予以支持。现距 4 月中旬会期仅有月余，尚需办理护照、签证，预订机票等手续，时间紧迫，至希日内审批决定。

特此报告

请外办韩处长转陈王校长和周副校长审批

美国研究所

丁则民

1993 年 3 月 7 日

（注：报告中的韩处长是指当时担任外事处处长的韩应昌，王校长是指王荣顺校长，周副校长是指周敬思教授。）

关于万心蕙奖学金论文的评审致黄安年

安年同志：

你好！久未通信，很是惦念。近年来，我患有冠心病和脑供血不足症，有时头晕迷糊，经过住院治疗，病情有些好转，但医嘱暂不要外出远行，所以今夏在威海举行的美国史年会我就不能参加了，至感遗憾。

我曾接到两篇申请万心蕙奖学金的论文：即郭尚鑫写的《美国工业化、城市化与基督教（1865年—1918年）》和沈学忠写的《"命定扩张论"战胜"使命感"》。经过反复审阅，现将对两篇论文的（两份）鉴定评语寄上，供委员会评定参考。年会中有事可找我校美国史博士生梁茂信，他可代表我表示意见。另外，我校还有四名美国史硕士生（孙群郎、郭立明、王玉华和张宏）参加这次年会，至希多予指导和关注。王旭来信称，将于八月份回国。盼代向研究会各位领导问好，余再叙，此祝

工作顺利

丁则民谨书

1993.7.10

关于申请奖学金等问题致卞历南

历南、陈徽：

你们好！从王旭处得知，他离西雅图那天，正值陈徽在医院动手术，手术很成功，而且是良性的，我们也就放心了。只是医疗手术费用很高，支付较困难。据他说，你们打算申请社会救济，以解决支付困难，不知最近申请的进展情况怎样？陈徽是否已康复？我们都非常怀念，至盼早日来信，以释远念。

近来我的身体还好！两年前动了前列腺手术，虽已康复，但总有些伤元气。去年又患冠心病和脑供血不足症经住院治疗，有些好转，但医嘱不能过劳，需注意调养和休息。许姨患腰椎侧弯和脊椎骨质增生症，经治疗服药后，也有些好转，就是不能过累，幸亏这两年，有位勤工俭学的同学来舍帮忙，做些家务事，解决不少问题。

王旭去美研究访问这一年，我的工作负担较重，3 名博士生和 4 名硕士生的教学和指导论文工作都得由我承担，现在他回来，我就缓解多了。今年又招收一名博士生和两名硕士生，王英文因得到富布莱特计划的资助，已于上月中去美国，在肯塔基州教中国近代史一年，同时也可为他的博士论文搜集必要的书刊资料。黄仁伟前几天返校看望我们，他可能于今年 10 月随上海社会科学院访问团去美国考察，其中也要去西雅图，到时他会设法去看望你们的。

我的两个侄子现在都在麦迪逊的威斯康星大学攻读，大侄丁克诠今夏毕业，已获博士学位，不久即将去新泽西州的普林斯顿大学高级数学研究所做博士后研究工作；小侄子丁克详攻读农机专业，明年也可完成学业，取得博士学位。

前些日子，校系都已换了新班子，新校长是王荣顺教授（化学系），历史系系主任由赵毅担任，副主任是马世力和胡维革。

我的研究方向已转向美国移民史和少数民族史，今春获得国家教委资助的一项重点科学研究项目也是研究上述问题的。

你的论文题目已确定否？是否做中美关系史问题？博士资格考试考完否？听说陈徽已攻读会计、统计专业，不知是否已在华大攻读？统在念中。

胡锦山去年考取我校美国史博士生，现已读了一年，她准备研究美国少数民族史，特别是黑人史。现在她还兼管美国史图书室，也是一种新的半工半读的方式。

余容再叙，此祝，你俩

幸福、安好，盼复

丁则民、许令德今上

1993.8.15

关于身体状况与学术交流等问题致卞历南

历南、陈徽：

你们好！圣诞贺卡已收到，致谢！从来卡中得知，陈徽身体已完全恢复，你在准备参加资格考试，我们都很高兴，希望你们多注意休息和营养，不要过劳。

我们身体还好，只是年纪大了，真有些力不从心，许姨患骨质增生，腿骨也有毛病，行动有些困难。现在请了一位勤工俭学的同学，每天来舍做顿晚饭，有时还帮助洗衣服打扫卫生，减轻了我们不少的生活负担。蒙校方照顾，我的侄女（小时在我家长大）一家三口从通化调回长春，她现在师大校办公司做会计工作，对我们生活也有不少关照。

去年以来，学校忙于抓紧各方面工作，为进入全国高校 211 工程准备条件，即进入全国 100 所重点大学的行列，从目前情况看，进入 211 工程是颇有希望的，若能进入，那获得的教育经费就要充足些。系班子也换了新人，赵毅任系主任，马世力和胡维革任副主任，他们工作都很努力，也有朝气。去年我们美国史又招了一名博士生和两名硕士生，连同已有的研究生，共有十人之多（其中四名博士生，六名硕士生），工作负担是够沉重的，幸亏去年秋季王旭按时返回，分担指导硕士生论文工作，减轻了我不少工作负担。四名博士生中，×××同志已于去年作为富布莱特学者去肯塔基州讲学，期限一年，你们和他联系上了吧！

去年秋季开学时，有位美国富布莱特学者丹尼尔·艾莫斯（Daniel Ames）教授来我所讲学，上学期开了二门美国史课，侧重讲美国社会和现状，下学期将开"美国少数民族史"，上学期课程虽然专业不大对口，但艾莫斯教授工作认真负责，大家还是感到有收获，特别是英语听说写读能力都有明显提高。我所的研究方向已转向美国移民史与少数民族史的研究，去年我在这方面的研究又获得国家教委的资助，资助费约有一万元。梁茂信（去年要去洛杉矶参加美国历史学家协会年会，后来又去西雅图，想你们同他见过面）准备写篇有关美国移民法演变的博士学位论文，现在研究工作进展还算顺利，大约今年 4 月可脱稿。胡锦山攻读博士学位已有一年半，她准备写篇有关美国黑人问题的论文，具体题目尚未确定，你们有何建议，希来信告知。

告诉你们一个好消息，即高等师范院校曾宪梓（香港富商）教育基金会在《人民日报》《光明日报》上公布 1993 年教师获奖者名单（全国共一千人），我获得二等奖（获二等奖者 100 人，东北师大有 7 人获二等奖，其中有朱寰老师），获一等奖者只有 20 人，东北师大只有校长获此殊荣。另外，王旭和崔丕两同志已于去年 10 月经评选，晋升为正教授。

学校领导班子也换人了，校长由化学系教授王荣顺接任，党委书记由周敬思接任，其他副职亦有些变动，历史系詹子庆仍任副校长。你们有什么事，请即来信，希望今后能多加强联系，还有世界现代史副教授于群同志去年秋季作为富布莱特学者前去鲍灵格林州立大学历史系进修，也希望同你们取得联系①。

再祝

春节快乐，生活幸福

丁则民谨书

1994.1.22

---

① 他的地址是：Mr. Yu Qun, Department of History, Bowling Green State University, Bowling Green, OH 43403.

关于梁茂信及四名硕士生毕业答辩致黄安年

安年同志：

有件事，现请您帮助指导，那就是今年我们这里将有一名博士生和四名硕士生毕业，他们撰写的学位论文将于6月10日左右举行论文答辩，想请您来长春指导答辩工作，来回约要四五天，不知您能抽出时间来校指导否？至希望您能早日来信告知。如蒙俯允，当在5月上旬将打印好的论文寄上，请您审阅。他们的姓名和论文题目如下：

博士生　　梁茂信：美国移民限额制度的演变研究（约六七万字）①

硕士生　　郭立明：1940—1960年代加利福尼亚州经济结构的变化

王玉华：芝加哥与美国中西部的兴起

孙群郎：美国内陆地区现代大都市丹佛

张　宏：纽约——一个近代大都市的兴起

（以上每篇约有一万多字）

我们非常希望您能够来校指导工作，因为您是这方面的专家，我们还请了冯承柏同志，他已答应到时来校指导工作。前几年，学校修建了一座师大学术活动中心——即"师大宾馆"，食宿条件还可以，地址就在学校附近，来往比较方便。

四名硕士生的论文都是王旭同志指导的，他已于去年升为正教授，写了一本"美国西海岸大都市"的专著，不久即将出版。您和承柏都能来的话，我们又可畅叙一番了，希望早日听到您的复音，余容再叙，此祝教安。

1994年4月24日

---

① 论文终稿为12万字——编者。

美国史博士生、硕士生学位论文答辩会程序

——1994年6月13日

（一）宣布答辩委员会组成人员名单：

主席：黄安年　北京师范大学历史系教授

委员：冯承柏　南开大学历史系教授

　　　洪崇山　（美）富布莱特访问学者、太平洋大学副教授

　　　王　旭　东北师范大学历史系教授

　　　丁则民　东北师范大学历史系教授

（二）宣布学位申请人姓名、学位论文题目

博士学位申请人：　梁茂信　美国移民限额制度演变研究

硕士学位申请人：　郭立明　20世纪40至60年代加州经济发展特点初探

　　　　　　　　　王玉华　芝加哥与美国中西部开发

　　　　　　　　　孙群郎　深居内陆的现代化大都市丹佛发展道路初探

　　　　　　　　　张　宏　一个近现代国际性大都市的兴起

　　　　　　　　　　　　　——1820—1870年的纽约

（三）宣布评议人对博士论文评议的综合意见（由工作人员宣读）

（四）指导教师介绍学位申请人学习情况

（五）学位申请人介绍学位论文的主要内容及撰写情况（以半小时为限）

（六）答辩委员会成员及列席人员就学位论文提出问题，休会20分钟，由学位申请人准备答案

（七）学位申请人回答问题（以半小时为限）

（八）休会　答辩委员会举行会议宣读指导教师和论文评阅人的学术评语

答辩委员会评议答辩情况，讨论对学位论文的评语、并就是否同意授予学位进行表决

（九）复会　答辩委员会主席宣布对学位论文的评语及表决意见

（十）工作人员名单：胡锦山、戴超武、郭立明

关于推荐梁茂信申请香港中文大学资助课题的推荐信

吸收外国人才的问题在美国移民政策中占有极其重要的地位，因为这一问题关系到美国的经济发展和科学的进步，所以，在美国移民政策中总是优先考虑，而且在历次修订移民法的过程中都得到加强和重视。总结它吸收外国人才的政策及其得失，对我国吸引留学生回来报效祖国有着参考与借鉴意义。

梁茂信副教授具有完成这项研究的充分条件：首先是历史系美国史研究室拥有必要的英文图书和指导力量；其次他有一定的研究基础，因为他在题为"美国移民限额制度演变研究"的博士学位论文中已做过一定的研究。

东北师范大学历史教授

美国史博士生导师

丁则民具

1994 年 9 月 19 日

关于美国史学术交流及胡锦山毕业答辩致黄安年

安年：

又来通信，很是想念。近来都很好吧。现有一事请您帮助、支持。即胡锦山同志写的博士学位论文（题目是《（本世纪）美国黑人第二次大迁徙及其影响》）已脱稿，拟请您作为她的论文评议人，您能答应吧。她的论文（约5万多字）这个月中旬印就后，即邮寄上请您审阅，评议表格亦随论文寄上。评议表格填就后，请于6月5日前寄给我为祷。麻烦之处，尚请鉴谅。

近来，王旭同志等人正为美国史年会做准备工作，看来关键问题还是筹措经费问题，虽然经费事已有眉目，但均未具体落实，难度还较大。您那方面如有可能，亦请帮助多想些办法。

3月下旬，我们又在美国驻沈阳总领馆支持下与美国学者举行一次电话会议，议题是有关美国移民政策与亚裔移民问题，大家都感到有不少收获。详情已由博士生袁鹏写篇报道，寄给《通讯》。此祝

丁则民书

1995.5.12

关于戴超武毕业答辩致黄安年

安年同志:

祝好! 听王旭同志回来后谈到您的近况,至为快慰。今夏我们这里有一位博士生(戴超武同志)和两位硕士生毕业,戴同志写了一篇题为《美国对亚洲移民政策的演变》的博士学位论文,着重论述 1943 年废除排华法后至 1990 年美国对亚洲移民政策的变化,约有 10 万字;两篇硕士学位论文都是有关美国地区史和城市史的问题。想请您来校主持这次学位论文答辩,审查评议他们的论文,日期定在 6 月 10 日左右(答辩只需一个单元时间,具体日期待确定后再通知),不知您方便否? 如您同意,当在本月中将戴同志的学位论文挂号寄上,请您批评指正。麻烦之处,容日后面谢。现王旭等人正忙于筹备年会事宜,届时希望您能早来一些天,主持和指导年会工作,余容面叙,此祝

　　近好

丁则民谨书
1996.5.4

评《法律猛于虎：中国移民和近代移民法的形成》

  露西·E·萨利尔著的《法律猛于虎：中国移民和近代移民法的形成》是一部重要的引人入胜的专著，它详尽而透彻地研究了中国移民以及美国移民法的形成，其主要目的是探索美国移民法的起源、发展以及它们在美国法律文化中的地位。

  《法律猛于虎》一书以 1982 年排华法的历史背景和选择移民政策的肇始开篇，随后考察了导致美国在十九世纪后期实施日益加强限制移民政策的社会、经济和文化诸因素。该书的其余篇章分为两部分，第一部分"司法审判"考察了 1891 年至 1905 年中国移民如何通过旧金山的联邦法院成功地向政府官员依据排华法而排斥华人的决定提出了挑战。中国移民抗拒排华的方式为据理力争，诉诸如人身保护令、适当的诉讼程序及证据确凿的法规等原则和惯例，取得了显著的成功。法官们受到法律规章的束缚，他们被要求在审理和权衡个别案件的证据时应根据规范的司法惯例，而不考虑当事人的国籍。法院因不能保护社会免于华人和"不受欢迎"的外国人的闯入而激起排外主义者的愤怒。因此，他们便想方设法将法院审理移民条件的司法权转移到行政官员手中，由他们独自随意处理移民政策。到 1905 年，法院审理华人和移民案件的司法权被大大地削减了，根据上述的发展，作者如是论述：行政官员们用损害"最受尊重的英美法律原则之一"——法治达到了他们的目的。

  第二部分"行政审判"分析了 1905 年到 1924 年间行政官员自行处理移民政策的权限增长及其对移民的影响。1905 年后，移民局的权力加强了，并且在排华方面所发展起来的即决程序已成定型。法院放弃了它在移民政策方面所起的作用之后，移民局则继续采取有效的措施以达限制的目的。因此，作者得出结论：其结果是"一个机构和一系列从未被美国法律体系完全吸收的法律发展起来了"。

  该书的新颖之处体现在几个方面。作者不仅对美国移民法有独创见解，而且她的研究方法也值得我们注意。该书是多学科的研究成果，作者在美国历史、美国移民法和法理学等领域的博学令人惊异。她充分利用了保存在地区法院的判决摘要中那些未公开发表的材料和美国高级专员的讼事案卷。该书的参考书目部分无疑包括了极其丰富的有关中国移民和美国移民法等领域的阅读书目。

作为一个中国读者，我在思索一个问题：为什么华人——美国人口中的一个很小的少数民族——却在十九世纪后期美国的反移民运动中首当其冲？而在该书中未能找到一个令人满意的解释实属憾事。尽管如此，该书仍值得美国和中国学者予以注意。

（原文载于《美国历史杂志》1996 年第 3 期，林艳、李月娥译）

关于袁鹏等人毕业答辩致黄安年

安年同志：

祝好！长春分手以来，已是半年多了。您最近工作和生活都还好吧！至念。

有件事又来麻烦您了。今夏我们这里两位博士生（郭立明和袁鹏同志）即将毕业，根据国家教委的规定，他们撰写的博士学位论文需要请同行专家通信评议。郭的论文题目是"硅谷"的兴起与美国高科技产业道路（大意），袁的论文题目是二十世纪美国西部史学的发展趋势（大意），现在他们正在撰写，预计5月初脱稿，每篇论文约有六七万字。想请您做他们的论文的评议人，如蒙俯允，当将两篇打印好的论文和两份评议书于5月中旬左右快递寄上，请您抽出时间予以审阅。麻烦之处，在这里先行表示感谢。

听说去年年会论文已交给中国社会科学出版社，不知何时出版，请您多予关照。

再叙，至盼赐复，专此，敬祝

工作顺利，全家幸福。

丁则民谨书

1997.3.28

关于《美国政党史研究》的指导致李道揆教授

道揆学兄如晤：

自去年 8 月份美国史年会分手以来，已是一年多了。您近来工作、生活都很好吧，至以为念。

兹有恳者，河北师大历史张兹暑教授是研究美国史的同行，曾在我校进修一年，前些日子，他曾将撰写的《美国政党史》（初稿）送请中国社科院美国研究所审阅。他这本著作曾经获得中华美国学会的出版资助。现在他正在根据该所专家提出的宝贵意见进行修改。在修改的过程中，他估计遇到一些困难，特别是当今美国关于两党政治的新著与研究动态，很想就这些问题向您请教，因为您是国内研究这方面的专家，不知道您能否抽出一些时间给他以必要的帮助。如蒙俯允，弟当函告他向您直接请教，至盼赐复为祷。

值此除旧迎新之际，特祝您新年快乐，全家幸福。

弟丁则民敬书

1997.12.29.

关于世界史学科调整的意见

据悉，国家教委关于调整博士点和硕士点专业征求意见稿中，拟将历史学博士点、硕士点设在中国史和世界史两个二级学科中。中国史学科分设 8 个专业，而世界史却将原有的世界古代中世纪史、世界近现代史和地区国别史博士点合并为一个学科点。这样做不合适，理由如下：

中国史学科分设 8 个专业，而世界史学科却只有一个专业，这样的安排不相称，也表明对世界史学科点不够重视。世界史既有古今的不同，也有地区的不同，没有体现邓小平同志强调教育应面向世界的精神。因此，必须在学科分设一些必要的专业，只有这样，才能体现。

培养历史学博士生、硕士生的主要任务之一，就是能使他们胜任大学历史系的主要课程，而大学本科世界史学科可分为世界古代史、世界中世纪史、世界近现代史和世界地区国别史四门课程。所以，研究生的培养应有专业分工和侧重，攻读专业必须划分清楚和有所侧重，否则，很难提高教学质量，也只有专业培养才能提高在专业方面的造诣，从而提高教学质量。很难设想，一个人能教从古到今的世界史，而且把它教好。

培养研究生的另一个主要任务是结合某一研究方向，提高独立的科研能力，他们成为优良的研究人员，或者大学教师。

现有的博士生和硕士生导师都是专攻某一段（世界古代史、中世纪史或者是近现代史）的专家和历史工作者，并且在这一段历史的某些领域指导研究生撰写论文，很少或者没有精通整个世界史的通才，所以难以培养出精通世界史的人才。

编者：这一段发言稿的书写时间不详，估计是书写于 1996 年至 1997 年。因为在 1997 年世界史学科被合并为一个二级学科。东北师范大学的两个博士学位点（世界古代中世纪史和世界近现代史）被合二为一，成为一个博士点。

（2018 年 7 月 24 日梁茂信根据丁则民手稿整理）

关于身体状况致卞历南

小卞、陈徽：

　　你们好！托王旭带回的糖块礼品早已收到，至为感谢。听他说，你们工作和生活都很好，小卞即将结束学业，取得博士学位，陈徽又上岗工作了，我们听了都非常高兴，也比较放心了。

　　我们的身体都还好。现在我带了四名博士生，既要为研究生开课，又要指导博士生撰写论文，所以工作都较忙碌，幸好有王旭和梁茂信两人的协助，工作负担有所缓解。许姨去年曾患心包积液症，经过服药、治疗，病情已有明显好转，目前她食欲增强，腿部浮肿消失，精神头也强多了，在室内走动比以前自如了。想你们听了，定会为她的康复高兴。

　　尽管如此，我们两人都年事已高，明年就要满80岁了，有些日常家务事已干不了，得请人帮助。幸好这几年国内大学里勤工俭学之风盛行，我们经常请两位同学来舍帮忙，一位每天来帮助做顿晚饭，另一位定期来舍帮助清扫和洗衣服，这就大大减轻许姨的家务负担，也使我能腾出时间从事教学和工作。

　　王旭已招收两名博士生，最近又被校方任命为历史系主任，今后工作定要更忙了。年前他曾去香港大学访问十天，与该校美国研究所建立了学术与人员交流的关系。梁茂信最近接美国驻华大使馆通知，称他已获准作为富布莱特学者去美访问、研究一年（从今秋开始），现他正在联系美国接受单位，将来有机会，他会去看望你们的。我的大侄子丁克诠现在大学数学系任助理教授，他有和你们通信吗？余容再叙，此祝

　　春节快乐，诸事顺利

丁则民、许令德合上
1998.1.21

关于韩宇等人毕业答辩致黄安年

安年：

久未通信，非常想念，您最近工作、生活还好吧！

现有一事，又来麻烦您了。请您赐予帮助。即我们这里，今年有两位美国史博士生毕业，他们撰写的博士学位论文想请您担任论文评议人，审阅、评议他们的论文。两篇学位论文分别是韩宇同志写的《第二次世界大战后美国东北部经济的衰落与转型》和孙港波同志写的《西奥多·罗斯福政府自然资源保护政策研究》，每篇约有5万字，希望你能抽空予以审阅，如蒙俯允，将于本月10日左右，将两篇论文打印稿连同评议表格一并挂号寄上。评议表格填就后，在6月上旬寄回即可。至盼您早日赐知，以便安排工作。这次先行向您表示感谢。专此

敬祝　时安

附语问候夫人

丁则民谨书

1999.5.2

关于韩铁博士工作安排致王旭

王旭同志：

　　你好！你从长春回厦门已有一个半月了，最近工作和生活都好吧！于力和新宇也都好吧！统在念中。

　　有件事想同你商量。七月下旬接到韩铁同志（刘绪贻先生早期的研究生）自加拿大来信，说他1990年去美国大学任教，后来又去麦迪逊（Madison）威斯康星大学攻读历史学科，1997年获该校博士学位。毕业后，即偕同夫人、儿子移民加拿大，现在温哥华居住。他的夫人和儿子已在温哥华有稳定工作，而他则为多家报纸撰稿，成为一个专栏作者。他为了发挥自己的作用，很想回国在大学里担任美国史教学和研究工作，但因他的家人不会同他一起回国，所以希望每年在国内工作半年，半年在加拿大搜集资料，每年来往的国际旅费均由他个人负担。在刘绪贻先生推荐下，他为回国任教事先给我写信，询问东北师大有无接纳他的可能。他与现任武大领导关系不好，所以不愿回武大执教。经与有关同志研究考虑，认为我校恐难以接纳像他这样情况的教师……

　　想来想去，不知厦大有无吸收他的可能？首先，厦大办学有魄力，思想也较开放，而且要开展美国史教学和研究，也需要他这样的人才。所以，我把他推荐给你，至希你能与有关方面研究一下，早日将研究结果告诉我。

　　韩铁同志为人朴实诚恳，中英文功底均较扎实，俄语能力也不错，是刘先生最得意的弟子之一。

　　茂信同志来信，说他八月中旬即将回国，特此奉闻，余再叙，此祝
　　夏安

丁则民书
1999.8.12

梁茂信受丁则民委托回复黄安年

黄先生：

您好！接到来信，未能及时复函，深表歉意。

丁先生自 8 月底以来几次住院和检查，又缺乏人手，膝下无嗣，主要以现在身边的弟子为主，故我等终日奔波，夜间轮流值班，颇感疲惫。先生患肺癌，确诊为晚期，在肺部已扩散，但未波及心脏。当然，他心脏一直有问题。经过近一个半月的反复检查和治疗，病情有所控制，但因化疗，身体现在十分虚弱，食欲下降，走动比较困难。下周准备再次检查，确定是否有做核弹头穿刺之必要。

关于 1999 和 2000 年度两届博士毕业论文题目，详列如下：

韩宇（Han Yu）:《第二次世界大战后美国东北部经济的衰落与转型》（The Decline and Restructuring of American Northeast），指导教师：丁则民，时间：1999 年 6 月

孙港波（Sun Gang-Bo）:《西奥多·罗斯福政府的自然资源保护政策》（A Study on the Conservation of Theodore Roosevelt Administration），指导教师：丁则民，时间：1999 年

王媛（Wang Yuan）:《第二次世界大战与美国西部经济的崛起》（World War II and the Economic Rise of the American West），指导教师：丁则民，时间：2000 年 6 月

聂万举（Nie Wan-Ju）:《1992 年洛杉矶骚乱的历史考察》（A Historic Study of the Los Angeles Riot of 1992），指导教师：王旭，时间：2000 年 6 月

李艳玲（Li Yan-Ling）:《美国城市更新运动与内城改造》（American Urban Renewal and Inner City Renovation），指导教师：王旭，时间：2000 年 6 月

颂　秋安！

梁茂信

2000.10.12 晚

关于孙群郎申请博士后致任东来

任东来同志：

你好！

听说你升任南京大学霍普金斯研究中心的中方主任一职，特此祝贺。

今去函有一事相求。孙群郎同志是我的博士生，关门弟子，将于明年 6 月份毕业。他为人正直诚实、勤奋好学、善于思考，是一个很有志向的青年。他在攻读博士期间，先后在《美国研究》《世界历史》《东北师大学报》等学术刊物上发表了论文 5 篇，还有 4 篇论文在《史学理论研究》《社会科学战线》《史学集刊》等刊物上有待发表。他的勤奋好学和所取得的成就受到学校领导和师生的好评，获得本校"优秀博士研究生""学术活动先进个人"等称号，并且获得了香港中文大学的优秀论文奖。他希望毕业以后能够继续在一个良好的环境中深造，因此，我推荐他到南京大学历史系博士后流动站，师从李庆余同志进行学习和研究工作。我和崔丕老师已经向南京大学历史系写了推荐信，寄给了李庆余先生，请他代为转交历史系有关负责同志。孙群郎已经和南大历史系主任崔之清先生取得了联系，崔之清先生已经让孙群郎将他发表的论文和博士毕业论文的初稿寄过去。现在看来有很大希望。为了确保成功，我希望你能够向历史系有关负责人代为推荐。孙群郎初步拟定的博士后论文选题为《美国的城市化与地方政治制度的演变》，兼具学术价值和现实意义，我认为他能够胜任博士后的研究工作。另外，我对他寄予了很大希望，希望他能够在学术上有所成就。

谢谢！

此致

冬安！

丁则民谨书

2000 年 12 月 11 日

回忆我国一流学府

——国立西南联合大学

（一）西南联合大学建立的简况

1937年7月，日本侵略者发动了全面侵华战争，卢沟桥事变后，平、津相继沦陷。8月，国民党教育部决定，北大、清华、南开三校南迁，在长沙合组临时大学，由三校原校长梅贻琦、蒋梦麟、张伯苓任常务委员，主持校务，1937年11月1日开始上课。该年底，南京沦陷，武汉震动。1938年2月，临时大学从长沙迁往昆明，更名为国立西南联合大学（简称西南联大），经过紧张的筹备工作，该年底才开始上课。抗日战争胜利后，西南联大于1946年5月开始北迁复员，该校遂告结束。

自1937年8月至1946年7月，西南联大仅存在9年，但在出人才、出成果方面，成绩非常突出，因而在中国高等教育历史上是一颗璀璨夺目的明珠，在国内外教育界都赢得了很高的声誉，国外有的学者赞扬说："西南联大的历史将为举世学术界追忆与推崇……联大的传统，已成为中国，乃至世界可继承的一宗遗产。"[①]

（二）西南联大的学习和生活

西南联大校舍非常简陋，除了修建一些简易的平房作为教室、实验室和学生宿舍外，主要都是借用当地中学的空闲校舍（因日本侵略者飞机空袭频繁，当地中学都已迁往外县或郊区）以及会馆、庙宇的房舍。

那时联大学生的学习和生活都非常艰苦，住的宿舍是简陋而又拥挤的茅草房。在一间长方形的茅草房里，摆列两趟共30张双层木床，一般要住上30多名同学。实际上，那只是个睡觉的地方，因为宿舍内没有桌椅，根本没法看书写字。全校

---

① 转引自朱光亚"在西南联合大学成立60周年纪念大会上的讲话"（1997年4月27日），载《清华校友通讯》，复36期（1997年11月），第129页。

一千多学生，只有一座大阅览室，最多容纳 200 多人，所以课后同学去阅览室占位子、抢椅子的现象比现在一些大学严重多了。课后没地方学习，只得结伙去学校附近的茶馆，花上一两毛钱泡碗茶，便在那里坐一段时间，夜晚只能靠茶馆里一盏暗淡的油捻灯念点书。1939 年至 1940 年期间，日本侵略者的飞机经常成群来轰炸昆明，造成巨大的破坏，不仅许多建筑、工厂和学校被炸毁，还造成断水断电，简直无法正常学习和生活。有一次，我住的新校舍区学生宿舍被日机投弹炸中，整个宿舍被炸成一个大坑，木床和学生仅有的衣物都被埋到坑里，同舍同学由于夜间没有住处，只得结伙点蜡烛去刨弹坑，直到午夜才刨出一些已被炸烂的被褥，经过缝缝连连，它们还可勉强供夜间睡眠御寒之用。

那时，联大许多同学都来自沦陷区，由于邮、汇都已中断，得不到家中任何接济和资助。国民党政府发给的贷金起初还勉强够伙食费，后来物价不断上涨，伙食的质量每况愈下。很多同学都不得不靠半工半读来维持生活，充当家庭教师，去中学兼课，还有少数同学组织起来，借（租）用小学校舍，办暑期补习学校，给学生补习语文、数学和英语等主科。这些工作我都干过，有时我还写些稿或翻译一些西方国家的时论文章，投往报刊，赚些稿费贴补零用。后来，昆明物价飞涨，日用必需品早晚市价都不一样，好不容易赚点零用钱也因法币不断贬值难以买到必需品，更谈不上买书了。

联大教授和老师的生活也很清苦，特别是家中未成年子女多的教授生活更是艰辛了。单凭工薪连个人生活都难以维持，更不用说养活家小了，所以不得不去兼差，甚至要兼好几个差，在当时物价暴涨的情况下，就是这样也难以维持。那时昆明社会有一套嗑说："教授教授，越教越瘦。"情况确实如此。

闻一多教授的子女较多，养家负担很重。当时闻教授除在昆华中学兼教语文课外，还在报纸上登广告公开治印，因为他擅长刻番章，隶书、篆书都能刻，慕名而来求治印者很多，闻教授后来就靠这个专长来维持家庭生活。这既是自食其力的雅事，又可业余从事，但也很费工夫。为了按期交付印章，有时闻教授得夜间加工。那时，我也在昆华中学教书，与闻教授都住在该校职工宿舍，正好是楼上楼下，有时半夜醒来，常听见闻教授在楼上刻印章发出的声音。

尽管生活条件很艰苦，但联大始终弦歌不辍，许多师生都是抱着爱国和救国的志向来教书和学习的，因此他们都具有很强的敬业精神和求知精神，这种精神在任何时代都是可贵的，是特别值得怀念的。

现在谈谈我在联大学习的感受。

联大专业思想教育的方式是新颖的，而且效果良好。各系对入学新生似乎都没有进行过巩固专业思想教育，而是鼓励新生（当然也包括老生）去参加专业报告会或辩论会，启发他们对所学专业的兴趣和爱好。校园内经常贴出各种报告会的海报，欢迎师生自由参加。专题报告讲完后，常安排短时间的自由讨论，在讨论时，学生可以自由地提出自己的看法和质疑，有时教授之间也展开辩论。我印象最深的是1939年历史系举行"秦汉帝国与罗马帝国之比较"的学术讨论会，由著名历史学家钱穆和雷海宗两位教授主辩。双方都认为秦汉帝国与罗马帝国分别是东西方灿烂文化发展的高峰，但经过蛮族入侵（日耳曼蛮族入侵罗马帝国，中国则经历五胡乱华）后，两个帝国的境况却迥然不同：罗马帝国灭亡了，整个欧洲进入黑暗时代；秦汉帝国虽然消逝了，但中华文化却没有中断，仍在持续发展，到唐朝又出现太平盛世。为何会有这样的不同，确是个值得研究的问题。当时钱穆教授把秦汉帝国与罗马帝国的不同结局，做了一个非常生动、形象之比较，令人终生难忘。他比喻说，这两个帝国就像两个灯火辉煌的大厅，厅内都装饰得富丽堂皇，非常耀眼；两个大厅中央各悬挂一只光芒四射的巨大吊灯，不同的是前者四周墙壁上都装有许多盏暗藏的壁灯，而后者却没有这种装置。因此，两个大厅的大吊灯被打碎后，后者就一片漆黑了，而前者虽没有先前那么亮堂，但仍有亮光，始终没有熄灭。这便是两者不同。这次辩论会使我们新生受到了启迪，对历史学更有兴趣了。

联大实行学分制，学生选课自由度较大，每个学生修满132个学分即可毕业。历史系必修课共有90多个学分，剩下30多个学分就可任选其他系的课程。当时，我主要选修两类课程。一类是外语课，除选了钱钟书教授开的大二英文外，还选修德语和法语，因为我想侧重攻读西洋史，而阅读西洋史原著就必须提高外语水平。学习两年德语后，也能借助字典、勉强读点有关专业书籍。另一类是选修其他系名教授的课程，如贺麟教授的哲学概论、潘光旦教授的优生学和陈岱孙教授的经济学概论等。再有时间，也偶尔去旁听其他名教授的课程：如陈寅恪教授的隋唐史，冯友兰教授的中国哲学史以及刘文典教授的庄子等课程。这里应特别提及的是旁听陈寅恪教授课程的感受。陈教授身体虚弱、怕风，课前学生要把门窗都关好，他坐着讲课，声音很小，有时也站起来在黑板上写几个字。前两排听课的大半是研究生和他的得意弟子，旁听生都坐在最后一排。陈教授讲到重要或精彩之处，前两排学生中有的就像听京戏似的，听得津津有味，不断点头，但是我们后排的旁听生却听不见，也听不大懂。陈教授家学渊博，学贯中西。听说他早年留学许多国家，掌握英、法、德、意、日等国语言，甚至还懂得一些已不通用的死文字。据称，有一位考古学家在中亚地下发掘出一块古碑，看不懂上面刻写的碑文，请教许多专家都不认得。后来一位日本学者建议他到中国找陈寅恪教授，果然陈教授给他翻译出来了。

联大许多教授，特别一些名教授认真负责的敬业精神令人敬佩。那时，由于日本飞机空袭频繁，不少名教授如周培源、吴大猷、潘光旦和罗常培等都移居郊区，远离学校十余里，甚至数十里，但是他们为了同学学习效果好，从不采取连续数小时讲授的方式，而是按每次一学时每周三次来校授课。他们就是这样不辞辛劳，在郊区与学校之间奔波，并且视为理所当然。有一段时期，日机常来昆明进行疲劳轰炸，白天根本无法正常上课。为了少耽误课程和保证学习进度，有的教授（如社会系陈达教授）就事先与同学商量好，约定空袭时间在郊区某个山沟里或山坡上树林里讲课，而且坚持了相当一段时间。有些教授不仅在专业上有很高的造诣，而且学术思想也很活跃，常结合教学阐发自己的独到见解，从而启发了同学的学习积极性。在这方面，个人感受最深的是听雷海宗教授的课程。他是学贯中西的历史学家，讲授中国古代史课程时，从不带片纸只字，但却能出口成章，讲得娓娓动听而且记忆力——特别是记忆历史年代的能力——非常强。他在讲授历史事件时，不仅能随口说出它发生的时间——即中国各朝帝王年号和年代，而且还附加上以公元为主的西历年代。每堂课，他都要说出许多有关历史事件的年代，有时达十几个之多。有的同学对他顺口说出的这些中、西年代是否都准确，多少有些疑问，在课后将笔记记下的年代逐个与中、西历史年表之类的工具书对照，结果表明他所说出的中西历史年代完全准确无误，令人叫绝。

联大对基础课的要求是非常严格的，各课学习成绩不及格者没有补考制度，如果一门课期末考试成绩在60分以下，那么这门课的学分就算丢了，若是必修课，就得来年重修。有些系还规定，一年级学生所修各课虽然及格，但某一两门基础课，成绩达不到某个标准（70分或65分不等）就不能读该系二年级。这时，系主任会劝你转系，如本人一定不愿意转，那只有来年重读，成绩达到标准时再来该系读二年级。在联大，各科考试比较频繁，要求也较严格。每次期末考试后，总有一部分学生的成绩不及格，听说理科各系课程考试的要求更为严格，往往一门主课有三分之一不及格，结果学生不是重修，就是转系，再不然就是休学不念了。

联大不仅在学术上兼容并蓄，而且政治上也是民主自由的。学校里，左、中、右三派学生都有，校方不加限制。校园内张贴各种各样的壁报，有学术性的、文艺性的，也有政治性的，由不同的学生团体主办。政治性壁报主要有三种：一是三民主义青年团主办的"青年壁报"，一是左派学生团体主办的"群声壁报"，再一是倡导中间路线学生团体主办的"自由论坛"。前者使用的纸张质量好，版面和装潢也较讲究，但很少人看，因为它的论述与官方报纸一个调子，没什么看头。后两者的纸张和装潢虽然都不及前者，但内容充实，论点新颖，与官方报纸的调子迥然不同，所以看的人较多，有时读者还在壁报前进行议论。每逢国内外发生大事，这三种壁报的报道和论述各不相同，孰是孰非，由读者自行判断。在这种自由讨论的气氛中，学生逐渐养成听取不同意见的习惯，而且也有助于他们提高思考、辨别的能力。

在这种学习和政治环境中，联大在培养人才方面可说是成绩斐然，先后在校学习的学生约有8000人，其中正式毕业的约有2500人，抗战期间，投笔从戎或充当盟军的译员的有1000多人，1946年复员时，有1600多人分别转入北大、清华、南开三校继续学习。联大培养的这几千名学生，后来大部分在各自岗位上工作得很出色，其中不少人已成为我国教育、科技、文化、经济、政治等方面的专家、学者和领导干部，在我国"四化"建设中，起着带头人或骨干作用。联大培养了许多方面的出色人才，现就我所知，列举一些如下。诺贝尔物理奖获得者：杨振宁（1942），李政道（1946）；两弹元勋：邓稼先（1945）；核物理学家：朱光亚（1945）；半导体专家：黄昆（1944研究生）；数学理论家：干浩（1943）。文科也培养了不少的杰出人才：中国语文方面有王瑶（1943）和朱德熙（1946）；外国语文方面有王佐良（1939，著有《英国诗史》）和许国璋（1939，编写各大学使用的英语教科书）；历史学方面有何炳棣（1938，曾任美国芝加哥大学讲座教授，著有《东方的摇篮》等）、刘广京（1943，未毕业，曾任美国哈佛大学费正清东亚问题研究中心研究员，著有英国剑桥《中国史》）和汪篯（1938，隋唐史专家）等等。

在抗日战争八年期间，西南联大工作、学习和生活条件是非常困难的。为何在那样艰难的条件下，联大能取得如此突出的成绩，培养出那么多杰出的人才？这是国内外学者都感兴趣的问题，并且发表了不少研究成果和见解。对这一问题做出全面、符合实际的解答，还有待做进一步的深入研究。最近北大出版社出版的《国立西南联合大学校史》一书，就提供了不少宝贵的资料，对研究这一课题有很大的帮助。现在，根据自己亲身的体验和看到的一些有关论文和资料，提出一些不成熟的看法。

一、西南联大继承和发扬了"五四运动"和"一二·九"运动的爱国、民主和科学的传统，坚持了追求真理的精神。抗日战争开始后，联大师生都怀着一个共同信念，那就是同仇敌忾、抗战必胜的信念。许多老师在极为困难的条件下，因陋就简为国家培养人才尽心尽力；学生们则立志为胜利后建设国家而努力学习。这种认识和信念就是师生克服种种困难的动力，也是在强敌深入、风雨如晦的日子里，弦歌不辍的思想基础。在联大师生中，由于爱国、民主和科学的思想深入人心，爱国民主活动又有较为宽松的政治环境[①]，加上中共地下组织的正确领导以及民盟、民青发挥的重要作用，西南联大遂成为中国著名的"民主堡垒"。抗战胜利后，联大师生对时局的发展忧心忡忡，在中共领导下，掀起了反对内战、争取民主的斗争，并使联大成为这一斗争的先锋，闻一多教授和潘琰等四位烈士为此而英勇献身。

二、名师出高徒以及许多教授、老师的敬业精神。清华梅贻琦校长有句名言：所谓大学者，非谓有大楼之谓也，乃有大师之谓也。西南联大虽无大楼，但有许多学贯中西、博大精深的大师。当时，联大师资阵容冠于全国，可谓大师云集，群星灿烂。各院系都有一些学术造诣精深的名教授，如：历史系的陈寅恪和雷海宗、哲学系的冯友兰和汤用彤、中文系的闻一多和朱自清、外语系的吴宓和叶公超、经济系的陈岱孙和周炳琳、社会学系的潘光旦和陈达。理科各系中仅以物理系为例，就有吴有训、周培源、吴大猷等大师，他们既爱才，又有敬业精神，所

---

① 云南省主席龙云对蒋介石消除异己的专制统治存有戒心，因而对当地人民的统治较为宽松，使得云南省成为国民党统治链条中最薄弱的一环。

以能培养出像杨振宁、李政道这样高水平的学生。后来，杨振宁说，那时他从周培源、吴大猷二位老师处学到的物理学问已能达到当时世界水平。比如说，"我那时念的场论比后来我在芝加哥大学念的场论要高深，而当时美国最好的物理系就在芝加哥大学。"他又说："周先生是中国广义相对论研究的带头人；吴先生则是量子力学在中国的带头人，量子力学是 20 世纪物理最重要的革命性的新发展。没有量子力学，就没有今日的半导体元件，也没有今日的计算机。"这表明，这些大师的学术造诣是一流的，而且在培养学生方面也下了很大功夫，所以才造就了一些出类拔萃的人才。听说爱因斯坦见到杨振宁时，说他三十多年来从未遇到过这样好的学生。

同时，联大还有一批从外国学成归来的和学术上很有造诣的年轻教授，他们是外语系的钱钟书和袁家骅、历史系的邵循正和吴晗、物理系的孟照英和王竹溪、生物系的沈同和吴素萱等。他们都活跃在各自专业的科学研究前沿，使联大一些课程的教学内容与当时国际文化、科学技术最新的发展紧密结合，从而提高了教学质量。他们的敬业精神也是有口皆碑的。记得我曾上过钱钟书教授的大二英文，他对学生的英文作文不仅批改认真，而且针对作文中出现的问题，分析讲解也很细致、深入，每次听了都很受益。

第三是学术民主讨论风气。当时，校内各系和研究机构都经常举行学术讲座、专题报告会、座谈会和辩论会等，会前张贴海报，欢迎师生参加。有的大家感兴趣的报告会，往往是座无虚席，不少同学只得站在大教室外边听讲。在报告结束后，经常留一段时间进行讨论，在讨论过程中，学生比较自由地提出自己的意见或质疑，有时教授之间也进行辩论和交锋。像前面介绍的钱穆与雷海宗两教授的辩论会，其他系也有类似的活动，通过这些学术活动，不仅扩大了学生的视野，活跃了学术思想，而且还逐渐养成了民主讨论的学风，习惯于听取不同的学术见解，这对多角度、多层次考虑问题和促进学术发展都是非常有益的。

（原文载于《探究美国》，东北师范大学出版社，2002 年）

学界的追念与评价编

《学界的追念与评价》收取了30篇文章。其中有美国学者塞缪尔·皮尔森（Samuel Pearson）、黄绍湘、刘绪贻、黄安年、任东来和周钢教授等著名学者的追思与悼念性文章，也有黄柯可、侯文蕙、石庆环、宫秀华、徐家玲等女士的文章。其余均为丁则民的学生书写的文章。从文章类型看，有些是在二十世纪八十年代末期发表的学术性评价文章，有些是二十世纪九十年代对丁则民先生主编的《美国内战与镀金时代》的书评，还有些是对丁先生的学术思想、教师教书育人或者是学术定位的评价。无论文章的作者是学界同人，或者是丁则民先生的弟子，其共同特点是：（1）这些文章都在不同程度上对丁则民从事的美国西部史、移民史、《美国内战与镀金时代》等方面的研究做出了肯定性的评价。（2）对丁则民一心爱国，兢兢业业，一生奉献的精神和情怀做出的评价。（3）在教书育人方面，对他在研究与人才培养中，表现出的一丝不苟严谨学风的赞誉。（4）除老一辈学者以外，其他学者，无论是否属于丁则民先生指导的嫡传弟子，都在其人生和学术成长过程中，直接或间接地接受过丁先生的指导，是丁则民在人才培养方面的见证者和受益者。

沉痛悼念恩师丁则民先生

安钰峰

　　昨日，国内吉林大学代表团来悉尼访问，我前去看望，言谈之间，惊闻恩师丁则民先生已经仙逝，不胜悲痛。随即致电师母许令德老师证实，方知先生已于2月26日下午西去，这么长时间，我竟一无所知，悔恨不已。我想要忍住眼泪，却无法忍住悲伤，在不知不觉中泪已成行。整整一夜，我无法入眠，回想着与恩师相处的每一天。先生早年留学美国，1949年新中国成立后不久，毅然回国，参加祖国建设，拳拳爱国心，浓浓赤子情，日月可鉴。先生一生，淡泊名利，工于学问，潜心钻研，宁静致远。先生倾毕生精力于美国史研究，为学严谨，成果累累，晚年虽视力衰退，仍然笔耕不辍，为中国的美国史研究鞠躬尽瘁，耗尽了最后一丝心血，堪为学界楷模。我于1988年慕名考入东北师范大学，师从先生攻读美国史硕士学位。三年虽短，师生情长。从《美国史研究入门》，到《美国西进运动史专题》，以及后来指导我们的毕业论文，先生无一不是倾注大量心血，循循善诱，一步步把我们引入美国史研究的殿堂。而今，先生亲手培养的数十位弟子均已有所建树，在不同的岗位上挑起大梁，先生却远离我们而去，怎不叫人扼腕长叹！先生虽膝下无子，却又儿女成行。师母早年身体欠佳，病退以后，一直在家辅佐先生，几十年如一日，堪称"贤内助"。先生虽教学、科研任务繁重，仍十分体贴体弱的师母，夫妻相敬如宾，风雨同舟，相伴走过数十年人生。作为后学，我们既钦佩先生的学识，又敬重先生的为人，自然经常忙里偷闲，帮助先生做一些力所能及的家务。古人云，"一日为师，终身为父"，滴水之恩，当以涌泉相报，何况先生与师母年岁日高，行动不便。故为先生和师母排忧解难就是我们的分内之事，责无旁贷。每每如此，先生总会通过各种方式对我们的劳动进行补偿，体恤之情随处可见。往事历历在目，如在昨天，怎能忘却。先生对我们的学业要求甚严，有时近乎苛刻，就连写字这种基本功也不放过。正是这种严格的训练，使我养成了良好的学习习惯，凡事都要认真对待，不敢有丝毫马虎和懈怠。先生批改过的每一篇作业，圈圈点点，小到标点、措辞，大到内容、结构，清一色的方块字，一笔一划，字里行间无不浸透着先生辛勤的汗水和巨大心血。睹物思人，令人心酸。手捧先生去年6月寄来的照片，看着先生和师母充满笑意的合影，读着先生充满亲情的问候，我怎么也想不到先生会去得那么快，快得让人无法接受。今日恰是清明节，一向晴空万里、蓝天白云的悉尼，竟也阴雨绵绵，如泣如诉，仿佛也在为先生的逝去哀鸣，把我的思绪一次次带回那梦牵魂系的地方……万水千山，挡不住我对先生深深的眷恋；悠悠岁月，抹不去我对先生永久的怀念；千言万语，诉不尽我对先生无限的哀思。我因公驻外工作，无法亲往为先生送别，就在这南半球最大的城市悉尼偕妻子向您鞠躬了。桑榆虽晚，为霞满天；青山依旧，风范长存。先生安息！

（原文载于《美国史研究通讯》2001年第1期）

师恩难忘，难忘恩师

——写在恩师丁则民先生仙逝5周年之际

安钰峰

　　昨天下午，恩师丁则民先生的侄子丁克诠博士从美国来访，虽素昧平生，却一见如故，谈起恩师往日的谆谆教海，甚是投机，一点一滴，再次勾起了我对恩师的深深怀念。适逢恩师今年仙逝5周年，昨日又恰逢清明节，狂风大作，尘土飞扬，天色昏暗，喇叭呜咽。静静地坐在先生的墓碑前，我的思绪禁不住又飞回到与恩师相处的岁月……

　　先生一生，放眼世界，胸怀祖国。在学期间，先生经常以修身齐家治国平天下这一传世名言勉励我们好好学习，将来为国家建设贡献力量。先生风华正茂之年，正值新中国成立初始，满目疮痍，百废待兴。怀着一颗报效祖国的拳拳之心，先生毅然放弃了优越的海外环境，回到了积贫积弱的祖国怀抱，倾尽毕生之所学，博采中西之精华，为祖国建设呕心沥血，培养人才，直至生命最后一刻。"文革"期间，虽遭受巨大挫折，然痴心未改，禀性不移，赤子之情，溢于言表。

　　先生一生，为人正直，两袖清风。先生常常念叨一句话，做学问固然重要，但做人更重要，只有把人做好，才能把学问做好。先生是这样说的，也是这样做的。几十年来，先生始终坚守做人至上，人品、学问在学界堪为楷模。面对学界不时传出的某些不良风气，先生深感忧虑，时常告诫我们，科学研究来不得半点虚假，切不可投机取巧，要小聪明，没有踏踏实实的求学精神和坚忍不拔的毅力，是做不好学问的。凡有所作，必要经得起推敲。记得入学时老师开设的第一门课就是美国史入门，先生从如何使用图书馆、资料室，如何查阅和收集资料这些基本功讲起，一点一滴，由浅入深，引导我们入门。每次课后，先生都会布置作业，对课堂教学效果进行检查。万丈高楼平地起，扎实基础最重要，先生的用心可谓良苦。面对社会上各种经济利益，先生从不为所动，就是自己的住房也是完全听从学校安排，从不伸手。走进先生的家里，完全看不到一位学术名家的气派：除了地面上铺了一层地板革外，其他地方几乎保持了原样，简洁明了，倒是满屋的中英文藏书以及书中夹杂着的大量书签，让人想到先生学术道路上挥洒的辛勤汗水。

十几年时间弹指一挥间。离开先生的日子里，先生的影子就成了我脑海里一道抹不掉的记忆。在我的作业本里，一直保留着一张先生伏案写作的照片，多少年过去了，每每遇到困难，我就会随手翻开当年的作业本，看看先生70多岁高龄时仍然那么投入、忘我工作的照片，我的心里就会油然而生一种敬佩！

莫道桑榆晚，为霞尚满天。记得这是我走上工作岗位后，有一年利用出差机会回母校看望先生时，看到先生依然精神矍铄，书桌上摆满了翻阅的资料，顺口说出了古人的这句名言。先生还是那样谦和地说，不行了，年龄大了，身体不如以前了，趁着身体状况允许，再带几届学生就该退休了。为了学科建设后继有人，先生一直坚持招收博士研究生，为培养后备人才奉献出了自己的全部心血。先生详细询问了我在单位的工作情况，鼓励我好好努力，闲暇时还要多读书，思考一些问题，不要荒废光阴。记得当时我一边抽着先生亲手为我点燃的香烟，一边喝着先生亲手泡制的绿茶，聆听着先生充满亲情的教诲，那种感觉真好。

在学生的眼里，先生既是一位博学的师长、前辈，更是一位慈祥、和蔼的长者，学习上严格要求自不待言，生活中悉心关怀随处可见。每次来信，先生总会问到我爱人和孩子的情况，要我们注意身体，劳逸结合。作为先生的弟子，短短三年求学生涯，先生的悉心教诲，足以让我等后学受益终生。

2000年7月，我收到了先生6月23日写给我的一封信，信中写到，"我们（和师母许令德老师）都很惦记你，希望你能抽空来信。"没想到次年春寒料峭之时，先生就已仙逝，这竟成了先生给我的最后一封信。我深知先生和师母对我的殷切期望和悉心关怀，虽然当时远隔重洋，但我似乎仍能感受到先生和师母就在我的眼前问长问短，问寒问暖，就像在家里拉家常，充满了亲情……

师恩难忘，难忘恩师。

先生安息。

（原文载于《美国史研究通讯》2011年第2期）

永在心中

戴超武

听到先生仙逝的消息后，我简直不敢相信。我拿出先生过去所有给我的信件，拿出同先生的留影，拿出先生在我博士毕业时送给我的礼物——一支派克钢笔，看着先生留给我的"学海无涯"的赠言，往日与先生相处的景象，仿佛还是昨天的事。

先生是国内研究美国史的权威和前辈，一生学贯中西，研究领域非常广泛，在美国西进运动史、美国移民史等领域更是独树一帜。先生在这些领域的研究成绩斐然，不仅在国内享有盛誉，而且声播海外，使得先生所在的东北师范大学成为国内研究美国史的重要基地之一。我当初之所以报考东北师范大学，便是仰慕先生大名。在先生的主持下，东北师范大学美国研究所不仅完成了在国内非常有影响的《美国内战与镀金时代》，而且还进行了国内具有开拓性的研究，即美国族裔史、美国城市史的研究。东北师范大学美国研究所的研究人员及博士生发表和出版了有关这一课题的相关论著，包括美国城市史研究、美国移民政策研究、美国对亚洲移民政策的研究、美国黑人的研究等，使得东北师范大学在这些方面的研究处于国内研究的领先水平。

先生在学业上对我们这些学生要求非常严格。由于美国史研究要涉及大量的外文资料，先生特别关注学生的外语水平的提高，尤其是那些不是外语专业毕业的学生。记得先生在我参加考试后写给我的一封信中说：希望今后在听说读写等方面多下些功夫，特别是听说写三方面多做实际联系；暑假期间，也可多听听录音磁带，练习一些英文短信或信件。总之，要见缝插针，在青年时期多锻炼，以提高自己的能力和水平。"我在先生门下读书三年，每年美国所都有来自美国的专家学者任教。先生一再嘱咐我们，不论多忙，都要去听这些外教的课，因为在先生看来，这无疑是提高我们外语水平的最佳途径之一。我记得在我最后一年写毕业论文的时候，先生依然让我去听外教的课；我尽管去听了，但当时心里还是有些想法。现在看来，先生的要求无疑将使我们受益一生。我自己感到英语水平能有较大的提高，便是读先生博士的那三年。先生对我们在学业上严格要求，一再强调研究历史必须有正确的理论指导。我记得我刚入学时选了先生一门课，课程结束时先生让我写一篇列宁论述美国农业资本主义发展道路的课程论文。我当时感到这个题目很有难度，主要是涉及许多原著，有些畏难情绪。记得先生当时对我说，这些都是研究者必备的基本功，只有对理论有较深的了解，才能更好地研究历史问题。先生的这个思想后来是我进行学术研究的座右铭。先生对我们在学业上要求严格，特别体现在我们写毕业论文的时候，从选题、体例的安排甚至遣词造句，先生都细加指导。记得我当时春节回家前，把论文提纲交给先生，先生在春节刚过就写信给我，对提纲提出了详细的修改意见，实在令我感动不已。先生虚怀若谷，平易近人，慈祥可亲。我记得自己在1993年初准备报考先生博士生的时候，面对这样一位国内外知名的大家，我诚惶诚恐地给先生写了一封信，询问考试的相关情况。说实话，我并没有期望先生能回信给我。但出乎意料，先生给我写了一封足有三页长的回信，详细回答了我的问题，并说明了一些必须注意的事项。先生的回信坚定了我的信心，也使我如愿以偿地受业于先生门下。先生课余之时常喜欢谈自己过去的一些非常有趣的事情。他谈自己在西南联大时期的故事，谈自己在美国留学期间在葡萄园里打工的趣事，他知道我从南京来，还同我谈他自己在南京时的往事，说起在南京雨花台附近有一家专门经营鸭产品的饭店，并说那里的鸭舌非常美味。我记得我当时对先生说，雨花台附近现在已经没有这家饭店了，但南京的鸭舌有的卖，希望先生有机会再去南京。记得先生曾愉快地答应了。美国史年会在南京举行的时候，曾专门邀请先生来南京。我当时在电话里还对先生说，您来了以后我请您去吃鸭舌。至今，我还记得先生当时开心的笑声。

虽然先生在学业上对我们严格要求，但平时待我们亲如父子，我们也视先生为自己的父辈。先生1998年八十华诞时，我们这些学生说好要去长春给先生祝寿。我因事未能参加先生的祝寿活动，只好寄去一份小礼物，表示一下自己的心意。事后先生专门写信给我，先生在信中说："部分毕业同学和在校美国史专业为我祝寿欢聚一堂，很是热闹。许老师和我也都非常高兴。返校的毕业同学有郭立明、袁鹏和他的爱人、孙群郎和他的女友以及张爱民等人……有的毕业同学因路途遥远或工作忙碌不能返校，还打来电报、电话表示祝贺，也使我们非常感动。"对我寄给先生的小礼物，先生甚至对我说，他真是感到有些过意不去。

最令我感动的是在我博士毕业后申请中华美国学会的福特出版基金时，先生不仅为我写了热情的推荐信，而且还在我修改过程中对书稿提出了非常好的建议和修改意见。当我向先生提出为我的书稿写一篇序言的时候，先生很干脆地答应了，只是要求我不要催得太急，因为先生当时极其繁忙。先生写的序言寄来后，更加令我感动的是，先生完全是用手写，在稿纸上一字一字为我写出来的，整整十九页。所有这些，无不体现了先生对我们的关爱和严格的要求。在先生门下的受业，将使我永远难于忘怀。记得我到北京交书稿的时候，责任编辑还对我说，序言写得非常精彩，你的先生真是大家手笔。后来，我将先生的手稿用电脑打印出来后，连同先生以往给我的来信，都仔细地放在我的一个特定的文件架里。现在读起先生的这些来信，看着先生那熟悉的笔迹，仿佛还像坐在先生在东北师大教舍的家里，听先生的课，与先生聊天，这些都仿佛还是昨天的事情。

写这篇稿子的时候，我没有任何的逻辑，满脑子都是先生的影子和他可亲的笑脸。与先生相处的三年，是我人生中最为重要的时期之一。先生的教诲不仅使我在学业上有了一个质的飞跃，同时我更从先生那里学到了许许多多做人的道理。现在，还是要从心里真诚地对先生说一句：谢谢您。

所有这些，永在心中。

（原文载于《美国史研究通讯》）

丁则民先生学术成就和史学思想评述

高　嵩

2001 年 2 月 26 日，我国知名史学家、中国美国史研究的奠基人之一丁则民先生因肺癌医治无效溘然长逝。他祖籍福建省闽侯县，1919 年农历七月廿二生于北平市。1937 年入燕京大学法学院就读，1938 年去昆明西南联合大学读历史系，1942 年毕业获文学士学位。1947 年去美国华盛顿州立大学研究生院攻读美国史，1949 年获硕士学位。新中国成立回国，在北京师范大学历史系任讲师、副教授，从事世界史与美国史教学和研究工作。1952 年全国院系调整时他响应政府号召，来到当时经济和教育落后的长春，任教于东北大学（1952 年更名为东北师范大学）历史系，曾任历史系副主任、美国史教研室主任、美国研究所所长、博士生导师、中国美国史研究会副理事长、顾问，中国世界现代史研究会副理事长，吉林省史学会副理事长、顾问，中国大百科全书世界历史卷美国史部分副主编，吉林省社联理事会理事、长春市政协委员、民盟长春市委常委等职，先后承担中国社会科学院"六五"、国家教委"七五""八五"科研重点项目。丁先生毕生矢志史学，淡泊名利，青灯黄卷，潜心研究，致力于世界历史尤其是美国历史的研究与教学，留下了丰硕的学术遗产。为我国世界历史学科建设，尤其是中国美国学的发展做出了巨大的贡献。丁先生学贯古今，识见深睿，后生鲁钝，于先生之学未通盘理解，惶惶论述，仅以此篇作为对先生的纪念，对他的治学精神、学术成就和思想试作评价，以飨后学。[①]

---

① 关于丁则民先生的生平和对中国美国史教学与研究的开创和发展的贡献，详见：《美国史研究通讯》，2001（1）.深切怀念丁则民教授专号

一、研究与现实结合的爱国情怀

作为我国世界史、美国史研究奠基人之一，丁则民先生的治学精神和学术成就源于他在风风雨雨中形成的民族忧患意识和爱国情怀，表现了中国学者特有的使命感和责任感。在他的青少年时代，中国内乱频仍、外敌侵凌、山河破碎，民族解放的呼声日益高涨。由于先生出生于书香世家，耳濡目染，自幼喜好读书。随着星移斗转，丰富而灿烂的中国历史与文化滋润了他的爱国热情并随着他年龄的增长而日益强烈。抗日战争爆发时，正在燕京大学就读法律的丁先生，像许多热血青年一样，不堪忍受做亡国奴的生活，参加了华北抗日工作，后赴西南联大历史系就读。其间，他亲耳聆听陈寅恪、钱穆和刘文典等学术大师的教诲。在他勤奋学习的同时，又积极参加了当地的抗日活动，搜集与编译日军的情报。1942年毕业时，多年来的学习和亲身经历使他的内心萌发出一种强烈的民族忧患意识和责任感，希望中国能早日走向统一和富强，自豪地屹立于世界民族之林。

怀着知识救国的理想，丁先生于1947年负笈美国华盛顿大学攻读美国史。他认识到，美国作为一个年轻的国家，当时只有170多年的历史，却是个科学发达、繁荣昌盛的世界强国，二战结束后更成为世界头等强国，在国际事务中处于举足轻重的地位，所以，应该从各方面研究美国，探索其经验与教训，以便"为我们中华民族重新在世界上崛起找到一些可供借鉴的东西"[①]。在异国他乡的岁月里，他深深地感到海外华人与祖国强弱的唇齿关系，理性的思考更加坚定了他学成后矢志不渝、赤心报国的决心。1949年当他获悉新中国成立的消息后，激动不已。尽管他喜欢西雅图[②]，可以说一口地道的英语，也可以在那里过上舒适的生活，但是，他义无反顾地放弃继续攻读博士学位的计划，冲破美国政府的种种刁难和国民党军舰的重重封锁，取道香港，回到祖国。在此后半个多世纪中，尽管风雨沧桑，丁先生始终没有放弃对历史特别是美国史的研究，研究与现实相结合的情结始终贯穿于他的思想中，为中国史学的发展做出了巨大的贡献。这一点首先体

---

①　《执着求学赤诚报国：访东北师大丁则民教授》.长春盟讯，1989（4）：30

②　多年后，他曾对一位美国友人说，西雅图是他的第二故乡。见《美国史研究通讯》2001年第1期，第41页。为了表达他对该市的怀念，丁先生晚年在论文《"西雅图精神"刍议》中探讨了西雅图的发展历程，认为其市民"百折不挠的进取精神、知其不可为而为之的创造精神以及齐心协力的团结精神"使西雅图从美国西北部一个偏僻小镇发展成为该地区的首位性城市。见：王旭、黄柯可主编.城市社会的变迁.北京：中国社会科学出版社，1998.266-276

现在他对美国排斥华人、美国对外政策、西部史和中美关系等方面的研究。

新中国建立后，中美关系因美国政府的敌视新中国的政策、社会制度和意识形态上的差距而导致双方断交并处于对峙状态，朝鲜战争的爆发又使中美关系恶化到极点。客观形势要求中国人了解和认识自己的对手，中国的学者尤其责无旁贷地加强了对美国的研究。作为新中国首批美国史学者之一，在强烈的爱国情怀的驱使下，丁先生把对美国史的早期研究锁定在美国排斥华人和美国对外扩张政策两个方面。

丁先生在留美期间，深切体会到华人对美国社会发展做出的重大贡献和所受到的不公正待遇。尽管史料有限，丁先生却凭着在美留学期间积累的资料，并参照清朝以来的各种史志、游记，潜心研究，撰写了论文《美国迫害华工史辑》、"门罗主义与美帝侵略政策"和新中国第一部《美国排华史》[①]，以大量具体史实阐述了 1848 年至 1940 年美国限制和迫害华侨的历史。《美国排华史》揭露了美国政府歧视旅美华侨的面目。尽管该书是为配合抗美援朝斗争而编写的通俗读物，但字里行间充满了史学家所必需的理性分析，饱含了一位曾经留美的中国学者的历史情感和民族情结，因而在史学界产生了良好的反响，该书也多次再版。此外，由于五十至六十年代中国与美、苏关系的恶化，中国与不结盟运动及整个第三世界国家的关系空前加强，长期遭受殖民侵略的共同命运使亚、非、拉被压迫民族在反帝反殖民斗争中走到一起。丁先生以史学家特有的睿智，在古巴导弹危机结束后发表了一系列美国对加勒比海地区侵略扩张的论文[②]，其中《1899—1923 年美帝国主义对古巴的侵略政策》，洋洋洒洒，以两万多字的篇幅和大量确凿的史实批驳了美国不是殖民主义国家的论调。他明确指出，美西战争结束后，由于美国在古巴采取了"统治而不兼并"方式，"发展了一套从政治、经济和军事等方面控制和奴役弱小国家的办法"，使形式上独立的古巴实际上成为从属于它的保护国。随后，美国将这种方式推及加勒比海地区和中、南美洲，形成一种具有美国特点的殖民侵略和统治形式。此种形式貌似"温和"，实则较之于赤裸裸的殖民

---

① 丁则民.《美国迫害华工史辑》.历史教学，1951（3）.《美国排华史》.北京：中华书局，1952

② 丁则民.《1899—1902 年美帝国主义对古巴的第一次军事占领》.文史哲，1963（6）.《1899—1923 年美帝国主义对古巴的侵略政策》.吉林师范大学报，1964（4）.丁则民、姜德昌.《一百多年来美国对多米尼加的干涉和侵略》.吉林师范大学报，1965（1）

侵略更狡猾、更持久，因而更具侵略性①。尽管这篇宏论难免具有其时代的印记，但就其资料性、思想缜密性、分析角度和深度而言，国内能出其右者寥寥。

"文革"期间，先生因"留美"身份倍受冲击，研究资料被付之一炬，迫使丁先生中断了他珍爱的研究事业，然而，先生的爱国之情始终不变，史学家的使命感让他对美国史问题的思考从未停止。十一届三中全会召开后，丁先生迎来了他研究生涯中的第二个春天。他认识到，十年内乱在各个方面，包括史学研究，拉大了与国外的差距。这种紧迫感促使他只争朝夕，论著如雨后春笋，硕果日见。

针对当时中国美国史学界若隐若现的"美云亦云"现象，丁先生再次将美国移民史作为研究重点课题之一。他主张从美、中两国历史和文化的比较研究中探索美国对华人移民的政策，在研究中一方面牢记作为一个中国人所应有的民族情感，另一方面应该体现出中国人的研究特色。因此，他相继发表了《百年来美国移民政策的演变》《美国的"新移民"与文化测验——兼评本世纪初美国学术界限制"新移民"的观点》《外来移民在美国历史中发挥的作用》《第二次世界大战后美国族裔史学及其发展》和墨香尚存的《美国移民史中的排外主义》等系列文章，对移民、民族和族裔概念、美国的移民政策变化、外来移民在美国历史上的贡献、排外主义等历史问题进行了系统研究，勾勒出美国移民史的基本轮廓，揭示了其中重大问题的实质②。这些成果以大量的史实批判了美国政府和排外势力对少数民族的不公正态度，强调了移民对美国社会做出的巨大贡献，讴歌了美籍华人可歌可泣的经历及其在美国历史进程中的作用。他再三告诫学生，美国不是移民的天堂，祖国才是我们真正的家。

在丁先生的心中，他始终期望自己的研究能够为中国的现代化建设服务，以此报效祖国。他明确指出："美国是个资本主义发达的国家。它的历史、特别是十九世纪后期以来的历史，既经历了经济迅速发展的阶段，也包括了社会不断变革的丰富内容。许多历史问题的研究都可以作为我国当前改革的参考和借鉴。比如探讨美国城市管理体制的演变、垄断企业的经营管理以及美国西部的开发等方

---

① 丁则民.《1899—1923 年美帝国主义对古巴的侵略政策》.52—71

② 丁则民.《百年来美国移民政策的演变》.东北师大学报，1986（3）.《美国的"新移民"与文化测验——兼评本世纪初美国学术界限制"新移民"的观点》，社会科学战线，1986（2）.《外来移民在美国历史中发挥的作用》.东北师大学报，1993（5）.《第二次世界大战后美国族裔史学及其发展》.长春：东师史学，1994（1）.《美国移民史中的排外主义》.世界历史.2001（1）.

面的经验教训，都会给我们当前改革所需要解决的问题以启迪的。"所以，研究应体现学术价值与社会效益的统一，"用具有较高学术价值的研究课题，达到为我国现实更好服务的目的"。① 为此，他从八十年代中期开始，潜心研究美国西进运动史。1990年先生在谈到美国西进运动史时指出："主要内容涉及三个方面：即扩张、移民和开发。过去国内有些论著涉及这一历史问题时，多侧重揭露美国征服西部和土著居民的扩张活动，对移民和开发这两个方面则阐述不够。这表明我们对于持续百年的美国西进运动还未进行全面、系统地研究，而这种研究不仅使我们进一步了解当代美国的历史由来，而且对我国当前的'四化'建设也是不无意义的，特别是对我国当前开发大西北的巨大工作是不无参考借鉴作用的。"② 国内美国史泰斗之一黄绍湘先生评价丁先生在美国西进运动研究中所做出的贡献时指出："在西部开发问题上丁先生特别指出：用十九世纪末美国西部开发模式来指导二十世纪末和二十一世纪的中国西部开发是不可取的，因为时间、地点等都不同。特别是在生态恶化和对少数民族政策方面，美国历史给我们的警示大于指导。这是一个意义十分深刻的见解。"③ 1999年，丁先生发表了《城市促进者在拉斯维加斯发展中的作用》④ 一文后，将其寄给澳门特首何厚铧，希望能够对澳门的发展有所借鉴。管中窥豹，先生治学的现实关怀尽显其中。

在丁先生的心目中，他无时不关注中美关系的走向，即使暮年，也是如此。在他看来，两和则兴，反之则俱伤。因此，中国学者研究两国关系史，必须体现中国的特色并为两国关系的改善服务。他在《中美关系中值得注意的问题》中指出，由于中美关系中合作与冲突并存，使"中美关系具有曲折性和易变性"。由于美国公众对世界事务的了解陷入"非黑即白"的模式，加之一些美国人"总想找一个敌国来确定美国的外交方向"和美国媒体与学者的鼓噪煽风，影响了中美关系的正常发展⑤。《当代中美关系及其走向》是先生最后一篇论述中美关系的文

① 丁则民.在中国美国史研究会第五届年会上的发言.中国美国史研究会编.中国美国史研究会通报（34）1986（9）：14—15

② 丁则民.《我的治学道路》.吉林省社会科学联合会：治学之路.长春：吉林文史出版社，1991，178

③ 黄绍湘、毕中杰.《心香一烛悼丁则民同志》.美国史研究通讯，2001（1）：8

④ 丁则民.《城市促进者在拉斯维加斯发展中的作用》.东北师大学报，2000（1）

⑤ 丁则民.《中美关系中值得注意的问题》.东北亚论坛，1998（2）

稿，依然倾注了老人家的爱国情怀。这篇文章中，先生对中美建交以来两国关系的基本走向、严重分歧及其重要性等问题阐述了自己的见解后，满怀深情地呼吁："让双方有识之士为增进中美之间的相互了解做出更多的贡献吧！"① 拳拳爱国心，山河可鉴，浓浓赤子情，日月可鉴。

二、微观与宏观视域下的整合性研究

丁先生孜孜以求，博览群书，笔耕不辍，虽未著作等身，亦硕果不断。他一生撰写和参编的著作 6 部、与人合作翻译 4 部，论文 40 余篇，其中不乏传世之作。从这些著述发表的时间和覆盖面来看，具有"宽—窄—宽"的特点。第一个"宽"是指五十年代至七十年代末在着力于美国史研究的同时，更多地着眼于世界近现代史问题；所谓"窄"是指 1978 年至 1990 年间集中于美国历史某些具体的微观问题的深度研究。在九十年代丁先生的研究又回到了相对意义上的"宽"的层面，他的研究仍集中于美国史，但研究的领域大为拓宽，涉及西部史、移民史、民族史、城市史、妇女史、区域史、环境史等领域，且在宏观视域下展开研究。这样，丁先生学术研究的三个时期形成鲜明对照，后期的"宽"是前期的"宽"与"窄"的发展和继续，从而形成了微观研究和宏观研究并重的整合性研究体系。据此，笔者将丁先生的成果分为三类：

第一类就是前文中所提到的第一个"宽"，即在宏观视域下，为推动世界史学科建设而编著的教材、译著和论文等，涉猎二战史、欧洲史、拉美史和美国史。在这一类成果中，按照其内容可分为三个层次。第一层面是世界近现代史教材的编撰。在史学传统丰厚的中国，有关外国史的记载在历史著作中屡见不鲜，而且其地理范围遍及亚非欧。应该说，1949 年以前的史学主要囿于中国史，世界史作为一门独立学科体系尚未形成，相关研究处于准备阶段。同时，无论是教学上还是研究上，许多成果深受西方学者的影响，运用马克思主义研究外国史的人很少。因此，建立我国自己的世界史学科体系就成为新中国史学工作者的重要任务之一。有鉴于此，丁先生于 1956 年受教育部委托，主编了《世界现代史教学大纲》，供各高等师范院校历史系试用。在此基础上，他于 1957 年至 1958 年与人合编了《世界现代史》（上），1961 年至 1962 年又出版另一部《世界现代史》（上、下册）。

---

① 丁则民.《当代中美关系及其走向》.东北亚论坛，2000（2）：10

前者叙述了俄国十月革命到"二战"结束时的世界历史，后者增加了战后到五十年代后期的历史，两者是国内出版较早的以马克思主义为指导的自编教材之一，在高等学校广泛使用，影响了一代甚至两三代人。尽管这些教科书中难免带有时代的痕迹，单纯强调现代世界两个体系——社会主义体系与资本主义体系——的矛盾斗争，而忽略第三世界的历史地位和作用；竭力突出资本主义各国的革命，特别是暴力革命，而根本否定改良在历史中的作用等，但毕竟在当时特殊的历史时期为建立和完善新中国的世界史学科体系做出了重要贡献。1979 年至 1980 年，先生还积极参加了王荣堂、姜德昌主编的《新编世界近代史》的编写工作，该教材后被国家教委推荐为高等院校通用教科书[①]。

第二层面是为配合教学而进行的重点问题研究，先后发表了第二次世界大战的起源、性质和西班牙人民反法西斯革命等论文[②]，其中《第二次世界大战的起源和性质》以历史唯物主义为指导，认为它与"一战"一样，是资本主义国家发展的不平衡性及其矛盾日益尖锐化所引起的；但在战争性质上与"一战"根本不同，它"一开始就带有反法西斯战争与解放战争的性质"。1941 年苏联的参战更加强了这种反法西斯的性质。文中还指出，在苏联参战前，还"存在着另一种性质的战争，那就是 1939 年 9 月初开始的英、法政府对德国的帝国主义战争"[③]。这里有两点需要指出：第一，丁先生在五十年代中期就指出了苏联参战前的民族解放和反法西斯的性质，不能不说是一个贡献，因为在当时能够提出这种观点的学者寥寥可数；第二，八十年代末，以治学严谨著称的丁先生曾指出，在当时把英、法对德战争定性为帝国主义战争是否合适，需要重新认真探讨。这既反映了先生实事求是的治学态度，又为新一代学者提出了老题新作的要求。

第三层面是翻译国外学术成果。在这方面，丁先生首先翻译了美国学者安娜·罗切斯特的《美国资本主义（1607—1800）》。该书以马克思主义为指导，系统阐述了十七和十八世纪美国资本主义的发展及美国人民争取独立和民主的革命

---

① 丁则民.《世界现代史》（上），新华书局经销，东北师大印刷厂 1958 年版.《世界现代史》（上、下），东北师大印刷厂 1961—1962 年出版.《新编世界近代史》（上、下）. 长春：吉林人民出版社，1980—1981

② 丁则民.《第二次世界大战的性质》，光明日报·史学，1956. 第二次世界大战的起源和性质.《历史教学》1957（4）.《1936—1939 年西班牙人民反法西斯的民族民主革命》. 历史教学，1959（6）

③ 丁则民.《第二次世界大战的起源和性质》. 历史教学，1957（4）：28

斗争，对了解当代美国历史很有帮助。1974 年从农村调回学校后，丁先生投入很大精力与人合译了罗杰·威廉斯的《欧洲简史：拿破仑之后》和亨利·赫坦巴哈的《俄罗斯帝国主义：从伊凡大帝到革命前》等书。《欧洲简史》是关于欧洲史的教学参考书，其特点是用较大篇幅阐述欧洲文化和科学的发展及其历史作用。《俄罗斯帝国主义》是关于十五世纪中叶以来沙俄对外扩张史的论文集，探讨了俄帝国主义的起源及其对周围地区的侵略[①]。尽管这些著述的作者都是西方资产阶级学者，但对当时了解国外研究动态，推进国内世界史研究和教学都起了积极的作用。

第二类是所说的"窄"，即 1978 年至 1990 年间丁先生对美国史学史、移民史和断代史等领域具体问题的微观研究。这实际上是先生对自己在五十至六十年代的研究和对中国美国历史学的发展进行反思的基础上所做出的选择。这样做一方面可以弥补国内关于美国史学史研究的不足，另一方面可以产生点面结合、凸显历史整合性的效用，从而在推进自己研究生涯的同时，也为他视如己出且日益增多的研究生开拓新的研究领域。在这一时期，丁先生的研究成果，无论其质量还是学术水平，均达到了他事业的顶峰。研究中的客观性、缜密性和系统性特点也更加突出。

关于美国史学史，丁先生认为，把握其发展与演变是追求学术真谛的前提。美国的历史并不悠久，但史学发达，流派林立，其中有些往往可以主宰美国史坛几十年。如果不弄清其来龙去脉，研究中就会遇到很多困难。但是在七十年代末八十年代初，我国相关的研究比较薄弱。为此，丁先生博览群书，广集资料，条分缕析。在研究中，他始终坚持两个原则：（一）在理性分析的基础上，批判地吸收美国学者的观点。因为他相信，多数美国史学成果深受资产阶级史观影响。只有以马克思主义为指导，才能去伪存真，洋为中用；（二）由于中国人研究美国史学史时在资料上不占优势，所能做的是在对其加以鉴别和研究的基础上，力争在方法论上有所创新，舍此难有突破，更谈不上在国外史学界获得一席之地。

从先生的研究成果看，他系统研究的首要对象是以弗雷德里克·J. 特纳为首的"中西部学派"和以查尔斯·A. 比尔德为代表的经济学派。关于特纳及其流派，

---

① 关于丁先生与人合译著作，见安娜·罗切斯特.《美国资本主义（1607—1800）》.北京：三联书店，1956；罗杰·威廉斯.《欧洲简史：拿破仑之后》.北京：吉林人民出版社，1975；亨利·赫坦巴哈.《俄罗斯帝国主义：从伊凡大帝到革命前》.北京：三联书店，1978

丁先生主要发表了 5 篇论文，重点阐述了边疆学说和地理决定论的基本立论及其在美国历史上的影响，批判了这两种理论中的扩张主义思想和地域决定一切的错误论断①。丁先生认为，边疆学说的创立正值美国自由资本主义向垄断资本主义过渡的时期，其中鼓吹的扩张主义适应了美国向海外扩张的需要，所以这一学说受到了当时美国的扩张主义者布鲁克·亚当斯、亨利·洛奇、西奥多·罗斯福和伍德罗·威尔逊等人的一致赞扬，因而对美国的海外扩张政策产生了深远影响②。此外，先生特别强调，在二十世纪的美国学术界，一度出现了贬低和忽视奴隶制问题在美国历史中的地位，与特纳的影响是密切相关的。在特纳看来，向西部扩张在美国历史中具有独特的决定性意义，而"关于奴隶制的斗争"只是美国历史中的"偶然事件"。因此，他极力避免"达半世纪之久"的奴隶制问题，力图把人们的注意力从奴隶制转移到边疆问题上③。关于比尔德，丁先生围绕美国学术界对其关于美国宪法的经济观所提出的批评和质疑进行了评述。由于比尔德受到马克思主义的影响，特别强调了经济因素在美国历史中的决定作用。比尔德在 1913 年出版的《美国宪法的经济观》就是运用经济决定论揭示美国历史的典型，也是美国学术界第一部探讨美国宪法制定过程的权威性著作，支配了两次世界大战之间美国历史的教学与研究，许多美国历史教科书和研究成果在论述美国宪法时都以他的著作为依据。但在"二战"后，比尔德的观点却不断受到挑战和质疑。丁先生认为，这种现象既说明了比尔德的学术影响和美国学术界对史学的重视程度，也反映了美国学者们追本溯源的精神，这是学术研究中应该称道的好事④。另外，先生对美国革命史观做了较系统的评述。在先生主持编译的第 1 期《美国史译丛》中，还刊载了当代美国进步史学家菲利普·丰纳的"美国史学家论美国南部黑奴制度"以及埃德蒙·摩根"对美国革命不断变化的解释的评论"等论文，介绍了

---

① 丁则民.《美国的'自由土地'与特纳的边疆学说》.长春：吉林师大学报，1978（3）；《特纳的"地域理论"评价》.长春：吉林师大学报，1979（3）；《美国中西部学派创始人特纳的历史观点评价》.美国史研究通讯，1979（1）

② 丁则民.《边疆学说与美国对外扩张政策》.北京：世界历史，1980（3、4）

③ 丁则民.《特纳与美国奴隶制问题》.北京：世界历史，1986（1）

④ 丁则民.《查尔斯·比尔德与美国宪法：美国史学界对比尔德关于美国宪法的解释的评论》.东北师大学报，1982（2）；《美国宪法的经济观（中译本再版序言）》.北京：商务印书馆，1984

美国史研究动态和美国历史学家特纳和比尔德的生平和治学经历等①。通过对上述问题的探索，丁先生逐渐地形成了自己的学术研究体系。

关于断代史，先生倾力于十九世纪后期美国发展史的研究，完成了国家社科"六五"科研项目《美国通史》第三卷《美国内战与镀金时代》（人民出版社 1990年）的撰写任务。在丁先生的主持下，该书几易其稿，历经八载，由数人分工合作完成，是我国第一部研究十九世纪后期美国历史发展的力作，代表了我国学术界对这一时期研究的最高水平，是丁先生治学风格和学术思想的集中体现。

十九世纪后期是美国的社会转型时期，它经历了由近代向现代、由农业国向工业国、由自由资本主义向垄断资本主义等方面的过渡。为了全面而准确地把握这一时期的历史进程，探讨社会转型时期的历史发展规律，先生坚持以历史唯物主义为原则，充分利用国内外的资料，在博采众家之长的基础上，对其经济结构、区域开发、城市化模式、外交政策和文化发展等重大问题进行了深入研究，实事求是地评价"镀金时代"的历史，在许多重大问题上提出了独有的见解。他在总结"镀金时代"的时代特点时指出：第一，美国工业高速发展并走向集中和垄断，而极端的自由放任政策又加速了垄断资本主义的发展，使美国成为典型的托拉斯帝国主义国家。第二，奴隶制度废除后，开始了工业资产阶级独揽大权的时代。第三，正当西部迅速走上"美国式"的发展道路时，南部却走上了"缓慢而痛苦的'普鲁士式'发展道路，使南部在相当长的时间内成为美国闭塞落后的地区（见该书第 2 页）"。在此，先生高屋建瓴，将列宁的"美国式道路"的理论向前推进了一大步。关于美国生产力迅速发展的表现及原因，他指出，美国资本主义的广度发展突出表现为西部的开拓和移民洪流的涌入，而与之同步进行的深度发展表现为自由资本主义向垄断资本主义的过渡。他认为，政府积极扶植的政策和科技革命是美国经济迅速发展的关键，而工业城市群和制造业带的崛起，商品流通领域的变革，交通运输的空前发展和技术市场的开拓，为垄断资本主义的形成创造了条件。此外，丁先生博采众家之长，在吸收国内外最新研究成果的基础上，大胆创新，抒发己见。当然，这部力作中的真知灼见不啻如此。如在阐述西

---

① 丁则民.《关于十八世纪美国革命的史学评价》.中国美国史研究会主编:美国史论文集(1981—1983).北京: 三联书店, 1983 : 48-72。丁先生主持编译:《美国史译丛（史学专号）》.中国美国史研究会, 1983（1）

进运动的历史作用时，除了论述其在经济发展和版图扩大等方面的作用外，还着力分析了西进运动对美国民族性格和政治制度的影响，并得出以下结论：形成了民族进取和求实的精神，助长了民族流动迁徙的传统，养成了民族讲求速度与效率的作风，滋长了铺张浪费的恶习，促成了民主制度的发展（见该书第141—145页）。在分析移民洪流起伏变化时，他介绍了英美两国史学家关于两国在移民问题上的"推"和"拉"的作用的观点，指出，这种观点只是以英美两国经济的盛衰为前提的"而没有对美国与移民离去的国家进行比较分析，因而不能说明其他国家移民去美国的原因和演变情况"。在以德国和匈牙利两国为例，考察了两国在不同时期、不同地区移民美国人数的情况后，他得出结论：移民美国的移民洪流的起伏与美国经济发展的繁荣和衰退无直接关系。"它取决于移民离去的国家社会经济情况的变化。"丁先生的论述不仅言之有据、极具时代感，而且使人读后既在专题史研究上获得启迪，又在整体理解上深刻认识了镀金时代。此外，在结构上，正如相关的书评中所指出的那样，该书"打破时间界限，以专题为章。各章既自成体系，又互相联系，互为补充，不失整体内容和逻辑上的衔接。而在每章中，从多方面、多层次对每个历史事件和人物进行层层剖析，溯本求源，解释了事物的内在联系及其相互作用"[①]。总之，《美国内战与镀金时代》是我国美国史领域的第一部美国十九世纪后期史，代表了我国学术界在此领域的最高研究水平和成果，也是丁先生治学风格和学术思想的集中体现。

值得提及的是，在撰写该书的过程中，先生仍然没有停止他多年来所从事的美国外来移民问题的研究。不同的是，在新的时期，研究的主要对象是美国移民政策体系。对于二十世纪初美国学术界限制移民入境的观点，先生予以无情地批判，并强调了外来移民对美国的发展做出的巨大贡献。他指出，美国的移民政策是与它社会经济的发展和劳动力的需求相适应的。在美国经济迅速发展而劳动力缺乏的时期，它"采取来者不拒的政策"，一旦美国人口激增到不那么迫切需要劳动力时，就实施了选择和限制性质的政策。在此前提下，美国移民政策也取决于其国内国际政治斗争的需要。战后难民法的实施就是明显的例证[②]。总之，细读

---

① 梁茂信.《评〈美国内战与镀金时代：1861年—十九世纪末〉》.世界史研究动态,1991（5）:57

② 丁则民.《美国的"新移民"与文化测验》.192—199.《美国内战与镀金时代》.146—178.《百年来美国移民政策的演变》.39

先生的文章，不仅论述言之有据、极具时代感，而且使人读后既在个案研究上获得启迪，又在整体理解上深刻认识了美国移民政策的实质。

第三类是在前期基础上的"宽"，即拓宽美国历史研究的宏观视域和微观视域相结合的研究。这表现在：一方面丁先生自己研究美国历史的领域大为拓宽。他在继续研究移民史和史学史的同时，又涉猎城市史、西部史和族裔史学的研究。从中央太平洋铁路的修建到美国内战与加州的发展，从亚洲移民政策到中美关系，从西雅图精神到拉斯维加斯的城市促进者，许多研究领域都留下先生的足迹。另一方面，由于从八十年代末开始是丁先生培养博士研究生的高峰期，他通过指导学生论文，先后步入了美国民族史、城市史、妇女史、环境史、区域史、西进史等领域。

这一时期，丁先生的学术思想突出地体现在他本人及学生对美国西部史和移民史的研究。虽然丁先生对西部史的研究源于《美国内战与镀金时代》的撰写过程，但绝大多数相关成果是在九十年代发表的。在此问题上，他仍然没有忘记先从其史学研究入手[1]，然后再由史学而历史，从十九世纪美国西部的开发逐渐迈入对整个西进活动史和二十世纪美国西部发展史的研究，并指导学生对西部史的重大问题——西部土地开发、铁路建设、摩门教、采矿业、畜牧王国和西海岸城市化等方面的研究，发表了一系列文章[2]，不仅形成了比较可观的研究规模和完整的研究体系，而且使东北师大美国研究所的西部史研究在全国独树一帜[3]。其中，王旭博士撰写的《美国西海岸大城市研究》（东北师范大学出版社1994年版）得到中国美国史学界的高度肯定，代表了中国学术界研究美国西部史和城市史的最高水平。

此外，丁先生多年来在移民史领域的研究到九十年代结出了更为丰硕的果实。他的三位博士毕业生先后写出了近年来中国美国民族史、移民史研究领域的三部

---

① 丁则民.《20世纪以来美国西部史学的发展趋势》. 长春：东北师大学报，1995（5）

② 丁先生在《东北师大学报》1989年第4期、1992年第5期、1995年第5期等开设了美国西部史专栏，师生一起发表了研究成果。

③ 1979年丁先生发起成立了东北师范大学美国史教研室（后发展为美国研究所）。在他的带领下，美国研究所先后承担国家社科基金和教育部项目8项，出版专著6部，在学科一级、二级以上刊物发表论文近百篇。此外，丁先生还与历史系其他老师一起，成功地申请了"世界地区国别史暨美国史"硕士学位授予权（1981年）、"世界近现代史"硕士学位授予权（1985年）和"世界近现代史"博士学位授予权（1986年），使东北师大成为国内最早培养美国史硕士和博士研究生的主要单位之一。

佳作，即黄兆群的《纷然杂陈的美国社会——美国的民族与民族文化》（内蒙古大学出版社1994年版）、梁茂信的《美国移民政策研究》（东北师范大学出版社1996年版）和戴超武的《美国移民政策与亚洲移民》（中国社会科学出版社1999年版）。黄兆群不仅勾画出美利坚民族形成和发展的全貌，而且突出地论述了白人、黑人、印第安人、亚洲人和拉美人五大民族集团在美利坚民族一体多元格局中的地位和作用，以及少数民族与主流社会的认同和矛盾冲突，剖析了美国的民族理论和民族政策的演变。梁茂信系统考察了美国建国以来至二十世纪九十年代初移民政策的发展变化，重点论述了移民限额制度的产生和变化，深入剖析了全球限额制的形成及其影响，为我国提供了一部系统、完整的美国移民政策史的专著。戴超武则系统考察了美国对亚洲移民政策的变化，深刻揭示了其政策变化的原因以及这种变化对亚裔群体在政治、经济和社会地位等方面的影响，重点分析了中国人和日本人在美国的遭遇及其处境变化，可看作是梁氏著述的姊妹卷。三本书的共同特点是，基本论断大都是根据新资料经过独立研究的成果，它们都蕴含着难得的理论创新勇气和科学精神，都试图从政治、经济、文化、外交等多方面、多视角来考察美国的民族问题、移民政策和移民在美国历史中的地位，对美国民族史、移民史加以全景描绘。由于它们都是在丁先生的悉心指导下完成的，部分地反映了丁先生的研究成果。

为了扶持、激励学生的史学研究，丁先生分别为上述四部佳作撰写了序言。丁先生作序与常人不同。他不是简单地对著述加以褒贬，溢美之词甚少，而是首先对作者探讨的问题进行一番历史的考察，阐述自己的见解，而后加以简要评述，指出其长短。例如，在《美国移民政策研究》的序言中，先生开宗明义，指出"迁徙和流动是美利坚民族的一个重要特点，美利坚合众国史就是在它的人民不断迁徙和流动中发展起来的"。在扼要地回顾美国外来移民潮以后，丁先生根据美国建国以来移民政策的演变，以1882年排华法的实施为标志，将美国接纳外来移民的历程划分为自由移民时期和限制与选择时期，先生对每个时期重大的移民政策都进行了分析。在序言的最后，先生从方法论和现实意义的角度对《美国移民政策史》进行了评述。综观全篇，先生作序是建立在对美国移民政策史全面了解和细致研究的基础上，是有的放矢、认真负责的。

三、历史研究是多维性的思考

常言道："著书立说，撰文立论。"对于一位历史学家而言，总是要有自己独立的史学思想和治学方法。丁先生曾多次指出，治史之道，贵在发掘资料，重在探索研究方法。无论是研究专题史还是断代史，观察历史事件和人物或者历史发展的规律，一定要避免坐井观天，闭门造车，不要孤立地就事论事，而是要将横向和纵向线索有机地联系起来，以历史唯物主义原理为指导，从多维的角度，多层面、多方位地观察每一个历史现象，然后再适当地运用跨学科的方法和理论去加以诠释，只有这样，才能完整地再现历史。这既是他对自己在半个多世纪的学术生涯的经验总结，也是我们在学术研究中值得珍惜的宝贵财富。其中所蕴含的深刻而独特的史学思想和治学方法既体现在他严谨扎实的治学方面，也表现在奖掖后学的谆谆教诲中。对此，我们可以从以下几个方面进行阐述。

（一）坚持历史唯物主义立场，加强对马克思主义的理论研究并丰富其史学理论。丁先生指出，马克思等经典作家对美国历史的发展都有不少精辟的论述，为我们的研究提供了典范。我们要学习和坚持马克思主义的基本理论，但不能拘泥于其中的个别语句，而要运用其辩证法和唯物史观进行分析。历史是不断发展的，现代美国同马克思主义产生的时代相比，在每一个方面都发生了巨大变化。其中有许多新现象是经典作家生前未见到的，因此，不能也不应要求他们对出现的新的具体问题做出贴切的解释。这就要求我们坚持历史唯物主义立场，对当代人创造的许多新理论、新成果进行研究，把一切真正的、科学的、先进的东西吸收进来，这样才能不断丰富马克思主义[①]。在八十年代中期，国内一些研究外国问题的学者，包括一些研究美国史的学者在面对如何吸收外来新文化、新思想和新观念方面顾虑很多，担心弄不好会"污染"我国的社会主义文化。针对这种现象，丁先生指出，我们应该克服这种顾虑和畏惧心理，应该在不断提高自己认识的前提下，相信几十亿外国人民群众创造出来的新文化、新思想中必定有许多可供我们吸收的好东西。只要是先进的，经过我们的鉴别和消化，便可为我所用。事实上，马克思主义本身就吸收了不少资产阶级学者的先进思想。因此，我们应该相信中华民族的消化力，即使一时吃下去一些坏东西，也会适时排出。伟大的中华

---

① 丁则民 . 在中国美国史研究会第五届年会上的发言 .12

民族的历史发展已经证明了这一点①。

具体到美国史研究，他指出，要有突破，就必须阅读大量的原版论著和资料，涉猎其中的理论和思想。在美国学者的论著中，既有治学严谨的传世佳作，也不乏标新立异、粗制滥造的作品，其中的观点形形色色，运用马克思主义的观点去分析美国历史的著作只占极少数。我们阅读时，必须以马列主义的基本原理为指导去鉴别和分析，吸取其精华，剔除糟粕，切忌囫囵吞枣，将一些奇谈怪论奉为解释历史的"新见解"②。正是基于这种认识，丁先生始终本着历史唯物主义精神，结合美国历史发展的具体情况和日益丰富的史料，对美国历史上各种错综复杂的现象，进行理性的探索和分析，写出了一系列高质量的论著，为丰富中国的马克思主义史学理论做出了应有的贡献。

（二）注重专题研究和整体历史的结合，取传统史学和现代史学之长，不断进行新的尝试和创新。科学的任务在于揭示事物的规律，历史科学也不例外。史学工作者应怀着强烈的社会责任感，探求和揭示人类社会发展的规律。在丁先生看来，研究美国史的目的，既非为名也非为利，既不能当作简单的谋生手段也不能当作谋取非分所得的敲门砖；作为一名中国美国史学者，应力求通过对美国社会历史发展方方面面的研究，找出它与世界其他地区和国家发展的同一性和特殊性，以便从中得到有益的借鉴，特别是能够为中国的现代化建设有所贡献，以此报效祖国。丁先生十分强调从宏观上把握美国历史的发展。但是他不是不分主次地研究美国史，而是如同前文所述，将历史的点与面有机地结合起来。他不仅自觉地把美国整个社会历史及与之相关的学说作为研究对象，如对特纳的边疆学说和比尔德的经济史观的研究涉及的都是对美国整体进程的解释，而且着力于那些反映美国社会历史特性和与之有必然联系的重大事件和人物的研究，从外交政策到中美关系、从美国革命到美国宪法、从西部史到城市史，几乎涉及美国社会发展史的各个方面。在每一个层面，他十分关注广大群众的生活、情感和行为，如对移民、华人、黑人、印第安人和妇女史的研究揭示了他们在历史发展中的突出作用。所有这些都在时间和空间视野上拓宽了中国的美国史研究。这不仅有助于构筑我国美国史研究的科学体系，而且展现了中国人缜密而独到的历史观。

---

① 丁则民.在中国美国史研究会第五届年会上的发言.13

② 丁则民.《我的治学道路》.167

在方法论方面，他将传统史学和现代史学的长处结合在一起。传统史学一般在观念上通过对史料的批判、考订校勘，以如实地再现历史为研究目的，因而在表述上把客观叙述放在首位。然而，任何历史研究都离不开学者作为人的主体的介入和解释，如果撇开主体解释，那么就不可能客观而全面地再现历史。丁先生认为，尽管如此，传统史学对史料的重视、考据方法、归纳分析方法等仍然是需要的。他每每研究一项课题时，都要首先理清其来龙去脉。特别是在改革开放之初，中国美国史中的许多专题尚未展开研究，而美国史研究领域中受美国资产阶级史观的影响甚深。这就要求我们坚持以马克思主义为指导对美国史学史进行研究。由于中国人研究美国史学史无法在资料占有上取胜，而只能对流派林立的美国史学进行条分缕析，深入研究、鉴别，力争在方法论上有所创新、观点上有所突破。他认为，仅仅追求具体的历史情节的再现是不够的，还需要使用跨学科的研究理论和方法，用可能获得的数据、资料去验证已被普遍接受的理论或创设新的体系。因此，从八十年代起，丁先生追随现代史学的发展，适应科学化的要求，自觉地从经济学、社会学、民族学、人口学等学科借鉴理论和方法，对美国历史进行综合性、规律性的探索与创造。这样，传统的叙述性、可读性和专业性相辅相成，相得益彰，使丁先生的研究成就斐然。

（三）丁先生作为国内杰出的美国史教育家，有着高屋建瓴的育人观，以英才辈出而闻名。丁先生从事高等师范教育工作达 50 余年。他一方面给学生讲课，教给他们获得知识的途径和方法，另一方面也注意加强对他们的思想政治教育，力求做到"教书育人"，为国家培养出合格人才。对学生的思想政治教育主要通过两种方式：一是与专业课所讲授内容相结合，二是针对学生的思想情况进行个别或集体谈心。改革开放以后，有些学生感到西方国家科学先进、经济发达、生活富裕，而中国在各方面贫困落后，因而出现悲观失望或生不逢时的情绪。对此，丁先生在讲授美国开发西部时，详细阐述了移民在西部披荆斩棘、战天斗地的艰苦历程，说明任何国家由贫到富、由弱到强，都非一蹴而就。完成这个过程需要几代人的艰苦奋斗和惨淡经营，而年轻人在这一过程中起着至关重要的作用[1]。在八十年代"留学热"不断升温的情况下，他不厌其烦地告诫学生，作为一个中国人，民族气节和精神不能丢。无论国外的工作条件和待遇多么优厚，不管国外社

---

① 丁则民：《执教四十年的点滴体会》. 长春：长春盟讯，1989（3）：41

会和经济多么发达，那都不是我们自己的国家。无论是出国学习、进修或参加会议，都应按时去按时归，用自己的所学为中国的社会主义现代化建设做出贡献，这是每个中国人应尽的责任和义务。

丁先生先后为学生开设过美国史入门、美国史学流派、美国近代史专题、美国现代史专题、移民史专题、西部史专题等课程。为了提高教学质量、增进学生的学习兴趣，丁先生除认真备课外，还不断吸收新的科研成果，更新教学大纲与教学内容。他认为，这不仅可以拓宽学生视野，关注最新研究动态，而且能启发和提高他们探索问题的思维能力。为取得良好的教学效果，针对学生年级和程度的差别，采取不同的教学方法。低年级的课程，他多讲，辅以少量的讨论和作业，锻炼他们的写作能力。高年级和研究生的课程，则减少讲授，增加讨论和科研活动。丁先生认为，教师的职责不仅限于"授之以鱼"，更重要的是相机"授之以渔"。只有这样，才能引导学生逐渐掌握研究的有效途径和方法，增强他们的工作能力。丁先生以治学态度严谨而著称。他恪守自己的信条，没有扎实的研究，没有翔实的资料，没有自己的心得，决不轻易落笔，空发议论。先生一再要求学生在研究中遵照学术规律。他经常以美国史学家特纳勉励学生。他说，特纳作为美国史学界屈指可数的大家，一生仅出版两部专著，文章也不多，但他的史学思想却产生了重大而深远的影响，支配美国史坛一个世纪之久。这说明著书立说不在多而在精①。这既要有吃苦耐劳的精神，也要有科学求实的学风，如此才能对学术研究的发展做出有意义的贡献。先生反复强调，论据必须确切。由于立场、观点的不同，对美国历史同一问题的研究，我们往往会有与美国学者不同的看法，甚至得出与他们迥然不同的结论，这不足为奇。但是，我们据以得出结论或看法的依据，无论是英文的原始材料或统计数字等，都必须确切。这就需要我们在译文方面下功夫，尽力做到用词得当，确切无误。这样才能使结论站得住，具有说服力。考虑问题时，要习惯于听取不同意见，汲取合理成分，以充实和提高研究的质量。在他的倡导下，学生每篇专题研究的构思形成后，都要在研讨班展开讨论，互相切磋，然后再进一步修改。实践表明，这是促进学生思考问题和提高研究质量的一种有效方式②。正是凭着高尚的职业道德和治学精神，膝下无嗣的丁先

① 袁鹏.《我国著名美国史专家丁则民教授》.北京：世界历史，1996（5）：95
② 丁则民.《我的治学道路》.177—178

生，悉心培养了 30 多名研究生，其中 13 人获得博士学位，18 人获得硕士学位，他们纷纷在美国史研究领域崭露头角，不仅有像样的著作出版，而且其中多数已成为我国美国史学界的骨干。面对丁先生呕心沥血，奖掖后学，兀兀终生的风范，国内一些学者称他"不仅是著名的美国史专家，也是杰出的美国史教育家"[①]。

（四）致力于打破中国美国史研究与国际美国学界封闭隔绝的状态，加强国际学术交流与合作，在国际美国史学界拥有较高声誉。这里所说的打破封闭隔绝状态有两层含义。一是对国外的，尤其是美国的史学发展不仅有所了解，而且又有切合实际的客观分析和评价，这样才能真正做到吸收国外史学发展中的积极成果，为我所用。所以，丁先生从史学研究伊始，就以一种比较客观、科学的态度对待国外的史学发展。他对美国史学的深度研究不仅充分展示了其开阔的视野、深厚的理论功底，而且为我国史学从整体上摆脱自我封闭状态、向国际史学接轨做出了贡献。

二是具体学术交流的开展，这体现在三个层面。其一，丁先生通过各种渠道尽力与国际学术机构建立联系，召开国际会议。在 1991 年至 1995 年间，丁先生借助沈阳领事馆的帮助，与美国学者共举办了 5 次国际电话学术会。一些著名的美国学者将他们的最新成果及关于某个课题的最新见解通过电波传递到长春。之后，1996 年 8 月在长春召开了美国城市史国际学术研讨会，来自美国、德国、瑞士、加拿大，以及中国香港等地及国内百余名学者参加了这次会议，他们就美国城市史的诸多问题进行了交流，扩大了我国美国城市史研究在国际史学界的影响。在丁先生的主持下，东北师大美国研究所先后与耶鲁大学、威斯康星大学、加州大学、南伊利诺大学、明尼苏达州立大学和香港中文大学等建立了友好关系，并与美国的"美国历史学家协会"保持着密切联系。其二，他通过与美国学者和学术机构的关系，得到美国历史协会、援亚书社、加州北岭州立大学与部分美国学者的赠书近 2000 册，使所里的师生不必远足即可顺利完成手中的科研项目。其三，除了定期有美国富布赖特学者前来讲学，丁先生在身体状况允许的情况下尽可能亲自参加国际学术交流，并不断将学生送出去学习。他的 6 名学生在攻读博士学位期间被美国驻华大使馆遴选为中国年轻学者参加美国历史学术会议或研讨班。丁先生的上述工作推动了中外——特别是

[①] 华东师范大学历史系余伟民先生的唁电 . 美国史研究通讯，2001（1）：39

中美间——学术交流和发展。由于丁先生在中国美国史学界的贡献与声望，特别是在美国学术界的影响，他在八十年代末被美国最权威的两大史学刊物之一《美国历史杂志》遴选为特约评论员。在国内，为了推动国内美国史研究，1979年他与杨生茂、刘绪贻、邓蜀生等新中国第一代美国史专家一起倡议、成立了全国性学术团体——中国美国史研究会，并出任副理事长，推动全国性美国史研究工作的开展。在他主持下，1996年东北师大美国研究所承办了中国美国史研究会第八届年会。即使到晚年身体欠佳，他仍不时为中国美国史研究的发展、建设出谋划策，为中国美国史的勃兴做出了贡献。

丁先生在历史教学和研究领域所取得的成就，也使他获得了广泛赞誉。他多次获得吉林省和国家级奖励。1989年被国家教委评为"全国优秀教师"，1991年获国务院政府特殊津贴，1993年获曾宪梓教育基金会授予的高等师范院校教师二等奖以及吉林省委和省政府颁发的"吉林英才奖章"，1999年获得"为振兴长春、发展长春做出突出贡献的教书育人奖"。他所获得的其他先进工作者和政协积极分子等各种光荣称号不计其数。

丁则民先生虽然仙逝，离开了他心爱的学生和珍爱的研究与教学事业，但先生广博的学识、严谨的学风、高尚的人格，都将激励后学者加倍努力，为中国美国史和世界史的学术发展再创辉煌。笔者有幸在读硕士期间，得到先生的指导，不仅和博士生一起聆听了他开设的美国史入门和美国史专题课，而且先生亲笔为我的作业和论文《美国史学家维克多·格林》(《世界历史》1999年第3期)进行修改。小文一篇，不足以表达对先生的感恩与思念。

（原文载于梁茂信编：《探究美国——纪念丁则民先生论文集》
东北师范大学出版社 2002 年版）

先生为我插上翅膀

宫秀华

1976 年我在东北师范大学毕业后留校，并成为一名历史系世界古代史教研室的青年教师。由于经历了"文革"，赶上了"停课闹革命"，所以我们留校的这些青年教师不仅在基础知识的积累上"先天不足"，而且几乎没有掌握任何外语的能力，根本无法胜任大学教师的职责。于是，曾经留美的丁则民先生建议，在历史系举办"青年教师英语培训班"，凡留在世界史教研室的青年教师暂不参与其他工作，专心致志地学习英语。在校系领导的大力支持下，由丁先生主持并讲授的英语培训班很快开办起来，我记得当时有七八名青年教师参加培训。由于我一毕业就被派往哲里木盟的农村参与"党的基本路线教育"的宣传工作，所以当我完成了为期一年的任务返回学校时，英语培训班已经开课一段时间了。作为一名即将从事世界古代史教学的教师，尽管我当时并没有太多的想法，也谈不上什么远大抱负，但似乎感觉到我应该学习英语，更何况与我一起留校的昔日同学现已成为同事的几名朋友都在那个脱产英语班里学习。当我请示系领导表明自己的学习愿望、系领导再向丁先生推荐我加入培训班时，丁先生虽然同意了，但要求我只能是旁听，原因是"误课太久，跟不上教学进度"。对此，我并不灰心，凭借当年年轻气盛不服输的拼劲，几乎把全部精力都投入到背诵英文字母、句子和课文上，经过一段时间的课上旁听和课下恶补，我逐渐进入了学习状态，对原本陌生的英语世界有了一点点的认识。终于有一天，当丁先生开始惯常的"听写单词"这一教学环节时，我大胆地举手想上黑板前听写，丁先生怀疑地问道："宫秀华，你能行吗？"我回答："丁老师，请您让我试试吧！"结果我正确地写出了全部单词，这次听写让先生很满意，也让我从此进入了先生关注的视野。就这样，我从旁听生转为正式学员（可以参与课堂活动，先生也肯批改我的作业了），更重要的是，我获得了先生的肯定和鼓励。从那天起，每堂课后的半个小时或一个小时都是先生单独教授我外语的时刻，这些个片段构成了我人生经历中一个个幸福而珍贵的瞬间。值得一提的是，当我们有了一定的学习基础后，丁先生便根据我们的学习程度挑选一些英文名著的选段让我们练习翻译，刚开始我们这些根本不懂"翻译"的菜鸟，将生硬的、连自己都看不懂的译文交给先生后，先生不但没有批评我们，反而在我们每一篇译文上都用红笔密密麻麻地写下了修改意见，然后在课堂上就我们的共性问题逐一讲授，特别是对译文选段的历史背景、作者意图等进行详细讲解。这种将英语学习与翻译练习相结合，特别是将世界历史寓于英语教学当中的教学方法，不仅体现出丁先生的良苦用心和高瞻远瞩，也使我们每一位学习者终身受益！对于世界史学科来说，正是在丁先生的精心教授下，经过英语培训的这批青年教师，多年后大多数成为东北师范大学和其他院校世界史学科的学术栋梁，可以说，中国世界史学科队伍的建设与成长以及世界史学科的发展与繁荣，离不开像丁先生这样的史学前辈甘为人梯的提携和呕心沥血的培养，历史将铭记他们的功绩！对于我个人来说，正是与先生共同度过的这些瞬间，才使我拥有了深刻认识世界的本事。每当我游历欧洲诸国或与国外学者交流的时候，我经常怀揣感恩之心怀念起敬爱的丁先生，是先生甘愿牺牲自己的时间，用那一个个珍贵的瞬间，为一个初出茅庐、才疏学浅、连英文字母都不识的年轻人插上了翅膀，让我有机会飞向世界，飞到更远的地方，让我有能力进行国际学术交流，让我增长了更高远的见识，拥有了更广阔的人生舞台。

我还记得，每当一对一授课结束后，我和先生在余晖的映照下，从系里走回我住的新三舍和相距不远的先生居住的四舍，一路上先生谈天说地，讲得最多是他在美国的留学经历……也就是从那个时候开始，先生对我格外关注并不断给予我厚爱，从我结婚生子到攻读硕士再到博士，甚至出国访学等等，先生和师母不是送我礼物就是通过电话给予我亲人般的关心和支持，这种绵延了几十年的师生情谊早已转化为温暖的亲情，成为我学业和事业上前行的巨大动力。在丁先生病重期间，我每每去看望先生时，都拉着他的手尽量说一些轻松的话题，有时谈到先生关注的人或事，我能感觉到先生在用尽余力地握着我的手，那时先生已经不能说话了，从他的眼神里我能感觉到先生是多么不情愿地离开他所热爱并眷恋的世界。特别是，就在先生弥留之际，竟然还念念不忘我去英国的签证事宜。当陪伴在先生身边的孙群郎（先生的学生之一）告诉我此事的时候，我禁不住失声痛哭。后来每当师母提及此事，我也总是泪水盈眶。先生和师母膝下无子女，他把大部分的爱都献给了学生们，至今先生的学生遍及海内外，他们在各自的领域里大展宏图、成就斐然。据我所知，他们不仅以事业成功来回报师恩，也对独居的师母关心备至，每当我去看望许令德师母时，她总是提起先生的某某学生寄来钱款、贺卡和礼物，某某学生打来电话或前来看望……看到师母脸上的幸福表情，我想，正是当年先生呕心沥血培养的这些学生们的反哺之情，给师母带来了莫大的慰藉和关爱，从而成为支撑师母成为高寿老人（师母90余岁去世）的动力之一吧！

有一次，我去先生的师大一教寓所看望他和师母，闲聊时先生曾经说过一句话：等我忙完了手中的活儿，我就去动植物公园走走。几天之后，先生就因病情发作住进了医院，从此再也没有回来，当然先生这个小小的愿望也就没有实现。丁先生作为中国屈指可数的美国史研究领域的开拓者，博学多识、气质非凡，他始终在学术上保持着纯净专一之心态，在品格上体现出高尚真实之品质。就是这样一位享誉海内外的老先生，连"到动植物园去走走"的简单愿望都没有实现，要知道从先生的家走到动植物公园仅有几十步的距离！这个小小的遗憾反衬了先生心无旁骛、奋力拼搏的伟大精神！先生在生命的最后时光（住院之前）还在分秒必争地做着学问，还在拼尽全力地为学生修改着毕业论文、开题报告和译稿等等。如今，他的心血已化作桃李遍布天下，他当年为之拓荒辟径的美国史研究领域已发展成为世界史学科的重要组成部分，其研究队伍也在发展壮大，其中涌现出诸多的优秀学者，他们在国际舞台上代表中国发出了强有力的声音。我相信：先生在天堂上也会因此而感到骄傲和欣慰的。

2018 年 10 月 19 日于长春明珠园

丁则民教授对中国美国史研究会的贡献

韩　宇

1979 年中国美国史研究会宣告成立，自那时开始，丁则民教授积极参与和支持研究会的各项事务，尽心竭力，为学会的成长壮大做出了突出贡献。2019 年是中国美国史研究会成立 40 周年，也是丁则民教授百岁诞辰，借此机会，草就一文，主要依据学会刊物刊载的有关信息，概述丁则民教授对美国史研究会工作的诸多贡献，以此为先生百岁生日献一薄礼。

1979 年无疑是中国历史进程中具有里程碑意义的年份，改革开放大幕开启，中美建交，中国的美国史研究迎来了前所未有的发展契机。在此背景下，中国美国史研究会这个全国性学术团体应运而生。丁则民教授积极参与了研究会的筹备工作。1979 年 4 月 21 日至 26 日，他参加了在武汉大学召开的中国美国史研究会的筹备会议。"会议由刘绪贻、杨生茂、丁则民、王明中、黄瑞章轮流主持，并成立了由武汉大学、南开大学、南京大学、复旦大学、吉林师范大学[①]、北京大学、四川大学代表组成的七人筹备小组，负责成立大会的筹备工作。"[②] 会议闭幕后，丁则民教授热情支持研究会的各项筹备工作。中国美国史研究会于 11 月 29 日正式成立，经无记名投票，丁则民教授入选由 13 人组成的理事会，并在 12 月 6 日理事会第一次会议上当选为副理事长。

编写六卷本的美国通史，是美国史研究会创立之后确定的一项重要工作。"美国通史编写计划"规定："编写一部约 150 万字的六卷本《美国通史》，读者对象主要是高等学校美国史专业学生和专业工作人员以及社会上的业余爱好者。编写

---

① 1958 年东北师范大学被下放到吉林省教育厅管辖，改称"吉林师范大学"。1980 年回归教育部管辖后恢复"东北师范大学"名称，"吉林师范大学"校名停止使用。

② 刘绪贻："中国美国史研究会诞生记"，《美国史研究通讯》，2003 年第 2 期，第 35 页。

原则应该是解放思想，实事求是，既要以马列主义、毛泽东思想为指导，又要反对左倾教条主义，还要摆脱苏联和西方史学传统观点的束缚，取其精华而弃其糟粕；要认真掌握材料，并在此基础上提出较新颖观点；要全面论述美国历史，不能只写成简单而片面的美国政治史、经济史或外交史；要做到观点明确，文字流畅，全书人名、地名、专门名词统一。"①

美国通史计划由北京大学、南开大学、吉林师范大学、四川大学、武汉大学和南京大学等六个单位分别承担其中的一卷，其中，丁则民教授所在的吉林师范大学负责内战至十九世纪末的第三卷。美国通史丛书设两个主编，分别是杨生茂教授和刘绪贻教授。丁则民教授与杨、刘一样，都是第一代美国史学者中的佼佼者，但他并没有因为未能忝列主编而不快。美国史研究会第二任理事长、南开大学张友伦教授在美国史研究会成立三十周年的访谈中谈及自己当时的感受："当时从我来讲感到很遗憾，如果增加一个主编，丁则民先生应该进去，但定了是两个主编，也就不能再挤进去一个，大概出版社也不会同意。另外就我们研究会当时的情况来讲，杨先生、刘先生、丁先生他们是一代人，而且都是水平很高的，如果丁先生能参加编委会当主编的话，我想对整个书的编写和出版都是有好处的。但是因为当时名额的限制，丁先生就没有成为主编，当时丁先生非常有风度，对我们应该有很大的教育。丁先生只是第三分册的主编，但丁先生从来没有表示过他不高兴，他还是很认真地把这个事情给完成了……我觉得正是因为有这种精神，所以我们研究会始终是团结一致的。"②

接受研究会的任务后，丁则民教授随即开始了通史编撰工作。根据《中国美国史研究会通报》第二期的报道，"该研究室承担了六院校合编《美国通史》第三卷的编写任务，最近它除将该卷包括的历史（从内战前夕到十九世纪末）中所需要研究、讨论的题目拟出并印发给研究会会员外，正在做些资料准备工作。"③《中国美国史研究会通报》曾记载了丁则民教授在编撰过程中组织召开的两次会议。

---

① "美国通史编写计划"，《中国美国史研究会通报》第一期，第4—6页。

② "张友伦教授访谈录"，《美国史研究通讯》，2009年第1期，第20页。

③ "吉林师范大学历史系美国史研究室工作情况简介"《中国美国史研究会通报》，第二期，1980年5月12日，第5页。

"东北师大历史系美国史研究室于（1984 年）二月十四日至十九日召开了《美国通史》第三卷编写工作讨论会。会议在东北师大举行，与会十三人，除研究室全体成员外，还邀请了承担编写工作的哈尔滨师范大学的徐玮副教授、上海社会科学院的汪仪同志参加会议。此外，还有一些研究生列席了会议。会议由东北师大历史系美国史研究室主任丁则民教授主持。他在会上传达了去年长沙会议和北大召开《美国通史》编写会议的精神和要求，介绍了目前各校编写《美国通史》的进展状况，并就第三卷编写工作总的指导思想、体例和前后衔接等问题做了说明。……与会同志就《美国通史》第三卷编写大纲细目（草稿）逐章逐节地进行了热烈而又充分的讨论。首先由负责编写的同志对所担任章节的编写设想、组织结构安排进行介绍，着重阐述自己对一些重大历史问题的看法以及一些疑难问题，然后到会同志各抒己见，给以补充。经过六天的讨论，重新修订了《美国通史》第三卷的编写大纲，确定了各章的交稿时间。"[①]

　　"东北师大美国史研究室于（1985 年）三月二十五日至三十日召开了《美国通史》第三卷试写稿讨论会。会议在东北师大举行，与会十二人，除承担编写工作的全体同志外，还特邀南开大学的冯承柏、北京师大的黄安年两位同志参加会议。会议集中讨论了美国内战、南部的重建、经济的高速发展与垄断组织的形成等三章。与会同志本着认真负责的态度，分别就编写体例、内容安排、前后承接、理论与观点、具体史实、文字等方面逐章逐节、逐字逐句地进行探讨与推敲。会议自始至终气氛活跃，尤其是对一些重大问题展开比较充分的争论，部分地达成了一致的看法，并提出很多有益的建议。……会议决定，对有关章节进行较大修改，以保证国家重点项目的质量。"[②]

　　再版后记中，参与该书编写的王旭教授写到："主编丁则民教授……为该书倾注了大量心血。他从编写人员的选定、全书的布局谋篇、观点体例和行文风格等都进行了认真的筹划和督导。各章的执笔者，无论对该章内容熟悉程度如何，都在一个新的起点上再深入一步，发表了数篇很有分量的论文后，才动笔写就。

[①]　郭奕宣："东北师大历史系美国史研究室召开《美国通史》第三卷编写工作讨论会"，《中国美国史研究会通报》，第二十三期，1984 年 3 月，第 2 页。

[②]　王旭："东北师大美国史研究室召开《美国通史》第三卷试写稿讨论会"，《中国美国史研究会通报》，第二十八期，1985 年 5 月，第 6 页。

在书稿的写作过程中，曾专门召开 3 次审稿会，还多次征求美国权威学者的意见。至于具体执笔人员展开的各种讨论，则已无法用次数衡量。"①

从上述记载中不难发现，丁则民教授是本着高度认真负责的态度尽职尽责完成研究会交予的任务，也体现了他不计私利、顾全大局的胸襟。1989 年 4 月该书完稿，并于 1990 年 6 月正式出版，在美国通史丛书六卷本中，这是继刘绪贻教授主编的《战后美国史，1945—1986》（1989 年 6 月出版）之后第二部面世的著作。这部精雕细磨、历时八年完成的著作得到了学术界的广泛赞誉。

美国史研究会成立之时，资料匮乏是国内美国史学界面临的严重问题。各单位的资料交流共享无疑是化解这一难题的有效手段，自然成为研究会着力推动的重要工作。丁则民教授对此项工作进行了认真配合。1980 年 5 月，"为了响应美国史研究会的号召，该研究室的同志已对本系资料室收藏美国史书籍、杂志做了初步普查编目，正准备对校图书馆这方面的藏书做一次普查，然后汇总编目印发给有关兄弟单位，以便互通有无。"② 1985 年 5 月，东北师大美国史研究室在《中国美国史研究会通报》发布启事："东北师大历史系美国史研究室编印的《有关美国史藏书目录》现已寄送各有关美国史研究单位（研究组、室以上）、本研究会各位理事及一些有代表性的院校。因册数所限，不能发送所有会员，个别单位确有需要可来函，我室酌情考虑。该目录集中收集了 1984 年 9 月以前我室所存近千册书刊。这些书刊一般不外借，会员如有需用者请来我校查阅或复制。有关事宜可与我室叶伟同志联系。"③

为了积累美国史研究资料，帮助中青年会员提高翻译水平，美国史研究会决定编辑出版《美国史译丛》，由各有关单位轮流主编。丁则民教授是此项工作积极支持者，事实上，《美国史译丛》的第一期便是由东北师大美国史研究室编辑出版。根据王旭教授的回忆："这是丁先生在中国美国史研究会首倡的一项工作。他身体力行，承担创刊号编辑工作，其内容有论文和著述，美国史研究动态，美国历史学家简介，关于重建资料介绍等。"当时还是本科生的王旭教授参

---

① 丁则民主编：《美国内战与镀金时代》，人民出版社 2002 年出版，第 452 页。

② "吉林师范大学历史系美国史研究室工作情况简介"，《中国美国史研究会通报》，第二期，1980 年 5 月 12 日，第 5 页。

③ "东北师大美国史研究室启事"，《中国美国史研究会通报》，第二十八期，1985 年 5 月，第 29 页。

与了首期《美国史译丛》的翻译工作，"与另一同学合作翻译美国著名历史学家弗雷德里克·杰克逊·特纳词条，译自《国际社会科学百科全书》（*International Encyclopedia of the Social Science*）。借翻译的机会，我有了第一次与丁先生单独面谈的机会。"[1]

编辑出版会刊是美国史研究会的常规活动。2002 年研究会网站创立之前，中国美国史研究会会刊是研究会各成员单位和会员进行交流的唯一平台。自研究会成立伊始创刊，最初名为《中国美国史研究会通报》，后更名为《中国美国史研究会通讯》，迄今仍在编辑印制，内部发行，从未间断过。在世界史领域诸多学会之中，美国史研究会的《通讯》很可能是唯一的一份自学会成立之后持续发行的内部刊物。作为一份内部刊物，《通讯》能够维系至今，秘书处的工作人员自然功不可没，更离不开会员们的积极支持。巧妇难为无米之炊，事实上，稿源不足一直是《通讯》面临的老大难问题。翻阅历期通讯，不难发现，东北师大一直是各类信息的积极提供者，这自然是丁则民教授全力支持研究会工作的结果。丁则民教授不仅组织东北师大的师生提供本校学位论文、学术活动等方面的信息，而且积极介绍美国学术界的教学科研情况。为了帮助会员了解美国大学美国史课程设置情况，他组织东北师大历史系青年教师英语进修班成员翻译了《华盛顿大学公报，1978—1980 年校务一览》中美洲史课程简介，包括本科和研究生课程的名称、主讲人、学分、开课时间、课程简介等内容。[2] 1984 年访美归来后，丁则民教授亲笔为会刊撰写了《访问美国五所大学的见闻》，向会员详细介绍了几所大学历史系的研究生培养、科研乃至机构运作的情况。[3]

举办年会是美国史研究会的另一项常规活动。名曰年会，并不是每年举办，基本上是每两三年举办一次。迄今为止，美国史研究会已经举办了 17 届年会。研究会的年会是国内美国史界展示最新研究成果、进行研讨交流最重要的平台，即使在学术会议和交流活动十分活跃频繁的今天，仍然是中国美国史学界规模最大的盛会。除了学术研讨之外，部分年会还要进行换届工作。年会的组织工作十

---

① 王旭：《名师指点，终身受益——怀念业师丁则民教授》，《美国史研究通讯》2011 年第 2 期，第 1 页。

② "美国华盛顿大学课程设置一览（美洲史部分）"，《中国美国史研究会通报》，第七期，1981 年 4 月，第 4—12 页。

③ 丁则民：《访问美国五所大学的见闻》，《中国美国史研究会通报》，第 27 期，1985 年 3 月。

分复杂繁重，是件苦差事。厦门大学承接研究会秘书处工作之后，我曾经参与了几届年会的组织工作，对承办年会的艰辛有深切的感受。1996 年，东北师范大学承办了美国史研究会第八届年会。虽然王旭教授当时已经担起大梁，梁茂信教授也留校任教，当时已年近八十的丁则民教授仍然全力参与年会的组织安排。他在给时任研究会秘书长、北京师范大学黄安年教授的信中写到，"王旭已同你通了电话吧。1996 年打算来长春召开美国史年会的事，我们自然愿意承担这一光荣任务，欢迎大家来长春聚会。只是在财力和人力都有较大的难度，唯有尽力设法筹措和争取有关同志的支持指导。"① 在美国史研究会历届年会的筹备工作中，筹措经费是个头疼的问题。近年来资金不足的情况已不多见，即便如此，会议组织的繁复琐碎仍然需要承办者付出极大的辛劳和努力。第八届年会有多位外国学者参加，会议的组织工作自然更为复杂、难度更大。这次会议最终能够取得圆满成功，黄安年教授在回顾文章中表示，"中美城市化比较国际学术研讨会暨中国美国史研究会第八届年会 1996 长春会议能够顺利举行，为筹备召开 1996 年长春会议，从头到尾获得了丁先生和王旭教授等人的全力支持，没有他们一年多的努力，难以取得年会的圆满成功。"②

除了上述工作之外，丁则民教授还积极参与编写《美国史论文集》，并且为编写美国历史协会和美国马萨诸塞大学（阿默斯特）历史系合编《1945—1980 年美国以外世界各国美国史研究指南》中国部分收集资料。

丁则民教授对美国史研究会的积极贡献得到了学界同仁的高度肯定。美国史研究会首任秘书长、武汉大学刘绪贻教授在纪念丁则民教授的文章中写下了这样的文字："我任中国美国史研究会秘书长期间，他对我和研究会的工作的支持是诚挚无私的。凡是研究会倡导的活动……他都尽可能保质保量地带头完成任务，使新成立的中国美国史研究会能比较顺利地开展工作。"③ 美国史研究会第三任秘书长、北京师范大学黄安年教授认为，丁则民教授"不仅长期担任中国美国史研究会理事会副理事长和顾问，而且身体力行带头积极履行一个会员和理事的基本职

---

① 转引自黄安年："丁则民先生和中国美国史研究会（我所认识的中国美国史学家之二）"，黄安年的博客，2017 年 3 月 22 日发布。

② 黄安年："丁则民先生和中国美国史研究会（我所认识的中国美国史学家之二）"。

③ 刘绪贻：《深切怀念丁则民教授》，《美国史研究通讯》，2001 年第 1 期，第 10—11 页。

责，是研究会的模范成员。"①

丁则民教授对研究会工作鼎力支持和无私奉献的精神在他的弟子身上得以传承：2002 年美国史研究会秘书处迁至厦门大学，其主要成员王旭（先后出任副理事长、秘书长、理事长）、胡锦山（副秘书长）和本人（先后出任副秘书长和秘书长、副理事长）均为丁门弟子；他的另一位弟子东北师大的梁茂信担任副理事长多年，积极承办研究会的重要活动，并于 2016 年出任理事长。此外，黄仁伟、黄兆群、戴超武、孙群郎和赵志辉等丁门弟子也曾先后出任研究会理事。

最后要强调说明的是，丁则民教授对研究会的贡献是中国美国史学界老一辈学者的缩影。积极支持研究会工作的无私奉献精神，是美国史研究会创始群体的共同特征，而且这种精神得到了继承发扬。美国史研究会成立三十周年之时多位前辈在访谈中都对此加以肯定。刘绪贻教授说："我担任中国美国史研究会秘书长的那个时期，我感觉印象非常深刻的就是，从筹建美国史研究会开始，直到后来我任秘书长的整个时期，我们开创的几个单位非常团结。虽然当时秘书处是在我们武汉大学，但南开大学的杨生茂教授、东北师范大学的丁则民教授以及人民出版社的邓蜀生编审，这些同志非常支持武汉大学秘书处的工作。除了这些老一辈的先生以外，当时北京师范大学的黄安年教授，还有其他有关的一些单位，都非常支持我们武汉大学秘书处的工作。我就深深地感到这种团结的力量当时对我们美国史研究会的筹建工作以及后来成立以来各方面工作的发展起了非常重要的作用。要是没有这些同志的互相团结、互相帮助，（没有）把中国美国史研究会办好的愿望，就很难取得后来我们美国史研究会在（国内）各个国别史研究会中比较突出的地位。"② 在曾担任研究会副理事长的北京大学齐文颖教授的印象中："美国史研究会成立之后，大家都很积极。……领导班子非常团结。老一代的领导，就是我们老师一辈，像杨生茂老师、丁则民老师、刘绪贻老师、黄绍湘老师等等都很积极。"③ 张友伦教授表示，"研究会确实是靠大家无私的奉献和共同的努力才一步步走过来。"④ 曾担任研究会副理事长和法人代表的黄柯可研究员认为，"30 年

---

① 黄安年："丁则民先生和中国美国史研究会（我所认识的中国美国史学家之二）"。
② "刘绪贻教授访谈录"，《美国史研究通讯》，2009 年第 1 期，第 4 页。
③ "齐文颖教授访谈录"，《美国史研究通讯》，2009 年第 1 期，第 15 页。
④ "张友伦教授访谈录"，第 18 页。

来，学会几代人以强烈的社会责任感，忘我的敬业精神，持之以恒的踏实作风建设着美国史研究会。我认为，这是我会拥有的一大笔精神财富。"① 诚如美国史研究会第四任理事长、复旦大学李剑鸣教授所言，"对于一个学术团体来说，如同一个国家一样，其创建史往往具有经典性；前辈们筚路蓝缕的事迹，很自然地成为激励后进、定向未来的重要资源。"② 丁则民教授等美国史前辈树立的热爱学会、无私奉献的传统必将成为中国美国史研究会长盛不衰的持久动力。

---

① 黄柯可："一个老会员的心里话——纪念美国史研究会成立 30 周年"，《美国史研究通讯》，2009年第 1 期，第 30 页。

② 李剑鸣："美国史研究的新起点——写在中国美国史研究会成立 30 周年之际"，《美国史研究通讯》，2009 年第 1 期，第 2 页。

怀念恩师

胡锦山

2001 年 2 月 26 日晚惊悉恩师丁则民先生病逝于长春，哀感莫名。先生竟已离我们而去了！痛悼之余，忆起与先生在一起的八年时光，反复回味先生对我一再的教诲与期望，再次为先生的学问品德所折服与震撼。我是 1987 年 11 月调入东北师大美国研究所从事图书资料工作的，从此与先师结下了深厚的师生情谊。在得知我曾读了一些有关美国史的书籍，对美国史很感兴趣并想攻读美国史后，先生非常高兴更是非常支持，立即送我一套有关美国历史、地理、政治、经济的书籍，鼓励我认真学习，有疑难问题立即向他请教。从此先生每次看到我都要向我询问我的读书进展，并专门让他当时的博士生黄仁伟对我进行辅导。1988 年先生招收了 3 名攻读美国史的硕士研究生，同时安排我与这 3 名硕士生共修所有的课程，并一一告诉每门课的任课教师我的情况，请他们一视同仁地对待我，要求我。在此期间，美国威斯康星大学历史系的知名教授豪斯曼博士来东北师大美国研究所讲学，先生特地向豪斯曼博士介绍我的情况，也要求我与豪斯曼博士多多交流。以后先生也总是告诉我每个请来讲学的国内外学者都很博学，都有自己的专长，千万不要错过机会，一定要从他们那里获得更多的知识。豪斯曼博士离开时送了我一篇他已发表的关于美国印第安人历史的论文，之后我将这篇论文译成了中文，并告诉了先生，而先生立即要我将译文拿给他看，先生逐字逐句地审阅修改了我的译文，让我再根据他的修改仔细研读找出自己的问题。后来在先生的鼓励下，我将这篇译文投给《民族译丛》并被发表。当时先生真是比自己出版著作还要高兴。在此之后，先生有意识地引导我对美国印第安人历史的兴趣，给我布置书目，并经常询问我的阅读情况，向我提出一些问题让我进行独立的思考与分析。不久以后我又发表了两篇有关印第安人历史的论文，每一篇论文都凝结着先生的心血。两篇论文从选题、构思、查找资料到写作的段落字句先生都是反复思考认真把关，有时他会给我来电话，告诉我某一个问题应该如何进行论述，可想而知他也是一直在为我思考着论文。我本科所修是图书情报专业，只是泛泛地学过中国通史和世界通史，史学根底薄弱，先生多次叮嘱我不能孤立地学习美国史，要把美国史置于世界史范畴之内，所以一定要补上自己的不足之处，平时要多看中国史和世界史的书籍，特别是要多看史学名家的书籍。1990年夏，我告诉先生这个暑假不回家了，准备在学校多看点书，先生非常赞同，立即给我安排了学习计划，列出让我阅读的书目。先生深恐我只读书不思考，特意指定我每周三和周日上午去他家汇报读书心得，并提出问题让我解答。这个暑假先生在百忙之中抽出时间再一次翻看他给我布置的专著和论文，认真与我探讨其中的问题，鼓励我提出自己的看法。但对我有时想当然得出的结论，先生决不姑息而是予以逐条批驳，先生就是通过这样的言传身教，使我认识到应该虚心做人，严谨治学，勇于探寻问题，但立论一定要坚实充分。1992年我终于如愿以偿地通过考试正式成为了先生的博士研究生。在以后的三年期间，先生一如继往激励我勤奋学习钻研，每每毫不留情地指出我的问题和不足。他说他要给我多加一些压力，这样我才能更好地进步，成为一名合格的史学人才。

1995年春天，先生左眼突然眼底出血，当时我刚刚将博士论文的初稿交给了先生。后来去先生家师母告诉我先生一直是用手帕捂着左眼，仅用右眼很吃力地修改我的论文。当时我流着泪对先生说不要再看我的论文了，先将眼睛治好。先生很平淡地说："没有那么严重，倒是你的论文存在很严重的问题。"马上就与我说起论文中的问题了。我的博士论文修改了很多遍，每次先生总是催我加快速度，修改好后立即给他送去。直到6月中旬我答辩时，先生的左眼视觉仍然模糊，对此我除了感激以外无以为报，这也是使我负疚终生的一件事。毕业后我成为厦门大学历史学专业的教师，一直希望自己能如同先生一样地为人师表，全身心地投入教学与科研，但每每私下与先生相比，都深深体会到要达到先生对学生如己出、严谨治学献身于学术的程度实在太难了。工作后先生经常给我来信询问我的工作科研与生活情况，告诫我不可松懈，要做个事业和生活中的成功者。每次皆令我汗颜，感到自己在虚掷光阴，辜负了先生对我的期望。先生仍不忘给我一定的压力做一个合格的史学人才。如今先生已离我们而去，悲悼之余，唯有不断地告诫自己，要以先生的学问和品德为楷模，不懈努力。像先生那样教书育人献身史学研究，以此告慰先生在天之灵。

（原文载于《美国史研究通讯》2001 年第 1 期）

记丁则民先生来北师大主持美国史硕士
学位论文答辩（1984）

黄安年

北京师范大学历史系第一届美国史硕士研究生（1981年—1984年），是河北师院历史系教授黄德禄先生作为北京师大兼职教授在北师大指导培养的，我协助黄德禄先生组织了从招生到培养和答辩的全过程。1984年11月底和12月初举行第一届四位美国史硕士研究生硕士学位论文的答辩。其中马秋莎的毕业论文答辩请邓蜀生先生主持，在11月30日举行。黄开来、莫亚平、徐承范三人的毕业论文则在12月4日至5日举行，均请丁则民先生主持。

丁则民先生1919年7月22日生于北京书香世家，1947年在美国华盛顿大学攻读美国史，新中国成立后放弃攻读博士学位的机会，返回祖国，在北京师范大学（当时称北平师范学院）历史系任教，现在学校档案室里还保存着1951年任副教授的丁则民先生拟定的一份美国史教学计划，原稿迄今保存在北京师范大学的档案馆内，笔者在档案馆内查阅教学课程计划档案时发现了这份计划。这是迄今发现新中国成立以来最早保存的美国史教学计划。丁先生为历史系三年级在1950学年第二学期开设的《美国史》制定的课程教学计划，每周3学时，选修5学分，30人选（据学校教学档案）。这份计划对于我们研究新中国成立以来美国历史教学的发展变化是一份宝贵的教学档案资料，反映了当时国内外政治背景下的教学情况。1952年全国院校调整，丁则民先生随时任北师大副教务长丁浩川同志来到东北师范大学任教。这段往事使得丁先生对于北京师范大学历史系有着很深的感情。

1979年以中国美国史研究会筹备为契机，兄弟院校间美国史研究同行加强了联系。4月21日至26日，在武汉大学举行了筹备成立中国美国史研究会的会议，我列席了这次会议，并在会上第一次见到了和蔼可亲的丁先生。会议期间多次和丁先生谈及北师大历史系的老师和美国史研究，也谈及一旦开始招收美国史研究生，希望得到先生的支持，先生欣然同意。

1984年12月1日上午，我接到丁先生将于次日晨抵京电报。12月2日（星期日）早，我去北京站接丁先生自长春到京，8点丁先生到我家，黄德禄先生和时任系主任的龚书铎先生来看望他，随后住北师大专家招待所，中午和晚上均请丁先生在我家用餐，黄德禄先生作陪，丁先生对我岳母的厨艺大加赞赏，在以后见面中多次提及。考虑到丁先生在京有比较宽松的时间，我们安排的答辩分三次在三天内举行。

12月3日早，先生在我家用餐后接着于9：00—11：25在北京师范大学历史系外文资料图书室举行丁先生主持的论文答辩，答辩人是申请硕士学位的毕业研究生徐承范。当晚17：40—20：00在家宴请丁先生，黄德禄先生作陪，20：00—22：00和丁先生深聊。

12月4日15：00—16：40，丁先生主持第二场论文答辩会，答辩人是申请硕士学位的毕业研究生黄开来。晚上我在学校餐厅宴请丁先生、黄德禄先生、龚书铎先生。

12月5日9：00—11：00，丁先生主持第三场论文答辩，答辩人是申请硕士学位的毕业研究生莫亚平，张文淳先生也作为答辩委员参加了答辩会。当晚四位研究生宴请丁先生、黄德禄先生和我三人。

丁先生不仅事前写好了详尽的论文评语，而且在主持答辩中一丝不苟，严格按照程序进行，对每位答辩人做出恰如其分的评价和提出希望答辩的问题，还综合答辩委员的意见和评议书意见，写出答辩委员会意见由答辩委员会讨论修正后通过，像这样的做法现在恐怕不多见了。

12月6日送别丁先生，并为先生购买了负氧离子发生器，中午送丁先生搭乘12：22的159次车离京返回长春。

这是一次难忘的论文答辩，也是北京师范大学历史系首届美国史研究生的答辩会，现在黄开来博士早已是美国一所大学历史系的终身教授，马秋莎也是美国一所大学的教授，徐承范在美国获得学位后，活跃在商界，莫亚平在美国获得两个硕士学位后办学成效显著，已经海归为祖国教育事业做贡献。

忆1985年长春之行

黄安年

1985 年 3 月 24 日至 30 日，我和冯承柏教授应丁则民先生之邀，来到长春东北师范大学，为丁则民先生主编的《美国内战与镀金时代（1861—19 世纪末）》卷的三章试写稿细读，该卷是中国美国史研究会组织的六卷本中的一卷，在丁先生的主持和黄仁伟、王旭的协助下，初编工作进展顺利。

在长春的一个星期中，丁则民先生对我们的生活安排无微不至，而我们和编写组及研究室成员一起，对三章试写稿内容逐一阅读，进行了较为深度的讨论，这不仅有利于编写的改进和完善，也是我学习的极好机会，丁先生参加了研讨的全过程。其间我有机会和丁先生、黄仁伟、王旭、田锡国等深度交谈，冯承柏教授的独到见解则给人以很多启迪。1990 年人民出版社正式出版了美国通史丛书中的《美国内战与镀金时代（1861—19 世纪末）》卷，在编者说明中有以下一段话："在本书编写过程中，南开大学冯承柏同志和北京师范大学黄安年同志仔细阅读了三章试写稿，并提出许多宝贵意见和建议。"这里说的"许多宝贵意见和建议"也主要是冯承柏先生的贡献。3 月 31 日晨，我回到北京，结束了长春之行。

这次长春行，我有个小本做专门记录，目前一下子不知放在哪里，未能找出，倒是找到一封丁则民先生给我的亲笔信，现全录如下：

安年同志：祝好！顷接研究室转来的信，知道您将按时来长春参加试写稿讨论会，大家都非常高兴，我们也能再次会晤了。试写稿第一、二、三章都已寄上，不知收到否？由于时间仓促，写得都较粗糙，至盼仔细审阅，尽量提出宝贵意见，以便做进一步修改。这里食住条件都较差，生活上会感到不便，好在彼此熟识，定会予以包涵。春节已过三周，但这里仍是春寒料峭，请来时多穿些衣服，室内

要到四月中旬才停烧暖气。回程日期和车次，当遵嘱尽力预订车票。买到来长春车票后，请来电告知，以便派人接站。余容面叙，此祝

教安
附语问候您的全家人

丁则民书

1985.3.12

试写稿讨论与会者除我室成员和撰写人外，还邀请了冯承柏同志，他已答应来长参加。寄来的美国史教材，已收到，至谢。

又及

信中所说试写稿第一、二、三章，我是在 3 月 12 日收到的。而丁先生的信是 3 月 14 日收到的。信中反映了先生的认真负责和对我的关心体贴，令我感到很亲切温暖。

一个编外学生的感恩

——写在丁则民先生百年诞辰之际

黄柯可

纪念丁则民先生百年华诞是我国美国史学界的一件大事。在这个特殊的日子里，先生的音容笑貌不时浮现眼前，我对先生的怀念和感激之情难以言表。

我与丁先生分处两地，直接接触的机会并不多。但我始终把他视为我的恩师。在有限的来往中，他给我留下的印象既是一位敬业的学者，又是一位慈祥的长者。

他待学生亲如一家，对学生们关怀备至，体贴入微。他风趣幽默，平易近人，与他相处，感觉轻松和亲切。他的几位高徒现在都是著名的教授了，每每提起当年的师生情谊，总是流露出无限的快乐和幸福，让人羡慕。

第一次与丁先生见面，是 1982 年在苏州召开的美国史学年会上。当时不知道为什么，我有点担心他会和我的苏联莫大老师一样严肃。没想到的是，先生的第一句话就解除了我的顾虑，他握着我的手，笑着说："看你的名字以为你是一位男同志，没想到却是位漂亮的女士！"

记得这次会议期间聊天时，他告诉我他亲自为学生批改英文作业，我当时被惊呆了，因为这和我的经历反差实在太大。我高中毕业后，被国家派往莫斯科大学历史系学习美国历史，由于没有学过英文，看资料成了问题。一次，我拿着搜集来的英文史料和我自己翻译的俄文稿去见论文导师，指望能得到帮助。结果，教授不客气地对我说："英文的事情去找你的英文老师，不要和我讨论。"当时只觉得一盆冷水从头而下，无言以对。后来，我明白了，在莫斯科大学，专业老师是有身份的教授，而外语老师只不过是"教师"。难怪每天最早的课程全是外语（苏联学生首选法语、德语，其次是英语和西班牙语）。这就不难想见，我听到丁先生教学生英文的事有多么吃惊和羡慕了。记得当时我对丁先生说了一句心里话：

"丁先生，我想做你的学生。"他回答："好啊，欢迎你来长春！"

此后多少年，丁先生总是把我这个编外学生放在心上，利用一切机会指导我，帮助我。我的每一点进步确实得到了先生的有力助推。

在二十世纪八十年代，外文资料匮乏，史学会号召各单位编印藏书目录，互通有无。丁先生竟然想到给我寄一份他们美国所的书目。对于现在使用网络的年轻人来说，无法想象这两本打印资料对我有多么珍贵。先生知道我的大学毕业论文有关美西战争，特地把他主编的《美国通史》第三卷初稿寄给我，要我提意见并去长春参加讨论。遗憾的是，当年遭家父病故，我没能成行，错过了当面向先生讨教的难得机会。

丁先生多次要我书面评议硕士论文。每次先生必附一信，一字一格，一笔一画，笔迹认认真真，绝无潦草。信中，他不只介绍论文内容，还说明每位学生的学习情况。我通过这项工作，学习到了历史知识，还懂得了做人的道理。这对我的影响是深远的。

有一年，丁先生约我去长春主持博士生答辩，其间，先生执意为我安排了一次讲座。由于我的疏忽，来前只专注学生论文，没有准备学术报告。为难之下，我只好就我参与主编的社科院重点项目"欧美农村劳动力的转移和城市化"，对英美德法四国的共性和特性，谈了些肤浅的看法。丁先生发现了我的尴尬，不时插话为我补漏。总结时，他强调了比较研究的重要性，鼓励我把这项工作继续下去。

这次发言辜负了先生的心意，我深感内疚，课题的著作出版后，我重新认真阅读了全书，写了一篇论文，以美国为主，与其他三国进行相应的比较，提出我的看法。出乎意料，此文在世界史所和社科院两级评奖中，分别获得优秀论文一等奖和三等奖。我明白，这只是给丁先生交上的初步答卷，脚下的路还很长。

就在我打算把比较研究继续下去的时候，祸从天降，我突发眼底黄斑病变。这是一种世界性的不治之症，视力迅速下降。可是，祸不单行，治病期间，我在医院染上了病毒性角膜炎，两眼肿成一条线，视物模糊不清。不巧的是，这年我已经答应了丁先生再去主持答辩。学生临近毕业时，我的病情仍无好转，让我心急如焚。考虑到先生年事已高，恐难以经受突发事件，我决定给已经在厦门大学工作的王旭老师去信，请他先选好主持人，再替我向丁先生告假。没过几天，我意外收到了丁先生的来信，他只字未提答辩的事，全篇语重心长地安慰我要安心治病，并介绍了一些保健眼睛的方法。当孩子为我读丁先生的来信时，我的泪水不由自主地从小小的眼缝中流出，我被父亲般的温暖所打动。

要说起我开始对美国城市化问题产生兴趣，启蒙老师还是丁先生。二十世纪九十年代，我工作所属的西欧北美史室拿到了社科基金"欧美五国工业化比较研究"项目。因之前拜读过丁先生主编的《美国内战与镀金时代》一书，并受其影响，我选择了项目中"城市化"一章，想试一试这个新领域。此后，在丁先生的指导和王旭老师的帮助下，侧重探讨美国农业劳动力的转移问题，令我对城市化的研究起步还算顺利。

在今天，我们怀念丁先生，感恩丁先生，要说的话太多太多。我虽然在国内没有母校，但我自以为是丁先生的学生而感到自豪。衷心祝愿丁先生的治学精神代代相传，发扬光大。

丁则民教授学术成就概述

黄仁伟

丁则民教授是我国世界近现代史和美国史研究领域的著名学者。他在青少年时代就有志于攻读历史，先后求学于西南联大和美国华盛顿大学，取得学士和硕士学位。1949年底，丁先生怀着爱国热忱，毅然中断在美学业，归国参加建设事业。先后在北京师范大学和东北师范大学从事教学和研究工作。近四十年的治学生涯，虽屡经坎坷，却未能使先生辍止耕耘，至今终于饶有硕果。

五十年代初，丁则民先生在中美关系史领域开辟了最早的园地；继而主持编写了国内最早的世界现代史成套教材，为世界现代史教学体系奠定了基础。六十年代，丁先生集中研究了美国对拉丁美洲的政策和活动，从历史与现实的结合上来揭示美国外交政策的本质。1978年以来，先生在美国史学史和十九世纪末美国史两个专门方向上不断进取，获得一系列突破性成果，为形成我国的美国史体系做出了贡献。他在1979年创建的东北师大美国史研究室，现已成为国内屈指可数的几个美国史研究单位之一，担负着重要的国家科研项目和人才培养任务。丁先生40年来的教学科研成就，在一定程度上体现了我国的美国史研究的发展历程。

一

从建国到"文革"前，丁则民先生的美国史研究侧重于揭露美国的殖民主义扩张和掠夺，以及美的帝国主义外交政策的演变。首先从中美关系史的一个重要侧面即美国对华工政策的演变入手。《美国排华史》（中华书局 1952 年版）以详尽的中外文原始资料，揭示了美国资本主义发展与掠夺华工的关系。从早期美国的契约奴、黑奴到十九世纪中叶的华工，都是美国历史不同时期承担最艰巨开发生产的劳动力来源。这种劳动力输入是美国资本原始积累和殖民掠夺的形式之一。尤其在西部开发和修筑横贯大陆铁路的过程中，华工发挥了不可磨灭的作用。华工的血泪浇灌了加利福尼亚的田园。然而，随着美国国内阶级矛盾趋于尖锐，排华浪潮逐渐在西部以至全国蔓延。统治集团利用这种排华情绪，制定了一系列排华立法。美国资产阶级从诱骗、胁迫华工到排斥、驱赶华工的变化过程，正是由美国国内市场和海外扩张的需要所决定的。《美国排华史》在建国初期对于中美关系史研究具有重要的开拓意义。至今虽时隔 35 年，由于它所揭示的主题在中美关系史和两国近代史上占有重要地位，故其学术价值和现实意义仍确定无疑。

其次，丁先生着重研究了美国在拉丁美洲的政策和新殖民主义政策。五十年代初，丁先生就发表了《门罗主义与美帝侵略政策》（载《历史教学》1951 年第 6 期），这是我国史学界研究门罗主义的最早成果之一。六十年代，丁先生又连续发表六篇论文（分别载于 1963 年至 1964 年《文史哲》《历史教学》《史学月刊》和《吉林师大学报》等），进一步详尽论述了美国的"熟果政策""大棒政策""金元外交"等帝国主义政策的源流关系，并以大量史实证明了美国把拉美变为它的"后院"，为它建立世界霸权准备了条件。美国先后在古巴、巴拿马、多米尼加实行了典型的新殖民主义政策，即在形式上保持其独立，实际上使之变为受美国全面控制的保护国。以后美国将这种政策推行到中南美和亚太地区，并且与美国全球战略相结合，形成了新的势力范围。这些研究从理论的高度来把握美国对外政策的发展特点，有力地配合了当时民族解放运动风起云涌的国际形势的需要。

二

1978 年以后，丁先生的研究重点转向了美国史学史。这种转移具有两方面的意义。一方面拓宽了我国美国史研究的广度，有助于深化对美国通史本身的认识；

另一方面，这是由美国史学本身的特点所要求的。美国史学新旧流派五花八门。只有弄清楚各流派的来龙去脉及其基本观点的实质所在，才能正确判断各种史学解释的是非和材料的真伪。丁先生以特纳的边疆史学和比尔德的经济史学为典型，连续发表近十篇论文，对这两个美国史学中最有影响的流派进行了多层次的分析。

（一）实事求是地肯定了这两个流派对美国历史学发展所产生的积极影响。在《美国的"自由土地"与特纳的边疆学说》（载《吉林师大学报》1978年第3期）一文中，丁先生提出特纳边疆学说标志着美国学术思想真正走向独立。特纳摒弃了把美国制度看作只是中世纪欧洲文化遗产的继续的"生源论"观点；强调从美国的具体环境、特别是西部边疆来阐述本国历史和本国制度的源泉。他认为，美国的历次重大斗争都是地域斗争的产物。（见《特纳的"地域理论"评价》，载《吉林师大学报》1979年第3期）把边疆和地域这两个基本因素结合起来，提出了边疆是活动的地域。因此，特纳学说使美国历史解释摆脱了条顿文化的束缚，成为一种富有生气的独立的学术思潮。

比尔德在特纳学说的基础上，进一步强调经济因素在美国历史中的决定作用。他的《美国宪法的经济观》，70余年来一直是研究美国宪法的必读书。丁先生在《查尔斯·比尔德与美国宪法》（载《东北师大学报》1982年第2期）一文中，肯定了比尔德运用经济分析的方法。比尔德突破了单纯从政治角度探讨宪法起源的旧观点，把制宪会议同利益集团的冲突联系起来，从而揭去了罩在美国宪法上的神圣光环。比尔德的经济决定论对二十世纪美国进步运动产生了重要影响。这种运用大量数据资料来叙述和分析矛盾冲突的研究方法，为后来的企业史学和计量史学所继承，构成了美国史学的一大特色。

（二）丁先生在研究中剖析了特纳和比尔德理论中的谬误及其消极影响，廓清了两大史学流派的本来面目。他着重批判了由边疆学说派生出来的三个观点：一是"边疆决定美国民主制度"的"森林哲学"；二是"西部自由土地提供充分机会"的"安全阀"理论；三是"不断扩大边疆是美国历史特征"的"天定命运"论。这三个观点似乎是强调美国历史发展的特征，实质上都是为"美国例外论"提供理论基础。十九世纪末、二十世纪初的美国，西部空间逐渐被占，垄断资本与社会中下层冲突加剧，争夺海外市场和势力范围的形势日益紧迫。特纳学说在此形势下应运而生，正适应了垄断资产阶级掩盖社会矛盾、转移视线、巩固统治秩序的需要。

丁先生对于"边疆假说"的孪生观点"地域理论"，进行了认真的辨别和清理，研究了它的思想来源。丁先生认为：特纳巧妙地糅合了"地域决定论"和社会达尔文主义两种当时盛行的资产阶级思潮，进而否认美国社会的主要矛盾是阶级斗争。在《特纳与美国奴隶制问题》（《世界历史》1986 第 1 期）一文中，丁先生揭示了特纳学派与为奴隶制辩护的种族主义史学的内在联系。特纳学派比直接为奴隶制唱颂歌的南部史学更为隐蔽，更带有"科学"色彩，因而也更具有欺骗性。

比尔德的经济决定论也有严重的局限性。他自称其理论来源是麦迪逊的"联邦党人文集"第十篇，而否认或抹杀马克思主义唯物史观的重大影响。比尔德理论是一种机械的、片面的经济史观，受到形而上学方法论的桎梏。这造成了他对利益集团的划分过于简单。丁先生对比尔德理论的鉴别受到国内美国史工作者的重视。在重版《美国宪法的经济观》（商务印书馆 1984 年中译本）时，特邀丁先生为书作序，以便使读者能更清醒地认识比尔德的经济学派。

（三）丁先生把史学史研究同美国对外政策的思想渊源结合起来。《"边疆学说"与美国对外扩张政策》（载《世界历史》1980 年第 3、4 期）是在这方面具有代表性的力作。特纳从美国边疆的存在中找到了"美国生活的扩张特征"，并断言美国将继续"要求一个更加广阔的活动领域"，即扩张是美国历史发展的规律。于是，边疆学说就适应了美西战争的美国向外扩张政策的要求，并长期支配着美国学术思想的发展。二十世纪以来的美国最高决策者们都不断地重复着"边疆"陈词。西奥多·罗斯福、伍德罗·威尔逊被人称为"特纳式讨伐的民主主义者的真正典型。"富兰克林·罗斯福甚至深信，美国的边疆就是世界。二战后的杜鲁门、杜勒斯、乔治·凯南、艾奇逊等人都把"边疆"与"冷战"二者挂钩，为美国全球战略服务。人们还在肯尼迪的"新边疆"政纲和里根的"高边疆"战略中看到了特纳学说的影子。这里，丁先生从理论的高度又深入到现实的冲突之中，为我们揭开了特纳学说的帷幕，在其后隐藏着深刻的美国资产阶级的动机和本质。

丁先生认为，特纳的"地域理论"充满着扩张主义精神。特纳把美国地域斗争的经验作为欧洲处理国际关系的楷模，证明"揭开世界历史之谜的钥匙在美国"，为美称霸世界作舆论准备。美国决策者们借用地域理论，在二战后拼凑各种军事政治集团，试图实行世界范围内由美国控制的地域政治。

丁则民先生还对美国史学其他流派进行了研究。在《关于十八世纪美国革命的史学评介》（载《社会科学战线》1981年第2期）和《关于美国宪法的史学评介》（载《史学集刊》1987年第4期）两篇论文中，详尽了阐述了早期学派（国家主义学派）、进步学派（经济学派）、新保守派（利益一致论）、新思想史学派（共和学派）和新进步派（新左派）对美国革命和美国宪法的各种观点和解释。通过比较各流派的不同观点和各流派的更替和变迁，看到了美国社会结构变动与史学流派沿革的内在联系。几乎每个流派都代表着同时期最能左右舆论的思潮和社会集团的利益。可见，史学与社会冲突跳动着同一个脉搏。丁先生还认为，各流派共同推进了美国史学的发展，不应厚此薄彼。总之，丁先生在研究中把史学史同美国历史和社会现实结合起来，加深了我国学术界对美国思想文化的了解。

三

1983年以来，丁先生带领研究室全体同志承担了国家"六五"社科重点项目的任务，着重研究十九世纪下半叶（从内战到美西战争）的美国历史。在研究这段历史时，突出强调了把各种矛盾置于自由资本主义向垄断资本主义过渡的大背景之中，以深化对资本主义发展规律的认识，并在描绘这段历史的图像时，始终把握整体感。

在丁先生的指导下，研究室在编写美国通史第三卷的过程中，在一系列课题上取得了突破，部分改变了"1870年后资本主义走向垂死腐朽"的传统结论。例如，对把南部重建作为"奴隶制复辟"的简单结论加以纠正，提出了南部农业资本主义发展的"普鲁士道路"问题。在一定程度上肯定了垄断资本出现和发展的历史意义，认为它作为生产力高度发展的产物，又促进了社会生产力的发展。对资产阶级的改良政策也进行了具体分析，这种政策是在社会中下层改革运动推动下，统治集团为了保持社会秩序和资产阶级的长远利益而实行的，它暂时适应了社会结构变动的要求，反映出资本主义具有自我调节的能力。此外，对其他若干课题，如美国工会组织的蜕变与工人构成的复杂化、美国的城市化道路与城市群的形成、西部大规模开发和美国移民政策的演变，等等，进行了探讨和研究。这些课题的研究，开拓了美国史研究的深度和广度，填补了有关十九世纪末美国史研究的空白。

丁则民先生对美国西进运动史进行了研究。美国西进运动是美国西部扩张、移民和开发史。以往国内外对西进史的研究，或者侧重于揭露美国征服西部土著居民的扩张活动，或者局限于美国西部的地域性研究，缺乏更全面、系统的考察。丁先生的研究，在宏观上把西进运动同全国市场以至世界市场的扩大联系起来，考察了东部与西部的双向作用和对流；在微观上，引入社会学、人口学、人文地理学、生产力经济学和环境生态学等学科的方法，揭示西进运动的发展规律通过西进运动研究说明美国西部发展同美国政治经济外交文化演变趋向之间的关系，了解当代美国社会的由来。同时，总结美国西进运动的经验教训，有助于在开发我国大西北及其他后进地区的过程中扬长避短。这一研究课题已被列为国家教委"七五"计划的重点科研项目。

丁则民先生在世界近现代史领域内已取得了丰硕的研究成果。早在1956年和1960年，丁先生两次主编《世界现代史大纲》，并组织编写了《世界现代史》（上、下册）教材和《世界现代史参考资料》。这套教材吸收了苏联和西方左派学者的研究成果，打破了旧中国的西洋史体系，较科学地分析了世界现代史的发展阶段和特点，成为后来国内多种版本世界现代史教材的主要参考书之一。同时，对世界现代史的一些重要问题做了专门研究，写出《第二次世界大战的起源和性质》（《历史教学》1957年第4期）等论文。

丁先生在进行国别史和世界史的教学研究时，注意吸收国外的研究成果，组织许多翻译工作，引进国外学者的重要著述。五十年代，他翻译了美国左派学者安娜·罗彻斯特的《美国资本主义》（三联书店1957年版）。"文革"期间，丁先生在很困难的条件下，同历史系部分教师合译了罗杰·威廉斯的《欧洲简史》（吉林人民出版社1975年版）、亨利·赫坦巴哈等的《俄罗斯帝国主义》（三联书店1978年版）。1982年，他又主持编译了《美国史译丛·史学专号》。这些译著都对国内的世界史研究产生了积极影响。

几十年来，丁则民先生的学术成就贯穿着马克思主义哲学的基本精神，既不照搬西方观点，又不盲从"左"的教条，使其研究成果经得起时间和实践的检验。他以其卓著的学术成就和高尚品格，赢得了学术界的尊敬。先后担任了中国美国史研究会副理事长（1980年—1986年）、中国世界现代史研究会副理事长（1981

年—1985年）、中国大百科全书世界历史卷美国史部分副主编、吉林省史学会副理事长等职，为推动史学界的学术发展做了大量工作。1986年，国务院学位委员会确定丁则民先生为世界近现代史博士导师。我校决定在美国史研究室的基础上成立美国研究中心。为了使几十年来开创的事业后继有人，丁先生在学术研究的征程上继续攀登，为青年一代开辟着道路。

（原文载于《东北师大学报》1988年第4期）

心香一炷悼丁则民同志

黄绍湘　毕中杰

三月一日，我们从长春东北师大的电告中得知丁则民同志去世的噩耗，心情不能平静，悲痛万分。我们认为人生自然规律不可抗拒，但丁则民同志比我们年轻几岁，故而这个冲击波使我们无比震惊。丁先生是联大毕业的同学、还和绍湘是先后同学，丁先生的哥哥丁则良是绍湘历史系同班同学。由于这两层关系，加以五十年代国内专攻美国史的人不多，我们和丁先生早就有书信来往，互相切磋。丁先生从事科研教学数十年，带领数十名研究生，辛勤耕耘，治学严谨，被誉为"教书又育人"的楷模，令人钦佩。丁先生对美国史学流派钻研颇深。他在1983年为商务印书馆所译美国著名史学家比尔德所撰《美国宪法的经济观》中译本再版所写的序言分析精辟，有独到见解。近十年来，丁先生侧重研究美国十九世纪末西部开发史、印第安人及其他少数民族史、中国人移民史，并带领研究生撰写和翻译这些方面的论文，在西部开发问题上丁先生特别指出，用十九世纪末美国西部开发模式来指导二十世纪末和二十一世纪的中国西部开发是不可取的，因为时间、地点等都不同。特别是在生态恶化和对少数民族政策方面，美国历史给予我们的警示大于指导。这是一个意义十分深刻的见解。目前，我国正全面开发大西部，为实现新世纪现代化而奋斗。丁先生和他的同事们在研究美国西部开发的成绩斐然。在此重要时刻，他却突然离开了我们，这是我国美国西部开发史研究的重大损失。但我们相信，后继有人，今后必有更多爱好美国史的中青年同志坚持不懈地再接再厉，孜孜追求，以实现丁先生的遗愿。谨奉献心香一炷，丁先生安息吧！

（原文载于《美国史研究通讯》2001年第1期）

滋兰九畹　溢香百园

——我认识的丁则民先生

侯文蕙

1986 年 8 月，中国美国史研究会第五届年会在兰州召开。我有幸参加了这次盛会，并认识了与会的丁则民先生。当时我还在兰州大学任教，刚从中国古代史教学转向美国史不到两年。与我同系的颉普老师带我参加了会议，并在会议第一天的当晚，陪我拜见了丁先生。颉普老师是我本科时的世界现代史老师，在我任教时，曾给予我很多帮助，现已去世已近二十年了。他一直从事美国史研究，认识许多美国史研究的老前辈。

初见丁先生时，颇感局促，但先生亲切和蔼的态度很快便打消了我的不安。听了颉普老师的介绍，先生高兴地说道："欢迎，侯老师！"我忙说："不敢不敢，在先生面前怎称老师！叫我名字吧。"先生边笑边对当时在他身旁的学生说："这是侯文蕙老师，她去年从美国访学回来。"从此，无论我怎么婉拒这"老师"之称，也只能"恭敬不如从命"了。先生询问了我赴美的时间、学校，进修的课程，及其他问题。我则尽量简洁地回答，但终因又有客人来访而中断。颉普老师和我告辞时，丁先生将我们送到门口，并对我说："咱们找机会再谈。"

会议的日程安排很紧，实际上是难有机会单独去见丁先生了。第二天一早，在开会之前，我将自己近一年来发表的几篇美国史文章呈交丁先生，恳请他抽暇指教。未想到，就在那天晚上，在会议组织大家夜游兰山的归途中，丁先生的一位研究生告诉我，丁先生将在酒店门前等我，有话要说。果然，在我们乘坐的大巴停到酒店大楼前的广场上时，透过车窗，一眼就看到了站在台阶前的丁先生——他和其他老先生乘小车先到酒店。先生对我说，我的文章他尚未及细读，等回长春后会在信中与我商讨。接着，又和我谈到我眼下所做的课题，并提到我的家庭。其间，丁先生得知我还不是美国史研究会的会员，便说："快加入吧，我可以做你的第一介绍人。"这次谈话时间不长，却给我留下了极为深刻的印象。他是那样的坦诚和善解人意，以致在瞬间让我忘记了站在我面前的是一位德高望重的专家和权威。面对灯光下的他，我甚至觉得，这是一位我早就熟悉的慈爱长者，而非昨日才相识的威严先生。顿时，一种信任感，伴随着一股暖流，油然而生。

两周后，我收到了丁先生来自长春的一封长信。信中说，他已读了我送他的文章，对选题、立意和论述都做了肯定，但同时也指出了需注意的问题。先生的点评从大处着眼，但也不忽略细节。至今我还记得，先生信中曾对我文章中的一个译名"美利坚大沙漠"提出异议，认为译作"美利坚大荒漠"要更确切。先生细致而中肯的分析，恳切委婉的语气，处处都流露着对一个后学者的关切和期望。作为一名初涉美国史的学步者，自始即能得到这样一位资深专家的指导，何其有幸！在此后的十多年里，我一直紧紧地把握着这个机会，从未停止过向先生的求教和学习。在每个关键的时刻，先生都会给我以有益的帮助和支持。

在刚认识丁先生的前两年，我的科研兴趣主要在美国的西部史和亚文化上，因此写作、译著也多是有关这方面的问题。但是随着学习的深入和学术视野的开阔，自 1980 年代后期，环境史逐渐成为我所关注的领域。这是二十世纪六七十年代在美国刚兴起的一个学科，在八十年代的中国，尚鲜有人涉及。因此，在相当长的一段时间里，我一直是在孤军奋战。所谓"寂寞新文苑，平安旧战场。两间余一卒，荷戟独彷徨"（鲁迅诗），似正对应了我当时的状态。在这种颇为艰涩和惨淡的时刻，丁先生是第一位对我的努力表示认可的前辈。他鼓励我说："万事开头难。现在看起来冷清，只要你做起来，大家对它有所了解，就会有更多的人参与了。"他不仅这样说，还切实地支持我去做。每当我有新作送他，他都会通过信件进行评议，同时还极力引导他的学生关注这个新的领域。1991 年，丁先生曾邀请美国环境史专家苏珊·福莱德教授赴东北师大讲学，专门为历史系学生讲授环境史；其后，他又两度安排我去他那里为研究生讲课和主持博士生论文答辩，目的都是为了拓宽学生的视野，活跃学术气氛。

丁先生弟子众多，而且个个出类拔萃。说起自己的学生，他总是喜形于色，一点也不掩饰对他们的喜爱。他了解他们，关心他们，对他们各自的特点、性格了如指掌。我曾和他谈起他的几位我比较熟悉的学生，如黄仁伟，他感叹道："才华横溢啊！"如王旭，他称赞说："深沉稳重！"如梁茂信，则说："忠厚好学！"如胡锦山，他笑道："这女孩啊，三快——走路快、说话快、做事快！"言语之间，流露着深深的爱意。他曾不止一次对我说："我没孩子，但这些学生就和我的孩子一样。"而这些孩子，不仅在学业上发奋自强，而且也像对自己的父母一样，对先生怀着无比的尊重，并对其生活予以精心的照顾和关怀。日后，这些学生皆成为国内学界和政界的中坚。他们的成功，离不开当年先生心血的浇灌。

在认识丁先生后的十多年里，和先生的多次通信和有限的面谈中，除了学问，也会涉及生活。有一次，在给他的研究生讲课期间，在先生家里，我们谈到中美文化的差异。我和他说及 1994 年在堪萨斯大学做洛克菲勒学者时的一次经历：一位住在底特律的美国朋友，听说我特别喜欢新西兰著名的女高音迪·卡娜娃，而恰巧这位女高音要在底特律演出，便特意为我买了飞底特律的机票，专程去听她的音乐会。打"飞的"听音乐会！——在二十世纪，是我连想也不曾想到的。丁先生听了，也很感慨，却不料，这个故事竟勾起了先生早年留学美国和看电影《翠堤春晓》的回忆。原来他也喜欢音乐，并且特别喜欢斯特劳斯的圆舞曲。"到现在我还记得影片中的那首《One day when we were young》(《当我们年轻时》)。"他微笑着，脸上有一种我以前从未见过的神情——略带迷惘的甜蜜……

回青岛后，我托人给先生捎去了在美国购买的两盘盒带：《斯特劳斯圆舞曲集锦》和迪·卡娜娃演唱的意大利歌剧选曲。本想给他买 CD，但他没有 CD 播放机。他来信说，音乐给他带来的不仅是听觉上的享受，还有难得的回忆和遐想。

2001 年初春，先生去了另一个世界。我沉浸在回忆中，耳边似乎又响起那美妙的歌声：

"春天来了，大地在欢笑，蜜蜂嗡嗡叫，风吹动树梢多美妙；

春天多美好，鲜花在开放，美丽的紫罗兰焕发着芳香。"

滋兰九畹，溢香百园——伴随着先生的将永远是那充满欢笑和芳香的春天。

评《美国内战与镀金时代（1861年—19世纪末）》

梁茂信

　　东北师范大学丁则民等人编写的《美国内战与镀金时代（1861—19世纪末）》于 1990 年由人民出版社出版，此书是杨生茂和刘绪贻两位教授主编的六卷本《美国通史丛书》中迄今问世的第二本书。这是我国史学工作者经过数载辛勤耕耘的又一可喜成果。

　　这部力作对美国内战至十九世纪末的美国历史做了全面深刻的分析。全书共 11 章，可分为三部分。第一部分论述美国内战与重建时期。作者指出，南北两种对立的社会制度之间不可调和的尖锐矛盾导致了内战的爆发。作者在对此时美国社会各种政治派别的态度和作用加以分析之后，着重对林肯总统做出公正的评价，指出林肯不仅"善于审时度势"，"而且能倾听人民的意见"，从而能调动一切社会力量，赢得内战的胜利。但约翰逊保守的重建纲领却使昔日的奴隶主剥夺了黑人的种种权利，并在南部确立了"吉姆·克劳制"的种族隔离制度。作者紧紧抓住保守派和激进派在重建问题上激烈斗争的线索，分析了联邦政权并将南部纳入资本主义轨道之后走向妥协，使重建"以牺牲黑人利益，民主党人在南部执政而告终"。

　　第二部分是全书的重点，作者以大量的篇幅和丰富的史料阐述了生产力的飞速发展引起的经济基础和上层建筑的变革。作者从"镀金时代"错综复杂的社会矛盾及其与经济高速发展相关联的各种因素中，条分缕析，提纲挈领，认为政府积极扶植的政策和科技革命是美国经济迅速发展的关键。而工业城市群和制造业的崛起、商品流通领域的变革、交通运输的空前发展和技术市场的开拓，为垄断资本主义的形成创造了有利的条件。另外，作者还另辟章节，对西进运动和移民洪流的涌入对美国经济发展的作用进行了专门的论证。对美国统治阶级屠杀和驱赶印第安人的灭绝性政策做了淋漓尽致的鞭挞。接着，作者又探讨了垄断资本主义形成后美国社会发生的各种变化，指出在这些变化中，最突出的是腐朽之风盛行，社会矛盾日益尖锐，各种运动此起彼伏。这种严峻的形势，"使资产阶级被迫调整部分国家机器，加强镇压和平衡功能。"通过调整，实现了"联邦政府开始与垄断资本直接结合，其内外政策逐渐纳入与大财团利益一致的轨道。"作者没有忽视城市建设在经济腾飞中的作用。揭露了"市政老板与各大企业沆瀣一气，互相利用"的腐败现象。这种现象引发了一系列社会改良运动。尽管其"直接成果还很有限"，但毕竟"拉开了进步运动的序幕"。

第三部分阐述了垄断资本主义的发展对美国社会、外界和思想文化等方面的影响及其变化。作者考察了"新""旧"资本主义交替时期美国社会各阶级结构的变化，客观地分析了工农运动的兴衰根源及其实质。关于对外扩张政策，作者认为，经济的高速发展和对市场的需求使美国"日益走上了向海外扩张的道路"，并在十九世纪末"跻身于帝国主义列强重新瓜分世界的前列"。上述社会经济各个领域的变化也推动了思想、文化和教育的繁荣与发展，使美国"以其具有鲜明特色的、丰富的民族文化，在世界文化艺术殿堂中占据了一席之地"。

作者将唯物辩证法和历史唯物主义原理贯穿于全书始终，实事求是地评价了"镀金时代"的历史，既揭示了自由资本主义向垄断资本主义过渡的基本规律，又突出了在这一转变时期美国资本主义发展的自身特点。这些特点集中表现在：第一，美国工业高速发展并走向集中、垄断，而极端的自由放任政策又加速了垄断资本主义的发展，使美国成为典型的托拉斯帝国主义国家。第二，奴隶制的废除结束了两种经济利益尖锐对立的统治集团长期分享政权的局面，开始了工业资产阶级独揽大权的时代。第三，正当西部迅速走上"美国式"的发展道路时，南部却踏上了"缓慢而痛苦的'普鲁士式'的发展道路，使南部在相当长的时间内成为美国闭塞落后的地区"。作者既肯定了在经济发展中，政府积极扶植的政策、发展教育、开发西部和社会改良等方面的进步作用，又谴责了美国统治阶级对黑人、移民和广大工农群众剥削和奴役的掠夺性和残酷性，切实生动地向读者再现了"镀金时代"的历史场面。

本书的另一个突出特点就是，打破时间界限，以专题为章。各章既自成体系，又互相联系，互相补充，不失整体内容和逻辑上的衔接。而在每章中，作者从多方面，多层次，对每个历史事件和人物层层剖析，溯本求源，揭示了事物的内在联系及其相互作用。

此外，作者博采众家之长，在吸收国内外最新研究成果的基础上敢于大胆创新，抒发己见。如在阐述西进运动的历史作用时，除了论述其在经济发展和版图扩大等方面的促进作用外，着力分析了西进运动对美国的民众性格和政治制度的影响，并得出了以下结论：1. 形成了民族进取和求实的精神；2. 助长了民族流动迁徙的传统；3. 养成了民族讲求速度与效率的作风；4. 滋长了铺张浪费的恶习；5. 促进了民主政治制度的发展。上述分析和结论对我们了解当今美国大有裨益。再如，在分析移民洪流起伏变化时，作者介绍了英美两国史学家关于两国在移民问题上"推"和"拉"的作用观点，指出，这种观点只是以英美两国经济的盛衰为前提的，"而没有对美国与移民离去的其他国家进行比较分析，因而不能说明其他国家移民去美国的原因和演变情况"。作者以德国和匈牙利两国为例，考察了两国在不同时期，不同地域移居美国人数的情况，得出结论说，移居美国的移民洪流的起伏与美国经济发展的繁荣与衰退无直接关系。"它取决于移民离开的国家社会经济情况的变化。"

本书是一部探索创新之物，不足之处在所难免。第一，书中有的部分语焉不详。如在美国内战一章中，作者以内战的序幕和爆发为开端，开门见山，无可挑剔，但对内战爆发的原因没有论及，甚至对堪萨斯内战和约翰·布朗起义也只字未提。作者虽然提到南北两种社会制度是内战爆发的根源，却没有解释这两个不同的社会制度是怎样从对立统一中走向战争的。如果能对它们在政治上和经济上矛盾的焦点做一简要的说明，本书就会具有更强的说服力。

第二，作者对十九世纪末美国的外交政策做了精辟的阐述。尤其不吝笔墨和篇幅，对美国在古巴、夏威夷和亚洲地区的扩张政策做了详尽的论证。但作者没有专论美西战争。美西战争是"镀金时代"的迄点，是美国完成向帝国主义阶段过渡的重要标志之一，也是美国有史以来在海外进行的第一次大规模的侵略战争。基本上实现了在"镀金时代"美国统治阶级可望不可即的扩张目标。因此，它是"镀金时代"重要的、不可分割的组成部分。

第三，本书有些地名翻译和中文印刷错误，需在再版时更正。如书中多处将 Iowa 译为"艾奥瓦"，而现有的工具书均译为"衣阿华"。再如第 251 页，"冈珀斯断然拒绝接受劳工党纽约中央工会加入劳联"一句中，错印为"拒绝深受"。

在英汉部分名词对照说明中，有多处将英文人名地名拼错，英文移行也不规则。

（原载《世界历史研究动态》1991 年第 5 期）

心中的映像

——纪念恩师丁则民教授

梁茂信

　　自从我在 1991 年 9 月 3 日来到东北师大师从丁先生学习美国史，到 2001 年 2 月 26 日先生去世，前后不过 10 年。这十年来，虽然聆听到先生正式授课的次数不多，因为那时先生已七十多岁高龄，身体也不大好。但是，当我每次回忆起我和先生在一起的日子里，尤其是先生为人、为师、为学等方面崇高的精神品格，都会让我感慨万千。每每及此，先生慈祥和蔼的形象总会浮现在我的眼前，令我终生不忘。今年是我的导师丁则民教授去世十周年，故应校报之约，写成此文，以示纪念！

　　先生有着中国传统文人的典型特质，很是节俭，没有丝毫奢华之气，这种节俭在我们这代人眼中甚至有些许的不可理解。我清楚记得，先生一双皮鞋整整穿了十二年还完好无损，有时候漂亮的外衣下面穿着的却是磨损得有些破烂的旧衬衣；一辆五十年代的苏式自行车，他用了将近半个世纪，虽说自行车已经非常破旧，但总是舍不得丢掉。我在博士毕业后留校工作的几年里，还骑着这辆自行车，频频穿梭于校园内外。这些都是现在的青年人不大理解的。当然，先生的节俭不是生活所迫使然，那时先生的工资是很高的，供一家日常花销可谓绰绰有余，但先生总是能节省就节省。这样一位朴实的老人常常让不认识他的人，误以为是一个农民或是看门的老头，更不会认为他是毕业于西南联大、曾就读于华盛顿大学的博士生导师。先生对自己的要求是这样的，对他的学生亦是如此。记得有一名博士生穿着时下流行且很贵的耐克鞋在先生面前炫耀，先生看到后很诧异，因为先生知道这名学生的薪资水平不足以让他穿这么名贵的品牌。当先生获悉是学生从家长手里要来的钱买的，先生很是不悦，对他进行了严肃批评教育，要求学生自立自强，勤俭朴素。

先生是一位中规中矩、对自己和学生要求极其严格甚至是苛刻的人。我非常喜欢先生书写的漂亮的小楷字。他写汉字就像书写英文一样，略微有一点向右侧倾斜。后来我在无意中模仿练习，竟然发现这样书写不仅速度快，而且，无论书写怎样快，写出来的字都显得比较工整。到现在，可以自豪地说，在写字方面，在先生培养的学生中唯有我写字极像先生的手笔。后来我向系里提交一份材料时，当时的历史系一位主任以为是丁先生写的字，当他明白是我写的字之后，这位主任大吃一惊，连声说："太像丁先生的字了！"当然，我欣赏先生写字，不单纯是因为先生的字漂亮，而是从先生的字中学到了做人的真谛。先生一生做人，就像他自己写字一样，一笔一画，一丝不苟。每一个字都是一个故事，每个字的笔画一点都不多，一点都不少，刚劲有力，曲直分明。没有哪一个笔画书写不到位。这其中体现了先生平时做人刚正不阿的原则，也折射出先生不为功名利禄而偷生的正气。也是因为这样，先生对学生要求极其严格，有时候甚至到了在现在的学生看来缺乏人情味的程度。记得 1992 年冬天临近寒假的时候，我突然接到爱人从石家庄打来的长途电话，要我马上回去，孩子发烧到 42 度，她有些不知所措。因为距离放寒假仅有一周的时间，我去向先生请假回家，结果遭到拒绝。从丁先生家里出来，我一肚子怨气，觉得孩子发烧到如此严重的程度，也不许我回家，有些不近人情。这件事情让我真正体会到了先生对学生要求的苛刻程度及其含义。这一年我 33 岁，这件事情基本上让我敲定了对自己后来也对学生的要求严格的习惯。

其实，先生无嗣，始终视学生如己出，学生就是他的生命。对于有困难的学生总是想方设法地帮助。常见的做法是提供勤工俭学的机会，或者通过帮助他承担一些工作，增加学生的收入。当然，先生喜欢学生，尤其是更喜爱有才气而且勤奋上进、善于思考的学生，不管是门生还是其他学生，都是如此。在育人方面，先生很在乎学生自己的思考。过去学习材料紧缺，尤其是在二十世纪八十年代参考资料非常紧张的情况下，先生找到一些原始文献让学生阅读。这样做可以产生如下效果：第一是有助于学生英语水平的提高，特别是对提高学生的读和写能力具有重要的帮助作用；第二是通过翻译，既能检验学生的历史感、对原文把握和理解的准确程度，同时还能检验学生的汉语水平，发现其中的问题；第三是通过学习外文史料，培养并锻炼学生感知和理解外语资料的能力与水平，增强学生的历史语感，进而为日后阅读原文史料奠定基础；第四是通过对外语史料或者文章的阅读，加快对美国史专业知识的积累；第五是让学生在起点上站在美国学界研究的最前沿，为他们日后与美国学界的交流创造条件；第六是让学生阅读一些原始文献，加强学生独立分析的基本能力，培养他们日后独立从事科研的能力；第七是通过对美国历史名家名作的阅读，引导学生在历史写作、史学史、史学理论等方面在史学素养和理论素养方面，培育功力，特别是在历史写作的宏观构架、微观思考与表述、逻辑建构、文字表达，以及先生后来一再强调的"夹叙夹议"等技能，观摩大家风范与"路数"，从而让学生的学术研究有一个程度较高的起点；第八是通过对不同学者的比较性阅读，培养学生发现问题和分析问题的意识，然后再通过研讨班讨论的形式，鼓励学生独立思考、积极交流的传统。从以上意义和价值上说，丁先生这种行之有效的方法在当时东北师大博士生每年招生极少、交流平台相对有限的时候，成为学校研究生学习中一道独特的风景线。

当先生获悉学生课外勤奋、用心读书的事情后，当然是心里格外的高兴。对于学生在阅读和学习中遇到的问题，先生有极大的耐心解答。先生在指导学生学习方面也颇有心得，常常用"授之以渔"来点化学生。应该说，在东北师范大学老一辈博士生导师中，丁则民先生指导的学生不是最多的，但是培养的学生却是一流的。现在，活跃在国内美国史领域的出类拔萃者中，有相当大一部分就是从东北师范大学历史系毕业的。也因为如此，我校的美国所被誉为国内美国史研究的重镇之一。这除了与学生的用功、自觉性有一定的关系，也说明了先生对于教育学生确实有自己独特的一套办法。

先生对学生要求很高，也很用心。他自己更是以身作则，笔耕不辍。一直到去世的那一年，也没有停止过写作。在先生去世前的2001年1月，国内被认为是中国世界历史权威杂志的《世界历史》在第1期还发表了先生的一篇文章。但不幸的是，这篇文章成了先生的绝笔。更加令人感动的是，在先生被确诊为肝癌之后，他仍然坚持要用放大镜，批改他最后一名博士研究生的学位论文。先生认真负责的态度和勤奋治学的精神可见一斑。在最后的岁月中，我有时候去先生家借书。那个时候，先生有个习惯，学生向老师借书，必须签姓名和日期。这样做有两个目的，一是用于读书备忘，二是对学生起到一个督促作用。因为书一旦借出之后，学生几天之内必须看完，尽快送还给老师。我曾有幸借过先生的书，发现先生在书中密密麻麻地做了详细的注释。我深深地为先生严谨求实的态度所震撼，因为先生年岁已大，眼睛昏花，但他总是孜孜以求，拿着放大镜一行一行、一字一字用心地看着论著。先生一生发表的著作文章并不丰厚，但只要是他写的文章，都会经过反复地深思熟虑，最终成为精品之作。

应该说，丁先生身上所表现出的优秀品格、精神、追求和价值观，都是他所处的时代的缩影和反映。他之所以做事认真，对学生要求苛刻，都与他的经历和走过的路程有关。由于二十世纪三四十年代在先生从中学到大学的时代是中国沦陷、全国抗日的时代。在西南联大就读期间，先生的亲身经历和多年的学习使他对百年来中国的内忧外患深感忧虑，认识到科学救国的长远意义。怀着这种理想，他远赴美国华盛顿大学求学。在此期间，讲堂知识与社会实践使他深深地感到海外华人的沧桑经历与祖国强弱的唇齿关系，理性的思考使他更加坚定了学成后赤心报国的决心。当获悉新中国成立的消息，先生克服重重障碍，回到祖国。后来又想方设法与被骗至台湾的夫人取得联系，取道香港，回到了祖国的怀抱。先生回到新中国时不过 30 岁。他为了响应国家号召，在 1952 年从北京师范大学来到东北师范大学工作，当时也只有 33 岁。但是一直到 1979 年，将近 30 年的时间里，经历了各类政治运动特别是"文革"的磨炼与洗礼，先生深知时间的宝贵与知识的重要性。虽然经历过很多磨难，但他从不计较自己个人的得失与利益，而是将自己的责任与国家的命运融为一体，对教学有着超乎寻常的使命感与责任感，一心想把学生带好、教好，希望学生在学术上超越自己，弥补自己因为时代造成光阴荒废的缺憾。先生育人也是先生的自我写照，是他一辈子的做人之道。

时至今日，我虽然也已逾知天命之年，但是，当别人说梁茂信是丁则民先生嫡传弟子的时候，我感到无比的自豪，因为我不管走到哪里，先生一直都站在我的身后……

（原载《东北师范大学校报》2011 年 5 月 18 日）

逝者已去　精神永存

——回忆丁则民先生与病魔抗争的日子

梁茂信

2012 年 1 月 20 日上午，我去丁先生家，准备给师母拜个早年。这是先生离开我们之后，我多年的一个惯例。每逢学期的期末、节假日，或者过年，我都要去看看师母。今年已经 93 岁的师母，精神依然矍铄，而且，与以前不同的是，她显得比以前更加健谈，脸上的笑容也一直没有消失。也许是她常年不出屋，外面的事情知道得较少。每逢来人，她都很稀罕，总想了解外面特别是她熟悉的周围的生活与环境变化，同时，她在与人交谈中，回忆往事也能使她找到几分乐趣。在谈话中，师母也提到了先生。她说，时间过得飞快，丁先生去世有十余年了，她也看过我 2011 年 5 月在东师校报上发表的纪念丁先生的短文。我看得出，师母很高兴，也想念丁先生。在谈及丁先生最后几个月生活的时候，师母严肃地说，关于抽烟的事情，丁先生一直没有向她说实话。我不知道师母是什么时候知道此事的，以前并没有听她说过。师母说，这件事情是丁先生生前告诉他侄女的。师母说到这里，略有几分怨气，当然更多的是对先生的思念。我听了以后，也感到吃惊。真的回想起来，也不能不感觉到几分后悔和遗憾。因为在我毕业留校之后到先生去世 7 年多的时间里，先生有两类场合总要抽烟。一是在参加各种社会活动或者过集体生活的时候，每当酒饭结束前，先生总问我是否带香烟了。而我每次都欣然奉上。第二种场合就是在家里。每个星期，我总会和先生约定，去先生家里小坐，主要是谈谈工作上的一些事情。有时候，先生会委托我去为他办理采购一类的事情。

每次去先生家里，我刚坐下不久，先生都会转身，从书架子上排放整齐的几类档次不同的香烟中，拿出最好的一盒，让我抽烟。有时候，先生看我抽烟，有点眼馋，也总想自己抽上一根。我一般到先生家里去的时候，都是在下午两点。先生和师母轮流午睡，午饭后先生先睡，先生起来后，师母再午睡。所以，每次到先生家的时候，师母午睡尚未起床。她的午睡时间一般在下午一点至三点或至三点半左右。这样，我在师母起床之前至少和先生交谈一个小时的时间。在这一个小时里，我和先生可以谈许多事情，同时，我在抽烟的时候，先生也能抽完一根烟。师母起来后，走到大厅，闻到一股烟味，问我俩谁抽烟了，先生就说茂信来了。我也怕师母知道先生抽烟后生气，于是便说是我抽烟的。现在回想到这个场景，我自己当然显得有点不安，因为我感觉到，在先生最后的日子里，他的病情似乎与我多少有关。

在 2012 年 1 月 20 日下午，我偕夫人乘飞机取道深圳去香港过年。因为今年是我的儿子上大学后第四个没有与我们团圆的春节了。我们不想留下遗憾，决定与儿子一起在香港欢度佳节。可是，在香港的几天里，当我走在香港的太平山上，当我走在香港大学的校园里，当我在游览香港赤柱外籍人居住区的小街，当我在游览深圳郊区的凤凰山，当我漫步在深圳植物园的山路上，我的脑子里总是不停地浮现出丁先生的影像。也许是我自己已逾知天命之年，有时候一个人总喜欢回忆过去的事情。说实在的，丁先生离开我们已有十个春秋了。在这短暂又飞快的十年里，丁先生离开我们之前半年多与病魔抗争的场景，在我的脑子里不时地闪现。他那种和蔼可亲、乐观淡定的笑容，也常常使我感到难忘。在我与丁先生相守的最后日子里，我们没有看到先生悲观、失望，或者痛苦的表情。先生走得祥和、自然……

回想起来，我自己也不愿相信，丁先生的病情发作始于 2000 年 8 月 26 日、27 日那两天。当时，在和先生与师母的交谈中，大家都以为先生是中暑了，身体不舒服，所以，并未打算去医院检查。先生只是按照中暑自己服药。可是，一个星期过后，病情依然不见好转，而且低烧不退。于是，师母把我叫去，准备上医院检查。先是在校医院检查后，发现肺部有一个肿瘤，医生为了慎重起见，建议我们上吉林省肿瘤医院复查确诊。大约在 9 月 13 日、14 日左右，我和另外一名学生陪伴着先生来到长春市位于西安大路的肿瘤医院复查，确诊为恶性肿瘤。这个结果，医生不敢直接告诉先生，而是告诉了我。获悉这个结果后，我起初不懂恶性肿瘤的最坏结果是什么，于是一再追问，当我弄清了最终结果之后，顿时脑子一片空白。镇静片刻后，我问大夫有何建议，医生建议是再到中日友好医院复查。过了几天，我们从中日友好医院复查完毕回家后，觉得有必要和师母商量对策。不久后，师母觉得有必要把这个结果告诉先生，也希望先生能积极地参与到治疗决策之中，以免留下什么遗憾。大约在 9 月下旬，先生先是在肿瘤医院住了一段时间之后，因为要做核弹头穿刺，然后再做化疗，所以必须转院治疗。我是个医盲，甚至基本的医学常识也不懂，在很多事情上也拿不出什么主意来，多数情况下，遵从了先生和师母的决定。大约在 2000 年 10 月下旬，先生又转到白求恩医科大学第一医院（即现在的吉大一院）。那里的医疗条件最好，遇到急事，也有熟人能帮上忙。但是，令我们谁也没有想到的是，先生住进这家医院后，再也没有回家，他在这里度过了他人生的最后阶段。

记得肿瘤医院的医生谈到丁先生的病情时，说丁先生的生命大致只能维持半年。当时我有些不大相信，现在看来，医生的判断是准确的。从 2000 年 8 月下旬丁先生的病情初次发作，到 2001 年 2 月 26 日下午 5：45 丁先生去世，正好不过半年。

说实在的，从先生住进吉大一院，一直到他进入生命的最后时刻，先生始终都是乐观面对的，他在积极配合着医生的治疗。应该说，吉大一院的条件不错，甚至在做完核弹穿刺和化疗之后，先生的精神面貌和气色都很好，饮食起居未见异常。在身边没人的时候，先生还在看书，也有时候看看报纸。当我们去探访先生并和他交谈的时候，先生都显得很自信轻松。在与他谈话间，不时能听到他浑厚而欢快的笑声。当时，我们所有的人都对先生的病情康复抱着极其乐观的态度，而先生每天的精神面貌和他身体康复的感觉，也使得我们看不到任何相反的结果。每当有人探望他的时候，先生都显得很兴奋，很有自信。我们都觉得先生距离康复为期不远了。

因为每天有人来，先生兴奋的信息源比以前多了许多。他在了解学校发展前景的同时，也对自己的工作做出安排。当时，他尽力认真地指导自己最后一名在读的博士研究生孙群郎。当时，孙群郎的论文进入了最后的完稿阶段。先生虽然看论文吃力，眼睛因为多年患有眼底出血的疾病，批改文字需要用放大镜看，后来，他实在看不了，就委托给历史系世界近代史专业的姜德昌教授帮忙。姜先生看完稿子之后，丁先生决定再让我看一遍，叮嘱我尽量保证群郎的论文在质量上不要出现纰漏和大问题。当然，在先生的思虑中，他还在惦记着几件事情。

第一件事情是他珍爱的美国史的研究。丁先生曾在 2000 年上半年向《世界历史》投寄了一篇关于美国排外主义的文章。在丁先生住院期间，《世界历史》决定刊用先生的文章。丁先生在收到《世界历史》编辑部发来的用稿通知和修改意见之后，他显得很高兴，并不断地和我交谈修改文章的看法。有时候还从家里找来一些论文和著作。为弄清楚文章中的问题，他反复思考，查阅资料。对于文章中使用的资料、句子的表述、标点符号的使用，等等，先生都非常认真，一丝不苟，一直到他认为论文的表述比较准确合理为止。所有这一切过程都是他用手工完成的。然而，没有想到的是，这篇在医院最后完成修改工作并刊登在 2001 年《世界历史》第一期的文章竟然成了先生的绝笔。

第二件事情是关于六卷本美国通史的修订问题。当时先生问过我，应该怎样修改其中的问题。说实在的，这个问题对我来说有点突然。我没有丝毫的心理准备，也没有认真思考《美国内战与镀金时代》中存在着哪些结构性、理论性和观点性问题，一时竟然不知道如何答复。显然，对于我的表现，虽然丁先生没有表现出不满意的样子，但我知道，我的表现显然不是丁先生所想要的。我看出先生的疑虑之后便说道，修订《美国内战与镀金时代》一事最好还是征求王旭和黄仁伟师兄的意见。现在回想起来，当时正是人民出版社合集出版《美国通史》六卷本的时候，丁先生对书中的一些章节，显然感到不满意，需要修改，但是，他自己却已经再没有重新回到工作岗位并带领学生解决那些问题的机会了。现在回想到这个问题，我觉得让先生失望，我自己总有些自责和不安。

第三件事情是，丁先生对他一手创建的东北师范大学美国研究所的前途的担忧。在先生的心中，他担心东北师范大学的美国史研究在他身后成为明日黄花。应该说，先生的担心不是没有道理的，因为到 2000 年下半年，丁先生麾下只剩下我自己一个人。先生内心有一种危机感，生怕我说不定哪一天离开东北师范大学而远走高飞。实际上，在那个时候，我的确内心存在着走与留的矛盾。先生在住院期间至少有两次告诉我，千万不要离开东北师大，如果我走，东北师范大学的美国史研究就要关门了。我当时为了安慰先生，表示不会离开东北师范大学。即使要另谋高就，也必须是在东北师范大学的美国史研究蒸蒸日上的时期。遗憾的是，因为我力有不逮，东北师范大学的美国史研究蒸蒸日上的景象迟迟没有到来，我也就坚持留了下来。就这样，我这样一个西北人，通过移民与融合，最后成了东北人。这也许是历史命运对我的安排。

在 70 岁之前，先生的身体一直很好，很少闹病。大约是从 1990 年先生进入 70 岁以后，他身体常有不适，成了医院的常客。先生用自己的经历和感受来教育我。在先生住院期间，他知道我还在抽烟，而且在熬夜读书的时候抽得更凶，先生屡次建议我尽早地把烟戒掉。他告诫我，一定要善待自己的身体，如果透支，或者"虐待身体"，有一天病情会找回来的。说句实在的，当时我完全理解先生用意，可是觉得要做起来很难，因而只是应付差事地点头接受。在先生去世之后的岁月里，我仍然在抽烟，仍然在熬夜。不过，经过几次努力，我终于在 2008 年 10 月以后彻底戒了烟，生活起居也逐渐走向规律化。

在 2000 年 12 月中旬之前，丁先生的身体健康状况一直表现很好，不论是白天还是晚上，先生一直不用我们陪床。他的饮食起居，都能娴熟自理。但是，时间不长，先生的病情开始恶化。先生的两个侄女白天都要上班工作，晚上不能陪床。所以，晚上陪床的事情，起初主要是我们几个学生轮流值班。由于当时正值期末考试阶段，我自己白天还上课，所以，晚上陪床，感觉精神体力有些不支。加上我们几个学生，在病床护理方面都是外行。当先生起床、走路、饮食和上卫生间等每个环节都需要搀扶照料的时候，我们照顾先生的饮食起居，就显得力不从心了，常常弄巧成拙。再到后来，师母决定聘请专人护理。当我们几个学生不再晚上陪床后，常常会在白天去探望先生。一般情况下，至少有一个人在医院照顾先生。在 2001 年 1 月初到 2 月 15 日前后先生病情加重的时候，先生每天都在打针，而且，先生躺在床上的时间越来越多了。但是，他的神志还是清醒的。由于打针时间过长，以至于在先生火化之后去分拣先生骨灰时，我们才发现，先生的胳膊、后背和腿上的骨头都成了绿色，可见药性是多么的大。也很难想象，先生在自己生命最后的日子里，在身体那样疼痛的情况下，是如何与病魔做斗争的。尤其是在 1 月底到 2 月 15 日之前先生病情恶化到昏迷不醒的时候，尽管病魔折磨得他疼痛难忍，满头大汗，然而，我每次去看他，并与先生交流的时候，处于半昏迷半清醒的丁先生始终显得很平静，没有一丝悲观和痛苦的表情。先生也知道，人生有其不可抗拒的自然规律，但是，他与病魔抗争的意志和精神，却令人十分地佩服和感动。在 2 月 15 日之后，先生一直在昏迷中，每天生命所需营养质主要靠药物来维持。他躺在那里，依然显得那么平静。先生的笑容和平静，成了我永久的记忆……

在先生去世后，当我们帮助他最后一次穿上新衣服的时候，从他身上脱下来的旧衣服，有好几处都有些破烂，衣服的面料补丁有大有小，衣服的里子，有几处棉花絮子露出来了。对于先生的节俭习惯，我们都是知道的，看到从他身上换下来的旧衣服破破烂烂，我个人一点也不感到意外。先生出身一个殷实的富有家庭，算得上是名门望族。先生的一生，正好是中国从"五四运动"到改革开放后20个春秋的大半个世纪，他目睹了中国的民主革命，参加了抗日战争，也在风华正茂的时候出国留学。虽然说他在"文革"时期也被批斗过，也在七十年代被政治审查过，但是，在改革开放之后的20余年间，先生为中国的美国历史研究事业的发展和东北师范大学世界近现代史学科建设，做出了自己的贡献。看着这样一位平凡而伟大的学者，穿着却似一位老农民，几十年如一日过着布衣蔬食的生活，我们也自愧不如，深感这就是先生的不平凡之处。

先生离开我们有十个年头了，但仿佛那是昨天刚刚发生的事情。也许我自己在这十年来所做的一切，先生若有知，未必满意，但是，我们没有放弃自己的事业，没有放弃对美国史研究的那份热情。而且，令先生足以感到欣慰的是，在他去世后的第五个年头，学校在历史学院的大楼后边为他树立了一尊铜像。铜像的做工很精细，相貌的逼真程度之高，丁先生的家人十分满意。这尊铜像，成为我们鞭策自己的精神象征。每逢佳节，我都要站在先生的铜像面前，默默地送上心中的祝福，同时也告诫自己，虽然先生离开了我们，但是，先生平时对学生的严格要求和谆谆教诲，我一直铭刻在心中。我也尽力按照先生的要求去做好每一件工作。我知道，先生已去，但是，每当先生的笑容浮现在我的眼前，每当先生的声音回荡在我的耳旁，我的心里有一种无以言表的满足，因为我知道，无论在什么时候，也无论在我走到何处，先生一直在我的身后。

逝者已去，精神永存，愿先生的道德文章像高山流水，源远流长……

2012 年 2 月 8 日于长春

（原文载于《美国史研究通讯》2011 年第 2 期）

默默无闻的开拓者

——丁则民对世界史学科的贡献

梁茂信

自二十世纪八十年代末以来，关于丁则民在学术研究与教书育人方面的贡献，国内学界已有诸多成果问世，然而，多数成果仅将其定格于美国史研究的范畴，称他为"中国美国史奠基者之一"，或国内著名的美国史学家。[①] 只有个别文章称他"是我国世界近现代史和美国史研究领域的著名学者"[②]。如果转换视角，将丁则民的职业生涯与东北师范大学以及中国世界史学科的发展联系起来，展现在读者面前的画面十分清楚：他不仅是中国美国史的奠基者之一，而且由于半个世纪以来，东北师范大学的世界史学科在国内学界具有不可替代的领先地位，而作为该学科创始人之一的丁则民也可以名正言顺地被称为中国世界史学科的奠基者之一。为此，本文在参考已有成果的基础上，借助丁则民个人的文书、东北师范大学档案馆的材料以及其他历史文献，还原丁则民这位默默无闻的奠基者的学术轨迹与历史贡献。不当之处，敬请指正。

一、创设世界现代史学科（1951年—1966年）

关于丁则民的人生与求学经历，前述成果中多有提及。需要补充的是，从1938年进入西南联大时起，丁则民选择学习美国史、第二外语，赴美留学以及毕

---

① 袁鹏：《我国著名美国史专家丁则民教授》，《世界历史》1996 年第 5 期；王旭：《写书、做学问、做人》，《史学月刊》，2003 年第 9 期；高嵩：《丁则民先生学术成就和史学思想评述》，载梁茂信编：《探究美国》，东北师范大学出版社 2002 年版；韩宇：《丁则民教授对中国美国史研究会的贡献》（近期完成的未发表的论文手稿）

② 黄仁伟：《丁则民教授学术成就概述》，《东北师大学报》1988 年第 4 期

业后报效祖国等一系列重大决定，都在很大程度上受到了他的哥哥丁则良影响①。1949年回国后，丁则民依组织安排，于1950年2月起前往华北人民革命大学政治研究院学习联共（布）党史，同年12月被分配到北京师范大学历史系工作。其间，他不仅开设了美国史课程，而且还尝试性地开设了世界现代史课程。②从他个人的专业素养看，显然已具备了开课的条件。一方面，他在留学期间主修美国史，硕士学位论文的主题是晚清对欧美关系史③；另一方面，他回国又学习了苏联史。这种兼具两大阵营发展史的知识结构基本上满足了当时开设世界现代史课程的需要。因教学和科研业务出色，他于1951年在北京师范大学被晋升为副教授。④

1952年10月，丁则民按照教育部的调遣，风尘仆仆地来到了当时刚被更名的东北师范大学工作。此时，仍然处于草创时期的东北师范大学的世界史学科存在严重的结构性缺陷。一方面，世界古代史、古代中世纪以及近现代史方向，不仅师资队伍阵营强大，学缘结构合理，而且拥有比较成熟的知识体系和可以参考的苏联教材；另一方面，世界现代史专业不仅师资队伍弱小，而且，因该学科内容主要限于苏联十月革命之后到新中国成立的世界历史。国内既无可资利用的现成教材，也没有可以借鉴的课程讲授体系。因此，相较于林志纯领衔的世界古代史、郭守田领衔的古代中世纪、曾在哥伦比亚大学留学的何基领衔的世界近代史

---

① 丁则民:《忆二哥——则良》,载尚小明、丁则勤编:《丁则良文集》,清华大学出版社,2009年,第425—430页。

② 1951年2月22日,丁则民在北京师范大学制作了为本科生开设的《美国教学计划》。该计划现存于北京师范大学档案馆,引自黄安年科学网博客（2009年6月24日发）,http://blog.sciencenet. cn/blog-415 -239962.html.（2018年10月24日下载）

③ 2018年7至8月间,经多方努力,终于在西雅图的华盛顿大学图书馆查到丁则民的硕士学位论文。汉译名称是:鲁本·则民·丁:《总理衙门的设立与晚清首批赴欧美使团》,西雅图:华盛顿大学硕士学位论文。论文的英文名称是: Rueben Tse-Min Ting, *The Establishment of Tsungli Yamen and The Dispatch of the First Chinese Mission to Foreign Powers : A Thesis Submitted for the Master of Arts*, Seattle : University of Washington, 1949, pp.66-87.

④ 丁则民:"1950年4月24日登记表"（东北师范大学人事档案,类目号1-3）

相比，丁则民领衔的世界现代史面临的挑战更多，学科建设的任务更加艰巨[1]。1987 年退休的王贵正（1952 年留校工作）当时作为一名助教，主要任务是为任课教师"配课"。[2] 在这种背景下，开设世界现代史课程的重任自然而然地落在了到东北师范大学后立即被任命为教研室主任的丁则民身上。此后到 1966 年"文革"爆发，"他一直担任世界现代史教学工作，兼搞一些美国史研究"。[3]

对于丁则民而言，课程建设中最大的挑战是在课堂讲什么。当时，东北师范大学世界史学科特别是世界现代史学科，与新生的共和国一样，万象更新，百业待兴，世界史学科建设等于从零开始。新中国成立前的"西洋史"教材、课程体系及讲授内容等，均无法适应新中国社会主义建设对人才培养的要求。按照学科分段的划分，世界现代史覆盖了从十月革命到新中国成立的历史。在这半个多世纪里，与十月革命之前的世界近代史相比，一是社会主义苏联的建立与发展，二是社会主义革命的蓬勃开展，中国和朝鲜也走上了社会主义道路，其他国家也纷纷掀起了争取民族独立的反帝解放运动。三是人类经历了两次世界大战，西方资本主义发起了遏制社会主义制度的冷战。相比之下，世界古代史、中古史和近代史专业的境况好了许多，不仅其学科覆盖的历史早已"尘埃落定"，而且成说较多，国内外的教材和研究相对成熟，还可以借鉴苏联的世界史教材和教学经验。世界现代史除了缺乏上述优势之外，还面临着政治上的要求。在五十年代，由于国内的敌特分子尚未清除完毕，知识分子被认为是在"旧"的资本主义教育下成

---

① 1952 年以前，东北师范大学历史系世界现代史的任课教师变动不居，先后由葛定华和祝璜等人担任。丁则民到来之后，两人逐渐淡出。在 1952 年东北师范大学教师名册中，世界现代史教研室仅有丁则民和刚刚留校的王贵正，是世界史各教研室中最薄弱的。参见东北师范大学政治辅导处人事科：《东北师范大学教职员名册（1952 年 10 月 28 日）》（东北师范大学综合档案，档号：1952—文书—20）。在 1952 年至 1953 年教学计划中，丁则民在第一学期为"历史专科二年级"讲授世界现代史，第二学期为历史系高师班讲授世界现代史。此外，1952 年至 1954 年间，王贵正接受了为期三年的助教培养，其"准备何时开课"的时间是 1955 年 9 月。参见 1954 年 3 月《东北师范大学历史系助教培养计划表》（东北师范大学档案馆档案编号：1954—文书—47）

② 笔者于 2018 年对王贵正教授的个人访谈。在与王贵正先生约定采访事宜时，笔者说明意图后问道："可否说了则民是东北师范大学世界现代史的创始人？"王贵正回答说："太能了。没有丁老师就没有东北师范大学的世界现代史。"在后来的采访中，笔者再次确认这样的说法可否成立。王贵正先生再次给予了十分肯定的回答。

③ "丁则民干部履历表"（东北师范大学人事档案，类目号 1-8）。丁则民：《丁则民传略》（东北师范大学综合档案，档号：1999-DQ-136），第 2 页。

长起来的，他们的世界观、价值观及对社会主义的态度，都会对世界现代史的教学产生重要的影响。因此，按照学校的要求，讲授世界现代史的教师必须有较高的无产阶级政治觉悟、系统而深厚的专业训练，以及热烈的爱国主义情怀。在这种背景下，世界现代史教研室的师资引进进展比较缓慢①。在师资缺乏的背景下，丁则民一方面参考苏联的教材，另一方面吸收了西方特别是美国共产党人编写的资本主义发展史，形成了一种以马克思主义为指导、苏联教材为主、兼容美国学界研究成果的模式。

为了"配合教学重点问题的需要"②，提高教学效果，丁则民努力从事科研活动。他充分利用自己在美国留学期间积累的史料和知识优势，发表了一系列具有原创性的科研成果，其研究内容不仅涵盖了美国史，而且还涉及欧洲史、美洲史和二战史等等③。他关于"第二次世界大战的起源和性质"的论述具有独到的见解，认为这次世界大战与第一次世界大战一样，是由于资本主义国家发展的不平衡性及其矛盾日益尖锐化所引起的，但在战争性质上，与一战截然不同，它"一开始就带有反法西斯战争与解放战争的性质"。更重要的是，他将中国的抗日战争也纳入二战教学内容之中，因而关于二战爆发的时间比国际学界的学说提前了近十年，比国内学界关于抗日战争开始于 1931 年的说法提出早了几十年④。毋庸讳言，在教学参考资料奇缺的年代，这些成果的面世对丰富课堂教学、拓宽学生的知识视野，无疑具有重要的意义。

---

① 在后来东北师范大学世界现代史专业比较稳定的教师队伍中，宫朴是 1953 年留校工作的，1957 年因故转入世界近代史专业，其他教师，如曲培洛、唐承运、田锡国和夏景才等人都是在 1956 年之后陆续留校或调入工作的。

② 丁则民：《丁则民传略》第 3 页。

③ 丁则民在 1952 年至 1965 年间发表的文章包括：《云南回民起义史料》，《历史教学》，1951 年第 2 期；《美国迫害华工史辑》，《历史教学》，1951 年第 3 期；《门罗主义与美帝侵略政策》，《历史教学》，1951 年第 6 期；《第二次世界大战的性质》，《光明日报》（史学版，双周刊），1956 年；《第二次世界大战的起源和性质》，《历史教学》，1957 年第 4 期；《1936—1939 年西班牙人民反法西斯的民族民主革命》，《历史教学》，1959 年第 6 期。《1899—1902 年美帝国主义对古巴的第一次军事占领》，《文史哲》1963 年第 6 期；《美帝国主义对古巴的第二次军事占领（1906—1909）》，《历史教学》，1963 年第 5 期；《1899—1923 年美帝国主义对古巴的侵略政策》，《吉林师大学报》，1964 年第 4 期；《1868—1878 年古巴人民争取民族独立的十年战争》，《历史教学》，1964 年第 7 期；《1933—1934 年古巴民族民主革命运动的高涨》，《史学月刊》，1964 年第 7 期；《一百多年来美国对多米尼加的干涉和侵略》（合撰），《吉林师大学报》，1965 年第 1 期。

④ 丁则民：《第二次世界大战的起源和性质》，《历史教学》，1957 年第 4 期，第 28—29 页

　　当然，从长远看，在"文革"前的十多年间，最具有重要意义的事情是编写教材。其间，丁则民除了为配合抗美援朝而撰写的美国排华史之外，更多的是世界现代史教材的编写工作。1956 年，他接受教育部的委托，在 1957 年完成了《世界现代史教学大纲》，接着又以此为基础，分别在 1958 年与人合编了 1958 年版的《世界现代史》（上册）和 1961 年至 1962 年合编的《世界现代史》（上、下册）。1956 年又与人合作，完成了对美国马克思主义史学家安娜·罗彻斯特的《美国资本主义（1607 年—1800 年）》的翻译工作。[①] 该书中的内容被吸收入上述教材后，就形成了以马克思列宁主义为指导，在学习苏联有关教材的基础上，参考美国历史学家著作为特色的教材。不同的是，1958 年出版的《世界现代史》写到二战结束，1961 年至 1962 年版的《世界现代史》增加了二战结束后到五十年代后期的世界历史。它们作为国内出版较早的自编教材之一，流行较广，对当时世界现代史教学起了一定作用。但是，正如丁则民后来回忆说，教材中的某些主要观点难免"带有时代的痕迹——单纯强调社会主义体系与资本主义体系的矛盾与斗争，忽视了第三世界的历史地位和作用；竭力突出资本主义各国的革命、特别是暴力革命，而根本否定改良主义在历史中的作用等"[②]。

　　必须提及的是，丁则民在五十年代中国外交"一边倒"的背景下，敢于将美国学者的研究成果融入教材编写中，展示了他作为开创者所具有的勇气。而事后对自己教材缺陷的检讨，则表明了一位虚怀若谷的学者虚心接受学术批判的博大胸怀与严谨的科学态度。这种高贵的品质，与他在五十年代"低调"做人的风格[③]，使他在 1955 年开始被学校任命为历史系负责教学的副主任，分管课程设置和教学安排等方面的工作。由于他是当时历史系领导班子中唯一从事世界史教学与研究的教师，其日常工作不可避免地引导着历史系世界史学科的整体发展。

　　总之，在"文革"前的十多年间，丁则民通过课程开设、配合教学需要的学术研究、教材编写、史料翻译以及担任行政职务等方式，完成了东北师范大学世界现代史学科的奠基任务，并且与林志纯和郭守田等人一起，将东北师范大学的

①　丁则民：《世界现代史》（上册），新华书局，1958 年；《世界现代史》（上、下册），（合著），新华出版社：1961 年—1962 年；安娜·罗彻斯特著《美国资本主义（1607—1800）》，三联书店，1957 年

②　丁则民：《我的治学道路》，吉林省社会科学联合会编：《治学之路》，长春：吉林文史出版社 1991 年版，第 169 页

③　2018 年 5 月 23 日，姜德昌教授在接受笔者的采访时的评价

世界史学科打造成为国内不可替代的重要力量。在这个意义上说，没有丁先生领衔的世界现代史和美国史，东北师范大学的世界史学科是残缺不全的。一所高校残缺不全的世界史学科要想称雄国内学界无异于天方夜谭。

二、"春天"的腾飞（1978年—1989年）

1966年，席卷华夏的"文革"爆发。东北师范大学像全国各地的高校一样，一切教学活动全面停止。丁则民因当年的留学经历而备受冲击，大部分时间在"做些清扫等体力劳动"。1969年他偕家属去"五七干校"劳动，兼做文化宣传工作。由于他自信"不可能再搞专业工作了，因此，除了日常生活、劳动和农村工作外，也不大愿意再思考什么问题了"。1970年全国高校进入"工农兵上大学"的阶段后，他被学校召回，"为学生讲些知识性的专题课"[①]。当时，相对宽松的工作时间，使他能更多地思考学科建设的问题。不过，与此前不同的是，他还扩大了学术视野，将世界近代史也纳入自己的教研范畴之内，并从如下几个方面做出了一些具有重要意义的事情。

首先，为丰富教学内容，吸收国外最新学术成果，他与人合译了《欧洲简史》和《俄罗斯帝国主义》[②]，前者是1815年以来欧洲史的教学参考书，重点阐述了欧洲文化和科学的发展及其历史作用。后者是西方学者撰写的关于15世纪中叶以来沙皇俄国对外扩张史的论文集，其中探讨了俄帝国主义的起源及其对外扩张和侵略等问题，对了解沙俄压迫国内各族人民以及对外扩张和侵略的历史，都有一定的参考价值。

其次，在党的十一届三中全会以后，全国各行各业迎来了郭沫若所说的"科学的春天"[③]，丁则民满怀喜悦地写到："随着科学春天的到来，我也想用过去所学的专业为繁荣祖国学术、文化做出应有的贡献。"[④]在历史系党政领导的支持下，丁则民带领部分学生翻译了华盛顿大学课程一览（历史部分）。该资料中涵盖了从本科低年级到博士阶段的所有课程，在内容上包括世界古典文明、古代中世

---

① 丁则民：《我的治学道路》，第171页。

② 罗杰·威廉斯《欧洲简史——拿破仑以后》，吉林人民出版社，1978年；亨利·赫坦巴哈等：《俄罗斯帝国主义——从伊凡大帝到革命前》，三联书店，1978年。

③ 郭沫若：《科学的春天——在全国科学大会闭幕式上的讲话》，《人民日报》，1978年4月1日。

④ 丁则民：《我的治学道路》，第172页；丁则民：《丁则民传略》第4页。

纪、近现代、地区国别史、专题史等，在地理空间上则覆盖了世界各大洲，反映了二十世纪七十年代美国高校课程设置的基本特征和走向。它为刚刚走出"文革"阴霾的东北师范大学的人才培养体系提供了有益的借鉴。

再次，他在继续为本科生开设世界近代史的同时，根据高等院校历史系教材建设的需要，参加了王荣堂、姜德昌主编《新编世界近代史》（上、下册）（吉林人民出版社，1980年—1981年）的编写工作。经修订改编后，该教材被国家教委推荐为高校通用教材。同时，他还在1978年至1979年为历史系研究生班讲授世界近代史课程。这也是他执教生涯中最后一次讲授该门课程。

最后，在1978年经历史系领导批准，他利用业余世间，为历史系青年教师开设了"青年教师英语培训班"。迄至当时，因新中国成立以来与苏联的特殊关系，国内俄语较为盛行，多数学生不懂英语。于是，丁则民发明了自己的专业英语教学办法——选取世界近现代史上的经典文献和历史著作作为学习教材。他在教授学习单词、句法、语法和语态等基本知识的同时，还让学生翻译一些经典史料。对于这些青年教师而言，因为他们均已留校任教，知道学习英语对未来职业发展的意义，因而其学习的积极性都十分高，英语班的培训取得了圆满的成功。在参加学习的近10名教师中，有的甚至还考上了硕士研究生，大多数后来成为东北师范大学世界史专业的教师。①

更重要的是，从1978年起，教育部恢复了研究生招生，这使丁则民认识到学术研究的重要性。于是，他将工作重点转向美国史的教学与研究。他为此所做的第一件事情就是于1979年建立美国史研究室，在为本科生开设美国史的同时，选择一些英语基础较好的同学组成美国史学习小组，中国美国史前任理事长王旭和副理事长任东来等人当时都是该小组的成员。同年，丁则民积极参与了中国美国史研究会的筹备工作，是六卷本《美国通史》撰写工作的发起人之一，并承担了第三卷《美国内战与镀金时代》的编撰工作。也是在这次会议上，他献言献策，倡议各高校整理各自藏书的目录，翻译美国史资料，加强各高校的交流与合作，进而推进全国的美国史研究。返回长春后，他带领美国史学习小组，与部分

① 参见宫秀华2018年11月24日给笔者提供的回忆性文章：《先生为我插上翅膀》；另见徐家玲2018年12月2日通过电子邮件发给笔者的文章——《永驻心底的智者、长者、尊者——忆丁则民先生》。这两篇文章均收入梁茂信、吕洪艳编：《奠基的年代、戍边的先驱——丁则民育才史料汇编》（等待出版）

青年教师一起，翻译了菲利普·丰纳、雷·比林顿以及约翰·海厄姆等著名历史学家的研究成果。尽管这些译作只是美国史小组成员的"试笔"，但毕竟"他们经过勤奋的学习，初步掌握了英语，具有一定的笔译能力，这是令人鼓舞的可喜现象"①，更重要的是，对于参加翻译的学生而言，翻译经典史料在有助于提高英语基础知识的同时，还具有如下诸多意想不到的学习效果：（1）它有助于检验学生的英语水平和对原文理解的能力；（2）将英语翻译成汉语，有助于学生认识中西方文化的差异，提高学术语言的表达能力与技巧；（3）积累并丰富学员的历史专业知识；（4）由于翻译的史料大多出自名家之手，对于学生学习、掌握并跟踪美国学界的研究前沿动态，丰富其史学知识和史学理论素养大有裨益，使学生从一开始就站在一个相对前沿的学术位置，为其日后健康成长创造有利的条件；（5）翻译英文资料可以帮助学生认识并学习历史写作的框架建构、视角选择、实证与理论以及叙事与论证等写作技巧的感知与提高。所有这些又都是青年才俊成长中所不可或缺的。正因为如此，已故学者任东来教授曾经说，美国史小组"成为他的事业领路人"②。

与此同时，丁则民的另一个工作重点是加强图书资料建设，"因为它是开展美国史教学与研究的必要条件"。在这种认识的指导下，丁则民通过与美国学者和学术机构的关系，获得美国历史协会、援亚书社、加州北岭州立大学与美国学者赠送的三千多册图书，其中既有当时美国出版的专著、丛书、工具书和历史文献，也有十分珍贵的成套期刊——1922 年—1982 年的《美国历史评论》。对于刚刚开放国门，参考资料与文献十分匮乏的学者而言，这些图书弥足珍贵。用丁则民的话说，"这些图书资料既为我们的科学研究提供了有利条件，也使我们得以为国家节省了大量的外汇"③。

从学科建设的角度看，最具有战略性意义的是丁则民从 1978 年开始的学术研究。到八十年代末，他围绕弗雷德里克·特纳的边疆学说、查尔斯·比尔德关于美国宪法的经济观、美国学界围绕美国革命的史学评价，以及印第安人和外来

---

① 中国美国史研究会、东北师范大学美国史研究室编：《美国史译丛》(史学专号)，1982 年第 1 期，第 111 页。

② 任东来：《冬日里那温暖的阳光——怀念恩师丁则民教授》，《美国史研究会通讯》，2001 年，第 9 页。

③ 丁则民：《我的治学道路》，第 173 页。

移民等问题，发表了十多篇论文①。关于这些成果对于推动国内美国史教学和研究的价值，及其对丁则民承担的《美国通史》第三卷的支撑作用，前述成果都做了充分而深入的论述。本文要指出的是，这些成果的面世恰逢其时，因为八十年代各地高校迎来了改革开放之后的首次学科建设高潮。对于东北师范大学而言，正是由于丁则民多年来孜孜以求，笔耕不辍，在教学和科研方面取得了丰硕的成果，所以，在他和历史系其他教师的共同努力下，东北师范大学成功地申获了世界地区国别史（1981年）和世界近现代史（1985年）两个硕士学位授权点，1986年，他又领衔申报，获得了"世界近现代史博士学位授权点"。这一成就与林志纯等人领衔的世界古代中世纪专业的硕士点和博士点一起，在东北师范大学的世界史学科内形成了一个完整的覆盖本科、硕士和博士三级学历教育的人才培养体系，形成了与北京大学和南开大学等国内为数不多的名校并驾齐驱的学科布局。所以，当1988年东北师范大学古代中世纪专业被定为"国家重点学科"时，其世界史学科已做好了全面腾飞的准备。

然而，在丁则民看来，仅仅完成硬件建设还不足以满足高层次人才培养的需要。硬件建设只是提供了一个可以发展的平台，而人才培养与学术研究的"软件"建设同样不可或缺。1982年，他受教育部委托，与南开大学杨生茂教授和北京大学古代中世纪的马克垚教授一起出访英国和希腊的一些高校，其中在英国访问长达近一个月，在希腊访问的时间仅有10多天。此次出访归来后向教育部提交的报告，我们不得而知。但是，1984年9月20日到10月中旬，丁则民随东北师范大学校长郝水院士一行出访美国，其收获却是钵满盆满。他先后访问了美国南伊

---

① 《美国的"自由土地"与特纳的边疆学说》，《吉林师大学报》，1978年第3期；《特纳的"地域理论"评价》，《吉林师大学报》，1979年第3期；《美国中西部学派创始人特纳的历史观点评价》，《美国史研究通讯》，1979年第1期；《边疆学说与美国对外扩张政策》，《世界历史》，1980年第3、4期连载；《关于十八世纪美国革命的史学评价》，《社会科学战线》，1981年第2期；《查尔斯·比尔德与美国宪法——美国史学界对比尔德关于美国宪法的解释的评论》，《东北师大学报》，1982年第2期；《美国宪法的经济观》中译本再版序言，商务印书馆，1984年；《特纳与美国奴隶制问题》，《世界历史》，1986年第1期；《美国的"新移民"与文化测验，兼评本世纪初期美国学术界限制"新移民"入境的论点》，《社会科学战线》，1986年第2期；《百年来美国移民政策的演变》，《东北师大学报》，1986年第3期；《十九世纪后期美国对印第安人政策的演变》，《兰州学刊》，1986年第7期；《关于美国宪法的史学评价》，（主笔），《史学集刊》，1987年第4期；《"新"、"旧"资本主义交替时期的美国——〈美国内战与镀金时代〉序》，《东北师大学报》，1989年第4期。

利诺斯州立大学、威斯康星州立大学米尔沃基校区和斯坦福大学等五校，考察了这些高校的历史系基础设施、课程设置、任课教师工作量配置、教学与科研绩效考核与职业晋升之间的关系。尽管他认为"由于时间短促，接触有限，了解是不深不透的"，但是，从他归来后完成的"访问美国五所大学的见闻"中可以看出，美国高校的研究生培养模式、硕博连读的考核标准与方式、学分结构、学生成绩打分的方法、学位授予的依据与标准等等，都给他留下了深刻的印象。（1）各校在研究生选修学分、课程种类、外语水平以及候补资格考试方面，都有明确的规格要求，整个培养过程呈"入学容易、毕业难"的状况，不合格者自然被淘汰。（2）学术型研究生学习的领域比较广泛，学习美国史的博士生必须选修欧洲史、拉丁美洲史和亚洲史等专业的领域课程。"这样做的好处在于它既可以扩大研究生的知识面，了解和掌握其他专业内的主要问题、文献资料和研究动态，也可以触类旁通，打下有利于深入钻研究本专业问题的牢固基础。"（3）对于经济贫困但品学兼优的博士生而言，研究生助教制度至关重要。它"既可使研究生接触教学实践，培养他们的独立工作能力，也可使研究生得到必要的资助，免除他们攻读期间在经济上的沉重负担。"对于中国完善研究生培养制度，上述特点"都是值得我们研究、借鉴的"①。丁则民是这样说的，也是这样做的。他在敦促学生积极学习英语的同时，着力培养学生的独立思考与动手能力，从查阅资料、独立阅读，到学术选题和直接参加《美国内战与镀金时代》的书写，充分表明他借鉴了美国高校研究生培养中的合理成分②。他后来在《我的治学道路》中写到：在研究生的教学过程中，"我采用了讨论班方式。实践表明，这种教学方式比单纯老师讲、学生听的呆板方式强得多……既可以锻炼他们组织材料、分析问题的能力，也能通过讨论启发他（她）们思考问题，提出独立的见解，因而收获较大"③。

三、跨世纪的辉煌

进入二十世纪九十年代，年逾七旬的丁则民依然精神矍铄，壮心不已，用自己的生命书写了其人生辉煌。首先，一直到去世前的 12 年间，他笔耕不辍，博

---

① 丁则民："访问美国五所大学的见闻"，《中国美国史研究会通报》1985 年 3 月第 27 期。

② 丁则民："1986 年 9 月关于研究生培养心得的发言"（未公开发表的发言）

③ 丁则民：《我的治学道路》，第 172 页。

览群书，科研成果的产出达到了一个新的高峰。在 1965 之前的 14 年间，他除编写教材和翻译美国学者的著作外，发表论文 12 篇，占毕生发表论文的 28%。在 1978 年至 1990 年间，他发表文章 13 篇，占其论文总量的 30%，而在 1990 年至 2001 年间发表论文 17 篇，占比达 40%。换句话说，1978 年至 2001 年是先生走完其人生的最后 23 年，其间发表的科研成果占比达 72%。这一组数据折射出的结论是：随着他年龄的增大，学术成果更多。尽管丁则民科研成果的产出与其年龄并行不悖的特征有其时代不可复制的特殊性，但勇于攀登，笔耕不辍的精神却永远是不过时的。

从丁则民在九十年代发表的论文特点看可分为三类：第一，与八十年代以史学史为核心的成果相比，九十年代的成果中有 10 篇集中在美国移民史和族裔史领域，有 5 篇属于美国城市史领域，两篇属于中美关系史，说明丁则民试图在已有成果的基础上，继续在美国移民史和城市史领域拓宽加深，遂成体系。第二，通过指导学生的论文写作，继续深化自己开辟的研究领域。例如，梁茂信的《美国移民政策研究》系统梳理了美国移民政策研究，戴超武的《美国移民政策与亚洲移民》则强调了美国移民政策与亚洲移民的关系，黄兆群的《纷然杂陈的美国社会》则揭示了美利坚民族多元化的趋势。[①] 第三，有 5 篇论文与美国西部史相关，是他在八十年代末承担的国家课题"美国西进运动史研究"的部分成果。[②]

在学生培养方面，丁则民的执教生涯也进入从未有过的辉煌时期。在他培养的 13 名博士研究生中，10 人是在 1990 年以后入学的。对于丁则民本人而言，这

---

① 《纷然杂陈的美国社会》序言，内蒙古大学出版社，1994 年；《美国移民政策研究》序言，长春：东北师范大学出版社，1996 年；《美国移民政策与亚洲移民》序言，中国社会科学出版社，1999 年。此外，他还独立发表了一些与美国移民史相关的书评或专题性文章。例如，《美国中央太平洋铁路的修建与华工的巨大贡献》，《史学集刊》，1990 年第 2 期；《外来移民在美国历史发展中的作用》，《东北师大学报》，1993 年第 5 期；《第二次世界大战后美国族裔史学及其发展》，《东师史学》，1994 年；《评成露茜著〈法律猛于虎〉》，《美国史研究通讯》，1997 年第 1 期。《美国亚洲移民政策的演变》，《河北师院学报》，1997 年第 2 期；《美国建国以来移民政策的发展变化》，《湖北大学学报》，1997 年第 2 期。《美国移民史中的排外主义》，《世界历史》，2001 年第 1 期

② 《美国内战与加利福尼亚州》，《东北师大学报》，1992 年第 5 期；《美国西海岸大城市研究》序言，东北师大出版社，1994 年；《20 世纪以来美国西部史学的发展趋势》，《东北师大学报》，1995 年 10 月；《西雅图精神刍议》，《东北师大学报》，1997 年第 10 期；《中美关系中值得注意的问题》，《东北亚论坛》，1998 年第 2 期；《当前中美关系及其发展趋势》，《东北亚论坛》，2000 年第 1 期；《城市促进者在拉斯维加斯发展中的作用》，《东北师大学报》，2000 年第 1 期

等于在其执教生涯中增加了浓墨重彩的一笔。因为这些学生在研究方向、治学原则和精神方面，都在不同程度上继承了先生的衣钵。当他们在国内学界崭露头角或成为学科带头人的时候，被认为是一股不可忽视的重要学术力量，本质上也是丁则民学术生命的延续。对东北师范大学世界史学科而言，博士研究生培养在九十年代具有特殊的意义。因为它作为衡量一个学科质量和水平的标志之一，是学科建设与评估中不可或缺的类项，与林志纯和朱寰先生培养的世界古代史和中世纪史的博士研究生一起，在世界史学科内形成了一个完整的本、硕、博三级人才培养链，使东北师范大学世界史学科在人才培育方面达到了其创立以来从未有过的高度。

另外必须指出的是，在二十世纪九十年代，丁则民以特有战略眼光，与学校各部门合作，搭建起东北师范大学与国际学界交流的桥梁。这方面最有力的例证是在八十年代末，他先是"向美国有关方面申请将东北师大纳入富布赖特计划，申请获准"[1]，接着与学校领导一起，在当时的国家教育委员会完成相关手续。东北师范大学因此成为东北地区最早被纳入富布赖特学者计划单位之一。之后，他又利用与教育部相关人员的个人关系，竭力为东北师范大学美国研究所争取来华的美国富布莱特学者前来东北师范大学定期讲学。[2] 经多方面的共同努力，在1990年至2010年间，东北师范大学历史系（2004年之后该系建院）美国研究所，先后接受了10位美方富布莱特学者，同期也向美方派遣了10位学者，加上其他院系的学者，东北师范大学累计向美方派遣学者23人，是东北三省派遣赴美富布莱特学者数量最多的单位。[3]

此外，在1992年至1996年间，丁则民通过与美国驻沈阳领事馆合作，与美国各高校先后举行了五次电话会议，围绕美国的民族同化理论、双语教育、西部经济、城市化、外来移民以及模范少数民族理论等问题进行了探讨。虽然这种交

---

① 丁则民：《丁则民传略》，第5页。

② 1991年冬丁则民关于争取富布莱特学者讲学致袁霙同志的信件。

③ 1990年至2010年，东北三省向美国派遣了64名富布莱特学者，其中东北师范大学23人，吉林大学22人，大连理工8人，黑龙江大学和延边大学等4家高校累计11人。辽宁大学在1983年至1984年连续两年派出两名中方富布莱特学者后中断，到2000年再无学者派出。所以，在1990年至2000年间，东北地区派出的中方富布莱特学者全部出自吉林大学和东北师范大学。其他学校主要是在2000年以后被纳入的。以上数据是笔者根据美国驻沈阳总领事馆2010年8月26日提供的Chinese Fulbright Alumni-SY-Consulate General：1990—2010统计计算所得。

流方式比较简单，参加的人数和讨论的范围比较有限，但它"信息快，内涵丰富，有助于我们及时掌握美国史学界有关前沿课题研究的动态和解决我们在美国史研究中的一些疑难问题，对推动我国美国史研究和教学具有积极的意义。"① 在九十年代国内史料奇缺，与美国学界交流比较有限的条件下，这种通过电话与美国学者交流的方式，至今是独特的、不多见的。

上述对外交流活动的顺利开展，使东北师范大学美国史和世界近现代史两个二级学科得以共同发展。从历史的逻辑看，由于美国脱胎于近代欧洲资本主义，同时又因为它在建国后长期与欧洲乃至于全世界保持着一种剪不断、理还乱的关系，因此，美国史与世界近现代史在教学与研究中，属于一种相互补充与交叉的关系，因而在学科建设中，美国史与世界近现代史互为依托，共同发展。例如，在前文述及的东北师范大学历史系赴美的 10 名富布莱特学者中，近半数就是世界近现代史的教师，有些学者回国后，对推动东北师范大学世界近现代史教学和科研发挥了不可替代的重要作用。到 2001 年丁则民去世之前，这两个专业的王旭、于群和梁茂信等 5 名教师都获得了博士生导师资格，占当时整个世界史博士生导师的近一半。由于这支队伍的存在，在 2000 年之后的近 20 年间，东北师范大学的世界近现代史和美国史在国内产生了较大的影响。②

正是在丁则民和其他老一辈学者的共同努力下，世界近现代史和美国史两个专业，与以林志纯和朱寰等前辈领导的世界古代和中世纪史专业，一起托起了东北师范大学世界史学科。在这样一个结构布局合理、各专业齐头并进的格局中，如果没有一个强大的古代中世纪专业作为基础，东北师范大学的世界史学科必然

---

① 梁茂信：《东北师大美国研究所与美国学者三次电话学术会议纪要》，《中国美国史研究会通讯》，1992 年第 3 期，第 21 页；梁茂信：《东北师范大学美国所与美国学者的电话学术会议纪要》，《美国史研究会通讯》1995 年第 2 期。第 24—27 页

② 在世界近现代史专业中，马世力和于群教授值得一提。他们从美国回来后，将多媒体教学技术带回国内，东北师范大学历史系因此也成为国内最早使用该技术的教学单位之一。马世力教授与世界史其他多位教师合编的《世界史纲》荣获 2001 年教育部高校优秀教材二等奖。此外，他还是中学课标的主要成员之一，为 2000 年以来中学课标的制定与教材编写发挥了积极的作用。1995 年于群教授从参加富布莱特计划归来后，成为在国内学术研究中最先利用美国解密档案文献的学者之一，培养了张勇安和张杨等一批优秀的青年人才。关于两个专业的教师在美国史领域的学术贡献，参见李剑鸣：《1989 年以来中国的美国史研究》，胡国成主编：《透视美国——近年来中国的美国研究》，中国社会科学出版社，2002 年，第 1—46 页；梁茂信：《对"三十而立"的反思与期待——2001—2010 年中国美国史研究的回顾》，《史学月刊》，2012 年第 1 期，第 72—99 页。

会"坍塌";同样,如果没有丁则民领衔的世界近现代史和美国史,该学科也如同"断壁残垣"。正因为如此,东北师范大学的世界史作为一个强势学科,经与中国史各方向教师们的共同努力,在九十年代后半期一系列平台建设的申报中捷报频传。例如,1995年,东北师范大学历史系成功申获教育部"文科基础学科人才培养基地";1996年被纳入国家"211工程"重点建设单位;1999年获准设立教育部人文社科重点研究基地——"世界文明史中心";2001年世界史再次被纳入国家重点学科;2003年获一级学科博士授权单位及设立博士后流动站资格;2004年世界文明史中心首次顺利通过教育部的考察验收;2005年教育部本科教学评估中获得优秀成绩;2007年,世界史又一次入选国家重点学科。

面对上述辉煌业绩,可以大胆假设:如果没有半个世纪以来丁则民领衔的美国史和世界近现代史的学科建设,上述申报活动能否屡获成功?东北师范大学历史学还能否像"历史文化学院成立记"上写的那样"雄视中土焉"?能否在2000年以来历次评估中一次又一次取得国内前三甲的佳绩?当我们面对东北师范大学世界史在2017年被列为"一流学科建设单位"的时候,我们是否应当饮水思源?

四、写字、做人与做学问

2004年,东北师范大学历史系撤系建院时,学院党政领导班子决定在学院门前立碑纪念,其中对每位前辈都有定性评价,而对丁则民的评价是"规矩正直"。这种评价基本上是正确的。最能体现这种评价的例子是他从不潦草的小楷钢笔字。笔者在整理丁先生的文书时发现,无论是给好友书信、给单位领导的报告,还是项目申报或者是自己备课,几乎所有的手迹(甚至草稿)都是用优美如画的小楷写就。即使是在他自己看来属于最潦草的字迹,在大众眼中一点算不上潦草。他每每写字,总是一笔一画,非常认真。每一笔画都不多不少,轻重衔接恰到好处,刚柔并济,横竖撇捺,莫不如此。

俗语讲,字如其人。从一个人的字可以判断其性格、心理与价值取向等等。心浮气躁的人不可能练就一幅备受公众认可的楷书。只有那些性格沉稳、虚怀若谷、一丝不苟、处事细致的人才能写出令人叫绝的楷书来。因此,写字能反映出一个人的处世哲学与态度。字体的背后蕴藏着生命的灵魂。

丁则民一生行事,如同他写字一样,工工整整,从不潦草。这种秉性源于他成长的时代和接受教育的环境。在他的人生经历中，目睹了中国从一个半殖民地半封建国家走向民族独立和繁荣的剧变。从北伐战争、土地革命和抗日战争到解放战争、朝鲜战争和十年"文革"，多舛的命运经历让他认识到了生命的可贵和对国家发展贡献的价值。在西南联大读书时"老师的敬业精神"和名师出高徒的至理名言，使他看到，由于西南联大各位"大师的学术造诣是一流的，而且在培养学生方面也下了很大功夫，所以才造就了一些出类拔萃的人才"①。这一段历史对他影响很大，并且深入到他的灵魂深处，构成了他生命的有机组成部分。具体到处世和教书育人方面，有些原则是他矢志不渝的追求。

首先是爱国主义，这一原则贯穿他的一生。在他 1937 年考取燕京大学后，因北平被日军占领，不愿意做亡国奴的丁则民毅然南下，前往昆明，进入著名学府西南联大学习。1947 年负笈美国华盛顿大学读书时，他要探索的问题之一是美国在新中国成立后如何从一个幼小的国家发展为一个"科学发达、繁荣昌盛的国家，并在国际上占有举足轻重的地位。为什么它会发展得这样快"。在美留学期间，目睹美国华人遭受歧视的经历不知不觉地增强了他的爱国主义情感和学成后回国的决心。1949 年毕业之后，"为响应党对海外知识分子的号召，我中断了在美国的学习，决定立即回国为建设祖国的大业贡献力量……"②回国后到"文革"前的十多年间，他以从未有过的饱满热情投身到高校世界史学科的建设事业中。他在五十至六十年代发表的文章，除满足教学需要之外，更重要的是"发挥了史学为现实斗争服务的需要"。在改革开放后，他以一名知识分子最朴素的方式表示，"想用过去所学的专业为繁荣祖国学术、文化做出应有的贡献"。他在 1979 年建立美国史研究室的目的就是希望"为祖国培养人才、多出成果"③。由此不难想象，丁则民在学术研究中总是带有一种强烈的现实关怀。1986 年，他在中国美国史第五届年会上发言指出，"历史研究要联系实际，为现实服务"。他举例说，司马光写《资治通鉴》的目的就是为封建统治者服务。他援引美国著名历史学家弗雷德里克·特纳的观点说："每个时代都要根据其时代最主要的情况重新撰写过

---

① 丁则民：《回忆我国一流学府——国立西南联合大学》，载梁茂信《探究美国——纪念丁则民先生论文集》，东北师范大学出版社 2002 年版，第 141、144—145 页。

② 丁则民：《我的治学道路》，第 168 页。

③ 丁则民：《丁则民传略》，第 3 页

去的历史。"在"当前我国改革的汹涌浪潮中，美国史研究也要联系实际，为社会主义现代化建设服务……"他在批评有些成果"偏重历史研究的学术价值，而不大重视其社会效益"。"这种状况……难以适应我国'四化'建设的需要"。中国学者研究美国历史的价值之一，就是因为"许多历史问题的研究都可以作为我国当前改革的参考和借鉴"①。在1999年他回顾自己的学术生涯时写到，自己坚持的原则之一是"历史研究应为现实服务"。对于美国在当代国际关系中的霸权主义政策与侵略行径，中国一方面应该团结全世界爱好和平的力量予以反对，另一方面，在学术上应"研究它的来龙去脉，以便从根本上进行揭露和批判，使它的倒行逆施站不住脚"②。

其次，做好学术研究"首先是必须坚持马列主义的基本原则，这对研究外国问题的工作者来说，更为重要"。由于史料中线索扑朔迷离，纷繁庞杂，西方学者的成果中"既有治学严谨、论据充实的著述，也不乏标新立异、粗制滥造的作品"。因此，研究中"必须去伪存真，剔除其糟粕，切忌囫囵吞枣、全盘照搬"。当然，坚持马克思主义的基本原理，不是要"拘泥于经典作家的个别语句和具体论断"。因为历史是不断发展的，二十世纪的美国同马克思主义产生的时代相比，各方面都发生了剧变。"这就要求我们依据马克思主义基本原理，对当代人类创造的许多新理论、新成果进行研究……把一切真正科学的、先进的东西学习过来，不断丰富马克思主义的理论。"实现这个目标，就必须坚持学术批判的原则。他举例说，马克思主义本身就吸收了黑格尔辩证法中"合理的内核"，创立了唯物辩证法。列宁在撰写《帝国主义是资本主义的最高阶段》的过程中，也批判吸收了约翰·霍布森关于帝国主义基本特点和寄生性的论述。所以，"吸收外国新文化、新思想当然要筛选、要鉴别、要消化，切忌生搬硬套，更不应盲目崇拜"。③当然，学术的批判并非是盲目地否定一切。由于研究的立场、观点不同，因而中国学者在美国历史研究中往往会有不同的看法，这是正常现象。所以，研究中应该在严谨准确的基础上，兼容并蓄，"听取不同的意见，从中吸取有益的因素，以充实研究课题的内容和提高研究的质量"。同时，还应该积极吸收相邻学科的

---

① 丁则民：《在第五届年会上的发言》，《中国美国史研究会通讯》1986年，第14—15页。

② 丁则民：《丁则民传略》，第10页。

③ 丁则民：《在第五届年会上的发言》第13页。

成果。因为历史学是一门知识密集、包罗万象的学科，它与政治学、经济学、社会学、人口学、统计学、地理学和某些自然学科都有着密切的内在联系。随着不同学科间互相渗透和跨学科研究的兴起，"我们搞历史研究的也应注意吸收其他学科的研究成果，借助其他学科的思维方式和研究方法，对社会历史问题做综合性考察和多层次的探索"，唯其如此，才能写出高水平的学术论著。

丁则民的学术批判不仅体现在学术研究中，授课中也是如此。例如，关于汉密尔顿在美国建国过程中的历史地位，他不主张人云亦云。他指出："评价历史人物，既要结合当时的历史实际来观察、研究历史人物，这里包括研究他代表的阶级利益，他的政治思想和主张及其所推行的政策，把他们剖析清楚，予以定性的评价；但也要结合后来历史发展的实际，对他推行的政策及其作用进行评价，主要是看它们是否符合历史发展的潮流的需要，即使这些历史人物有阶级偏见，甚至遭到当时一般人的唾骂和抨击，只要是这些政策符合历史发展潮流的需要，那他们的主要方面还是应予以肯定。"正是基于这样的思想，他对美国学界和部分中国学者对汉密尔顿的指责提出不同看法，认为"他要把美国重新变为英国殖民地，不仅不符合历史史实，而且是有意识地对他进行污蔑"。汉密尔顿是"美国资产阶级和美国资本主义发展方面的第一位功臣；从后来美国历史发展来看，他是个有敏锐远见的，确定美国发展方向的历史人物"[1]。关于西进运动一讲中，他要求实事求是，反对一刀切的方式盲目解释："从表面上看，西进运动具有强烈的扩张性。"但是对美国的领土扩张要区别对待。例如，美国领土扩张中既有抢占印第安人的土地，也有明火执仗从墨西哥抢过来的。这些做法应当谴责。但对路易斯安那购买、佛罗里达购买，以及在俄勒冈问题上与英国的博弈，属于列强"争夺殖民地的性质"，在客观上用美国的政治经济制度代替英、法、西、俄的殖民地制度，乃是资产阶级民主制对封建君主制的历史性胜利，是当地居民摆脱殖民压迫、逐渐加入美国的过程，因而具有"非殖民地化"性质。[2]

最后，在学生培养方面，丁则民将自己的爱国主义情怀、坚持马克思主义的基本原则以及学术批判中的学术民主原则，都应用于研究生培养之中。最有力的表现就是，1987年他致函正在美国攻读博士学位的青年教师王旭，建议王旭"以

---

① 丁则民:《美国通史》第三讲 "汉密尔顿与联邦主义"
② 丁则民:《美国通史》第四讲: "门罗宣言的产生及其历史作用"

工作的需要为重"，放弃在美国攻读博士学位回国，"从研究室最近几年的工作部署来看，非常希望你明年暑期回来"，丁先生提出这种要求的理由是因教学任务繁重，师资队伍不足，他常有力不从心之感。关于王旭的博士论文选题，丁先生建议"要符合国内的需要，对建设祖国精神文明有意义和作用"①。在九十年代，凡有学生或青年教师赴美交流或深造，他都要在临行前叮嘱说："我们的家在中国，我们的事业在中国。"学成后回国是义不容辞的责任②。对于有些以公派身份出国不归的教师，他嗤之以鼻，批评说"他不配做一名人民教师"。

在学习方面，丁先生要求学生一丝不苟的认真态度是远近闻名的。他经常对学生讲："做作业、写论文主要是让别人看的。因此无论是汉字还是英文字母，都必须写得清楚、工整，使人看了一目了然。切忌字迹潦草，令人难以辨认。"对于书写潦草的作业，"我便把作业退了回去，要求重抄。再就是要他（她）们注意不要写错字或拼错英语单词。凡是发现这类错字，我都予以改正"在辅导学生作论文时，他不厌其烦地强调学术规范性，要求注明引文出处，标明著者、书名、版本、卷和页数等。"若是引用材料的来源不明，就在上面打个大问号，要求重新核实。在这样不断要求下，他（她）们都逐渐体会到写作业和论文都必须字斟句酌，做到确切、严谨，贯彻一丝不苟的精神。"当然，丁则民培养学生并非是只重技巧而忽略方法。

他教育学生的方法之一是采取"授之以渔"的方式，循序渐进，步步深入。为此，他在学生中间开创了学术沙龙制度，先由事先有准备的研究生做专题报告，接着大家就报告展开讨论。最后由教师针对讨论中的分歧和疑难问题进行重点讲解。对于条件成熟的学生，他就积极吸收他们参加某些实践工作（比如校对稿件、选购英文美国史图书和适当分担科研项目工作等）。这方面最突出的例子是，丁则民在承担《美国通史》第三卷的编写工作之后，从草拟和讨论编写大纲起，便吸收研究生一起承担一定的编写任务。③正如王旭教授后来回忆说，在撰写该书相关章节的过程中，丁先生多次组织研讨，从概念到体系，几易其稿，反复修改，切身感受到了丁则民治学的严谨与认真。"正是这种严谨的治学精神，使我们的

---

① 1987 年 9 月 24 日丁则民关于放弃在美国攻读博士学位致王旭的信件

② 丁则民:《丁则民传略》，第 9—10 页

③ 丁则民:"1986 年 9 月关于研究生培养心得的发言"（未公开发表的发言）

学术态度得到净化，进而形成了好的学风。凡出道于丁先生门下的学生，均以严谨自律，不仅做学问如此，为人处世也如此。之所以先生的很多弟子今天能够成为国内美国研究的中坚力量，与这种做学问、做人的严谨态度是密不可分的。"①

结　语

综上所述，丁则民不像吴于廑、周谷城和林志纯那样在世界史观方面留下了丰富的传世之作，而是以默默无闻的方式，为东北师范大学世界史学科做出了毕生的贡献。丁则民矢志不移的爱国情怀、敬业精神和教书为国的崇高品质，深深地打动了曾两次作为富布莱特学者在东北师范大学讲学的美国学者塞缪尔·皮尔森（Samuel Pearson）教授。在丁则民去世后的第二天，他和他的妻子致函写到，丁则民对"自己祖国的热爱和对中国发展的挚爱"让他们深受感动。丁则民"作为一名超级教师，他向自己的学生传授的不只是知识"，而是"一种对学习的热爱和对最高的学术标准的奉献精神"。他用自己的生命"铸就了一个能干且全身心投入的学生网络，他们在当下中国学界占据着重要的位置"②。一言以蔽之，没有丁先生在长达半个世纪中对东北师范大学美国史和世界现代史的贡献，东北师范大学世界史学科就必然会被改写。而东北师范大学世界史作为国内颇具影响力的人才与科研基地之一，已为国人公认。因此，将丁先生定格为中国美国史和世界史学科的创始人之一，本质上是对他本人一生默默奉献的历史回归。

---

① 王旭:《写书 做学问与做人》,《史学月刊》, 2003 年第 9 期

② 2001 年 2 月 27 日皮尔森教授致丁则民家属的电传（27/02' 01 TUE 09 : 38 FAX 0086 25 3306780[TX/RX NO 54521]）

深切怀念丁则民教授

刘绪贻

　　自从客岁听到老友丁则民教授的病情比较严重的时候起，我就一直放心不下。20 余年的交情，使我深深感到他是一个人品、学识都值得敬爱的朋友。我一直希望他吉人天相，贵恙早痊，继续为我国美国史研究做出重要贡献，甚至在明年美国史研究会年会上再次相遇，同室畅叙（以往年会期间，则民有打鼾习惯，我能睡，会议秘书处常将我俩安排在一个房间住）。不期造化不仁，乱点生死簿，让本应寿享期颐的一位优秀学者过早地离我们而去。噩耗传来，至感悲痛，也引起我深切的怀念。我是 1979 年 4 月下旬在武汉大学召开的中国美国史研究会筹备会上初识丁则民教授的。同年 12 月初，我们又在武汉市举行的世界史学术交流会暨世界现代史研究会和美国史研究会成立会上相遇，并同被选为中国美国史研究会理事和副理事长（我还兼任秘书长）。自此以后，我们一直合作得很和谐、愉快，而且是很有成果的。据我所知，这 22 年来丁则民教授在美国史研究工作中做出了三大重要贡献。首先是逐步建立起一个有相当规模的、能够出人才和成果的研究机构。在他的倡导和主持下，1979 年 1 月成立了吉林师范大学（后改为东北师范大学）美国史研究室。在他的领导下，这个研究室不断发展，增添了图书资料，提高了研究人员水平，出了成果，在国内甚至美国的美国史学界逐步扩大了影响。于是，到 1986 年至 1987 年间，水到渠成，又在他的主持下，美国史研究室升格为东北师范大学美国研究所，成为我国高等学校少数几个重要的美国研究机构之一。其次是在美国史研究工作中取得了重大成果。改革开放以前，我国的美国史研究是很薄弱的，尤其是对美国专题史的研究，更是薄弱。丁则民教授带领他的研究生重点研究美国西进运动史（西部开发史）、十九世纪后期史（从自由资本主义向垄断资本主义过渡史）、西部以至全国城市发展史，取得了显著成绩。不仅发表了一系列论文，还出版过很有分量的著作，比如丁则民主编的《美国内战与镀金时代》（人民出版社 1990 年版）、王旭著《美国西海岸大城市研究》（东北师范大学出版社 1994 年版）、黄仁伟著《美国西部土地关系的演进》（上海社科院出版社 1993 年版）等等。这些著作不仅独树一帜，而且对我国的现代化和西部大开发事业也是很可借鉴的。第三是培养了一批有水平的、有些还是高质量的研究生。据统计，丁则民教授一共培养了 13 位博士生、约 20 位硕士生。在博士生中，黄仁伟、王旭、戴超武、黄兆群等教授都是很出色的，不仅都有像样的著作出版，而且都是我国美国史学界的骨干，潜力很大。丁则民教授之所以能取得这些重要成绩，和他做人、为学的态度有关。他热爱祖国，总把自己的教研工作和祖国的命运联系在一起，从对祖国繁荣富强的希冀中，为自己的事业汲取了无穷的力量。他的学风师道，严肃正派。重视学术规范，反对轻率虚假。他的这种优点，从他写字的态度很好地反映出来。他无论写什么东西，都用正楷，一笔不苟。我保留了他几乎所有给我的信件，都是如此。他的学生也告诉我，丁老师决不宽容他们潦草的字迹。不过在日常生活中，丁则民教授对他的学生是很爱护的，他和学生的关系是很融洽、亲密的，简直像一家人一样。根据以上情况，所以我认为，国家教育委员会授予丁则民教授全国优秀教师称号，他获得曾宪梓教育奖，都是名实相符的。除以上所述外，在我们 20 余年来的交往中，有两件事给我印象特别深刻，历久难忘。第一件事是曾在我任中国美国史研究会秘书长期间，他对我和研究会的工作的支持是诚挚无私的。凡是研究会倡导的活动，比如编写美国通史丛书、编写《美国史论文集》[（一）、（二）]、出版《美国史译丛》、为编写美国历史协会和美国马萨诸塞大学（阿默斯特）历史系合编《1945—1980 年美国以外世界各国美国史研究指南》中国部分收集资料、制定美国史图书目录等等，他都尽可能保质保量地带头完成任务，使新成立的中国美国史研究会能比较顺利地开展工作。第二件事是，在一次通信中，我对"规律"一词的表述不准确，他不是明哲保身地打圆场，而是坦率地提出纠正意见，使我感到他不是一位泛泛之交，而是一位值得深交的海友。当然，除这两件事以外，若干年前他请我到东北师范大学讲学并参加博士论文答辩那一次，他和他的学生对我亲切而温情的接待，也是令我难以忘怀的。安息吧，好友！我们将永远记住你。

（原文载于《美国史研究通讯》2001 年第 1 期）

2001年2月27日上午前美国富布赖特学者皮尔森教授发来的传真全文

It was our very great pleasure to know Professor Ding Ze-min during our two assignments to Northeast Normal University's Institute for American Studies Research in 1995-1996 and again in 1999—2000. It was immediately apparent to us that, as another Fulbright declared, Professor Ding was truly a gentleman and a scholar. He was unfailingly gracious to us and made us feel welcome and appreciated. We seldom parted without his thanking me for helping his students. I regard students mine as well as his and any help provided as simply my duty, but I will always be grateful for Professor Ding's words of appreciation. He helped us establish a very special and lasting relationship with Northeast Normal University and its students. We are saddened by his death and share with countless other family members, University colleagues, and students a sense of great loss.

Professor Ding's death is a great loss not only to family and friends but also to the University, to the discipline of American history in China, and so to Sino-American understanding. He will surely be remembered as a seminal force in the development of American studies in New China and as a preeminent practitioner of American historical studies here.

Professor Ding will also be remembered for his love of country and dedication to the development of China. At the time of Liberation, he was a graduate student as the University of Washington at Seattle. Ding loved Seattle; he once described it to me as a second home. He spoke impeccable English, was comfortable in American Culture and could easily have remained there living a more comfortable and predictable life. Yet he chose the only alternative available to a true patriot and returned to China to participate

474

in rebuilding his nation. His choice brought hardship for him, but it also brought challenges and earned him the honor and respect in which he is held today.

Most of all, of course, Professor Ding will be remembered as a superb teacher who transmitted to his students far more than information. He taught a love to his discipline, a love of learning, and a dedication to the highest standards of scholarship. He built a network of able and committed history students who occupy positions of importance throughout China today. They will never forget Ding Ze-min, their teacher and their inspiration.

On this sad occasion, we extend our deepest sympathy to Hsu Linteh and other family members, to Professor Ding's colleagues, to his students and to the University. We join you in mourning the loss of a great man and in celebrating his many contributions to the lives of all of us.

Sincerely Yours

Samuel C. Pearson

Fulbright Professor of American History

Mary C. Pearson

27/02' 01 TUE 09 : 38 FAX 0086 25 3306780

[TX/RX NO 54521]

冬日里那温暖的阳光

——怀念恩师丁则民教授

任东来

冬日的阳光，穿过窗户，洒在不大的书房里，暖洋洋的。书桌前，一位慈祥的老者微笑着，看着对面单人沙发上的一个年轻人，回答着他提出的略显幼稚的问题。这是三十年前，在已故丁则民教授的书房内经常出现的场景。这个场景最近不时地浮现在我的面前，无比温馨。这场景中的那个年轻人就是我，那时我只有 20 岁，是东北师范大学历史系 78 级学生。

一

1978 年国庆节后，我们 78 级学生才入学。长春那时很冷，入学时就需要穿棉袄了。我当时只有 17 岁，是全年级 120 位同学中最小的一个，室友就叫我小兄弟。对历史谈不上兴趣或爱好，就是因为当时文科几乎就是文史哲的同义语，没有多少选择。几科高考成绩中，自己的历史成绩最好，于是就上了历史系。比起其他同学，我学业上唯一的优势是在宁波的中学学过 4 年英语，不必再像其他同学那样，从 ABCD 开始学起。同样，就是因为这个优势，让我有幸跟丁老师开始了美国史学习，没有想到这一学习最后演变成我终生的事业。所以，我一直把丁老师视为自己事业的领路人。

跟随丁老师学美国史，多少有些偶然。在大学二年级时，历史系鼓励老师组织学生课外兴趣小组。大概是为了发现以后研究生的好苗子，丁老师决定帮助学生成立美国史兴趣小组，唯一的门槛要求是要通过他的英语翻译测试。当时报名参加的人很多，有 20 个左右，丁老师亲自到教室来发试卷，这样我才第一次有机会近距离观察丁老师。那时，他五十多岁，面色红润。（他后来告诉我，在美

476

国留学时，有人错以为他是印第安人！）在他那一代老师当中，丁老师身材可以说是高大的，特别是穿了一身合体的毛呢大衣，更显得与众不同，气宇轩昂。

我有幸通过测试，和同年级的马世力、77 级的王旭等五六位同学成为这个小组的成员。当时，大概每个月有一次活动，主要就是在丁老师和美国史研究室的另一位老师田锡国指导下看美国史著作，开始接触的主要是三类论著。一类是黄绍湘、刘祚昌等中国学者"文革"前的论著，一类是 1950 年至 1960 年翻译成中文的福斯特、方纳、哈第等美国老左派的作品；最后一类是"一边倒"时代翻译的苏联学者叶菲莫夫、祖波克等人的《美国史纲》，基本都是一些以"阶级斗争为纲"的老掉牙著作。到了三、四年级，才接触到 1970 年代翻译出版供内部参考的比较新的美国史著作，既有苏联学者谢维斯基扬诺夫的美国史，也有美国学者论著，比如康马杰等人的《美利坚共和国的成长》。

自己在读黄绍湘先生的论著时，发现有关美国早期历史的论述，新版的 1980年出版的《美国通史简编》还不及她 1950 年代的《美国早期发展史》客观、全面，心里有些想法。当时，社科院近代史所的丁明楠、张振鲲写了一篇很有名的书评，批评复旦大学汪熙教授有关中美关系史的新观点，题为"中美关系史研究是向前发展还是向后倒退？"我照葫芦画瓢，撰文《美国早期史向前发展还是向后倒退？》对比评论了黄教授两书中的有关论点。丁老师知道后，在肯定我勇于思考的同时，婉转地批评这个题目不好，咄咄逼人，口气太大，而且还强调要考虑这两本书的成书年代以及不同的性质来评论。丁老师的提醒如同醍醐灌顶，让我知道了学术批评中方法和尺度的重要。

看完了当时几乎能够找到的所有中文美国史论著后（也就是十本左右），我找到了一本 1940 年代的英文论著，题目好像是《美国史青年读本》（*American History for Yong Americans*）。文字和内容不算难，但当时英语水平毕竟有限，因此，我就把读不懂的地方记下来，定期向丁老师请教。丁老师总是不厌其烦，给我解释一些语法和知识点。有时请教时间长了，到了午饭的时间，丁老师和师母许老师还留饭，我也不知道客气。丁老师和师母的午饭很简单，也很特别，就是把买来的面包（这对当时大部分人来说，还是奢侈品！）蒸一下，涂上当时极少见的果酱，配上牛奶吃，基本不做菜。面包蒸完就软了，口感反而差了。但许老师说，这样吃比较卫生。

现在，有人常常神化民国时代的教授，说他们如何如何有学问，但似乎很少看到有关这些教授在课外辅导学生的回忆。但三十年前，在改革开放初期的特定年代，像丁老师这样的知名教授，在自己并不宽敞的书房里，义务辅导本科生，应该说并不少见。但是，蒸面包给学生吃，我想肯定是绝无仅有的！

大学四年，我实际上没有正式上过丁老师的课。他给77级同学开设"美国史学流派"的选修课时，我正好在中学教学实习。几次偷着回学校听课，还被实习带队老师点名批评。所以，作为丁老师的学生，主要是在课外学习小组。以现在的标准看，相当于今天的博导对博士生的一对一辅导。本来丁先生希望从77级招两个学生，78级招两个。没有想到，77级考生太突出了，丁老师没办法割爱。这样，我只好有些恋恋不舍地转考杨生茂教授。当时不需要老师的推荐信，我内心里特别希望丁老师给杨先生写信，给我美言几句，但我脸皮薄，觉得有开后门之嫌，开不了这个口。当时丁老师率中国历史学家代表团（一共三人，还有杨老师和北大的马克垚）访问英国和希腊，与杨老师非常熟悉。他似乎看出了我的心思，主动告诉我，他已经给杨老师写信，介绍并推荐我。他还告诉我访问中的两件事。一是，外方给的活动费用并没有用完，他便做主决定每人买了个手提打印机。尽管如此，还是省下一些宝贵的外汇，回来全部上缴国家。这在教育部外事局成为教授们节俭无私的美谈。还有就是，杨先生在访问期间，因为水土不服而便秘，痛苦不堪，甚至连吃泻药都无济于事。丁老师也跟着急死了，到唐人街去找治便秘的药。

二

1982年秋天，我到北京中国社会科学院研究生院美国所跟杨先生读美国外交史的硕士。一到研究生院我就傻眼了，学校居然寄人篱下，在西郊的十一学校里，食堂是临时的板房，宿舍是6人一间，导师又不在身边。这让我非常沮丧，并在给丁老师的信中流露出来这种情绪。丁老师及时回信，宽慰我，要我多想北京和社会科学院的大环境，这是其他地方没有办法相比的。丁老师的信总是一笔一画非常工整，让我很汗颜，因为丁老师一直批评我字写得太草太差，很难认。

第一次放寒假回家，我用自己生活费的结余，请北京高干子弟同学买了5包"红中华"香烟（如果没有记错的话，大概是2元一包），送给了丁老师。我跟丁老师学习美国史两年多，从未给他送过任何东西。因为我一直觉得，作为直接的师生关系，给老师送礼，总有点交换的味道，是不合适的，会损害单纯的师生关系。我的这一看法与我一直生活在非常简单的生活环境有关。我父母都是从南方到长春的知识分子，在当地没有复杂的社会关系，受家庭影响，自己在人情世故方面极差。稍微有常识的话，也不会只买5包烟，而是买一条。但丁老师知道我的书呆子气，还是很高兴收下这几包烟。

在北京和后来南开总计六年的寒暑假里，我每次回家，都去丁老师家拜访。中午时，依然是师母蒸面包给我吃。丁老师收入较高，没有子女，对学生爱护有加，常常自掏腰包请客，我就吃过至少三顿。我25岁之前吃过的最美味一顿饭就是丁老师请的。1984年夏天，美国史研究会在成都召开年会，东北师大有丁老师、田锡国老师、卞历南和游恒两位研究生参加，我也从北京过来开会。那时，会议伙食没有补助，都是自己交餐费，吃得很一般，更没有什么宴会。成都是美食天堂，对东北来的人更是如此。因此，结束的时候，丁老师自己掏钱，请我们五位（或许还有一两位与东北师大有关的人，实在想不起来）在当地最好餐馆锦江饭店的芙蓉酒家吃饭。那一餐，好像花去丁老师50元钱。这个50元是什么概念？丁老师当时的工资可能就200元，开会的住宿费大概是2.5元，我们爬峨眉山时，因为没有客房，丁老师住别墅是10元，我们睡通铺是2元。我从北京出发，途经西安，在成都开会，在重庆坐船南下武汉。再从武汉到芜湖，上黄山，去南京。还在南京和上海各待了几天，最后到了宁波，行程20余天，随身所带的300元钱竟然没有用完！

1988年我带女友后来的妻子吴耘回长春，又去丁老师的新家拜访。丁老师和蔼可亲的君子风度给吴耘留下深刻印象。她说："你任东来真是幸运，有杨先生和丁老师这样有学问又关心你的老师。"我想，她说这话时，肯定在与自己的老师做比较。1994年春节，我和吴耘第一次带着3岁的女儿琬洁回长春探亲，再次去拜访丁老师。那时丁老师已经生过一次大病，身体远不如从前了，但他和许老师看到我们，特别是可爱的琬洁，非常开心，一再嘱托我们东北天气冷，千万不要让孩子着凉。遗憾的是，我们没有遵从师母的话，没有几天小家伙就因咳嗽最终演变为肺炎，后来，再不敢冬天回长春了。

最后一次看到丁老师是在1996年长春的美国史年会上，尽管丁老师已经需要人照顾来开会。但他还是声音洪亮地宣读了"西雅图精神"的论文。我和丁老师打招呼，并表示这次匆忙，不去府上拜访了，丁老师说没有关系，反正已经见面了。2000 年时，我知道丁老师得了肺癌，非常难过，却又不知如何表达。这年夏天，我去西雅图开会，用当地的风景明信片，给丁老师写了封问候函，希望能够给他带来年轻时代在此读书的美好回忆。

三

从参加美国史兴趣小组到丁老师去世，我和老师整整交往了 20 年。老师的耳提面命，谆谆教诲，将我领进了美国历史研究的大门。虽然我后来入另一位恩师杨先生门下求学，但我和老师依然保持书信交流和不定期的晤面。他参加我的博士论文答辩，关心我的学业和家庭，每每有大作发表，总是将油印本寄我，并题"东来同志惠存"。丁老师的为人为师，直接影响了我的人生事业，成为自己努力的方向，最终让我义无反顾地走上学术的道路。

2012.2.5 写于美国衣阿华小镇格林奈尔温暖的冬日

师缘虽浅，师恩亦重

——写在丁则民先生百年诞辰之际

石庆环

丁则民先生是中国美国史研究会的奠基人之一，是东北师范大学美国史研究所的创始人。丁先生对中国美国史研究的贡献，不仅在于他个人的学术成就，也在于他作为一位杰出的历史教育家，培养了一批功底深厚的后辈学人，如今的他们已成为中国美国史研究的主力军。丁先生所倡导的严谨学风，深深地影响着一代代学人。

丁先生生于 1919 年，出身书香世家，明年恰逢先生百年诞辰，回想起先生在世时对我的培养和教诲，不禁使我感怀。人生中第一次见到丁先生，是在东北师范大学历史系本科的课堂上。1980 年秋季大三的第二学期，我有幸聆听了先生开设的《美国史》讲座课。丁先生在历史系的教授中颇有名气，不仅出身名门名校，且有西南联大和留学美国的经历，属于洋派学者。抗战后期，丁先生远赴美国西雅图华盛顿大学攻读硕士学位。新中国成立后，先生怀着满腔爱国之情，放弃在美国继续深造的机会，毅然回到了祖国。归国后，丁先生曾在北京师范大学任教，1952 年，为支援东北高等教育事业，先生北上长春，任教东北师范大学，并创立了美国史研究室，后更名为美国史研究所。丁先生留给我的第一印象，是高大和威严。上课当天，先生身穿藏蓝色毛呢大衣，头戴一顶礼帽，这样的穿着，在那个年代的教授中并不多见。丁先生留给我更深的记忆，是先生开阔的思维、渊博的学识、严谨的治学态度和兼具中西文人的家国情怀与担当意识。二十世纪八十年代初，大陆刚刚改革开放，学界尚未完全摆脱"文革"的影响，思想相对保守，但先生则完全不同，不仅突破了传统的固化思维，而且把新的理论和方法带入了课堂。尤其是先生讲授特纳"边疆理论"的时候，在客观地评价其学术价值的同时，揭示出该理论实为十九世纪后期美国海外扩张的理论基础。此外，先生强烈的民族认同感和爱国情怀，也令我印象深刻。在讲授十九世纪美国移民史，尤其是华工对美国西部铁路修筑贡献的时候，先生强调了西进在美国历史上的重要地位，并指出在美国西部开发过程中华人移民的贡献，乃至华工的血泪史。先生治学的开放与严谨，在当时亦具有开学术新风之功。

对身为本科生的我而言，先生虽是高山仰止，遥不可及，但先生的学识和魅力，却激发起我对美国史的学习兴趣。在历史系77级同窗中，我年龄偏小，除了英语学习略有优势外，在学术造诣和阅历上，无法和师兄师姐们比肩，所以，在本科毕业的时候，我没有足够的勇气报考研究生，跟随先生学习美国史，于是选择了就业。然而，先生给予我的影响以及我对美国史的兴趣，并没有因为离开母校和走上讲台而中断。从二十世纪八十年代初在黑龙江大学任教开始，我仍坚持学习英语，为美国史学习积累语言基础，同时在开课过程中，也有意选择了与美国史相关的内容。1993年9月，我随丈夫工作调动，再次回到母校东北师范大学，成为历史系世界近现代史教研室教师队伍中的一员，因而有了更多的机会接触丁先生，能够近距离地聆听先生教诲。

从1993年我调回母校到2001年先生仙逝的八年多时间里，在学习和研究上，我得到了丁先生的诸多指导和帮助。首先，是先生把我引上了美国史研究的正途。此前本科求学期间及后来的工作阶段，我对美国史的粗浅涉猎，还只是停留在一种兴趣状态，缺乏正规的训练；但再次回到母校，先生给予了我特别的关照和培养，把我引上了学术研究之路。回母校后，第一次拜见丁先生的时候，我仍十分忐忑，本科期间存留的对先生的敬畏之感犹在，但经过一段时间的接触，我越发感到先生的和蔼可亲。先生非但没有嫌弃我基础差、资历浅（我的本科学历）和家庭负担重（当时我需要照顾身体欠佳的丈夫和上小学的女儿），反而给了我很多鼓励，并根据我个人的实际情况，帮我制定学习和研究计划，建议我通过补修博士研究生课程，接受基本的学术训练。1996年至1999年间，利用在职的便利条件，我基本修完了先生为博士研究生开设的《美国史入门》《美国历史文献》和《美国移民史》等课程，成为丁先生的"准博士研究生"。我同在校全日制博士研究生一样，按时听课，提交作业、读书笔记和小论文。对我提交的作业和论文，先生总是耐心地批改，从文献使用到内容组织，细致到连一个标点符号的错误都不放过。一些时候，先生认为我撰写的小文有新意或者有一定的学术价值，会鼓励反复修改，待修改好后，再鼓励我投稿，甚至还会帮我将文章推荐给杂志社。经过几年博士课程的学习，我不仅接受了系统正规的美国史研究的训练，还从丁先生身上学到了许多为人、为师和为学的道理。在培养过程中，先生特别注重打牢基础，有一分材料，说一分话，并强调原典和原始档案等一手材料的学术价值。

丁先生帮我开阔了学术眼界。本科毕业后，我一直工作在黑龙江省相对封闭的学术环境中，与学界接触甚少，更谈不上与美国学者直接交流。回到母校后，先生时常建议我参加美国史研究所的各类学术活动，多与美国学者接触、交流，尤其鼓励我申请出国访学，1996 年和 1997 年，我有幸两次获得赴美访学研修的机会。此外，先生十分重视美国政府富布莱特项目的双向交流：一方面在先生和时任美国史研究所所长王旭教授的努力下，当时，东北师范大学每年都能争取到美国富布莱特项目学者来校讲学；另一方面，先生还特别鼓励青年教师积极申请富布莱特项目，争取获得作为访问学者赴美国研习的经历和机会。正是在先生的一再鼓励下，2000 年夏天，我终于鼓足勇气申请了富布莱特项目，并于 2001—2002 年度获得了美国政府富布莱特项目的资助，赴美国得克萨斯大学访学一年。2001 年春节，美国驻华大使馆教育处告知我申请的富布莱特项目获批，此时，丁先生已被确诊为肺癌晚期，忍受着病痛的折磨，当我再次去医院探望先生，把这个消息告诉老人家的时候，先生的脸上露出了微笑，用微弱的声音叮嘱我，要好好珍惜机会，尽可能地多搜集研究资料，多与美国学者交流，深度感受美国历史与文化，一定要学有所获地归国。而那一次在医院的告别，竟成了与先生的最后诀别。丁先生离世后，丁师母还特意把先生收藏的几本美国政治学家和历史学家的原版著作赠予了我，尤其是考恩斯所著《美国宪法与其当下的意义》一书，对我后来研究美国政治制度史帮助很大。此后的日子里，每每在研究中查阅和引用这些英文著作的时候，我都会情不自禁地想起先生和先生曾经的教诲。

先生还一直牵挂我的博士学位问题。跟随先生学习美国史，成为入室弟子，是我一直以来的心愿。但在回母校工作以前，始终未能如愿。九十年代初刚刚回到母校时，迫于教学和生活压力，加之先生招收博士的名额有限，我攻读博士学位的计划，一直没有提到紧迫的日程。可在先生那里，却一直记挂着这件事情。

1998 年我第二次从美国访学归来，先生多次提及我博士学位之事，并答应我可以报考他的博士研究生，获得真正入师门的名分。但遗憾的是，那一年由于学校颁行了博士生导师新的退休制度，先生在第二年便停止了招收博士研究生。或许是新制度出台的巧合，抑或是老天的有意捉弄，我和丁先生的师生名分，总是阴差阳错，擦肩而过。在这种境遇下，先生依然鼓励我选择其他导师，尽快把博士学位的短板补上。2001 年 6 月，在丁先生仙逝几个月后，朱寰先生不弃，接纳我为弟子。朱寰先生亦是东北师范大学世界史的领军学者，主攻世界文明史。进入了师门，朱先生为我在专业上保留了较大的自由空间，允许我继续做美国政治制度史研究。因此，2001 年 9 月，在获得美国政府富布莱特项目的同时，我还带着"行政集权：现代美国官僚政治研究"的博士论文选题，赴美国搜集资料和撰写论文。2004 年 6 月，我顺利了通过论文答辩，获得世界史博士学位，并出版了著作《20 世纪美国文官制度与官僚政治》。可惜的是，这些收获和成长，丁先生已经再也看不到了。

时光荏苒，岁月如梭，从我第一次在本科课堂上一睹丁先生的风采，到如今已近三十八载，距离我回到母校，回到先生身边学习和工作，也整整过去了二十五年。如今的我，已近耳顺之年。回首过往，心中不免多了些许感伤。是丁先生把我引上了美国史研究之路，近乎手把手地教我做学术研究，使我由一名本科生成长为一名教授。我深知自己远不够优秀，远没有达到先生的期望。虽因师缘尚浅，我未能成为先生的入室弟子，但先生在世时，曾给予了我实际的培养、指导和帮助，我已经知足。多年以来，在我的心里，一直把丁先生视作自己的启蒙恩师和授业导师。

作者：辽宁大学历史学院教授、博士生导师
2018 年 8 月于沈阳寓所

缅怀恩师丁则民先生

孙群郎

在 2001 年 2 月 26 日这个阴郁的日子里，用心血和汗水栽培我 6 年的恩师丁则民先生不幸离去了。我们悲痛万分，默默呼唤："丁老师，您安息吧！"丁则民先生的一生，平凡而伟大。说他平凡，是因为他和千千万万中国知识分子一样，在这片辽阔的厚土之上，在中国的教育领域内，在中国的美国史研究中，筚路蓝缕，默默耕耘，倾洒汗水。说他伟大，是因为他胸怀一颗爱国的赤子之心、仁爱之心，将毕生的精力全部奉献给祖国，奉献给中国的教育事业，倾注给我们这些学子。是丁先生他们这一代志士仁人，用他们不屈的臂膀，托起了中国的教育事业，播撒了祖国的希望，挺起了中国的脊梁！追忆丁先生的一生，他那深沉的爱国主义热情令人肃然起敬。1949 年新中国刚刚成立，神州大地满目疮痍，百废待兴。此时，年轻的丁先生刚刚毕业于美国华盛顿大学，获取了硕士学位。丁先生毅然放弃了深造的机会和优裕的生活，冲破了美国政府的种种刁难和国民党军舰的重重封锁，取道香港，投到祖国母亲的怀抱。一颗拳拳的赤子之心在他年轻而博大的胸怀里怦然搏动！丁先生的爱国壮举，为他的弟子们树立了光辉的典范。整整 40 年后，在丁先生创建的东北师大美国所最需要人才的时候，他的大弟子王旭在丁先生的召唤之下，同样放弃了在美国攻读博士学位的机会，毅然返回，协助丁先生投入繁重的教学与科研工作之中。"师者，所以传道、授业、解惑也。"丁先生率先垂范，为弟子们树立了光辉的榜样。丁先生回国以后，积极投入教学科研工作中，开辟美国史研究领域、编著教材、支援边疆、与其他老一代德高望重的学人创建中国美国史研究会等等，这些已为学界共知，不再赘述。这里只追忆丁先生在教学和生活方面的一些琐事，虽然是琐事，却反映了先生的伟大人格。丁先生学术思想开放、教学方法独特。丁先生曾多次谈到学术民主，如此才能

"百花齐放，百家争鸣"。因此，除了传统的授课方式以外，他还采用"学术讨论班"的形式，让弟子们针对某个课题，进行广泛阅读，然后在课堂上各抒己见。学生们在热烈的讨论中开阔了思路，启发了灵感。丁先生虽然学识渊博，总是以平等的态度与学生进行探讨，所以学生们都敢于发表见解。丁先生常津津乐道他的第一批弟子黄仁伟、王旭、卞历南、游恒等思维敏捷，经常闪现思想火花，并以此鼓励我们要敢于思考，善于思考。丁先生是一位中西合璧的学者，不仅具有民主思想，更具有传统美德。丁先生是一位仁者，他一生施惠于人者颇多，但从不图报。在我报考丁先生的研究生之时，由于本人腿有残疾，校方坚决不录，是丁先生的据理力争，我才有幸跨入美国史学习和研究的领域。但丁先生对此只字未提。当我从其他途径了解以后，内心感激不已。丁先生爱徒如子，对学生的生活非常关心。在我再次考入丁先生门下之后，由于神经衰弱，常常夜不能寐，严重影响了我的生活和学习。丁先生十分关怀，不仅给我推荐各种催眠之术，而且还亲自给系领导和宿管科负责人打电话，帮我要出一间空房。此外，丁先生和师母还常常关心我的家庭，每每问寒问暖。丁先生的恩情，令我终生难忘。

丁先生一生光明磊落，刚直不阿，他常常教导我们为人要诚实正直。有一次系里的研究生选专业，我鼓励一个学生选择美国史。不想无意中伤害了其他专业的一位老师，这位老师对我曾经有过帮助。我对此深感内疚，于是向丁先生讨教。丁先生让我向这位老师敞开心扉，说明缘由，我带着疑虑这样做了，结果这位老师不但原谅了我，而且她还因为我的诚恳更加信任我。在东北师大，人们敬佩丁先生的不仅仅是他渊博的学识，更加钦佩他的人格、他的诚实、正直和骨气。东北师大美国研究所是丁先生一手创建起来的，他一生惨淡经营，呕心沥血，才积累了几千册中外图书，才培养出那么多出色的人才。在丁先生病重期间，他还常常为美国所的发展操心。我和师母劝慰他老人家不必再牵挂所里的事了，丁先生一生含辛茹苦，也该清闲一些，享受人间天伦之乐了。丁先生却说："我培养出黄仁伟、王旭这样的人才，更加高兴。"短短一语，感人肺腑，令人哑然。是啊，还有什么比培养人才更令丁先生欣慰的呢？他舍弃美国优裕的生活回到祖国，离开北京到东北边疆，为的不就是为祖国培养人才吗？丁先生一生虽然历经艰辛，但他是欣慰的，是高兴的，因为他为祖国培养了人才。在丁先生病危期间，依然关心美国所的前途。他感人的话语常常使他身边的人潸然泪下。在恍惚之中，他常常叫着弟子的名字，"快去给美国大学打电话"，"给意大利大学打电话"，"把名额争取下来……"，他虽然语无伦次，时断时续，声音低微，但每一个字都强烈地震撼着我们的心灵。在丁先生清醒的时候，他嘱托学校和历史系有关负责人，"一定要与美国领事馆搞好关系，这样我们（美国）所才能发展……"丁先生在临终之前，立下遗嘱，将他所有的书全部赠送给学生和有关单位。现在，丁先生不幸离我们而去了，带着沉重的牵挂！丁先生，您安息吧！您已经为祖国的教育事业贡献了毕生的精力，因为有了您和您这样的老一辈爱国主义教育家的辛勤劳作，才支撑了祖国的教育大厦。您和像您这样的老一辈教育家将功垂千古，百世流芳！您虽然离去了，但您伟大的爱国主义精神永存，您伟大的人格和高尚的情操永存！丁先生，我们永远热爱您！

（原文载于《美国史研究通讯》2001 年第 1 期）

名师指点，终身受益

——怀念业师丁则民教授

王　旭

　　1977 年，我顺利通过"文革"后的首次高考，跨入东北师范大学的校门。济济一堂的学子，多为"文革"十年积累的精英，无不踌躇满志，很多同学不满足于按部就班的中外通史"八大块"教学安排，刚刚进入二年级，就开始有意识地专注于某些研究领域，像现在的硕士研究生一样，选择研究方向。当年的东北师大历史系显赫一时，有一批非同凡响的学者，如世界古典文明研究的林志纯，世界中世纪史研究的朱寰，明清史研究的李洵，以及美国史研究的丁则民。同学们无不期盼得到这些名师的垂青，以投其门下，得到点拨与提携。

　　命运之神很快眷顾了我。1979 年，中国美国史研究会在武汉大学成立，出任副理事长的丁则民教授回校之后，立即在历史系组建美国史研究室，发起诸多研究活动，翌年又在 77 级、78 级学生中组建美国史研究小组。我自然第一批报名参加，另有现在南京大学约翰斯·霍普金斯中美文化研究中心任教的任东来教授，部分外语系的同学闻讯也来加盟。紧接着，我们近水楼台，在第一时间购买到美国史研究会组织编写的第一部学术论文集。丁先生牵头组织了系列性学术讲座等很多学术活动，印象较深的有正值盛年的田锡国的"重新评价美国重建"，年轻教师王群的"1812 年—1814 年第二次英美战争新论"等。我直接参与的则是《美国史译丛》的编写工作。这是丁先生在中国美国史研究会首倡的一项工作，他身体力行，承担创刊号编辑工作，其内容有论文和著述，"美国史研究动态"，"美国历史学家简介"，"关于重建资料介绍"等。我与另一同学合作翻译美国著名历史学家弗雷德里克·杰克逊·特纳辞条，译自《社会科学国际百科全书》（*International Encyclopedia of the Social Science*）。借翻译的机会，我有了第一次与丁先生单独面谈的机会。当时先生除了解答我翻译中遇到的问题外，还顺手从书架上取下一本美国历史教科书，选一段让我读，并口头翻译大概意思。……翻译似乎还算顺利，但因平时口语训练少，读得磕磕巴巴，连不成句，一时满脸是汗。丁先生未予置评，但我直到今天还清楚地记得他当时的目光，有几分审视，也有几分期许。那道目光，深深地刻在我的脑海中，后来在学习和工作中经常浮现，往往会产生莫名的紧张和紧迫的感觉。后来看到印刷成册的《译丛》，感觉沉甸甸的，因为这是我学习美国史的第一个印成铅字的成果，中国美国史研究会的名字在我心中也日益清晰起来。1982 年初，丁先生受国家教委委托，与北京大学的马克垚、南开大学的杨生茂组成中国历史学教授访问团出访欧洲部分高校。出行前，丁先生做了认真准备。他专门撰写《弗雷德里克·杰克逊·特纳的边疆假设与美国外交政策》(*Frederick Jackson Turner's Frontier Hypothesis and American Foreign Policy*) 英文论文，署名鲁本·则民·丁（Ruebin Zemin Ding）以与欧洲学术同行交流。他让我帮忙校对打字错误。先生的论文很长，相当于我们现在用的 A3 纸，十几页。我反复校对，只找到几个打字错误。但看着这些整整齐齐如行云流水般的文字，颇有几分神圣的感觉，当时曾憧憬：如果有一天我能写出这样的文章来，该有多好！丁先生去欧洲期间，师母暂回北京，把家里钥匙交给我，委托我代管。那段时间我最大的享受是放肆地浏览先生家里的英文藏书，虽然只是看看标题和目录而已，但纷然杂陈的美国历史似乎活生生地呈现在我的眼前。我不仅参加美国史研究小组，而且还能登堂入室，直接面见丁教授，聆听其教诲，令其他同学羡慕不已。有意无意之中，美国史研究已成了我学术追求的不二选择。

毕业前夕，我毫不犹豫地报考了丁先生为导师的世界地区、国别史专业、研究方向美国史的研究生。临考试前听说报名者居然多达 48 人，似乎也没有感到畏缩。后来，这个专业通过全校录取线的考生很多，丁老师原计划招两名，破例扩招为四名，其余还有数位优秀考生推荐到其他学校，有两位被北京师范大学录取，由河北师范学院的黄德禄作为北师大兼职教授指导 [有关情况可参见黄安年博客 "记丁则民先生来北师大主持美国史硕士学位论文答辩（1984）" http：//blog.sciencenet.cn/home.php?mod=space&uid =415&do =blog&id=310005]。据说当年全国美国史研究方向录取的考生不过十几名。可以说，考取这个专业，学术生命就与美国史研究紧紧连在了一起。

在这种激烈竞争中脱颖而出的这几位果然不可小觑。来自昆明师范学院的游恒（现在美国"风险管理协会"任信息中心主任），北京知青，该校历史系77级的高材生，学习成绩一直稳居榜首；哈尔滨师范大学的黄仁伟（现任上海社会科学院副院长、研究员），上海知青，机敏过人，研究生考试总成绩全校第一，其中专业课高达98分，当时在判卷现场引起轰动；来自牡丹江师范学院的卞历南（现任美国奥本大学历史系副教授），年轻气盛，刚满21岁，可能是全国当届研究生中最年轻的，尽管如此年轻，却已发表了一篇评价门罗宣言的论文。有享誉全国的名师指导，又有出类拔萃的同窗为伴，我的学术生涯处在一个高起点上。

丁先生在我们几个人身上，投入了相当多精力和时间。他没有给我们开设美国通史，而是进行专题讲授，分别是美国近代史专题、美国现代史专题。开始时我们有些愕然，以为是先生谦虚，后来发现，这是先生的一贯风格。他一再告诫我们，自己没有搞清楚的问题，不写，也不讲。系统讲通史，时机还不成熟，不如通过分专题重点讲授，可以使问题更加深入，透彻，实际效果更好。入学不久，我们有了一点学术积累和心得，便按捺不住，撰写成文，要拿出去投稿，但都在先生那里被枪毙掉了。先生对我们写的论文，包括后来的学位论文和《美国通史》第三卷，字数都有严格限制，不许超出。这样，势必要求字斟句酌，精益求精，无形中强化了我们的研究能力和严谨的治学态度。这和今天过分追求数量、粗制滥造发论文的情况形成鲜明的对照。在具体讲授时，采用研讨班方式，这是丁先生反复倡导的，当年他在美国读书时就修过几门这样的课。由于当时有关美国历史的中文论著非常少，因此只能啃英文原著，丁先生在这方面指导我们恰恰游刃有余，因此我们的基本功比较扎实，这着实令其他专业研究生羡慕。后来我到美国读博士时，在读书的速度和理解力方面与美国学生几乎不相上下，完全得益于这些训练。为避免"师父带徒弟"的弊端，丁先生与同在美国留学过的吉林大学经济系刘传炎教授商定，双方学生互选课程。他的三位研究生来东北师大听丁老师的美国历史课，我们去吉林大学听刘教授的美国经济课，互相承认学分，这可能是比较早的校际互选课。同时，他还请本系的王贵正教授讲授一个专题——罗斯福新政。王老师为此曾准备了整整一个学期，可见其重视程度。第二年，先生吸收我们参与编写《美国通史》第三卷，即《美国内战与镀金时代》。后来，这分别成为我们硕士学位论文的选题。而对于我，更成为我此后学术研究的专攻领域。此外，结合美国教授讲学，每人承担两次口译，全面锻炼我们的英文能力；结合外汇购书，锻炼我们查询资料、熟悉学术史的能力。入学不久，恰逢中国美国史研究会在苏州召开第三届年会，丁先生带黄仁伟和我参加。我平生第一次参加这样的学术会议，非常兴奋，更重要的是，看到了很多仰慕已久的学者专家，格外亲切。

在丁先生门下攻读硕士学位和参与撰写《美国内战与镀金时代》，也使我与美国城市史结下了不解之缘。在构思《美国内战与镀金时代》时，丁先生一再强调，这一时期的美国，成为一个工业化强国，也是城市发展的黄金时期，如果没有城市的内容，那么这段历史就是不完整的。因此他在章节安排上，专门留一章写城市。应该说，丁先生是非常有眼光的。但是，当时城市史是一个很陌生的研究课题，白手起家，可资参考和借鉴的东西很少，难度可想而知，所以没人愿做这个费力不讨好的工作。其他章节很快就"名花有主"，这一章阴差阳错地落到我的头上。然而，当我经过初期摸索和尝试后，却发现，这既是一个空白研究领域，也是一块尚待开垦的处女地，有很多有价值的题目可以探讨，充满诱惑力和挑战。结果，这件事对我来说，可谓塞翁失马，成为我学术生涯的一个转折点；在丁先生那里，则是他推动美国史研究战略布局有前瞻性的重要举措。十九世纪后期美国城市发展的突出现象是中西部城市借助工业化的推动，后来居上，重要性和典型性都很明显，于是我选定中西部城市撰写硕士学位论文，后来这篇论文受到《世界历史》编辑部的青睐，刊用在 1986 年第 6 期。三年后，《历史研究》又发表我的"富有生机的美国城市经理制"一文。这两篇论文，是我在美国城市史研究方面的奠基之作。其间在美国读书，我有意选取和城市史研究有关课程，如统计学和政治学系的城市政治等，强化了我的研究能力。及至 1990 年完成我的博士学位论文"美国西部城市与西部开发"时，在美国城市史方面有了更多的想法和尝试，并带动了很多学者关注乃至加盟这个研究领域。令我感动的是，丁先生也在百忙中抽出时间，选取美国城市史的几个选题深入研究，并撰写论文发表。我觉得，他是在以另一种方式鼓励和支持我。到今天，美国城市史研究已成一个"显学"，研究成果一度出现井喷局面。北京大学王希教授在采访我时曾提到，在美国史学界，城市史研究在上世纪六十年代方出现兴盛局面，而其后不过

20 年时间，我便步步紧追，并有所斩获，何以至此？我的答案是：有名师指点。

如果说在治学方面师生相承，我们有幸得到丁先生的真传，那么，在个人利益和国家需要的关系方面，丁先生更为我们做出了表率。他早年负笈美国读书，于 1949 年在华盛顿大学获得历史学硕士学位时，恰好新中国成立，他毅然放弃攻读博士的机会，回国效力。这已是一段佳话。想不到，40 年后，我竟面临同样的选择。我在 1984 年底完成研究生学业后，和卞历南一起留校任教，继续陪伴在丁先生左右。两年后我获得美国南伊利诺伊大学的助教奖学金，到该校攻读博士学位。由于有丁先生指导下三年学习的基础，我很快适应那里的学习和工作环境，所修课程得到全 A 成绩。学业顺风顺水，又有该校助教奖学金这份"铁饭碗"和妻子陪伴左右，我继续留在那里完成学业，本是情理之中的事。但丁先生最初以为我作为在职教师去该校属于进修，而不是读学位，因此，他一直盼望我会在一年或两年内能回到他身边，配合他的工作。丁先生先后给我写过五封信，前几封详细介绍研究所（1987 年美国史研究室扩展为美国史研究所）的工作，后几封则一再表示希望我尽早回国。他在信中恳切地告诉我，由于身边没有得力助手，他承担的《美国通史》第三卷一直没有完稿（我另有专文描述，见"写书、做学问、做人"，《史学月刊》2004 年第 3 期），同时又申请到国家教委的重点项目"美国西部开发史研究"，也难以如期展开。这种误解，我完全能够理解、甚至佩服。其实，我虽然人在美国，但心中时时牵挂着东北师大的美国史研究和我的导师，割舍不下。在我出国不久，东北师范大学就获得了世界近现代史博士学位授权，丁先生在美国史研究方向招收博士生。放眼望去，在全国范围内，拥有美国史研究方向博士学位授权的除东北师范大学外，当时只有中国社会科学院、南开大学以及美国史相关研究方向（如中山大学的中美关系史）等。没有这种授权点的学校，即使有一些知名学者坐镇，也难以顺利发展和传承学业。丁先生耗尽毕生心血创建的这个平台，我们作为嫡传弟子有责任和义务维护。考虑再三，我最后放弃在望的博士学位，于 1988 年秋偕妻子回到母校，回到丁先生身边。这个举动，从大处说，是爱国，说得具体些，是师生的情分，是东北师范大学来之不易的美国史研究平台的吸引。当年 11 月 17 日《光明日报》在第一版用四分之一篇幅以"放弃美国优厚待遇、王旭回国担当教学科研重任"为题介绍我的回国事迹。我读到这篇报道时，几乎没有想到自己，脑海中浮现的反倒是当年丁先生风尘仆仆、辗转回到新中国为国效力的场景。

屈指算来，从最初加入美国史研究小组开始追随丁先生，到后来在他指导下完成硕士、博士学业，再后来留校辅佐他，直至 1998 年调往厦门大学，前后近 20 年时间。可以说，在丁先生的所有学生中，我与丁先生交往时间最长，是最幸运的。这段经历，正值我学术道路的入门和起步阶段，高起点使我终身受益。而今，先生远离我们而去已十年有余，但我们的思念之情丝毫未减。先生的照片高挂在我们美国史研究所的办公室里，一直在静静地陪伴着我们，也倾听着我们的思念。

（原文载于《美国史研究通讯》2011 年第 2 期）

学精思深　桃芬李芳

王　旭　梁茂信

　　2001 年 2 月 26 日 17 时，业师丁则民教授病逝于长春。噩耗传来，令人悲不自禁。在长春及海内外的几十名弟子通过电波和键盘，饮泣传递着一个共同的情感：我们失去了一位传道授业、释疑解惑的恩师；失去了一位视后学如己出、慈父般的前辈；失去了一位道德文章俱佳的学术楷模；失去了我们共同景仰、赖以维系的精神支柱——这一损失无法弥补、无法衡量。丁先生于 1919 年 7 月 22 日出生于北京一书香世家，青少年时就对史学情有独钟。后就读于当时著名的国立西南联合大学，主修历史，亲耳聆听陈寅恪、钱穆和刘文典等学术大师的教诲，逐渐意识到知识之于救国的意义远大于武装救国。怀着这种理念他踏上了漫长的求知历程。他在西南联大毕业后不久，又负笈美国华盛顿大学攻读硕士学位。在异国他乡的岁月里，他深深地感到海外华人与祖国强弱的唇齿关系，理性的思考坚定了他学成后矢志不渝、赤心报国的决心。1949 年新中国成立后，他毅然放弃进一步攻读博士学位的机会，克服重重困难辗转回到祖国的怀抱，先后在北京师范大学和东北师范大学执教，凡半世纪之久。在半个世纪的风雨历程中，先生在学术方面孜孜以求，在推动我国世界近现代史和美国史研究方面做出了难以估量的贡献。从《光明日报》史学版的酝酿到中国世界近现代史学科的建设；从 1952 年发表我国学术界第一部《美国华工史》到 2001 年《世界历史》第一期尚存墨香的论文；从创办东北师大美国研究所到组建中国美国史研究会；从早期的翻译外国学术名著到主持编写高等院校教材；从独立发表论文到八十年代初参与筹划迄今国内最权威、参与单位最多并由人民出版社出版发行的六卷本《美国通史》，处处都留下了他的开拓足迹和学术贡献。先生治学，带有中国学者特有的使命感和责任感，也处处反映出深厚的学术功力，其中不乏传世之作。他的研究覆盖了二战史、欧洲史和美国史等诸多领域，其中尤以美国史学史、断代史、西部史、移民史、民族史和城市史等方面建树最多，是国内美国史研究涉及面最广的权威性学者之一，也是诸多领域的开创人和奠基人之一。丁先生曾先后任中国美国史研究会副理事长，中国世界现代史研究会副理事长等多项学术团体职务，八十年代末还被美国最权威的两大史学刊物之一《美国历史杂志》选为特邀评论员。荣获"全国优秀教师"、国务院特殊津贴、曾宪梓教育基金会奖励和吉林省政府授予"吉林英才"奖章等等多项表彰，主要事迹载入"吉林英才馆"。这里的寥寥数笔当然远远不能道出先生的学术真谛，但面对先生盈尺的著述、厚重的遗稿和几乎难以计数的荣誉证书，无不为他的敬业精神所感动。然而，身为一代宗师，先生总是那么谦虚、和蔼，高尚的人格魅力感染了每一位与他相识的人，到访的外国学者也无不为其渊博的学识和谦谦有度的大家风范所折服。在培养学生、奖掖后学方面，先生同样是呕心沥血，兀兀终生。先生没有子女，但总是把学生视同己出，呵护备至。在学习上，他经常告诫学生要扎扎实实，兢兢业业，既要吃苦耐劳，又要科学求实；要立论有据，言之成理；著书立说不在量多而在于精。不论学生的平时作业还是毕业论文，他始终逐字逐句认真阅读，从不放过一个错别字，一个标点符号，甚至对一些书写不规范的字，也加以匡正。这种严谨求实的治学精神感染了美国史专业的所有学生，相沿成习，形成风气，为历史系乃至全校师生所称道。他自己生活非常节俭，对那些经济拮据的学生，却每每慷慨解囊。正是凭着这种职业道德和治学精神，丁则民教授培养了一代又一代学生，其中包括13名博士和近20名硕士，成为一个非常可观的学术群体。他们走上工作岗位后迅速成长，有不少人已成为所在单位学科带头人或学术骨干，他们又带出了一批新的学生，使先生的事业得以传承，学风得以光大。在先生的不懈努力下，东北师大美国研究所也成为国内研究美国问题的重要基地之一。先生将自己的一生无私地贡献给了中国的教育事业。在知道自己身患绝症、时日无多之后，更在奋力与病魔抗争的同时，夜以继日地工作，用他自己的话说，自己可以工作的时间不多了，应该有始有终。病榻之上，他抓紧时间审读最后一名博士生的毕业论文，同时还在考虑如何修改即将再版的六卷本《美国通史》。直至弥留之际，念念不忘的还是美国史研究与学科建设！先生是在与癌症的顽强抗争中痛苦地与世长辞的。与其说他的痛苦来自于病魔的蹂躏与折磨，不如说源于他内心深处多年来所形成的探赜索隐、教书育人这种无法割舍的情结。因为在他的生活中，教学和科研事业居于至高无上的地位，甚至高于自己的生命。所以，当他意识到自己无法再继续春播秋收的时候，其痛苦可想而知。每思及此，我们感触良多。作为先生薪火的传人，我们唯有加倍努力，方可告慰先生的在天之灵。高山苍苍，大河泱泱，导师之风，山高水长。

（原文载于《美国史研究通讯》2001 年第 1 期）

写书做学问做人

王　旭

细心的读者也许会发现，《美国通史》第三卷《美国内战与"镀金时代"》篇幅有限，但各章节的分布却非常均衡，每一章都在 3.2 万字左右，全书共 11 章 35 万字。这当然不是巧合。主编丁则民教授从布置任务伊始就申明，全书必须限定在 33 万字左右，轻易不可突破。我们开始时对此不以为然，抱着写写看的态度，但后来在落笔时，发现很多内容和资料难以割舍，结果篇幅不断膨胀，各章均有超出，加在一起，总量就增了不少。前两稿呈交到先生手中，均受到严厉"制裁"。尽管如此，最后到 1988 年黄仁伟和我帮丁先生统稿时，交上来的稿件仍有很多埋伏，远远超出原定篇幅限制。但其中几位执笔人已毕业离校，先生授权我们大刀阔斧进行裁减。结果，每章 3 万字的上限，确实让我们伤了一番脑筋，在考虑内容和总体结构完整性的同时，还要逐一核对字数。我们后来发现，这是业师的一贯风格。我们在写硕士学位论文时，篇幅就被限定在 2 万～3 万字之间，到撰写博士学位论文时，仍有字数限制。所以，丁先生指导的博士学位论文篇幅都不大，与其他动辄数十万言的学位论文相比，大多显得"单薄"。我们也发现，这种要求，是与先生严谨的治学风格相一致的。诚然，在某种意义上，篇幅限定过于死板，某些问题确实无法展开和深入，有其负面影响；但另一方面，这无形中要求作者精挑细选资料，反复斟酌的观点，行文力求简洁，由此而强化了学术功力。吝啬篇幅的背后，实际上是对学术质量的高层次追求。

参与撰写"第三卷"是在 1982 年我们刚刚开始跟随丁先生攻读硕士学位不久。其他专业研究生得知这个消息均羡慕不已，认为这是名利双收的事情。开始时我们当然也是受宠若惊，后来才体会到这是一份名副其实的苦差事。我们 4 个丁先生的开门弟子，分别结合硕士学位论文选题选定一章。丁先生布置和督促我们参阅了大量相关论著，做了很多先期准备工作，却迟迟不让我们动笔。我们在此期间所写的其他稿件，到他的手中，几乎都被"封杀"，当然也不能奢望投到刊物上去发表。记得丁先生给我们讲过这样的事例：没到过美国的人，能写一部关于美国的书；到美国去过一个月的，能写一篇关于美国的文章；到美国去一年以上，就什么都写不出来了。其实不是不能写，而是不敢写。对美国了解得越深，就越发现自己肤浅，轻易不敢落笔。当时只是觉得这是导师在严格要求我们罢了，今天想来仍觉这番话寓意深长。其他各章执笔者尽管在其领域已有所建树，但也须再就相关重点和难点发表数篇论文后才可动笔。在正式动笔之前，先生选择了准备比较充分的第一、第二和第五章做试写。这三份试写稿，不仅寄送外地专家审读，还专门召开试写稿讨论会，请当时在美国史研究中崭露头角的冯承柏教授和黄安年教授到长春和课题组成员详细研讨，当时回长春探亲的南开大学博士研究生任东来也被邀请参加，第一章作者汪仪则从上海专程赶来。其他各章，正式的改动程序是两到三稿，但对具体内容和问题的讨论，却已无法计数，至于新观点和新概念的阐发就更为慎重了。如黄仁伟提出十九世纪美国西部农业资本主义发展符合列宁"美国式道路"的论断，但在南部却是典型的"普鲁士式道路"，这是对经典论述的重大修正。对此，丁先生除了与黄仁伟多次讨论外，还向很多相关学者征求意见，其求真务实的态度给我们留下了深刻的印象。甚至对"城市化"之类概念是否可在历史学著述中使用，先生也是斟酌再三。正因如此，这本书，从写作到出版历时 8 个寒暑。我从读硕士学位开始参与，到毕业留校工作，再到美国攻读博士学位回来，书稿仍是"进行时"。这种"十年磨一剑"的学术追求，在当今粗制滥造成风的情况下，确实难能可贵。

正是这种严谨的治学精神，使我们的学术态度得到净化，进而形成了好的学风。凡出道于丁先生门下的学生，均以严谨自律，不仅做学问如此，为人处世也如此。之所以先生的很多弟子今天能够成为国内美国研究的中坚力量，与这种做学问、做人的严谨态度是密不可分的。以这部著作的撰写为契机，东北师范大学也形成了一个研究群体和稳固的"学术根据地"，在研究选题上形成了自身的特色：十九世纪后期美国史、美国城市史、美国移民史、美国西部史，在这几个领域都有很有分量的论著面世。研究领域的拓展，与培养人才相结合，使学术薪火得以传承，严谨学风得以弘扬。可以说，围绕《美国通史》第三卷的撰写所产生的联动效应，已远远超过了这部论著本身。

（原载《史学月刊》2003 年第 9 期）

怀念我的恩师丁则民先生

王　媛

尘世间太多的生死别离，并不是每一次都会让人痛彻心扉。生活中无数的片语瞬间，并不是每一个都会让人永志不忘。十一年前一个冬日夜晚，接到让我速回医院的电话，会泪流满面；十一年后，写一篇怀念的文字，仍会眼含泪水。那让我悲伤和怀念的人，是我的恩师丁则民先生！

在先生的所有弟子中，我与先生相识最晚。第一次拜访之时，先生已年近八旬。正因如此，我记忆中的先生慈胜于严。多年来，先生的同行、友人和弟子对其在学术研究和人才培养上的贡献多有回顾。我想述说的，是恩师当年言行于今日之我的莫大影响。

一直习惯称先生为"老师"，因为早在填报高考志愿时，就知道东北师大历史系有位丁则民老师，是博导。当时，和同学说了句戏言，"就报那儿了，将来还可以考博士！"可惜四年本科，无缘得见老师。考研之时，担心自己英语没有美国史专业需要的那么"厉害"，选择了世界近现代史专业。直到1994年秋季，有美国富布赖特学者来历史系讲学。经申请，我得以和美国史专业学生一同上课。丁老师对课程非常重视，经常向美国教授了解情况，由此知道了考试成绩优秀，但总是一言不发的我。有了这样的机缘，就有了报考老师博士生的想法。1996年秋，为考博第一次拜访倾慕已久的老师。老师欢迎我报考，并且指点我要读些什么书、如何准备考试。得知成绩，再次拜访时，老师已然视我为弟子，语重心长地嘱咐我，要"多读书、多思考、学好外语"。读博期间，很幸运地又听了两位美国富布赖特学者的课程。三个学期下来，专业英语的阅读理解能力和听力有了很大提高，但由于性格原因，仍然不愿开口说，口语显得欠缺很多。于是，记忆里就永远留下了老师的叮嘱："一定要找机会说！如果怕说不好，就先写好了再说！”遗憾的是，老师有生之年，没有见到我把口语练得很好。2006 年 12 月，我参加了中美富布赖特学者项目的面试。当我可以自如地回答中美专家的提问时，最大的喜悦是可以告慰恩师！

1997 年秋天，我成为老师的“入室弟子”，跟随老师学习了两门课程。一门是补修的硕士课程《美国史入门》。第一次听大家授课的诸般感慨不论，印象最深的是：每次课后，老师都会留作业，并且要求一字一格，不能连笔；每次作业上，都有老师工工整整的批语；每次课前，老师都会就作业集中讲解。因为老师的认真，所以每次作业都从内容到形式极尽努力。记得那时候每每两三千字的作业，书写就会累到手腕酸疼。博士生课采取的是研讨班形式，每次一个主题、一人主讲，其他人参与讨论。坐在一旁的老师，除了常有独到的见解外，还会不时关照不太积极的学生参与讨论。很多年后，为了开设一门新课，我翻出当年的笔记。一页页翻过去，蓦然发现，我原本不用翻的。多年来，我授课的时候特别强调学生的参与；讲《美国政治与经济》课时，第一个作业总是手写美国 50 州的中英文名称，加注英语音标；讲《国际关系史》时会让学生做年表、词条、书目，读学术争论，写小型评论文章。原来，我的教学一直在老师的潜移默化中追随着他，包括我频繁留作业、认真批作业的习惯。“长大后，我就成了你！”虽然我无法成为老师那样德高望重的学界泰斗、桃李满天下的一代宗师，但可以告慰恩师的是，我一直努力像老师那样，爱教育事业，爱我的学生。

曾为博士研究生，就一定忘不了博士论文写作的艰苦。那些日子里，有自己的辛苦，更有老师的辛苦。记得那时候，每写完一章会打印出来，拿去给老师先看着。交下一章时，拿回老师修改好的部分。老师的修改意见，大到立论结构，小到遣词造句，不一而足。我一直珍藏着博士论文的草稿，那些打印稿上，每一页都留下了老师亲笔写下的密密麻麻的修改意见。日后接触过很多博士生，没有一个人会有这样的幸运。如今，老师当年的修改意见大多不会随时忆起。但是，关于一个词的使用问题却印象深刻。记得有一次，老师在论文中“凸显”一词处做了标记，让我考虑这个词是不是合适。我心想一个词的事儿，不用太较真儿，老师质疑，改掉就好了。不想再一次去时，老师竟很正式地和我说：“‘凸显’那个词你可以用，我看《新闻联播》也用这个词了。”没有了老师的日子里，会常常想起这一个词的取舍。想久了，会明白，之所以记忆那么深刻，是因为：那一个词让我看到了严谨治学的老师，有疑问的地方，即使一个词也不轻易放过；那一个词让我看到谦逊的老师，即使在学生面前，也从不耻于修正自己的观点；那一个词也让我看到了努力与时代保持一致的老师，一息尚存，求索不止。

和老师相处的短暂时光里，我们经常会说老师不像 80 岁的人。在老师人生的最后一年，他开始学习打字、上网；最后那个闷热的夏天，老师买了新电风扇，让我们帮忙安装。安装时，已身患重病的老师一直在一旁看着，说:"我得学会了，明年就可以自己装了，就不用麻烦你们了！"

老师一生，学问是全部的寄托，学生是最深的牵挂。在老师如数家珍的讲述中，我认识了一个又一个素未谋面、事业有成的师兄师姐。在老师最后的日子里，我目睹了深度昏迷一周的老师，竟能在弟子千里迢迢赶来后，握一握他的手，不久便溘然长逝。十余年来，每念及此，都会眼含泪水。

有师如此，此生万幸！

（原文载于《美国史研究通讯》2011 年第 2 期）

那一抹冬日暖阳

——怀念丁则民先生

吴 耘

2019 年是丁则民先生诞辰一百周年，纪念文字本该由东来执笔，可是东来性急，早早地到另一个世界与先生们"聊天"去了。今年 2 月，厦门大学的韩宇老师来函询问是否存有丁先生的信件，我十分肯定地说有。五年前，在整理东来遗留的信件时，丁先生工整的笔迹甚是醒目，令我过目不忘。我打开整理箱，小心地抽出信函，先生娟秀整齐的手书映入眼帘，一笔不苟，如字帖一般，尤其是以圆珠笔书写的两封信函，力透信笺，印痕在纸背微微凸起。我轻抚印痕，心中暖流涌过，那个高大的身影顿时浮现在脑海。我虽然只见过先生三次，但是先生是我们口中经常的话题。每当受某个细节的触动，东来就描述当年丁先生如何如何，同样的故事即使被多次重复，我们也不厌其烦，有关先生的点点滴滴总是让人感动。丁先生对东来的恩泽，惠及于我，他也是我极为爱戴的师长。

1978 年夏，东来考入东北师大历史系，是全年级 120 名学生中年龄最小的。和其他同学相比，他唯一的优势是在宁波的中学学过四年英语，这一优势助他顺利通过了丁老师的英语翻译测试，加入了美国史兴趣小组。在丁老师的指导下，东来开始阅读美国史论著。1970 年代末，美国史的中文论著资源十分有限，大约只有十本左右。东来读完了有限的中文著作，便开始阅读一本英文论著，碰到不懂的地方就记录下来，定期向丁老师请教。虽然我并未亲历他讨教的情景，但我了解他好奇的天性和打破砂锅问到底的精神，同样地，也能够想象丁老师极好的耐心。据东来回忆："丁老师总是不厌其烦，给我解释一些语法和知识点。有时请教时间长了，到了午饭时间，丁老师和师母许老师还留饭，我也不知道客气。"

一个国内知名的大教授，在家里义务辅导本科生，若放在今天，实属罕见。

甚至我们会听到这样的报道，某某导师利用手中特权，把学生当长工、当劳动力。每每读到此类新闻，我便格外怀念丁先生那样关爱学生、提携学生，为教育事业无私奉献的老一辈学者。值得安慰的是，弟子们没有辜负老师的培养，在各自的岗位上，传承了他的为人和为学。

1982年秋，东来考入中国社科院美国研究所，跟随杨生茂先生读美国外交专业硕士。当时的研究生院条件非常简陋，东来有些沮丧，在给丁老师的信中，不自觉地流露出失落情绪。丁老师及时回信，引导他关注事物的积极面，用今天的话说，就是传递了"满满的正能量"。丁老师条理清晰地分析了在京学习的优越之处：

"一是见多识广，不像地方上那样闭塞，像去北大听美国专家的讲课，地方上就没有这样的机会；二是结识同行的机会亦较多，便于了解情况和互相学习；三是书刊资料比较丰富，查找与借阅都比较方便，出售旧书的书店也比较多，看来价钱也很便宜。加上你有杨先生这样学识丰富、热心指导的导师，我想只要从实际出发，尽量利用北京所具有的优势，勤奋学习，定会有很大收获的，你也逐渐会适应新的环境的。"

丁先生循循善诱，谆谆教导，化解了东来的沮丧。东来如先生所愿，很快适应了新的环境，性格也更加豁达乐观。在我们共同生活的二十四年中，东来从不抱怨生活中的磕磕绊绊，始终以乐观向上的态度感染着身边的每一个人，无论陷入怎样的山穷水尽，他总能看到柳暗花明。每当我为琐事烦扰，他只用三言两语便能化解我的焦虑，让我安心。

东来进入研究生院后，丁先生的关心并未中断，不时来信给他指明学习方向。他在信中指出，当前学习的主要任务，是突破英语这一关，这是以后搞研究的基本条件之一。对如何提高英语水平也给出了具体的建议和要求："只要有细心、耐心和'敢'的精神，持之以恒，达到上述水平也不是很困难的，何况你还年轻，这是学外语的优越条件。你说对不对？"先生的殷殷之意，东来始终铭记于心，也努力去做。由于缺少语言天赋，也许不能达到期望的水准，但不论在国际研讨会还是社交场合，他都敢于用英文发表自己的观点，提出质疑。当然，对外语基础好的学生，他免不了心生羡慕和好感。几年后，他在法语课上注意到我，便是因为我的英语专业背景和比较标准的法语发音。

1988 年暑假，东来带我去拜见丁先生和师母。我至今仍清楚地记得丁先生在东北师大的公寓，那间简朴的客厅，没有铺设地板的水泥地面，装满了书籍的书柜。丁先生身形高大，却蔼然可亲，毫无居高临下的气势。他亲切柔声地唤我们"东来，小吴"，笑容里透着高贵和善意。东来搬了小凳坐在先生和师母中间，与他们合影，师徒开怀欢笑，十分温馨。

短短的几个月内，我沾东来的光，先后见到了杨生茂先生和丁则民先生两位大学者，两位老教授"爱屋及乌"，对我十分友善，我激动又骄傲。东来在求学路上，有幸获得两位学养深厚又平易近人的导师的指导，与他们结下深厚的师徒之情，让我羡慕不已。我第一次了解到，在大学校园里，还有这样一种师生关系，如父子、如友人、如同事。我对东来说："你这个不谙世故的书呆子，这么幸运，遇到杨先生和丁老师这样有学问又关心你的老师。"他嘿嘿地笑，心里美滋滋的，"傻人有傻福呗。"

我们成家以后，除了一封涉及其他弟子的信件，丁先生都会在抬头写上"东来、吴耘同志"。1990 年年末，丁先生自己刚出院不久，仍然关心即将生产的我，他在信中询问我的身体状况，嘱咐我产前要注意营养和休息，有了消息就通知他们。女儿出生后，丁先生与我们一同分享喜悦，称女儿长得很精神，很好玩。女儿起名"琬洁"，大部分亲朋好友，包括女儿的老师，都会把"琬"写成"女"子旁的"婉"，但是年逾古稀的丁先生和杨先生却从未写错。

1994 年春节，我们带三岁的琬洁回长春探亲，再次去拜访丁先生和师母。琬洁活泼好动，先生和师母见了都很高兴，看孩子穿得单薄，还在咳嗽，便一再嘱咐我们天气冷，千万别让孩子着凉。但是我们没有经验，没给孩子准备厚实的棉衣，没过几天，女儿就因咳嗽转成了肺炎。

丁先生关注弟子们的学术，也惦记他们的生活，为其乐而乐，为其忧而忧。有一次，丁先生未及时接到弟子黄仁伟的消息，便在给东来的信中询问是否知道黄仁伟的近况。2000 年 12 月，丁先生来信，信封上赫然写着"南京大学中美文化研究中心交任东来主任启"，信笺开头是一句喜气洋洋的贺语："听说你升任南京大学霍普金斯研究中心的中方主任一职，特此祝贺。"东来从未担任过行政职务，想必是先生有日子没有东来的消息，向别人打听他的近况，引起了这场误会。

丁先生虽然不是我的老师，但他崇高的品质与纯粹的学者风范深深影响了东来，他慈父般的关怀，让我们倍感幸福和美好。此刻，当我敲击键盘，写下这些文字时，突然有种奇妙的感觉，先生就坐在他的办公桌旁，慈眉善目，对我颔首微笑。无论时光流逝，季节轮转，先生永远是那冬日的缕缕暖阳，穿透东来那扇明净的窗，洒向我的心房。

2018 年 9 月 12 日于紫气钟山

永驻心底的智者、长者、尊者

——忆丁则民先生

徐家玲

丁先生已经离开我们 17 年了，然而，他的音容笑貌、他一丝不苟的严谨学风、平易近人的长者做派、诲人不倦的智者风范、无私提携青年学者的尊者风度却一直存留在我的记忆中。

我初识丁先生是在 1973 年，作为高调登上"文革"开始后的大学"上管改"舞台的"工农兵学员"，我们会经常参加一些学习会、报告会，涉及如何避免"苏联"悲剧在我国重演，如何改造思想、追随党的正确路线等。因为丁先生的专业是世界近当代史，历史系安排丁先生给我们结合历史做过政治报告。那时，我才知道丁则民先生，是抗日战争时期西南联大的精英、美国大牌学校华盛顿大学的高材生、在新中国召唤下最早回归祖国的爱国人士。当时，于我们而言，丁先生就是神一样的存在了。但与他深入接触，又觉得他是一位相当严谨的学者、慈祥的长者、全心全意关爱学生的优秀教师。

一次，为了写作一篇与法国大革命有关的论文，我选择了丁先生做我的指导教师。当我怀着忐忑的心情如约见到丁先生时，是在简陋的"筒子楼"里（当时，他也刚从农村回校不久），夫人在准备饭菜⋯⋯在干净整齐的书房兼卧室内，我坐在普通得再也看不出特点的老式"办公桌"旁边，接受了先生对我计划中的论文的第一次辅导。当时懵懵懂懂的我，从不知历史论文为何物，经先生的循循善诱和智慧的点化，突然脑子里有了些许"闪光点"。之后我用了一些时间"消化了"先生的思想，又与先生多次交流，终于把这些闪光点串联在一起，完成了我生平第一篇与世界史有关的论文。虽然因时代久远，生活和工作的场景经常变换，原作已经找不到，但先生的智慧、通透及诲人不倦的智者风范，却深深地印在我的心灵深处。当时记得最深刻的是，当我把论文初稿交给先生后没几天，就急着请丁老师给我反馈意见，他语重心长地说："不能急啊，我总要仔细看看，才能给你意见。"几十年后，我才理解这句话的深刻含意：作为老师，在指导学生论文时，是一定要"仔细看"的，不可有丝毫的懈怠。老师对学生最大的责任和关切，就是指导学生正确地从事科学研究，那种一目十行即"草菅人命"的作为，是丁先生所不齿的。

我们的大学生活结束后，当我们背负"父老乡亲"的期望，再度回到农村中学为"贫下中农"的孩子们奉献青春时，方体会到在三年的大学生活中，我们得到的一纸毕业文凭，不仅仅是学历的证明，更积淀了那些有着厚重的学术背景的历史系"老教师"们对我们的期待。这种期待，在1978年我决定报考东北师大（当时还被称为吉林师大）历史系硕士研究生时，体现得淋漓尽致。1978年春节期间，我回家探亲，照例拜访曾经教过我的一些老师，第一时间得到了1978年将恢复研究生招生的消息。许多当年带着我们"开门办学"的老师，给了我热情的鼓励和全心全意的支持。有的老师亲自带我去图书馆借书，有的老师针对我的特点提出我以后学习的方向和发展的目标，丁老师则毫不犹豫地接受了我的请求，为我辅导英文备考。我曾经在中学期间学习英文，大约四年之久（1962年至1966年、1967年至1968年）。但之后的"文化大革命"、"上山下乡"，学习中断。而恢复硕士生招生，外语列为必考项目。而1978年恢复硕士招生之时，我正在农村教书，唯一可用的教材就是当时广播电台的电化教程。三个月的备考期间，我定期给丁老师寄出我的"作业"，几乎每周都能够收到丁先生对我英文练习的批改意见和学习建议，先生那一丝不苟的严谨态度，体现在每篇作业的一笔一画的批注上。他的批注简明扼要，一语道破我学习中的问题，并顺势引导我扩展自己的思维。在丁先生的亲自指导下，我顺利通过了研究生外语考试，如愿以偿地回归母校深造，从此走上了一心向往的学术之路。丁先生对青年学子的无私指导，那令人敬仰的尊者风范，深深地影响了我此后的学术生涯，成为我一生从事教师工作时一直追随并仿效的光辉榜样。

丁先生是老资格的中国民主同盟成员，是长春市政协委员和长春市民盟的常委，并在相当长一个时期担任中国民主同盟东北师范大学的主委。我研究生毕业留校后，曾经很渴望参加组织活动，也曾经请教过校内其他老师，询问参与民主党派活动的要求和条件。丁先生得知此讯，特地将我约至家里，在光线明亮且依然是整齐清洁、书卷气十足的书房里给了我几份关于中国民主同盟之历史和现实作用的文件，讲述了中国民主同盟在抗日战争和解放战争期间积极团结民众，对抗国民党反动势力，与中国共产党并肩作战，为共同创建新中国的伟大事业所发挥的作用。他语重心长地告诉我，中国的中共领导、多党合作机制，是团结中国各阶层人民走强国之路的唯一正确道路，新时代的民主党派成员，必须坚定不移地实现"参政议政"的光荣使命，团结最广大知识分子，肝胆相照，荣辱与共，永远做执政党的忠实铮友。他还殷切希望我在日后的东北师大民盟组织建设和人才建设工作中，做深入细致的工作，在平凡的日常工作中发出自己的光和热。在丁先生的介绍下，我加入了中国民主同盟，后来成为东北师大盟委的主要负责人，在东北师大民盟的组织建设和人才储备方面做了许多具体工作。东北师范大学盟委连续多次被评为吉林省长春市优秀团体，许多盟员被推荐为省市政协和民盟的党委委员，在吉林省长春市的地方建设中献言献策，发挥了重大作用。有的盟员一直是学校表彰的优秀教师和科研人员；有的被推荐到省、市乃至国家民盟总部，成为优秀的党派工作者和社会活动家。对于长春市和东北师大的民盟建设，丁先生功不可没。

时光如梭，今日的我，已接近"古稀之年"，且基本离开了我曾经热爱的工作岗位，步入退休生活。我与丁先生的点滴交往亦已经成为悠远的过去。然而，丁先生对我一个普通学生曾经付出的无私关爱、悉心指导和帮助，却在我的学术生涯和社会活动生涯中打下了深刻的烙印，他在我心目中的智者、长者、尊者的形象，并未因时光的飞逝而消逝，反之，却日益清晰，时时指引着我在学术道路和生活道路上不懈求索。

2018.11.30 于净月东师家园

我国著名美国史专家丁则民教授

袁　鹏

东北师范大学美国研究所前任所长、博士生导师丁则民教授是我国美国史研究领域的开拓者之一，他的治学道路和教学生活恰与新中国的发展历程相伴随，至今已有 47 年历史。47 年来，他拓展了中国美国史研究许多新的领域，培育出一批卓有成就的中青年学者，以治学严谨扎实、学生英才辈出而为世人称道。

一

丁则民先生祖籍福建省闽侯县，1919 年 7 月出生于北平市。受书香门第的熏陶，他自幼便显示出对史地书籍的特别偏好。少年时期，便已对《凯末尔传》《马萨里克传》和梁启超的《新大陆游记》等书十分熟悉。不过，1937 年考入北平燕京大学时，丁先生是在法学院就读。当时正值日寇入侵，国难当头。像当年许多热血青年一样，丁先生不堪忍受做亡国奴，毅然离开故土北平，南下昆明，奔赴西南联大，就读于历史系。这里云集了当时国内第一流的学术大师（如陈寅恪、钱穆、刘文典、雷海宗、潘光旦等），更充满一种为民族的振兴而发奋攻读的学习氛围，丁先生珍惜这宝贵的学习机会，从各方面充实自己。他努力学习英语，提高阅读和笔译的能力，兼学德语，力求达到阅读一般书籍的水平。同时，他开始对世界历史产生浓厚的兴趣。西南联大的四年光阴，为丁先生日后致力于历史研究奠定了坚实的基础。

1947 年秋，丁先生以优异的成绩考入美国华盛顿州立大学研究生院，攻读美国历史。之所以选定美国史作为自己的攻读方向，用他自己的话说，是出于两方面的考虑：第一，想从美国历史中探寻美国发展如此迅速的原因；第二，在美国留学，具备许多学习美国历史的有利条件：有造诣的学者，丰富的资料，直接接触美国社会的机会，等等。因此，只要努力学习，就会取得比学习其他世界史专业更大的收获。事实证明，丁先生当时的选择是明智的。近三年的留学生活，他留心观察美国社会，多方搜集历史资料，努力探究美国文化，逐渐摸索出一套美国历史的研究方法。美国研究生的培养方式（如讨论班、定期写读书报告等）也给他留下了深刻的印象，也直接影响着他以后几十年的科研和教学生活。

1949 年新中国成立的消息传到美国，丁先生激动不已。他婉言谢绝了美国导师的执意挽留，中断了正在攻读的学业，决定早一天回到祖国的怀抱，投身到轰轰烈烈的新中国建设大潮之中。可就在他打点行装准备启程的时候，突然得知一个消息：夫人许令德此时已随当时一个妇女委员会到了台湾。这时，摆在丁先生面前的有两条路：要么只身回到新中国忍受与妻子隔海相望不能相见的痛苦；要么前往台湾与久别的妻子团聚——这便意味着他将不得不永远留在国民党盘踞的台湾。因为那个时候，国民党政府正不择手段四处网罗各方人才特别是海外留学生到孤岛台湾。丁先生考虑再三，毅然决定选择新中国。他给妻子写信表达了自己的想法，并抱着一线希望问她能不能想办法从台湾出来到香港与他会合。然后借道香港一起回到大陆。或许是丁先生的拳拳之心感动了上苍，夫妻俩终于在香港相见了。为防不测，他们搭乘一艘外国轮船从香港到天津。当时由香港北上、途经台湾海峡的外国船只时常遭到国民党海军的突然搜查，船上的中国留学生和学者则全部被劫持送往台湾。所以一路上丁先生夫妇提心吊胆，两天两夜没敢合眼。经过如许波折，他们终于回到了新中国。

回国以后，丁先生全身心地投入到事业上。先是在北京师范大学任教，1952年全国院系调整被分配到东北师范大学历史系，担任世界现代史的教学工作。很快，他便在教学和科研上取得成就。1956 年，受教育部委托，他主编了《世界现代史教学大纲》，由各高等师范院校历史系试用。在此基础上，1957 年至 1958年与人合编了《世界现代史》（上册），1961 年至 1962 年又出版另一部《世界现代史》（上、下册）。这几部教材是国内出版较早的自编教材之一，流传较广，产生了较好的影响。此外，丁先生还在《光明日报》《历史教学》等刊物发表一系列有关学术论文，如《第二次世界大战的性质》《第二次世界大战的起源和性质》《1936—1939 年西班牙人民反法西斯的民族民主革命》等。

这个时期，丁先生的美国史研究主要集中在中美关系史和美国对外（主要是加勒比海地区）扩张政策两个方面。关于中美关系史，他撰写了新中国成立后第一部《美国排华史》（中华书局，1952 年），该书以大量具体史实阐述了半个多世纪来美国限制和迫害华侨的经过，揭示了美国政府歧视旅美华侨的本质所在。书中既有作为史家所必需的冷静思考和理性分析，又饱含作为一名曾经留美的中国学者所持有的历史情感，它在史界产生良好反响，也有力地配合了抗美援朝战争的需要。在美国对外扩张政策研究方面，丁先生先后在《文史哲》《吉林师大学报》《历史教学》《史学月刊》等刊物发表《1899 年—1923 年美帝国主义对古巴的侵略政策》等近十篇论文，系统深入地探讨了十九世纪末和二十世纪初美国对加勒比海地区的扩张政策。指出，美国通过对古巴的侵略，实践出一套对弱小国家"统治而不兼并"的殖民主义侵略方式，进而将此种方式推及中、南美洲，形成一种具有美国特点的殖民侵略和统治形式。此种形式貌似"温和"，实则比之赤裸裸的殖民侵略更加狡猾更易持久，因而更具欺骗性。

工作之余，丁先生还与人合译了安娜·罗彻斯特的《美国资本主义（1607年—1800 年）》（三联书店，1956 年）、罗杰·威廉斯的《欧洲简史：拿破仑以后》（吉林人民出版社，1957 年）以及亨利·赫坦巴哈的《俄罗斯帝国主义：从伊凡大帝到革命前》（三联书店，1978 年）等书。正当丁先生以旺盛的精力投注教学科研之时，"文革"狂飙席卷而至。他这个"留美硕士"自然在劫难逃。从此直至十一届三中全会，丁先生"与书本可说是绝缘了"。

在那场浩劫的乌云消散后，丁先生以只争朝夕的精神，开始与时间赛跑。除了积极参加编写高等院校历史系所急需的《新编世界近代史》（上、下册，王荣堂、姜德昌编）外，他把主要精力投入到美国历史的研究和美国史研究室的建设之上。从此，以丁先生为核心的东北师大美国史研究很快在全国异军突起，形成特色。

二

丁则民先生的美国历史研究主要集中在这样几个方面：

第一，美国史学史研究。美国虽是个年轻的国家，史学却十分发达，其最大特色在于流派林立。中国学人治美国史无法在资料占有上取胜，而只能在方法论上有所创新、观点上有所突破等方面占得优势。要达到这一点，必须对流派林立的美国史学进行条分缕析，深入研究，进而通过比较鉴别，提出我们自己的看法，否则只能是人云亦云。丁先生深刻地认识到这一点，他决定从美国史学研究入手，开始其对美国历史的系统研究。针对我国史学界对这方面研究欠缺的状况，丁先生集中研究了两个影响较大的美国史学流派，即弗雷德里克·J·特纳为首的"边疆史学"和以查尔斯·A·比尔德为首的经济学派。

关于特纳，丁先生连续发表了《美国的"自由土地"与特纳的边疆学说》（《吉林师大学报》，1978 年第 3 期）、《特纳的"地域理论"评介》（《吉林师大学报》，1979 年第 3 期）、《边疆学说与美国对外扩张政策》（《世界历史》，1980 年第 3、4 期连载）、《特纳与美国奴隶制问题》（《世界历史》，1986 年第 1 期）等，对特纳"边疆学说"的各个重要方面都做了详尽的评介、分析、研究，比如特纳边疆学说所隐含的扩张主义思想、地域理论所宣扬的地理环境决定论、边疆学说是如何对美国对外扩张政策产生深远影响的、奴隶制与边疆问题的关系，等等，成为我国著名的特纳研究专家。

对于比尔德，丁先生用两篇论文将其主要思想及历史地位剖析得比较全面、深刻。在《查尔斯·比尔德与美国宪法》（《东北师大学报》，1982 年第 2 期）一文中，丁先生将美国史学界对比尔德关于美国宪法的解释和论据所提出的批评和质疑进行了一番检阅，既使人们了解到美国史界对于美国宪法的种种观点，又于比较中让人们更清晰地认识了比尔德；在另一篇为商务印书馆再版的比尔德著《美国宪法的经济观》所写的序言中，丁先生进一步直接论述了比尔德的史学贡献及这部权威性著作的历史意义。

丁先生的美国史学研究不仅仅针对个别史家进行个案研究，他还就一些对美国历史产生重大影响的事件进行了史学的评介。他的《关于十八世纪美国革命的史学评介》（《社会科学战线》，1981 年第 2 期）和《关于美国宪法的史学评介》（《史学集刊》，1987 年第 4 期）即为代表。近年，他又连续发表《第二次世界大战后美国族裔史学及其发展》（《东帅史学，1994 年第 1 期）、《二十世纪以来美国西部史学的发展趋势》（《东北师大学报》，1995 年第 5 期）两篇长文，对他目前正着力研究的移民史和西部史两个方面首先做了一番史学的考察。

第二，十九世纪后期美国历史的研究。十九世纪后期是美国历史的大变动时期，农业国转向工业国，乡村社会演成都市社会，自由资本主义递进到垄断资本主义，都市化、工业化、垄断化等三个层面的大转折在美国历史舞台竞相上演，使这一时期的美国历史呈现出纷繁复杂、多姿多彩的时代特色。这一时期因此在美国历史研究中难度较大。而对于中国学者来说，既要不拘泥于列宁帝国主义理论的具体论述，又要在前人缺少研究的前提下"白手起家"，无疑研究难度更大。丁先生认为，这段历史虽有一定的研究难度，但却具有重大的研究价值，正如他所说："剖析美国从自由竞争向垄断资本主义过渡的历史进程以及美国经济、政治、社会、文化和思想意识形态在这个历史进程中所发生的深刻变化，不仅能够揭示出十九世纪后期美国历史发展的趋势，而且也有助于加深我们对当代美国的了解。"因此他毅然承担了六卷本《美国通史》第三卷《美国内战与镀金时代》的编写任务。他组织和指导美国所部分教师和研究生，依据外文资料，分专题就镀金时代的各个重大问题进行研究，要求他们写出自成新意的专题论文，然后在此基础上他再着力统编全书。他认为，此举既可锻炼学生的科研能力，又能保证该书的整体质量，可谓相得益彰。如此历经八个寒暑，《美国内战与镀金时代》终于问世。该书一经出版，旋即赢得国内同行的好评，认为这是一部融通史性与专题研究性于一炉的高质量的学术著作。该书除了从宏观上准确把握内战与镀金时代的时代特色外，在许多方面提出了新的看法。如在探讨这一时期美国生产力飞速发展的原因时，作者认为，政府积极扶植的政策和科技革命乃其关键。而工业城市群和制造业带的崛起，商品流通领域的变革，交通运输的空前发展和技术市场的不断开拓，为垄断资本主义的形成创造了有利条件。书中对列宁的农业资本主义发展的"美国式道路"提出了独到见解，认为美国西部发展走的是"美国式道路"，而南部踏上的则是"缓慢而痛苦的'普鲁士式'发展道路"，这也正是"使南部在相当长的时间内成为美国闭塞落后的地区"的主要原因之一。

在书中，丁先生还重点探讨了西进运动与移民大潮的涌入对这一时期美国历史的影响。关于西进运动，除了指出它对美国经济发展所起到的推动作用和对美国印第安人所带来的消极影响外，特别强调了它对于美国民族性格和政治制度所产生的深远影响。而对于"推力"和"拉力"在美国移民洪流中所起的作用，丁先生更是提出了独到见解。他对英美史界颇为盛行的"拉力"论提出了质疑，认为，在美国经济对移民具有同样吸引力的条件下，欧洲各国移民外迁数量和速度是不一样的，是随不同国家和不同时间而异的，"这种差异和悬殊主要是由移民各自国家的社会经济情况决定的"。这也即是说，结合美国外来移民数量的起伏现象，必须将"推力"和"拉力"加以综合的全面考虑，才能说清楚这一问题。凡此论述皆言之凿凿且极具时代感，使人们读后既在专题研究上获得启迪又在整体理解上深刻认识了镀金时代。《美国内战与镀金时代》一书正是丁先生治学风格和学术思想的集中体现。

第三，美国西部史研究。一部美国史就是一部美国人民自东向西移民、开拓、奋进的历史，西进运动揭示出美国历史发展的轨迹，西部开发则构成美国现实的方向。从某种意义上说，理解了西进运动，理解了西部，即理解了整个美国历史。丁先生在多年研究西部史学创始人特纳学说的基础上，又对二十世纪西部史学的发展进行了全面梳理，进而由史学而历史，迈入对西进运动史与美国西部发展史本身的研究。他指导学生对西部史的重大问题逐一进行探索，这些年来，东北师大美国所陆续发表有关西部史的文章，如关于二十世纪西部史学的进一步探讨、关于第一条横贯东西的大铁路的修建、关于牧畜王国、关于犹他州的摩门教徒、关于中西部及西海岸城市的崛起，等等。丁先生本人也先后发表《中央太平洋铁路的修建与华工的巨大贡献》（《史学集刊》，1990 年第 1 期）、《美国内战与加利福尼亚州》（《东北师大学报》，1993 年第 5 期等）论文。这些论文几乎涉及了西部历史的各个重要方面，形成了一种系列。丁先生正着手在进一步深入研究的基础上，编写一本《美国西部史论丛》，总结这些年来对美国西部史的研究习得和成果。

第四，美国移民史的研究。这是丁先生近年来重点研究的课题之一。丁先生一向认为，西进运动展示了美国历史发展的线索，而移民则使这些线索得以更加丰富更为清晰。美国移民是个内涵丰富的概念，既包括国外移民也包括国内人口移动。美国本身就是一个移民国家，移民构成美国历史最重大特色。研究移民史要牵涉许多交叉学科的知识，如民族学、社会学、人口学、地理学、经济学、统计学等等，也要面临繁多的问题，如概念问题、理论问题、现实问题等等，总之移民史研究必须跳出传统史学的框架，进行多层次多学科探讨，方能有所建树。丁先生采取脚踏实地、逐一解决问题的方式展开对这一课题的研究。他陆续发表了《百年来美国移民政策的演变》（《东北师大学报》，1986 年第 3 期）、《美国的"新移民"与文化测验——兼评本世纪初期美国学术界限制"新移民"入境的论点》(《社会科学战线》，1986 年第 2 期)、《外来移民在美国历史发展中的作用》(《东北师大学报》，1993 年第 5 期) 以及前面提到的《第二次世界大战后美国族裔史学及其发展》等论文，从概念上厘清了种族、民族、族裔等之间的细微区别，从史学上介绍了美国学术界对于移民史研究的历史与现状，从宏观上把握了美国政府移民政策的历史演变，从理论上探讨了移民的历史作用。于是，美国移民史的总体风貌便比较清晰地呈现出来。在此基础上，他指导博士生就移民史的重大领域作更深层次的探讨，目前已取得了一系列可观的成果。

关于移民史的研究，丁先生总是将之与美国现实问题密切相连。比如他提出这样一个问题：为什么冷战结束后，前苏联、南斯拉夫等国频繁发生民族冲突民族独立问题，而美国这个由移民组成的国家却反而相安无事相对比较平静？他对这一问题的看法是：尽管种族矛盾和民族矛盾一直是美国社会的一大痼疾，但自南北战争以来，美国还未发生过要求民族自治、民族独立从而导致分裂国家的事件。经济发达、政治民主自是其中最大的原因，但这直接与美国宪法和美国政府推行的民族政策措施有关；另外，移民涌入美国之后，除了在一些都市里形成少数民族聚居区外，在各州和地方都未形成民族实体，而是散居各地，通过地域和社会流动性逐渐融合了美国社会的主体。这也是不易造成民族冲突的一个很实际的原因。丁先生还特别强调美国对华人移民政策的研究。他以一个留美华裔学人的亲身经历，深切体会到华人对美国社会做出的重大贡献以及美国政府对华人的不公正待遇。他主张从美、中两国历史、文化的比较研究中探索美国对华人移民政策的历史根源，但在做此种研究时必须时刻不能忘记作为华人所应有的民族情感。目前，他正带领博士生们就西部史和移民史两个方向做进一步的研究。

三

作为我国著名的美国史专家，丁则民先生不断在学术研究上开拓新的领域；与此同时，他从没忘记作为一名教育工作者的天职。一生没有子女的他，把学生当成自己的子女，在学习上、生活上、思想上给予他们极大的帮助和关心。学生从他那儿汲取丰富的知识，他则通过学生了解社会、了解青年人的想法。在研究生培养上，丁先生一向注重教给他们研究问题的方法而不是传授给他们死的知识。他采用美国那种研讨班的形式，把大家聚到一起，畅所欲言，各抒己见，让大家于讨论争辩中获得启迪；他刻意培养学生的英语听、说、读、写能力，常说美国史是"外"字号的专业，外语学不好，谈什么研究美国史？他也有意识地培养学生的论文写作能力，鼓励学生多读多写，为了让学生们能将自己的研究成果早日面世，他与东北师大学报联系，开设了美国史研究专栏，此种形式不仅是学生们发展自己研究成果的一块园地，也因可一期刊载五六篇有关美国史的论文使读者一册在手便获益颇多而得到学报的欢迎。

在丁先生的悉心培育下，一批博士生、硕士生进步很快，纷纷在美国史领域崭露头角。丁先生还十分重视学术梯队建设。当年他和历史系部分老师筚路蓝缕，创建美国史研究室，进而由室变所，使之成为国内少数几个美国研究所之一。

资料建设也是丁先生尤为重视的。从 1979 年创建美国史研究室开始，丁先生想尽一切办法，通过与美国学者和学术机构的关系，获得美国历史协会、援亚书社、加州北岭州立大学与部分美国学者赠送的七八批有关美国史的书刊，近 4000 册之多。其中既有新近出版的专著、丛书、工具书和历史文献，也有成套的珍贵的过刊，如从 1922 年至八十年代的所有《美国历史评论》等。每年，陆续有海外学者寄来一些所里急需的图书，使所里师生许多研究项目不必远足即可顺利完成。

长春地处偏远，交通信息远不如京、津、沪，丁先生克服长春地理位置上的不利，通过各种渠道尽力与国际学术前沿接轨。除了定期有美国富布赖特学者前来讲学外，丁先生借沈阳领事馆的帮助，多次与美国学者召开国际学术电话会议。一些知名的美国学者将他们的最新成果及关于某个课题的最新见解通过电波传递到长春。而美国所的师生则在这种千里学术一线牵的形式下开阔了视野，增长了见识。

丁先生治学态度一向严谨，他恪守自己的信条，没有扎实的研究，没有翔实的资料，没有自己的心得，绝不轻易落笔，空发议论。他时常告诫学生，做学问是件清苦的事，要耐得住艰辛和寂寞；写文章是件严肃的事，要经得起推敲和琢磨。他以特纳为例说，特纳这位学术名誉在美国史界屈指可数的史学大家，一生仅出版两部专著，文章也不太多，但他阐发的一些史学思想却产生了重大而深远的影响，支配美国史坛达一个世代之久。这说明著述不在多而在精。他总是要求自己的博士生在撰写博士论文时一定做到少说空话，多做踏实研究，立论须有根有据，经得起反复推敲，只有这样，才能对所研究的问题做出有意义的贡献。

最近几年，丁先生的身体状况有所下降，右眼经常充血，严重影响视力。但他仍然坚持学生的稿件来稿必读，读后必提出自己的看法。对于博士学位论文，他更是逐字逐句仔细阅读，为此他特意配了一个放大镜，一篇篇近十万言的博士论文就是在这个放大镜下被一一浏览，得到指导和修正的。先生如此认真，学生谁敢马虎？丁先生正是凭着自己的道德文章和治学精神赢得史界的尊重和学生的爱戴。

（原载《世界历史》1996 年第 5 期）

永存的恩典与记忆

——《牧畜王国的兴衰》后记①

周　钢

　　拙著杀青之际，我并不感到轻松，反而有深深的遗憾和内疚。因为十余年一直关心、指导我进行美国"牧畜王国"研究的著名历史学家丁则民教授已经辞世四年。我未能在丁先生在世时完成拙著，既深感内疚，也留下了永远的遗憾。

　　二十世纪七十年代末，我和丁先生相识。此后，我一直得到他的指导和帮助。教学中遇有美国史的难题，我便写信向他请教。丁先生不但每信必回，而且用工整的楷书写成。他为我解惑答疑，开列书目，每次复信少则二三页，多则四五页。1983 年至 1985 年，我到美国访学，丁先生多次写信指导。他强调多读书固然重要，亲身去了解真实的美国社会更重要。

　　1985 年我回国之后，有幸在教学和科研上继续得到丁先生的指导和帮助。1988 年暑假，我在去东北师大历史系参加"现代化问题研讨会"时，拜会了丁先生。当时，他正主持一项美国西部史研究项目，希望我承担部分任务。丁先生谈及西部牧业开发的问题尚无人认领。我在美国学习时，对这一问题稍有涉猎，也较感兴趣，便接受了下来。1989 年末，丁先生寄来了美国西部史研究的论文目录，其中有三个关于牧业方面的题目。1991 年，我完成了第一篇论文，经丁先生审定，次年发表在《东北师范大学学报》第 5 期的"美国西部史研究专题"中。至 1995 年末，我在丁先生的指导下，发表了 6 篇关于美国西部牧业开发的论文。1997 年，

---

　　①　在二十世纪八十至九十年代，首都师范大学的周钢教授曾长期受恩于丁则民先生的学术指导，故多次表示要撰写一篇个人回忆性的文章。然而，由于近年来眼疾加重，无法书写，无奈之下，只好委托王华博士将《牧畜王国的兴衰》的后记发给梁茂信教授，以表示对丁先生的感激之情。梁茂信在收到后则截取其中一段，收入本集中。标题也是梁茂信后加的。

518

我获得了一项北京市教委的科研立项，使这一研究得以继续进行下去。随着研究工作的逐渐深入，丁先生鼓励我写一本关于西部牧业史的专著，并提出了应当把握的基本原则。丁先生在信中曰："我支持你撰写关于美国牧畜王国的专著，因为对这一问题的研究，国内尚属空白……牧畜王国在西部开发中的地位和作用似应作为这一专著的重点问题加以处理。"（丁先生 1998 年 8 月 8 日信）随后，我根据丁先生指导性的意见编写了拙著的框架提纲寄去。丁先生经审阅和"认真思考"之后，在长达 4 页的复信中提出了他宝贵的修改意见。如先生建议把十九世纪后半期的西进运动与"牧畜王国"兴起做一概括介绍，这已写在了前言的第一部分。先生强调"怀俄明牧区具有典型意义"，应单列题目；牧区的两大景观是由"自由放牧"的特点决定的，应做介绍；"国际竞争"是"牧畜王国"衰落的一个重要原因，应单列一节等等（丁先生 1998 年 11 月 29 日信）。现在拙著的框架是根据丁先生的宝贵意见改定的。

丁先生染重病后仍然十分关心我的研究进展情况。1999 年初，先生在鼓励我申请国家社科科研立项的同时，还为我写了建议出版的推荐书。"鉴于目前国内尚无有关美国牧畜王国研究的专著，该书是有出版价值的，特别是对当前我国发展牧畜业有一定的借鉴作用。为此，特予以推荐，希望有关方面能支持该书的出版。"（丁先生 1999 年 2 月 4 日《推荐书》）从 1999 年至 2000 年，我因视力障碍三次摔倒骨折。丁先生不顾身染重病，多次在电话中关心我的恢复情况，告诉我不要着急，慢慢来，等他病情好转后看我的书稿，为我作序。2001 年春节，是我与丁先生最后一次通电话的机会。丁先生说话已较吃力，但他还是叮嘱我要把"牧畜王国"的研究坚持下去。不想，那次电话竟成了与先生的永诀。此后不久，先生便仙逝。

我的"牧畜王国"研究从起步就得到了丁先生的指导和帮助，直到他离开人世，十余年间，从未间断。丁先生生前，审阅了我写的十余篇拙文。从观点把握、文字表述乃至数字核对和标点使用，他都提出过宝贵的修改意见，为我把了质量关。在准备拙著的写作中，丁先生为我提出了指导性的原则，认真审阅了我的写作提纲，提出了诸多极为重要的修改意见，弥补了我考虑的不周和疏漏。最后，丁先生还为我写了建议拙著出版的"推荐书"。丁先生辞世不久，我的牧畜王国研究在 2001 年获得了"十五"国家社科基金立项。可惜的是在此后的研究中遇到难题再也无法向先生请教了。在失去丁先生指导的三年研究中，我的视力越来越差，遇到过不少困难，也有过灰心的时候。然而，一想到丁先生十余年对这项研究的精心指导和关爱，我就振奋起来。三年中，我又撰写了十余篇拙文，完成了拙著初稿。可以说，没有丁先生的关爱、指导和帮助，我的"牧畜王国"研究就不会坚持到底，也不会有拙著的脱稿。我现在感到十分遗憾的是，由于自身的驽钝，未能在先生生前完成这一项研究！现在，我只能写下上面的文字，来表达我对先生的衷心感谢、歉疚和永远的怀念！

2005 年 4 月于北京